Christopher Badcock

Psycho-darwinismus

Die Synthese von Darwin und Freud

Aus dem Englischen von
Matthias Reiss

Carl Hanser Verlag

Titel der Originalausgabe:
PsychoDarwinism. The New Synthesis of Darwin & Freud
HarperCollins*Publishers*, London 1994
Copyright © Christopher Badcock 1994

1 2 3 4 5   03 02 01 00 99

ISBN 3-446-17500-8
Alle Rechte an der deutschen Ausgabe vorbehalten
© Carl Hanser Verlag München Wien 1999
Satz: Jung Satzcentrum, Lahnau
Druck und Bindung: Kösel, Kempten
Printed in Germany

Zur Erinnerung an die Väter des Psychodarwinismus,
Charles Darwin und Sigmund Freud

Inhalt

Vorwort zur deutschen Ausgabe 11

Vorwort 13

Einführung 17
   Darwinsche Gemüthsbewegungen 21
   Der Lamarcksche Schandfleck 29

1 Allgemeingültiger Darwinismus 37
   Automatische Evolution 38
   Evolution ohne unanständige Wörter 46
   Erfolg durch Wiederverwendung der Ergebnisse 54

2 Evolution und Zusammenarbeit 65
   Der Trugschluß vom kostenlosen Mittagessen 65
   Wie man dafür sorgt, daß sich ein kostenloses Mittagessen auszahlt 71
   Das Mittagessendilemma 78

3 Verborgenes Bewußtsein 93
   Warum muß man sich seiner selbst bewußt sein? 93
   Wörter und Bewußtheit 98
   Bewußtsein als Lüge 103

4 Modelle zur Beschreibung der Seele 119
   Die Seele als Macintosh 119
   Ein neues ES für Freud 130
   ... und ein neues ICH 140

5 Sexualität und das einzelne Gen 151
   Libido und die Sprache der Gene 153
   Das selbstlose Gen 161
   Das Stadium der Empfängnisverhütung durch Pillen 169

6 Sex à la König Ödipus 179
   Man spielt die Urszene 179
   Ein Komplex wegen eiskalt berechnender Liebe 187
   Aufreizende Söhne, neidische Töchter 195

7 Das Geheimnisvolle an den Psychiatern 207
   Was Freud wirklich sagte 208
   Warum wir die Kindheit vergessen 212
   Zwei Fliegen mit einer Klappe 219

8 Die psychodarwinistische Lösung 229
   Leben, aber nicht so, wie es Thomas Hobbes verstand 230
   Vier Strategien im Bereich der Sexualität 237
   Seltsame Attraktionen 248

Epilog
   Darwin, Freud und die Hysterie in der Wissenschaft 261

Anmerkungen 271

Register 281

»In früheren Jahren haben meine Ansichten eine Vielzahl von Veränderungen erfahren, die ich vor der Öffentlichkeit nicht verheimlicht habe. Man hat mir aus diesen Wandlungen Vorwürfe gemacht, wie man sie heute aus meinen Beharrungen machen wird. Nicht, daß mich diese oder jene Vorwürfe abschrecken würden. Aber ich weiß, ich habe ein Schicksal zu erfüllen. Ich kann ihm nicht entkommen und brauche ihm nicht entgegen zu gehen. Ich werde es abwarten...«

Sigmund Freud, Gesammelte Werke, Band VIII, S. 340

Vorwort zur deutschen Ausgabe

Die englische Ausgabe dieses Buchs wurde im Jahre 1994 veröffentlicht. Der Text der deutschen Ausgabe wurde unverändert übernommen, wenn man von einem sachlichen Fehler im Original absieht. Im Rückblick auf die vergangenen Jahre gibt es keine grundsätzlichen Veränderungen, die ich vornehmen wollte. Ich möchte jedoch etwas hinzufügen, weil es möglicherweise eine Bedeutung für die Zukunft hat.

Auf den letzten Seiten dieses Buches sage ich voraus, daß ungefähr zum jetzigen Zeitpunkt – ein Jahrhundert, nachdem Freud anfing, seine Befunde zu veröffentlichen – die Finsternis, die ihn umgab, allmählich enden sollte, wie dies ja auch bei Darwin hundert Jahre nach der *Entstehung der Arten* der Fall war. Voraussetzung dafür waren bei Darwin die Erkenntnisfortschritte im Bereich der Evolutionsgenetik, die mit William Hamiltons revolutionären, erstmals in den frühen sechziger Jahren unseres Jahrhunderts veröffentlichten Einsichten in die genetische Grundlage des Sozialverhaltens ihren Höhepunkt erreichten. Obwohl es noch zu früh ist, um ganz sicher sein zu können, nehme ich diese Gelegenheit wahr, meine Vorhersagen noch ausdrücklicher zu betonen und hervorzuheben, daß die Parallele zu Darwin viel weiter geht, als ich ursprünglich dachte. Die vor kurzem gelungene Entdeckung des genetischen Fingerabdrucks und David Haigs bemerkenswerte Untersuchung zu den genetischen Konflikten, die daraus entstehen, deutet darauf hin, daß wir möglicherweise unmittelbar davorstehen, auf eine unerwartete neue Grundlage für viele von Freuds Befunden zu stoßen. Hier ist vor allem eine überraschende Entdeckung aus dem Jahre 1995 zu erwähnen: Die mütterlichen Gene sind bei Mäuseembryonen fast ausschließlich für die Entwicklung der höheren kognitiven Funktionen des Gehirns verantwortlich, während die väterlichen Gene größtenteils die niederen Emotionszentren des Gehirns[1] aufbauen. Dies ist ein Hinweis darauf, daß wir kurz davor sind, sowohl die Genetik als auch die Gehirnanatomie seelischer Konflikte zu verstehen, wie sie von Freud entdeckt wurden. Wenn sich dies als richtig herausstellt, sind wir möglicherweise in der Lage, den Antagonismus zwischen den beiden grundlegenden Trieben, auf den Freud als Erklärungsversuch für seine Befunde zurückgriff, durch den genetischen Konflikt zwischen mütterlichem und väterlichem Genom innerhalb desselben Individuums zu ersetzen. Was bisher als unüberbrückbarer Gegensatz zwischen klassischer Psychoanalyse und moderner Psychiatrie erschienen sein mag, wäre sofort überwindbar; es könnten sich sowohl für den Bereich der Psychopathologie als auch für den der normalen Entwicklung bemerkenswerte neue Einsichten ergeben. Es gäbe insbesondere eine gute Erklärung für Freuds Traumtheorie im Sinne eines Konflikts zwischen väterlichen und mütterlichen Gehirnteilen. Auf recht unerwartete Weise würde das Freudsche Modell der Seele, wie es im vierten Kapitel dieses Buchs dargestellt wird, allmählich seine Entsprechung in der modernen Evolutionsgenetik finden.

Doch hier handelt es sich um Zukunftsmusik. Es soll an dieser Stelle ausreichen, zu erwähnen, daß neue Entwicklungen, vor allem im Bereich der Evolutions- und Entwicklungsgenetik darauf hindeuten, daß noch viel zu den neuen Verbindungslinien zwischen Darwin und Freud gesagt werden wird und daß sich das vorliegende Buch nur als eine erste sondierende Phase einer vielleicht langen, aber belebenden Reise herausstellen wird.

Lassen Sie mich fürs erste die Gelegenheit wahrnehmen, zwei wichtige Danksagungen der Liste hinzuzufügen, die bereits in der englischen Ausgabe abgedruckt wurde. Erstens möchte ich meinem unermüdlich kooperativen Übersetzer Dr. Matthias Reiss für all seine Mühen meinen Dank aussprechen, die er bei der Übertragung des Originaltexts ins Deutsche auf sich genommen hat. Außerdem bin ich Hartmut Schickert zu Dank verpflichtet, der, als er noch beim Hanser Verlag war, dafür gesorgt hat, daß mein Buch dort veröffentlicht wird. Beiden bin ich zu tiefem Dank dafür verpflichtet, daß diese neue Deutung der Freudschen Erkenntnisse den Lesern in der Sprache zugänglich gemacht wird, in der Freud selbst sie erstmals formulierte.

Christopher Badcock

Vorwort

»Lebte mein Vater heute, so glaube ich nicht, daß er gern Psychoanalytiker geworden wäre.« Ein oder zwei Jahre vor ihrem Tod machte Anna Freud, die Tochter von Sigmund Freud, die seine Nachfolge in der Psychoanalyse antrat, mir gegenüber häufiger diese Bemerkung. Als ich sie einmal fragte, was ihr Vater ihrer Meinung nach denn heute gern geworden wäre, war sie sich nicht recht im klaren. Aber sie war sich ganz sicher, daß er nicht den Wunsch gehabt hätte, Psychoanalytiker zu werden.

Diese und andere Bemerkungen von Anna Freud verstärkten meine Unsicherheit, was ich einmal werden sollte; dann kam meine Lehranalyse, die ich gerade absolvierte, durch ihren Tod zu einem abrupten Ende. Ich hatte die Analyse im Jahre 1979 zu einer Zeit angefangen, als Anna Freud schon jenseits des Alters war, in dem es die Analytikervereinigung einem Lehranalytiker gestattet, mit der ordnungsgemäßen Ausbildung eines Studenten zu beginnen. Wenn ich die Zulassung als Analytiker bekommen wollte, war ich im Endeffekt mit der Aussicht konfrontiert, mehr oder weniger von vorne anzufangen. Und natürlich mußte ich mir einen neuen Lehranalytiker suchen.

Mein Interesse an der Psychoanalyse war jedenfalls immer schon vorwiegend eher ein wissenschaftliches als ein therapeutisches. Ich hatte den Eindruck, daß die Psychoanalyse als therapeutische Methode die meisten großen Entdeckungen wahrscheinlich bereits hinter sich hatte und daß die Psychoanalyse als Berufsstand in ihrem Kampf um Anerkennung als medizinische Spezialdisziplin ihre wissenschaftlichen Ziele aus den Augen verloren hatte. Tatsächlich erfuhr ich, daß auch Anna Freud diese Auffassung teilte; dies war einer der wichtigsten Gründe, weshalb sie glaubte, daß ihr Vater, wenn er noch am Leben wäre, nicht die Absicht verfolgt hätte, analytischer Therapeut zu werden. Ich hatte eine vage Vorstellung davon, daß Freuds Werk in der Verhaltenswissenschaft allgemein eine wichtige Rolle spielen muß, aber ich konnte nicht genau sagen welche.

Dann löste sich dieses Problem durch ein Ereignis, das sich im folgenden Jahr zutrug. Ich stieß auf einen Artikel von Robert Trivers, der eine Zusammenfassung seiner bis dahin geleisteten Arbeiten war. Dieser Artikel war für mich so etwas wie eine Offenbarung und überzeugte mich auf der Stelle davon, daß der moderne Darwinismus die einzige sichere wissenschaftliche Grundlage für die gesamte Verhaltenswissenschaft ist. Ich erkannte, daß die systematischen methodischen Fehler, die mir in den Sozialwissenschaften immer schon Kopfzerbrechen bereitet hatten – die Neigung, einen kollektivistischen Standpunkt einzunehmen, bei dem von den Individuen und ihren Interessen keine Notiz genommen wurde –, im modernen Darwinismus überwunden worden ist; man zweifelte jetzt den Gedanken der »Gruppenselektion« an und entdeckte die Rolle der individuellen Gene bei der Evolution des Sozialverhaltens (dies wird später noch ausführlich erklärt). »Indem wir das Denkgebäude der Gruppenselektion niederrissen«, bemerkte Robert Trivers, »haben wir dem wohltuenden Glauben, dominante Interessen beherrschen auf natürlichem Wege bei jedem einzelnen das Eigeninteresse, die Grundlage entzogen. Und wir entdeckten im sozialen Leben eine Reihe versteckter Akteure, so z. B. Frauen und ihre Nachkommenschaft, deren eigenständiges Interesse wir betonten.«[1]

Die Psychoanalyse beruht auf einem solchen individualistischen, von systematischen Fehlern freien Ansatz; denn sie sucht sich ihr Material größtenteils in den freien Assoziationen des einzelnen. Freud hatte schon lange den Konflikt zwischen den Eltern und ihrer Nachkommenschaft als Tatsache erkannt, auch wenn wir bis zu Robert Trivers auf die Erklärung warten mußten, daß die Grundlage dafür in der Evolution zu suchen ist. Und lange vor Trivers hatte Freuds Methode, bei der er die Patienten auf der Couch frei assoziieren ließ, nicht nur verborgene Akteure, sondern auch deren verborgene Gedanken, Gefühle und Bedürfnisse aufgedeckt. Dabei kam den Frauen immer eine beträchtliche Bedeutung zu; und spätere Entwicklungen in der Psychoanalyse sollten Kindern auf recht ähnliche Weise eine wichtige Rolle zuweisen – großenteils dank der Pionierarbeit von Anna Freud auf dem Gebiet der Kinderanalyse. Als ich danach alle Veröffentlichungen von Robert Trivers im einzelnen las, fing ich an, zu verstehen, daß viel von dem, was er zu sagen hatte, mit zahlreichen Befunden Freuds zusammenhing; ich verstand allmählich, daß gerade hier eine Zukunft lag, indem man den Freudschen Ansatz weiterentwickeln und die Verbindung mit dem modernen Darwinismus herstellen wollte, die ich heute als *Psychodarwinismus* bezeichne.

Ich widmete mich im nächsten Jahrzehnt ganz der Aufgabe, Freud und Darwin in einem einheitlichen Gedankengebäude zusammenzuführen und veröffentlichte eine Reihe von Büchern zu diesem Thema. Das vorliegende Buch kann als der vollständigste Versuch betrachtet werden, beide Theorien miteinander zu verbinden. Und es handelt sich um weit mehr als eine bloße Zusammenfassung meiner früheren Veröffentlichungen.

Das Einführungskapitel beschäftigt sich mit dem sträflich vernachlässigten Thema von den vielen Parallelen und Kontinuitäten, die sich in den Werken von Freud und Darwin finden lassen. Dabei bin ich Lucille Ritvo und seinem Buch *Darwin's Influence on Freud* zu Dank verpflichtet. Bei den darauffolgenden beiden Kapiteln handelt es sich um eine Einführung in den modernen Darwinismus. Ich bedanke mich bei Dave Johnson dafür, daß er mir gestattete, sein Computerprogramm EVOLV-O-MATIC dazu zu nutzen, das erste Kapitel mit anschaulichen Bildern zu versehen. Ich danke auch Ronald Beloin für sein Programm Symbiosis 1.2, mit dem ich die Bilder für das zweite Kapitel entwarf. In den nächsten beiden Kapiteln entwickle ich eine moderne darwinistische Sichtweise zu Fragen des Bewußtseins; dabei verwende ich im vierten Kapitel einen Vergleich, der auf das Betriebssystem des Macintosh™-Computers zurückgeht. Im fünften und im sechsten Kapitel schlage ich eine neue Lösung für eins der ältesten und verwirrendsten Probleme der Wissenschaft vom menschlichen Verhalten vor – für das Inzestproblem und wie man es vermeiden kann. Schließlich konzentriere ich mich im letzten Kapitel darauf, einige neue Antworten auf eine andere zentrale Frage des Darwinismus zu geben, die sich dann ergibt, wenn man diese Theorie auf das menschliche Verhalten anwendet. Hier handelt es sich um die Frage, wie man Selektion auf der Ebene des einzelnen Gens zur Vielschichtigkeit des tatsächlichen menschlichen Verhaltens in Beziehung setzen kann; dazu gehören auch alle kulturellen und alle Umwelteinflüsse, die auf das Verhalten wirken. Als Schlüsselbeispiel greife ich darauf zurück, wie die Geschlechterrolle festgelegt wird, und zeige, wie Freuds Ansatz das Problem, wie die Gene mit dem Verhalten in einer komplexen Umwelt zusammenhängen können, in beispielhafter Weise löst.

Einige Leser werden sich wundern, warum es kein spezielles Kapitel gibt, das sich mit der Kultur oder mit der Psychopathologie beschäftigt. Dafür gibt es einen einfachen Grund. Beide Themenbereiche sind für dieses Buch zu umfassend und zu vielschichtig. Ich plane deshalb einen weiteren Band, um ausführlich und so umfassend wie nötig darauf einzugehen. Ich beschränke mich an dieser Stelle eher darauf, das Wesentliche an der Verbindung von Darwin und Freud zu skizzieren, als die Zusammenhänge im einzelnen auszuführen. Als Beispiel für das, was man von einem Psychodarwinisten zu einem derartig komplexen Thema erwarten kann, soll jedoch die Art und Weise dienen, wie ich mich mit dem Thema Inzest beschäftige.

Ich möchte meiner Frau Lenis Badcock sowie meinen Kolleginnen und Kollegen Helena Cronin, Alan Lloyd und David Spain dafür danken, daß sie mir durch ihre Anregungen halfen, den Text von Mängeln zu befreien. Weiterhin danke ich meinen Studenten, vor allem Kirsti Edmonds und Mike Haywood. Voll Anerkennung und Dank sollten erwähnt werden: Jean Aitchison, Bruce Alexander, Robert Axelrod, David Barash, Morris Berman, Alan Bittles, Chris Brand, David Buss, Robert und JoAnn Campbell, Charles Crawford, Martin Daly und Margo Wilson, John Davey, Richard Dawkins, Paul Ekman, David Haig, William Hamilton, Bill Irons, Robert Kruszynski, Peter Loizos, Bobbi Low, David MacKnight, John Maynard-Smith, Randy Nesse, John Price, Daniel Rancour-Laferriere, Matt Ridley, Michael Ruse, Warren Shapiro, Keith Sharp, Roger Short, Stuart Sutherland, Peter Sykora, Robert Trivers, Eckart Voland, Brant Wenegrat, George Williams, Daniel Wilson, Glenn Wilson und Jan Wind. Zu besonderem Dank bin ich schließlich meiner Verlagsagentur John Brockman und meinem Lektor Philip Gwyn Jones verpflichtet.

Einführung

Ziel dieses Buchs ist es, neue Verbindungslinien zwischen Darwin und Freud aufzuzeigen. Doch so etwas ist scheinbar unmöglich. In der Regel werden vor allem drei Einwände dagegen aufgeführt. Erstens wird Freud heute eher mit Lamarcks überholter Evolutionstheorie in Verbindung gebracht als mit Darwin. Zweitens hält fast jeder – diese Auffassung ist unter Darwinisten möglicherweise noch stärker verbreitet als bei anderen – Freuds Erkenntnisse zur Sexualität für unsinnig, insbesondere seine Theorie der infantilen Sexualität. Drittens nimmt man normalerweise an, daß Freud eher an die »Umwelt« glaubte als an die »Anlage«. Weil Darwin besonderen Wert darauf legte, daß die Anlage das menschliche Verhalten stark beeinflußt, spricht dies anscheinend dagegen, die beiden Theorien miteinander auszusöhnen.

Dennoch werden wir sehen, daß die Dinge nicht so sind, wie sie zu sein scheinen. Dies ist auch eine Ursache dafür, daß Freud weitgehend mißverstanden, entstellt und fehlinterpretiert wurde, insbesondere was das Anlage-Umwelt-Problem angeht. Ich werde weiterhin zu zeigen versuchen, daß viele von Freuds Entdeckungen nur einen Sinn ergeben, wenn man sie im Zusammenhang mit Einflußgrößen sieht, die erst in den beiden letzten Jahrzehnten durch den modernen Darwinismus entdeckt wurden. Wir werden beispielsweise sehen, daß Freuds zentrale Entdeckung, das verdrängte Unbewußte, im modernen evolutionären Denken wiederentdeckt und in Laborexperimenten nachgewiesen werden konnte. In den folgenden Kapiteln werden wir erkennen, das viel von dem, was Freud über die sogenannte »infantile Sexualität« herausfand, überraschenderweise sehr gut zu der Begrifflichkeit paßt, die in der kürzlich entwickelten Theorie des elterlichen Engagements gebräuchlich ist. Ich werde die Auffassung vertreten, daß selbst scheinbare irrwitzige Vorstellungen wie die von der Kastrationsangst und vom Penisneid in einem ganz anderen Licht zu sehen sind, wenn man sie in einen Zusammenhang mit neueren Erkenntnissen über die Verhaltensevolution stellt. Selbst wenn Freud gewollt hätte, hätte er nichts von diesen Entwicklungen wissen können; und ihm fehlte es gewiß auch am dazu erforderlichen Verständnis des Darwinismus, um in der Lage zu sein, diese Entwicklungen auch nur zu erahnen. Dies deutet darauf hin, daß Freuds Befunde in Zukunft möglicherweise in einem anderen Licht gesehen werden müssen, obwohl man sich bis zum heutigen Tage immer wieder über sie lustig gemacht hat und sie geringschätzig behandelt.

Doch selbst wenn man Darwin und Freud miteinander in Einklang bringen *könnte*, warum sollte man es? Und wozu ist so etwas gut?

Es gibt drei gute Gründe, warum man den Versuch unternehmen sollte, Freud und Darwin miteinander zu verbinden. Erstens: Wenn Freud und Darwin so gut miteinander vereinbar sind, wie ich behaupte, dann bedeutet dies, daß die augenblicklichen Einstellungen zu diesen beiden Personen in mancher Hinsicht grundlegend falsch sein müssen. Sollte ich recht haben, muß Freud sehr viel »darwinistischer« und Darwin sehr »freudianischer« gewesen sein, als man es bis heute für möglich hält. Zieht man in Betracht, wie prominent Darwin und Freud sind, dann sollten derartige Fehler oder Unterlassungen, wenn es sie denn gibt, gewiß richtiggestellt werden. Ein Präzedenzfall in dieser Richtung ist vielleicht der Fall eines Zeitgenossen von Darwin, Gregor Mendel (1822–1884). Als dessen Arbeiten zu Beginn dieses Jahrhunderts wiederentdeckt wurden (nachdem sie zuvor in Vergessenheit geraten waren), wurden sie als Widerlegung von Darwin fehlinterpretiert; eine ganze Zeit lang verzögerte dies die sogenannte »moderne Synthese« aus der Mendelschen Genetik und der Darwinschen Evolutionstheorie. Heute jedoch ist der Darwinismus ohne die Mendelsche Genetik undenkbar.

Der zweite Grund ergibt sich umittelbar aus diesem historischen Beispiel. Weil Darwin die wahren Prinzipien der Genetik nicht zur Kenntnis nahm, war seine Theorie dazu verdammt, umstritten, unvollständig und fragwürdig zu bleiben, solange ihr das Lebenselixier fehlte. Als jedoch die Zusammenführung der Auffassungen Mendels und Darwins vollständig gelungen war, wurde der moderne Darwinismus zur einzigen glaubwürdigen wissenschaftlichen Evolutionstheorie und zur Grundlage der Biologie allgemein. Nehmen wir einmal an, daß die Menschen das Produkt der Evolution sind, dann folgt daraus, daß die Psychologie des Menschen in einem bestimmten Sinne darwinistisch sein muß. Dies ist der zweite gute Grund dafür, Freud mit Darwin zu verbinden: Dabei wird die Absicht verfolgt, die Erkenntnisse Freuds auf der am besten dafür geeigneten wissenschaftlichen Grundlage aufbauen zu lassen, die es in der Verhaltenswissenschaft gibt; und das ist der moderne Darwinismus.

Auch ein dritter Grund, einen derartigen Brückenschlag zu wagen, geht auf den Fall Gregor Mendel zurück. Die meisten modernen Darwinisten werden der Aussage zustimmen, daß die Psychologie für die Anwendung der darwinistischen Erkenntnisse von entscheidender Bedeutung ist. Wie der Darwinismus ein richtiges Verständnis der Genetik voraussetzte, damit man seine Behauptungen zur Erklärung der Evolution im allgemeinen glaubwürdig vertreten konnte, ist vor allem für die darwinistischen Versuche, menschliches Verhalten zu erklären, eine damit im Einklang stehende Psychologie unverzichtbar. Deshalb ist auch die dritte, letzte und wichtigste Rechtfertigung dafür, Freud und Darwin in ein einheitliches System zu bringen, mit der Synthese von Mendelscher Genetik und Darwinscher Evolutionstheorie vergleichbar, wie sie im ersten Teil dieses Jahrhunderts gelang. Diese Synthese könnte der Schlüssel zur Lösung des letzten Problems bei der Erklärung der Evolution sein – dem Problem des menschlichen Verhaltens.

Wenn man einmal von ein oder zwei denkwürdigen Ausnahmen absieht, wurde der moderne Darwinismus im allgemeinen mit dem Modell der sogenannten »elastischen Leine« in Zusammenhang gebracht; dabei geht es um die Art und Weise, wie die Gene das Verhalten kontrollieren. Nach dieser Auffassung wird durch einen genetisch bedingten Mechanismus verhindert, daß Personen Inzest begehen (um nur das grundlegende Beispiel anzuführen). Dieser Mechanismus ist damit vergleichbar, daß jemand, der einen Hund ausführt, ihn von etwas fernhält, indem er an der Leine zieht. Vertreter dieser Auffassung beeilen sich, darauf hinzuweisen, daß sich die Leine sehr stark dehnt und daß Umweltfaktoren, wie in der wirklichen Welt der Hundebesitzer, wirksam werden können; sie arbeiten gegen die Effekte des Leineziehens an. Auch wenn es einen elastischen Verfälschungsfaktor gibt, handelt es sich dennoch um ein Modell mit einem recht einfachen genetischen Determinismus.

Das Modell des menschlichen Verhaltens, wie man es bei Freud vorfindet, unterscheidet sich davon ganz deutlich, und es ist viel dynamischer. Die letzten Kapitel sind ganz diesem Modell der Seele gewidmet (das auch einige moderne Darwinisten vertreten haben[1]). Sein größter Vorzug besteht darin, daß es hier nicht um einen einfachen, wenn auch flexiblen Determinismus geht. Im Gegenteil, für Freud war der Mensch seinem Wesen nach im Grunde genommen *ambivalent*: das heißt, durch tiefe Gefühlskonflikte und widersprüchliche Absichten zerrissen. In einem solchen Ansatz lassen sich alle Tatsachen im Zusammenhang mit Inzest leicht erklären und am Ende ein strategisches Problem lösen, das hundert Jahre lang verhindert hat, daß sich die darwinistischen Auffassungen zur Psychologie des Menschen weiterentwickelten. Die hier vorgeschlagene Lösung des Problems besteht darin, daß Menschen nicht so sind wie Hunde an einer elastischen Leine, sondern viel eher wie Kinder, die zwischen geschiedenen Eltern hin- und hergerissen werden: die einmal durch die Liebe des einen Elternteils in die eine, ein andermal durch die Gefühle des anderen Elternteils in eine andere Richtung gezogen werden. Wenn überhaupt, ist ein Kind eher selten in der Lage, zu einer einzigen, festen oder statischen Lösung des Problems zu kommen. Wenn die Menschen den Darwinismus jemals als Erklärung für menschliches Verhalten ernst nehmen sollten, dann muß er sich einer Psychologie bedienen, die weit ausgeklügelter ist als das uns bisher angebotene Bild von der Puppe an einem elastischen Faden, an dem die Gene ziehen.

Wie ich nun zu zeigen versuchen werde, ist Freud in der Lage, genau die Psychologie zu bieten, die der Darwinismus benötigt, wenn er die Besonderheiten des menschlichen Verhaltens erklären soll. Das läßt sich mit Mendel vergleichen, der trotz eines ersten irreführenden Eindrucks in der Lage war, die allgemeine genetische Grundlage für den Darwinismus zu schaffen. Wenn ich darin recht habe, brauchen wir eine neue »moderne Synthese« aus der Freudschen Psychologie und der Darwinschen Evolutionstheorie; sie muß die Evolution durch natürliche Selektion zur Vielschichtigkeit menschlichen Verhaltens in Beziehung setzen, so wie dies auch bei der vorangehenden Synthese geschah, die auf den Prinzipien der Genetik aufbaute. Ich bezeichne diese neue Synthese als *Psychodarwinismus*. In diesem Buch wird von mir das Ziel verfolgt aufzuzeigen, wie sich dies erreichen läßt.

Darwinsche Gemüthsbewegungen

Bei der Frage, was denn heutzutage Darwinsche Psychologie sei, sollte außerdem berücksichtigt werden, daß sie, wenn überhaupt, nur wenig mit Darwins eigenen Schriften zu tun hat. Sein Hauptwerk *The Expression of the Emotions in Man and Animals (Der Ausdruck der Gemüthsbewegungen bei den Menschen und den Thieren)* wurde im Jahre 1872 veröffentlicht. Es wurde trotz seines Erfolgs – es war ein Bestseller seiner Zeit – ein Jahrhundert später als »historische Einbahnstraße« beschrieben und selbst von den heutigen Darwinisten fast überhaupt nicht zur Kenntnis genommen. In den wenigen Fällen, in denen Darwins Buch jetzt in Veröffentlichungen zitiert wird, ist sein Titel häufig falsch angegeben. Dies kann als Hinweis darauf gelten, daß die Autoren das Werk nie wirklich gelesen haben. Fast niemand erörtert heutzutage den Inhalt von Darwins Buch, vielleicht weil es sich mit Emotionen beschäftigt – ein Verhaltensaspekt, der von der akademischen Psychologie des zwanzigsten Jahrhunderts fast überhaupt nicht zur Kenntnis genommen und nur selten bedacht wird, sogar von jenen, die sich selbst für Darwinisten halten. Lassen Sie uns deshalb mit dem anfangen, was gemeinhin übersehen wird, und lassen Sie uns das, was Darwin zu sagen hat, eingehender betrachten.

Darwins Buch beruht auf drei grundlegenden Prinzipien. Erstens: Das Prinzip der »zweckdienlichen assoziierten Gewohnheiten« wird durch folgendes Beispiel veranschaulicht: »Wenn sich ein Hund einem fremden... Menschen in böser oder feindlicher Seelenstimmung nähert, so geht er aufrecht und ganz straff gehalten; sein Kopf ist leicht erhoben... Sein Schwanz zeigt nach oben und ist starr; das Haar sträubt sich... Die gespitzten Ohren sind vorwärts gerichtet, und die Augen haben einen starren Ausdruck« (siehe Abbildung 1). »Diese Aktionen... ergeben sich aus der Absicht des Hundes, seinen Gegner anzugreifen, und sind deshalb zum großen Teil verständlich. Wenn er sich darauf vorbereitet, mit einem wilden Knurren seinen Gegner anzuspringen, bleckt er seine Eckzähne und drückt seine Ohren nach hinten an den Kopf...«[2]

Dies ist eine anschauliche Illustration für die *zweckdienliche* Seite der Angelegenheit. Ein Beispiel aus dem menschlichen Verhalten, das etwas über das Element der fast allgegenwärtigen Assoziation aussagt, wäre etwa das Kratzen am Kopf in Situationen, in denen man über etwas im Zweifel

Abbildung 1: Darwins Bild eines »Hundes, der sich einem anderen Hund mit feindlichen Absichten nähert« (nach Riviere)

oder verwirrt ist. Man kann sich bei diesen Gefühlen eigentlich keine Erleichterung verschaffen, indem man sich unmittelbar am Gehirn oder an den Gedanken so kratzt, wie man es möglicherweise direkt auf der Haut zu tun pflegt, wenn es juckt. Darwins Schlußfolgerung besteht jedoch darin, daß man so handelt, *als ob* man es könne, und dabei versucht, das Gefühl der Verwirrung zu überwinden. Eine derartige Handlung ist nur durch Assoziation zweckdienlich. Zweckdienliche Assoziationen werden dadurch *zur Gewohnheit,* daß sie regelmäßig in derartigen Situationen zum Ausdruck kommen. Nach Darwin »reibt man sich die Augen, wenn man verwirrt ist, oder hüstelt ein wenig, wenn man verlegen ist; man handelt in beiden Fällen so, als hätte man ein leicht unangenehmes Gefühl in den Augen oder in der Luftröhre... Ein Mann..., der vehement eine Aussage zurückweist, wird fast immer seine Augen schließen und sein Gesicht abwenden; wenn er jedoch mit der Aussage übereinstimmt, wird er mit dem Kopf zur Bestätigung nicken und seine Augen weit öffnen... Ich habe bemerkt, daß Personen, die ein schreckliches Ereignis beschreiben, ihre Augen sofort und fest schließen oder mit dem Kopf wackeln, als ob sie etwas Lästiges nicht sehen oder von sich abwenden wollten; und ich habe mich selbst dabei ertappt, wie ich meine Augen fest schloß, wenn ich an einen düsteren oder schrecklichen Anblick dachte.«[3]

Der Ausdruck der Gemüthsbewegungen bei den Menschen und den Thieren erschien, als Sigmund Freud (1856–1939) noch im Gymnasium war, und in einer Zeit, als Darwins Theorien in der deutschsprachigen Welt recht populär waren. Viel später merkt Freud in seiner *Selbstdarstellung* an: »Die Theorien von Charles Darwin, die damals für mich inhaltlich von Interesse waren, zogen mich stark an, denn sie enthielten die Hoffnung auf einen außergewöhnlichen Fortschritt in unserem Verständnis der Welt.«[4] Im Gegensatz zu den Hauptströmungen der Psychologie im zwanzigsten Jahrhundert, die von Darwin nicht Notiz nahmen, wendete Freud Darwins Prinzipien unmittelbar auf die Behandlung der *Hysterie* an – hier handelt es sich im wesentlichen um einen Zustand gestörter Emotionen.

Freud fand folgendes heraus: »Indem sie den sprachlichen Ausdruck wörtlich nimmt, den ›Stich ins Herz‹ oder den ›Schlag ins Gesicht‹ bei einer verletzenden Anrede wie eine reale Begebenheit empfindet, übt sie keinen witzigen Mißbrauch, sondern belebt nur die Empfindungen von neuem, denen der sprachliche Ausdruck seine Berechtigung verlangt. Wie kämen wir denn dazu«, fragt Freud, »von dem Gekränkten zu sagen: ›es hat ihm einen Stich ins Herz gegeben‹, wenn nicht die Kränkung von einer derartig zu deutenden Präkordialempfindung begleitet und an ihr kenntlich wäre?« Freud antwortet auf diese rhetorische Frage mit Beispielen, die den gerade bei Darwin zitierten ähneln: »Wie wahrscheinlich ist es nicht, daß die Redensart ›etwas herunterschlucken‹, die man auf eine unerwiderte Beleidigung anwendet, tatsächlich von den … Empfindungen herrührt, die im Schlunde auftreten, wenn man sich die Rede versagt, sich an der Reaktion auf Beleidigung hindert.« Freud läßt bei seinem Leser keinen Zweifel an der Tatsache, daß er Darwins Buch meint, wenn er hinzufügt: »All diese Sensationen und Innervationen gehören dem ›Ausdruck der Gemütsbewegungen‹ an, der, wie uns Darwin gelehrt hat, aus ursprünglich sinnvollen und zweckmäßigen Leistungen besteht; sie mögen gegenwärtig zumeist so abgeschwächt sein, daß ihr sprachlicher Ausdruck uns als bildliche Übertragung erscheint, allein sehr wahrscheinlich war dies alles einmal wörtlich gemeint.«[5]

Soviel zu Darwins erstem Prinzip. Was das zweite anbetrifft, sollten wir noch einmal zum Hund in Abbildung 1 zurückkehren. Wir »nehmen einmal an, daß der Hund plötzlich entdeckt, daß der Mann, dem er sich nähert, kein Fremder ist, sondern sein Herrchen; und wir wollen beobachten, wie umfassend und schnell sich sein ganzes Benehmen ins Gegenteil verkehrt« (siehe Abbildung 2).

»Anstatt aufrecht zu gehen, sinkt der Leib nieder oder kriecht sogar und verfällt in windende Bewegungen; der Schwanz ... wird gesenkt und schwankt von einer Seite zur anderen; das Haar wird augenblicklich glatt; die Ohren werden gesenkt oder zurückgezogen, ... und die Lippen hängen lose herab.« Mit anderen Worten sind die Reaktionen eines freundlichen Hundes, im Gegensatz zu denen eines unfreundlichen, nicht unmittelbar als Ausdruck dessen zu verstehen, was Darwin zweckdienliche Handlungen nannte, wie etwa die Bereitschaft, einen Feind anzugreifen. Vielmehr sind sie »nur dadurch erklärlich, daß sie in direktem Gegensatz zu der Haltung und den Bewegungen stehen, die ... von einem Hund angenommen werden, wenn er zu kämpfen beabsichtigt, und die folglich Zorn ausdrücken«.[6] Genau darum geht es beim Prinzip der *Verkehrung ins Gegenteil*.

Bei einer seiner hysterischen Patientinnen beobachtete Freud etwas Ähnliches. Es handelte sich um eine Frau, bei der folgende Symptome vorlagen:

Abbildung 2: Hund, der sich einem anderen Hund in einem demütigen und liebevollen Gemütszustand nähert (nach Riviere)

»Ticähnliche Bewegungen wie Zungenschnalzen und Stottern, das Rufen ihres Namens ›Emmy‹ im Anfalle von Verworrenheit, die zusammengesetzte Schutzformel – ›Seien Sie still – Reden Sie nichts – Rühren Sie mich nicht an!‹« Freud fand heraus, daß diese Symptome das Ergebnis der »Objektivierung von Kontrastvorstellungen« waren. »Die durch Sorgen und Wachen erschöpfte Hysterika sitzt beim Bette ihres kranken Kindes, das endlich eingeschlafen ist. Sie sagt sich: Jetzt mußt du aber ganz stille sein, damit du die Kleine nicht aufweckst.« Nach Freud »erweckt dieser Vorsatz wahrscheinlich eine Kontrastvorstellung, die Befürchtung, sie werde doch ein Geräusch machen, das die Kleine aus dem lang ersehnten Schlafe weckt«. Und später heißt es weiter: »Im Zustand der Erschöpfung, in dem sich unsere Kranke befindet, erweist sich nun die Kontrastvorstellung, die sonst abgewiesen wurde, als die stärkere; sie ist es, die sich objektiviert und die nun zum Entsetzen der Kranken das gefürchtete Geräusch tatsächlich erzeugt.«[7]

Was bei einer Kontrastvorstellung vor sich geht, wird im Hinblick auf die Psychologie des Menschen am ehesten in dem deutlich, was Freud später *Reaktionsbildung* nennen wird. Anna Freud berichtete mir einmal ausführlich über ein anschauliches Beispiel. Sie hatte eine junge Frau analysiert, die nach einem Vorfall auf der Straße in die Behandlung gekommen war. Die Frau kümmerte sich um ihre alte Mutter und hatte sie an einem bitterkalten Wintertag ausgeführt. Passanten hatten die Polizei gerufen, als sie sie dabei beobachteten, wie sie Halstücher und Schals so fest um den Hals ihrer Mutter wickelte, daß die alte Dame um Atem ringend blau anlief. Doch die pflichtbewußte Tochter wies immer wieder darauf hin, daß sie nur die Absicht gehabt hatte, ihre Mutter vor der Kälte zu schützen. In der Analyse kam heraus, daß sie insgeheim wünschte, ihrer alternde Mutter, die ihrer Tochter die Jugend nahm und die Gelegenheit vorenthielt, ihr eigenes Leben zu leben, möge sterben. Der bewußte Wunsch, ihre Mutter vor der Kälte zu schützen, stand in Kontrast zu ihrem verborgenen Wunsch, daß ihre Mutter tot sein möge. Dies war ja auch bei dem mit dem Schwanz wedelnden Hund der Fall; es deutete auf die Kontrastvorstellung des Gegenwillens hin, der durch das Gegenteil zum Ausdruck kommt. In diesem Fall jedoch gab es für die Handlung, daß sie etwas um den Hals der alten Dame wickelte, ein Motiv in den beiden Kontrastvorstellungen: Bewußt und subjektiv brachte die Handlung Fürsorge und beschützendes Verhalten zum

Ausdruck, unbewußt und in seinen objektiven Auswirkungen stellte sie den Versuch dar, die Mutter zu erwürgen.

Freuds wesentliche Einsicht bei der geheimnisumwitterten Hysterie bestand darin, daß er Darwins drittes Prinzip aus dem Ausdruck der Gemütsbewegungen erweiterte. Die Ursache dafür sah Darwin in »der direkten Wirkung des Nervensystems auf den Körper, unabhängig vom Willen und unabhängig von der Gewohnheit«. Darwin führt weiter aus: »Die wahnsinnigen und sinnlosen Bewegungen eines wütenden Menschen können zum Teil dem einer besonderen Leitung ermangelnden Ausflusse von Nervenkraft zugeschrieben werden.«[8] Darwin nennt viele weitere Beispiele für dieses dritte Prinzip. Dazu gehört auch vieles aus dem menschlichen Erfahrungsbereich, vom Zittern vor Furcht bis zum Schwitzen, Herzklopfen, Erröten, Lachen und Weinen. Obwohl ein Großteil dieser Ausdrucksbewegungen mit den ersten beiden Prinzipien zusammenhängt, leitet sich ihre besondere Intensität von dem ab, was Darwin eine »überschußartig erzeugte Nervenkraft« nennt.

Nach Freud lag den Symptomen der Hysterikerinnen ein vergleichbarer Überschuß an Nervenkraft zugrunde, die vom Bewußtsein unabhängig war.

»Ein Teil der auffälligen Bewegungserscheinungen«, wie sie die oben erwähnte Patientin zeigte, »war einfach Ausdruck von Gemütsbewegung und leicht in dieser Bedeutung zu erkennen, so das Vorstrecken der Hände mit gespreizten und gekrümmten Fingern als Ausdruck des Grausens, das Minenspiel u. dgl. Allerdings ein lebhafterer und ungehemmterer Ausdruck der Gemütsbewegung, als der sonstigen Mimik dieser Frau, ihrer Erziehung und ihrer Rasse entsprach; sie war, wenn nicht im hysterischen Zustande, gemessen, fast steif in ihren Ausdrucksbewegungen. Ein anderer Teil ihrer Bewegungssymptome stand nach ihrer Angabe in direktem Zusammenhange mit ihren Schmerzen, sie spielte ruhelos mit den Fingern oder rieb die Hände aneinander, um nicht schreien zu müssen, und diese Motivierung erinnert lebhaft an eines der Darwinschen Prinzipien zur Erklärung der Ausdrucksbewegung, an das Prinzip der ›Ableitung der Erregung‹, durch welches er z. B. das Schweifwedeln der Hunde erklärt. Den Ersatz des Schreiens bei schmerzhaften Reizen durch andersartige motorische Innervation üben wir übrigens alle. Wer sich beim Zahnarzt vorgenommen hat, Kopf und Mund ruhig zu halten und nicht mit den Händen dazwischenzufahren, der trommelt wenigstens mit den Füßen.«[9]

Diese Beispiele zeigen, daß Freud im Gegensatz zu den Hauptströmungen der Psychologie des zwanzigsten Jahrhunderts Darwin viel verdankte. Eine kürzlich durchgeführte Untersuchung kam in der Tat zu der Schlußfolgerung: »Psychologen sahen es nicht als ihre Aufgabe an, die Seele auf die Weise zu untersuchen, wie Darwin dies machte ... Der Behaviorismus wandte sich von derartigen Studien ab; wenn man unsere Seele richtig verstehen wolle, so meinte man, dann sei dies nur möglich, wenn man Verhalten versteht. Ein darwinistischer Ansatz in der Psychologie geht genau in eine andere Richtung. Die adaptive Bedeutung unseres Verhaltens mag im Verborgenen bleiben, doch haben wir die Hoffnung, es dadurch zu verstehen, daß wir unsere Seele verstehen.«[10] Indem Darwin »dem Vermächtnis der natürlichen Zuchtwahl« im menschlichen Wesen nachging,

> »machte er dies nicht auf die Art, wie es heute typischerweise die Darwinisten machen. Doch sein Ansatz könnte sich als eine produktive Methode herausstellen, mit der wir uns selbst untersuchen. Es handelt sich um etwas, was wir heutzutage als ›psychologisch‹ und nicht als ›ethologisch‹ oder ›soziologisch‹ bezeichnen. Darwin interessierte sich mehr für unsere Emotionen als für unsere Handlungen. Während die Mehrheit der heutigen Darwinisten das menschliche Wesen dadurch zu erfassen versucht, daß sie sich mit dem Vorkommen homosexuellen Verhaltens, dem Vergleich von Scheidungshäufigkeiten, mit sozialen Hierarchien, mit aggressiven Zusammenstößen und den Beziehungen innerhalb der Familie beschäftigen, interessierte sich Darwin eher für Gefühle, für Gefühle der Liebe und des Hasses, der Eifersucht und der Großzügigkeit, des Stolzes und der Scham bzw. des Grolls und der Dankbarkeit, des Wohlwollens und der Gehässigkeit.«[11]

Ein solches Verständnis der Seele, mit einer Betonung der Emotionen, ist auch für Freud kennzeichnend. Ich möchte sogar behaupten, daß Freuds Psychologie Darwins Ansatz viel näher ist als jener der heutigen darwinistischen Psychologen. Mit der akademischen Psychologie haben letztere gemeinsam, daß sie das Kognitive betonen; nur selten, wenn überhaupt, beschäftigen sie sich mit den Emotionen auf die Art und Weise, wie Darwin oder Freud dies taten. Der Psychodarwinismus stellt eine natürliche Verbindung dieser beiden sehr ähnlichen Auffassungen zum Wesen des Menschen dar. Bei beiden werden die Emotionen besonders betont, und beide versuchen, das menschliche Verhalten zu verstehen, indem sie zunächst zu verstehen versuchen, was in der menschlichen Seele vor sich geht.

Mehr als jede andere Richtung in der Psychologie war es die Freudsche Tradition, die Darwins Beispiel folgte, indem sie Kleinkinder beobachtete, um so den Ausdruck der Gemütsbewegungen zu untersuchen. Die Psychoanalyse hat dies in einem Maße festgeschrieben, daß die Beobachtung von Kleinkindern Voraussetzung für die psychoanalytische Ausbildung ist und sich eine ganze Teildisziplin der Kinderanalyse herausgebildet hat. Darwin hatte auch darauf hingewiesen, daß man wesentliche Einsichten über den Ausdruck der Gemütsbewegungen dadurch gewinnen könne, daß man Geisteskranke untersucht. Niemand wird abstreiten, daß Freud und seine Nachfolger in der psychoanalytischen Bewegung für diesen Bereich bahnbrechende Versuche unternommen hatten, um Geisteskrankheiten zu begreifen und neue Regeln für deren Behandlung aufzustellen. Freud hatte eine einzigartige Gelegenheit, die Seele, wie von Darwin empfohlen, im normalen und im abnormalen Zustand zu untersuchen. Freuds Studie zu Michelangelos *Moses* setzte Darwins unerfüllte Hoffnung um, auch »die großen Meister der Malerei und der Bildhauerei, die so gute Beobachter sind«, in seine Überlegungen einzubeziehen.[12] Viele, die über Freud schrieben, betonten die Beweggründe, warum er diese kurze Arbeit in Angriff nahm; und vielleicht treffen sie den Kern. Wenn man bedenkt, wie tief die Arbeit in die Deutung der vielschichtigen Emotionen vordringt, die in diesem großartigen Werk der Bildhauerei zum Ausdruck kommen, wird jeder, der mit dem Buch *Ausdruck der Gemüthsbewegungen* vertraut ist, sofort erkennen, daß es genau das war, woran Darwin dachte.

Wenn man es vom Standpunkt unseres heutigen, fortgeschrittenen Verständnisses der Verhaltensevolution aus betrachtet, so werden wir in späteren Kapiteln sehen, daß außer Freud ein oder zwei moderne Psychologen zu Erkenntnisfortschritten gekommen sind, die Freuds Hauptentdeckung – dem dynamischen Unbewußten – nahekommen. Wir werden sehen, daß der Ausdruck der Gemütsbewegungen (oder eher das Bedürfnis, sie nicht zum

Ausdruck kommen zu lassen, um andere zu täuschen) den Schlüssel zur Lösung des Bewußtseinsrätsels darstellt und daß das Freudsche Modell der Seele sich überraschend gut eignet, um einen modernen darwinistischen Blick auf unsere heutige Psychologie zu werfen. Doch bevor wir uns dieser Frage näher zuwenden, gibt es noch eine weitere, vorgeordnete Frage, mit der wir uns beschäftigen müssen.

Der Lamarcksche Schandfleck

Vom jetzigen Standpunkt aus gibt es zwei wichtige Evolutionstheorien: die von Charles Darwin und die von Jean-Baptiste Antoine Monet (1744–1829), besser bekannt als Lamarck. Darwins Theorie beruht auf dem Prinzip der natürlichen Selektion oder Auslese und ist, wie sich belegen läßt, korrekt. Lamarcks Theorie gründet sich auf die Vererbung erworbener Eigenschaften, was sich als falsch erwiesen hat. Freud glaubte Zeit seines Lebens an die Vererbung erworbener Eigenschaften. Deshalb ist Freuds evolutionärer Ansatz falsch und alles andere als darwinistisch. Infolge dieser Auffassung war Freud eingestandenermaßen »Psycholamarckist« und ganz gewiß kein Psychodarwinist.

Lassen Sie uns die Frage des sogenannten Lamarckismus bei Freud einen Augenblick beiseite stellen, und widmen wir uns ganz Darwin. Es stimmt durchaus, daß die Evolutionstheorien von Darwin und Lamarck ganz unterschiedlich sind und daß moderne Forschungen Darwin bestätigt haben, Lamarck jedoch in Verruf brachten. Trotzdem kam es zu einer tiefen Verwirrung darüber, was mit dem Begriff »Lamarckismus« gemeint ist.

Stellen wir uns die Frage, wie Darwin den Begriff verstand, dann läßt sich der Lamarckismus folgendermaßen beschreiben: »Unternimmt ein Tier zur Befriedigung seiner Bedürfnisse wiederholte Anstrengungen, seine Zunge zu verlängern, wird sie eine beträchtliche Größe erlangen (Ameisenbär, Grünspecht); ist es erforderlich, daß das Tier irgend etwas mit diesem Organ greift, dann wird sich die Zunge teilen und gabelartig werden.«[13] Dies ist der grundlegende Unterschied zu Darwins Theorie der Evolution durch natürliche Selektion, sie setzt keinen derartigen Willen oder eine derartige Absicht voraus, sich zu entwickeln.

Dasselbe trifft auf einen weiteren Aspekt des Lamarckismus zu, den Darwin für »Unsinn« hielt: sein Glaube an die Unausweichlichkeit eines organischen Fortschritts in Richtung auf »höhere«, »fortgeschrittenere« und »überlegenere« Lebensformen. Darwins Wissen im Bereich der Zoologie war zu umfassend, als daß er an eine derartige Sichtweise glauben konnte; und er stellte ausdrücklich in Abrede, daß die Theorie der natürlichen Selektion auf irgendeine besondere Art von Fortschritt hinausläuft (siehe unten S. 50–52). Insoweit scheint die moderne Sichtweise, daß Darwin und Lamarck in einem unversöhnlichen Gegensatz zueinander standen, völlig richtig zu sein.

Wenn jemand heutzutage von Freuds Lamarckismus spricht, dann ist damit eigentlich nicht die Auffassung von der Evolution gemeint, die sich gesteuert vom Willen mit unvermeidlichem Fortschritt vollzieht, sondern Freuds Glaube an die Vererbung erworbener Eigenschaften. Weil dieser Glaube aufgrund der modernen genetischen Forschung zweifelhaft erscheint, wird angenommen, dies stehe im Gegensatz zu Darwins Auffassungen. Freuds beharrlicher Glaube daran wird gewöhnlich als Beweis dafür betrachtet, daß seine Theorien falsch sind, nichts mit Darwin zu tun haben und verworfen werden sollten. Doch wird dabei die wichtige Tatsache übersehen, daß, wenn Freud ein »Lamarckist« war, weil er an die Vererbung erworbener Eigenschaften glaubte, auch Darwin ein »Lamarckist« war.

Tatsächlich tat sich Darwin damit hervor, daß er seinen Lamarckismus in dieser Hinsicht betonte und bemerkte: »Selbst in der ersten Ausgabe von ›Die Entstehung der Arten‹ habe ich eindeutig festgestellt, daß den ererbten Auswirkungen des Gebrauchs und Mißbrauchs eine große Bedeutung eingeräumt werden muß, sowohl hinsichtlich des Körpers als auch hinsichtlich der Seele.«[14] In seinem Buch *Die Abstammung des Menschen* schreibt er: »Andererseits werden die Handlungen des Verstandes, wie z. B. wenn Vögel auf ozeanischen Inseln zuerst sich vor Menschen fürchten lernen, in Instinkte umgewandelt und als solche vererbt, wenn sie mehrere Generationen hindurch ausgeführt worden sind.« Er glaubte auch, daß »die Stimmorgane weiter gekräftigt und in Folge des Prinzips der vererbten Wirkungen des Gebrauchs vervollkommnet worden seien«.[15]

Selbst wenn Darwin in diesem Zusammenhang die natürliche Selektion erwähnte, dann ist sie nur als Alternative zur Lamarckschen Evolution zu verstehen: »Denn obschon manche Instinkte durch lang fortgesetzte und vererbte Gewohnheit entwickelt worden sind, so haben sich andere in hohem Grade komplizierte Instinkte durch Erhaltung von Abänderungen schon früher bestehender entwickelt – das heißt durch natürliche Zuchtwahl.« Doch trotz der Tatsache, daß er die Rolle der Selektion anerkennt, gibt er offen zu, wenn es um gewohnheitsmäßige Handlungen geht, keine Alternative zum Lamarckismus zu sehen: »Daß eine gewisse physikalische Veränderung in den Nervenzellen oder Nerven erzeugt wird, die gewöhnlich in Gebrauch kommen, läßt sich kaum bezweifeln; denn auf andere Weise ist kaum zu verstehen, wie die Neigung zu gewissen erworbenen Bewegungen vererbt sein kann.«[16]

Obwohl sich Darwin, wenn es um körperliche Anpassungen etwa der Zunge oder des Halses ging, über Lamarcks vom Willen gelenkte Evolution lustig machte, folgte er anscheinend eben dieser Auffassung, wenn es um psychologische Faktoren geht, und schreibt zu Trieben ausdrücklich folgendes: »Es war auch notwendig zu zeigen, daß mindestens einige von ihnen ursprünglich durch den Willenseinfluß erlangt worden sind, um eine Begierde zu befriedigen oder eine unangenehme Empfindung zu erleichtern.«[17] Seine Beobachtungen an einem seiner eigenen Kinder brachten ihn dazu, »den Verdacht zu entwickeln, daß es sich bei den verschwommenen und bei den ganz realen Ängsten von Kindern, die von der Erfahrung ziemlich unabhängig sind, um vererbte Auswirkungen realer Gefahren und tiefsten Aberglaubens aus längst vergangenen, wilden Zeiten handelt.«[18]

Geht man von Darwins Glauben an die Vererbung erworbener Eigenschaften aus und davon, daß psychologische Faktoren wie Triebe oder Reflexe nachweisbar vererbt werden, erscheint es durchaus sinnvoll, zu sagen, daß sie zunächst erworben werden mußten, bevor sie vererbt werden konnten, und anzunehmen, daß absichtliche Handlungen vorlagen, ehe sie als Triebe oder Reflexe vererbt wurden. Darwin stellt dies ausdrücklich fest, wenn er schreibt: »Es erscheint wahrscheinlich, daß einige Tätigkeiten, die zuerst mit Bewußtsein ausgeführt wurden, durch Gewohnheit und Assoziation in Reflextätigkeiten umgewandelt worden und nun sicher befestigt und vererbt sind.« Nur wenn eine ursprünglich willkürliche Handlung durch häufige Wiederholung in einen angeborenen Reflex überführt wurde, sah Darwin den Mechanismus der natürlichen Selektion in dessen Evolution wirksam werden. Dies geschah dadurch, daß Variationen erhalten blieben, die sich als vorteilhaft erwiesen hatten.[19]

Es scheint sich somit herauszukristallisieren, daß Darwin nicht nur »Lamarckist« war, wenn wir diese Bezeichnung so verstehen, daß er an die Vererbung erworbener Eigenschaften glaubte; er war sogar, zumindest wenn es um psychologische Faktoren ging, ein Lamarckist, der an die willentlich herbeigeführte Evolution glaubte. Obwohl es ihm offensichtlich seltsam vorkam, zu glauben, daß eine lange Zunge sich entwickelt, weil ein Tier möchte, daß seine Zunge länger wird, war es für ihn nachvollziehbar, daß aus willentlichen Handlungen wie etwa dem Ausweichen vor schmerzvollen Reizen am Ende vererbte Reflexe werden können. Hat man nur den Wunsch, schlanker zu werden, wenn man sich im Spiegel sieht, kann dies keine unmittelbare Auswirkung auf die Fettschicht im Körper haben. Entschließt man sich jedoch dazu, eine Schlankheitskur zu machen, kann diese Anstrengung von Willenskraft dazu beitragen, daß man schlanker wird – zumindest wenn man es durchhält. Eine Absicht kann sich so in einer Weise, wie dies nie bei Teilen des Körpers, etwa dem Fett oder der Zunge, möglich wäre, direkt auf das Verhalten auswirken. Darum kommt der Larmarckismus im *Ausdruck der Gemüthsbewegungen* wahrscheinlich viel deutlicher zum Ausdruck als in irgendeinem anderen seiner Werke; deswegen akzeptiert Darwin auch in seinen psychologischen Schriften ausdrücklich die willentliche Evolution und die Vererbung erworbener Eigenschaften. Vielleicht handelt es sich hier um einen der eigentlichen Hauptgründe, warum Darwins Werk den Bereich der Emotionen so häufig erwähnt, jedoch selten gelesen oder zitiert wird. Es mag sein, daß der unverkennbare Lamarckismus seiner psychologischen Schriften das Buch über Emotionen merkwürdig und veraltet erscheinen läßt und daß man es als moderner Autor, der Darwinismus und Lamarckismus als Widerspruch begreift, am besten verschweigt.

Für Darwins Glauben an die Vererbung erworbener Eigenschaften gibt es eine auf der Hand liegende Erklärung: Zu Darwins Lebzeiten blieben die Vorgänge, auf denen die Vererbung tatsächlich beruhte, im dunkeln; dies liegt daran, daß Mendels Entdeckung der genetischen Gesetze breiten Kreisen bis zur Zeit nach der Jahrhundertwende unbekannt blieb. Weil man zu Darwins Lebzeiten weithin an die Vererbung erworbener Eigenschaften glaubte, wäre der Glaube daran nicht als etwas für Lamarck Typisches aufgefaßt worden. Erst im zwanzigsten Jahrhundert erkannte A. Weismann, daß die genetische Ausstattung eines Organismus nicht durch dessen Körper oder Erfahrungen verändert werden konnte, und jetzt war die Bedeutung des Begriffes »Lamarckismus« einem Wandel unterworfen. Dieser Bedeutungswandel hatte zur Folge, daß er allmählich mit der Lehre von der Vererbung erworbener Eigenschaften gleichgesetzt wurde. Doch Weismanns Auffassung wurde zunächst im allgemeinen zugunsten der herkömmlichen Sichtweise verworfen und durchaus nicht sofort akzeptiert. Für Darwin und für Freud war mit Lamarckismus eine Evolution gemeint, bei der sich willentlich eine fortschreitende Verbesserung ergab; sie verstanden ihn nicht wie heute zumeist als Vererbung erworbener Eigenschaften.

Wenn wir uns nun schließlich Freud zuwenden und die Frage aufwerfen, in welchem Licht ihn dies erscheinen läßt, können wir klar sehen, daß es sich beim viel geschmähten und verunglimpften Lamarckismus, im Sinne der Vererbung erworbener Eigenschaften, um noch ein weiteres Merkmal handelt, das Darwin und Freud gemeinsam ist. Ich bin weit davon entfernt, ihn, wie dies häufig in den letzten Jahren geschehen ist, in eine andere Tradition des evolutionären Denkens einzuordnen. Freuds Lamarckismus stellt ihn in der Tat klar und deutlich in eine Traditionslinie mit Darwins Schriften über Evolution und Psychologie. Historische Forschungen haben gezeigt, daß Freud tatsächlich den für ihn typischen Lamarckismus aus den Schriften von Darwin entnahm, und nicht aus denen von Lamarck. Wenn man Darwins Schriften dazu heranzieht, ist es somit ein Fehlurteil, Freud zu verwerfen, weil seine Auffassungen zur Evolution angeblich im Gegensatz zu denen von Darwin stehen. Im Gegenteil, wir könnten vielmehr zu der Schlußfolgerung kommen, daß Freuds psychologische Arbeit der von Darwin in einer weiteren Hinsicht, die sie von anderen Denktraditionen unseres Jahrhunderts unterscheidet, ähnelt: Sie ist lamarckistisch, zumindest in dem Sinne, wie der Begriff heute allgemeinhin verstanden wird.

Natürlich war, als Darwin 1882 starb, Mendels Entdeckung der Gesetze der Genetik einem größeren Kreis immer noch unbekannt. Freud dagegen starb 1939, ziemlich zur selben Zeit, als die Lehren von Darwin und Mendel zu der zuvor erwähnten »modernen Synthese« vereint wurden. Freud jedoch verlor die Biologie mit ihren Hauptströmungen zur gleichen Zeit aus den Augen, als er begann, seine psychologische Forschung zu entwickeln. Und wie ebenfalls zuvor erwähnt, wurde die Lehre von Mendel, auch als sie Anfang des zwanzigsten Jahrhunderts wiederentdeckt wurde, zunächst eher dazu verwendet, Darwin in Mißkredit zu bringen, als ihn zu bestätigen. Erst nachdem die Mendelsche Genetik und die Lehre von der natürlichen Selektion während der dreißiger Jahre in ein einheitliches System überführt worden war, erkannte man allmählich in einer breiteren Öffentlichkeit, daß die Vererbung erworbener Eigenschaften als wissenschaftliche Lehrmeinung nicht mehr aufrechtzuerhalten war. Doch zu dieser Zeit war Freud bereits über siebzig Jahre alt. Seitdem hat man Darwin seinen Lamarckismus vergeben, Freud hängte man jedoch diese Auffassung wie einen Klotz ans Bein.

Der Grund dafür liegt darin, daß Darwins Werk Bestandteil der modernen Verbindung von Evolution durch natürliche Selektion und Mendelscher Genetik geworden ist, Freud jedoch noch nicht auf irgendeine vergleichbare Weise wissenschaftlich runderneuert wurde. Die moderne Zusammenführung beider Auffassungen blieb nicht ohne Auswirkungen auf die Art und Weise, wie wir Darwin wahrnehmen: Viele seiner ihm eigenen persönlichen Ungereimtheiten in Fragen der Vererbung und Selektion wurden beseitigt, an ihre Stelle trat eine neue gereinigte Version seiner grundlegenden Einsichten, die wir heute für »Darwinismus« halten. Die Tatsache, daß Darwin ganz augenscheinlich daran glaubte, die Kinder einer Frau könnten von deren zweitem Mann Eigenschaften ihres ersten Mannes erben, hält uns nicht davon ab, heute zu meinen, daß die moderne Genetik ein integraler Bestandteil des Darwinismus ist.[20] Moderne Darwinisten mögen heute durchtrieben behaupten, daß »Lamarckisten herkömmlicherweise Knochennarben mögen« (weil Knochennarben erworben und anscheinend vererbt werden können), und dies dann dem »Darwinisten« gegenüberstellen, der »eine fertige Antwort parat hat«, die er in der Begrifflichkeit der natürlichen Selektion formuliert (im Gegensatz zur Vererbung erworbener Eigenschaften).[21] Doch in Wahrheit hatte Darwin selbst eine solche Erwiderung nicht parat. Im Gegenteil, seine eigene Antwort war eine im herkömmlichen Sinne larmarckistische. Er schrieb dazu: »Bei Kindern ist schon lange vor der Geburt die Haut an den Fußsohlen dicker als an irgendeinem anderen Teile des Körpers; und es läßt sich kaum zweifeln, daß dies eine Folge der vererbten Wirkungen des einer langen Reihe von Generationen hindurch stattgefundenen Drucks ist.«[22]

Allem Anschein nach war Darwin nicht so darwinistisch, wie er nach dem Willen der modernen Darwinisten hätte sein sollen. Wir vergeben, vergessen und übersehen Darwins Fehler und Verwirrungen, weil wir meinen, seine grundlegenden Einsichten in die natürliche Selektion seien richtig. Wir sind in der vorteilhaften Lage, im nachhinein alles besser zu wissen, und erkennen, wie gut dies mit dem modernen Wissen, das Darwin nicht zur Verfügung stand, im Einklang steht. Doch sollten wir die Tatsache nicht aus dem Auge verlieren, daß seine Auffassungen nicht immer so darwinistisch waren, wie sie es hätten sein können. Im Gegenteil, wir können jetzt erkennen, daß der Gegensatz zwischen »Darwinismus« und »Lamarckismus«, der so oft eingesetzt wird, um Freud zu diskreditieren, eine neuere Erfindung ist und historisch betrachtet nicht alles so einfach war.

Selbstverständlich möchte ich damit nicht sagen, daß Freud, weil er Darwin in seinem Lamarckismus ähnelte, weniger unrecht hatte. Sowohl Freud als auch Darwin wurden durch den Lamarckismus in die Irre geführt. Ich bestehe jedoch darauf, daß es genauso unfair ist, Freud zu verurteilen, weil man meint, ihm hafte der Schandfleck des Lamarckismus an, wie es unfair wäre, Darwins *Ausdruck der Gemüthsbewegungen bei den Menschen und den Thieren* deswegen abzutun, weil das Buch in seiner Darstellungsweise ähnlich lamarckistisch ist. Wenn wir unter diesem Aspekt bereit sind, gegenüber Darwin Nachsicht zu üben, dann sehe ich keinen Grund, warum dies nicht auch gegenüber Freud in ähnlicher Weise geboten wäre. Darwins Arbeit über Emotionen hat, obwohl sie offenkundig lamarckistisch ist, als wunderbar genau beobachtete Untersuchung ihren Stellenwert für dieses Thema. Von meinem Standpunkt aus trifft Ähnliches auf Freud zu.

Tatsächlich trifft dies sogar auf Freud in noch stärkerem Maße zu, weil sein Lamarckismus im Gesamtwerk nicht den zentralen Stellenwert hat wie in Darwins Schriften zur Psychologie. Wie bei Darwins Arbeit über die Emotionen sind Freuds beschreibende Befunde möglicherweise viel wichtiger als seine einschlägigen Theorien. Freuds Gesamtwerk von vornherein abzutun, weil der Autor des Lamarckismus schuldig gesprochen werden kann, scheint mir zumindest voreilig.

Freuds Lamarckismus und seine Verworrenheit, was den gesamten Bereich der Evolution angeht, läßt die Übereinstimmung zwischen seinen Befunden und manchen der Einsichten des neueren Darwinismus, die der Intuition widersprechen, um so verblüffender erscheinen. Diese Einsichten zeigen, daß Freud weit davon entfernt ist, der unwissenschaftliche, verrückte Theoretiker zu sein; vielleicht ist er der Entdecker bedeutender neuer Tatsachen über das menschliche Verhalten, bei denen wir, um sie wirklich interpretieren zu können, noch auf theoretische Fortschritte in der Biologie warten mußten. Doch dazu sollte es nicht kommen, bis sein Tod schon mehrere Jahrzehnte zurücklag. Die ersten beiden Kapitel dieses Buchs werden sich damit beschäftigen, diese Entwicklungen zu erläutern. Nur mit einem angemessenen Verständnis von Darwin ist es möglich, allmählich zu begreifen, worin die wahren Einsichten von Freud liegen.

1
Allgemeingültiger Darwinismus

Evolution durch natürliche Selektion – der Kern des Darwinismus – ist eine der einfachsten und elegantesten wissenschaftlichen Vorstellungen, die je entwickelt wurden. Doch aus ebendiesem Grund handelt es sich vielleicht auch um eine Vorstellung, die am gründlichsten mißverstanden und bis zur Unkenntlichkeit entstellt wurde. Noch mehr wird wahrscheinlich der Psychodarwinismus fehlinterpretiert werden, wenn der grundlegende darwinistische Wirkungszusammenhang, auf dem er beruht, nicht richtig verstanden wird. Mein Ziel für dieses Kapitel besteht darin, den Schlüsselbegriff des Darwinismus, die Evolution durch natürliche Selektion, so verständlich wie möglich zu erläutern. Dazu werde ich zunächst ein Beispiel für natürliche Selektion in einer deutlich von den Umständen, unter denen wir normalerweise erwarten würden, auf sie zu stoßen, verschiedenen Situation anführen. Im zweiten Teil werde ich zeigen, warum viele der Annahmen und Assoziationen, die man mit dem Darwinismus in Verbindung bringt, irreführend und warum sie im Zusammenhang mit dem zugrundeliegenden Prinzip keineswegs wesentlich sind. Am Ende des Kapitels werden wir erkennen, wie sich das Prinzip der natürlichen Selektion dazu verwenden läßt, ein Verständnis für das Geheimnis der Evolution recht vielschichtiger und eher unwahrscheinlicher Strukturen wie beispielsweise lebendiger Organismen zu entwickeln. Darwins zentrale Entdeckung ging darüber hinaus, nur eine Theorie über die Evolution des Lebens auf der Erde vorzustellen; sie wurde zu einer Einsicht in ein viel grundlegenderes Konzept. Und ebendas bezeichnen wir als *allgemeingültigen Darwinismus*. Damit meine ich eine Evolution durch natürliche Selektion, die unabhängig ist von den Organismen und örtlichen Gegebenheiten – es geht hier um Darwinismus als allgemeingültige Wahrheit.

Automatische Evolution

Für jeden, der versucht, den Darwinismus zu erklären, ist es ein großes Problem, daß alle schon so viel darüber wissen oder zu wissen meinen. Den Darwinismus gibt es ja auch schon seit 1859, und er wurde seitdem kontrovers diskutiert. Daraus folgt, daß Darwinismus ein geläufiger Begriff ist und automatisch zu vielen ganz eigenen Assoziationen führt. Eine der verbreitetsten Assoziationen ist das Schlagwort vom »Überleben des Tüchtigsten«. Häufig wird es Darwin zugeschrieben, und man meint im allgemeinen, daß der Schlüsselbegriff der natürlichen Selektion darin zusammengefaßt ist. Doch der Ausdruck »Überleben des Tüchtigsten« wurde nicht von Darwin, sondern von Herbert Spencer (1820–1903) geprägt. Damit verbinden sich alle möglichen unglückseligen Assoziationen; und wie so viele anerkannte Konzepte zur Evolution führt er wahrscheinlich eher in die Irre, als daß er zum Wissen beiträgt. Es handelt sich auch nicht um ein einzelnes, untypisches Beispiel. Im Laufe der Zeit kamen zu Darwins überaus einfacher Idee alle möglichen Randnotizen und Zusätze hinzu, die den Grundgedanken bis zur Unkenntlichkeit entstellten.

Es ist deswegen erforderlich, zum Kern der Vorstellung zurückzukehren, und zwar so, daß diese störenden und irreführenden Erweiterungen vermieden werden. Eine Möglichkeit besteht darin, sich von der Logik, die Darwins Einsichten zugrunde lag, zu lösen und sie in einem Medium zu simulieren, das sich für diese Aufgabe in idealer Weise eignet. Es bietet sich an, daß man die grundlegenden Wirkungszusammenhänge der Evolution durch natürliche Selektion auf einem Computer modelliert. Wenn man die Evolution durch natürliche Selektion aus den vertrauten Zusammenhängen herauslöst, kann man sie in ihrer reinsten Form betrachten; sie ist dann befreit vom störenden Beiwerk, das sich in den letzten 150 Jahren um diesen Grundgedanken herumgerankt hat.

Eine der von diesem Standpunkt aus besten Computersimulationen nennt sich EVOLV-O-MATIC. Ihrer Einfachheit wegen eignet sie sich in vorbildlicher Weise dafür, die wesentlichen Eigenschaften der Evolution durch natürliche Selektion anschaulich darzustellen. In EVOLV-O-MATIC wird die Welt auf dem Bildschirm des Computers dargestellt, und die Nahrung erscheint in Form schwarzer Punkte. Abbildung 3 veranschaulicht eine EVOLV-O-MATIC-Welt, die in zwei Regionen eingeteilt ist: einen größeren Bereich, in dem die Nahrungspunkte eher zufällig verteilt sind, aber immer wieder auftreten, und einen »Garten Eden« in der rechten unteren Ecke. Hier gibt es für jeden Nahrungspunkt in der größeren Welt einen entsprechenden Punkt; wenn man bedenkt, daß die Fläche kleiner ist, dann wird diese Region viel besser mit Nahrung versorgt. In der EVOLV-O-MATIC-Welt wohnen die »Wesen«, kleine käferartige Kreaturen, die sich hin und her bewegen und Nahrungspunkte fressen, wenn sie an ihnen vorbeikommen. Solche Wesen sieht man in Abbildung 3 bzw. vergrößert in Abbildung 4. Die aufgenommene Nahrung steigert die Energieniveaus bei diesen Wesen; die Energie wird dann von ihnen dazu eingesetzt, sich zu bewegen und sich zu vermehren. Zur Vermehrung kommt es, wenn das Energieniveau der Wesen einen kritischen Punkt erreicht; der Tod tritt ein, wenn es auf Null sinkt.

Jedes Wesen besitzt einen Satz von Genen, durch die seine Bewegungen gesteuert werden. Der Nachwuchs der Wesen bekommt die Gene von seinen Eltern, es sei denn, es wird ein Wert erreicht, der zufällig variiert und

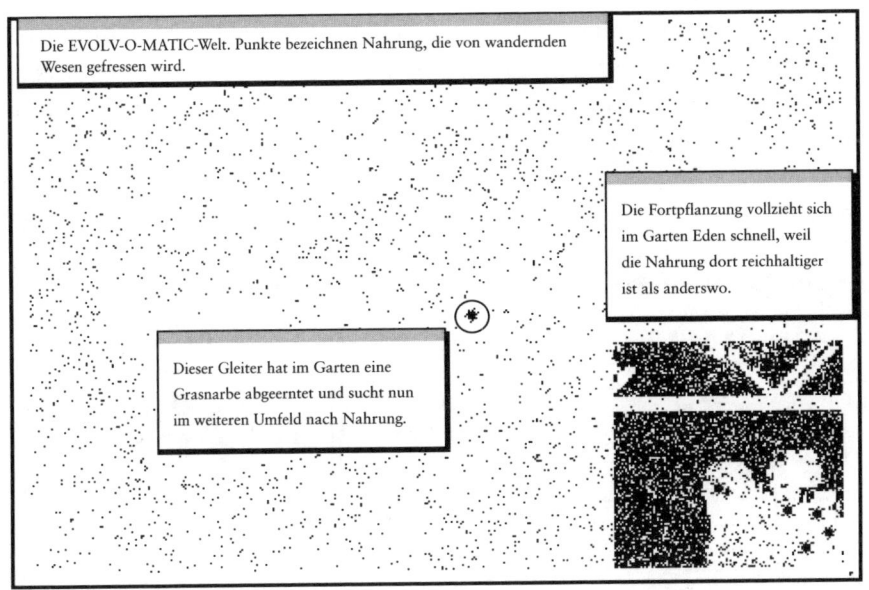

Abbildung 3: Gleiter und ängstliche Wesen bei der Nahrungssuche in der EVOLV-O-MATIC-Welt

durch den es zu etwas kommt, was wir »Mutation« nennen können. Abbildung 4 veranschaulicht die Bewegungsgene der Wesen in der EVOLV-O-MATIC-Welt, wie sie in Abbildung 3 dargestellt wurde. Die Zahlen an jedem Pfeil gehen von 0 bis 15 und hängen mit der Wahrscheinlichkeit zusammen, daß das Wesen, nachdem es sich gerade in eine andere Richtung bewegt hat, als nächstes hierhin gehen wird. Auf der linken Seite von Abbildung 4 sind die Bewegungsgene des Wesens von Abbildung 3 (Mitte) dargestellt. Der hohe Wert, der für die eine Richtung eingetragen ist, und die Einseitigkeit, die sich dadurch für die Gewichtung der Bewegungen ergibt, bedeutet, daß wir es hier mit etwas zu tun haben, was wir als »Gleiter« bezeichnen können. Gleiter neigen dazu, auf langen geraden Bahnen zu fliegen, bis sie an den Rand der Welt kommen und dort zurückprallen. So zeigt Abbildung 3, daß dieser Gleiter ein paar lange, gerade Schneisen durch den Garten Eden gezogen hat. Auf der rechten Seite von Abbildung 4 dagegen sind die Bewegungsgene eines der Wesen aus der rechten unteren Ecke von Abbildung 3 dargestellt. Je gleichmäßiger die Werte auf alle Richtungen verteilt sind, desto eher haben wir es mit etwas zu tun, was wir »ängstliches Wesen« nennen können. Die hohe Wahrscheinlichkeit dafür, daß sie die Richtung wechseln werden, nachdem sie sich zuvor in eine beliebige andere Richtung bewegt haben, bedeutet, daß sie sich wahrscheinlich wiederholt drehen werden und nicht eine Zeitlang mit Vorliebe in eine bestimmte Richtung schweben werden.

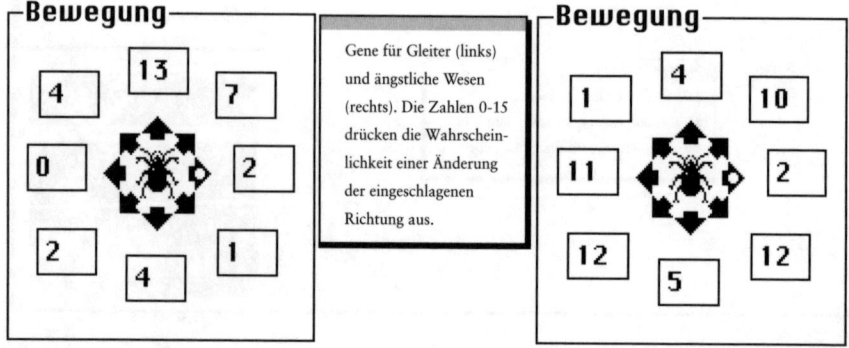

Abbildung 4: Gene für Gleiter und ängstliche Wesen

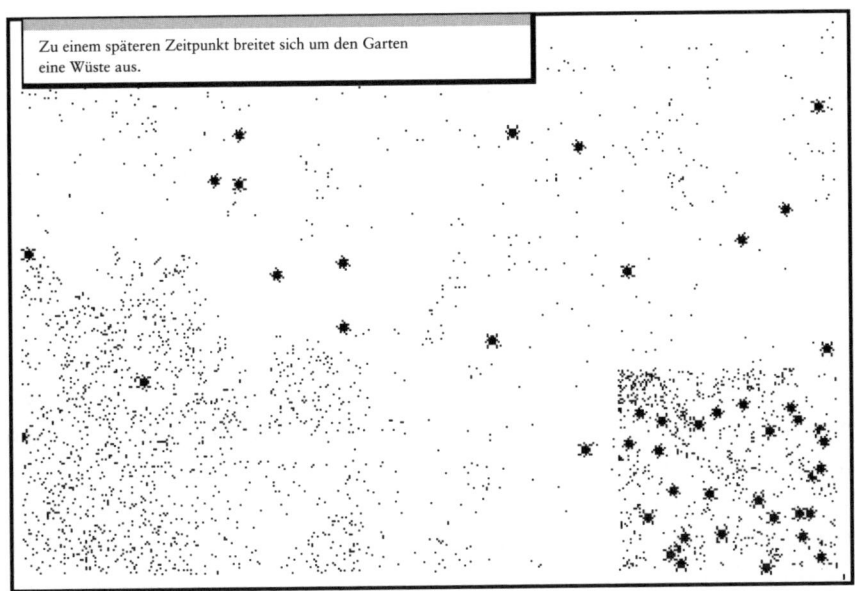

Abbildung 5: Ein späterer Zustand der EVOLV-O-MATIC-Welt: Um den Garten Eden breitet sich eine Wüste aus

Abbildung 3 veranschaulicht eine frühe Stufe der EVOLV-O-MATIC-Simulation mit nur einem Gleiter und sechs ängstlichen Wesen. Ein viel späteres Stadium derselben Simulation ist in Abbildung 5 dargestellt. Die ursprünglichen Gleiter haben sich vermehrt, und die ängstlichen Wesen ebenfalls; daraus ergeben sich zwei fast miteinander in Gleichgewicht stehende Populationen: Gleiter, die auf verhältnismäßig geraden Bahnen durch die Welt streifen, und ängstliche Wesen, die sich anscheinend auf das Paradies links unten beschränken. Doch wie kam es am Anfang zu diesen beiden Populationen? Es gibt eindeutig drei Möglichkeiten: Wir wissen, daß ich den Garten Eden geschaffen habe; denn ein Computerbenutzer muß die EVOLV-O-MATIC-Welt zunächst einmal einrichten. Das heißt, daß ich vielleicht auch zwei Originalwesen geschaffen habe, einen mit einem Gensatz für das Gleiten und einen mit einem Gensatz für das Verhalten von Wesen. Wir könnten hier von einer »besonderen Schöpfung« sprechen. Es hätte aber auch eine andere Möglichkeit gegeben: Ich hätte die Welt nur mit Wesen an zufälligen Stellen und mit zufällig festgelegten Genen ausstatten können. In diesem Fall hätte es zwei zusätzliche Möglichkeiten gegeben, wie ich zu dem von mir beobachteten Ergebnis hätte kommen können. Jedes zufällig auftretende Wesen, das nicht meinen Anforderungen an das Verhalten von Gleitern und Wesen entsprach, hätte ich umkommen lassen können. Das hätte dann dem nach unten gerichteten Daumen entsprochen, den die EVOLV-O-MATIC-Welt für diese Zwecke freundlicherweise bereitstellt. Dies könnten wir dann als »künstliche Selektion« bezeichnen.

Ich hätte mich jedoch auch des Problems der ausgesonderten und alleingelassenen Wesen dadurch entledigen können, daß sie sich selbst durchs Leben schlagen müssen. Ein Experiment zeigt, daß dies im Endergebnis gewöhnlich zu folgender Beobachtung führt: Die ängstlicheren Wesen neigen bald dazu, in der großen weiten Welt ihren letzten Atemzug zu tun; denn sie brauchen die Nahrungspunkte in ihrer Umgebung auf. Alle Wesen jedoch, die das Glück haben, sich im Garten Eden zu befinden, überleben, weil die Nahrung dort soviel reichhaltiger vorhanden ist. Tatsächlich besteht jedoch nur für wirklich ängstliche Wesen langfristig die Hoffnung, dort zu überleben und sich zu vermehren; denn haben sie nur die kleinste Neigung dazu, im Umkreis umherzuschweifen, wird sie dies früher oder später aus dem Paradies heraus und in eine kargere größere Welt führen, wo sie vermutlich verhungern werden. Das erklärt auch, warum in Abbildung 5 die Gegend um den Garten Eden herum wie eine »Wüste« aussieht. Der Grund dafür ist, daß die ängstlichen Wesen dort intensiv nach Nahrung gesucht haben; sie strömen aus dem reicheren Gebiet des Gartens heraus, aber schon bald erschöpfen sich die eher kärglichen Nahrungsgründe im näheren Umkreis, und sie sterben aus. Genau das Gegenteil geschieht mit den Wesen, die einen Hang zum Gleiten haben. Weil sie dazu neigen, in die große weite Welt zu segeln, überleben sie leicht und bekommen, wenn sie ins Paradies kommen, sogar noch etwas dazu; außerhalb dieses Gebiets überleben sie jedoch auch ganz gut. Diese Möglichkeit können wir als »natürliche Selektion« bezeichnen; denn hier waren es die natürlich in der Welt vorkommenden Gegebenheiten, die zu diesem Ergebnis führten, und nicht meine bewußte Absicht. Es handelte sich dann um eine Art »automatischer« Selektion – eine Form der Evolution, die sich spontan ergäbe, ohne eine irgendwie geartete Absicht, sondern einfach aufgrund der gegebenen Bedingungen.

An diesem Punkt ist es wichtig, darauf hinzuweisen, daß der Leser nicht die Möglichkeit hat, zu überprüfen, um welchen der drei Fälle – besondere Schöpfung, künstliche oder natürliche Selektion – es sich hier tatsächlich handelt. Dies liegt daran, daß das Ergebnis – eine Art von Wesen »paßte sich an den Garten an« und eine andere an die übrige Welt – in allen drei Fällen genau dasselbe ist. Anders ausgedrückt: Was auf den ersten Blick wie ein bewußter Entwurf aussieht, mag genausogut auf Selektion zurückzuführen sein; und bei dieser Selektion könnte es sich ebensogut um eine künstliche wie um eine natürliche handeln.

Um welchen dieser Fälle ging es hier also? Gibt es für den Leser denn nicht irgendeine Möglichkeit, herauszufinden, wie die dargestellte EVOLV-O-MATIC-Welt ursprünglich entstand? Die Antwort auf diese Frage müssen wir eindeutig in der *Geschichte* der entsprechenden Welt suchen. Könnten meine Leser die Vergangenheit der EVOLV-O-MATIC-Welt erforschen, könnten sie leicht feststellen, was geschehen ist. Im Falle der besonderen Schöpfung würden sie sehen, wie zwei Wesen nach einem Entwurf geschaffen wurden. Im Falle der Selektion würden sie beobachten, daß viele Wesen zufällig auftauchen. Wäre die Selektion künstlich, sähen sie, wie Wesen absichtlich ausgelöscht würden und nur die erwünschten überlebten. Handelte es sich um natürliche Selektion, würden sie mit ansehen, wie Wesen ohne Eingriff von außen zugrunde gehen, bis es nur noch zwei gäbe, die überleben könnten: Urgleiter und Urwesen.

Die Geschichte der dargestellten EVOLV-O-MATIC-Welt würde zeigen, daß es sich tatsächlich um das Ergebnis natürlicher Selektion handelte. Ich schuf auf zufällige Weise 19 Wesen, von denen 17 bald ohne Nachkommenschaft starben. Dies kommt daher, daß die meisten ein ziemlich ängstliches Verhalten zeigten, allein deshalb, weil die Bewegungsgene nach dem Zufall festgelegt und die Wesen dazu verleitet worden waren, sich eher zufällig in eine bestimmte Richtung zu bewegen. Weil auch die Ausgangsposition Glückssache ist, sprechen die Regeln der Wahrscheinlichkeit dagegen, daß ein Wesen im Garten Eden auf die Welt kommt. Sollte es jedoch dort aufwachsen, würde es dank der üppigen Versorgung mit Nahrungsmitteln überleben und sich vermehren. Etwas später würde dann zufällig ein Gleiter außerhalb des Gartens Eden auftauchen und wegen seines breiteren Verhaltensspektrums bei der Nahrungssuche überleben.

Daraus können wir die Schlußfolgerung ziehen, daß eine genauere Beschäftigung mit der Geschichte dieser Welt die Angelegenheit eindeutig einer Lösung zuführen sollte; und dies ist der Fall, obwohl die Ergebnisse bei der besonderen Schöpfung und bei der natürlichen oder künstlichen Selektion in dem Sinne voneinander ununterscheidbar sind, daß alle drei Fälle von Wesen offensichtlich für ihre Lebensform »entworfen«, »angepaßt« oder »ausgestattet« wurden: Wenn die besondere Schöpfung als Erklärung herangezogen wird, kann man bei einem einzelnen Schöpfungsakt voraussagen, daß Wesen hervorgebracht werden, die so ausgestattet sind, daß sie überleben. Wenn künstliche Auslese am Werk war, dann hätte man mich dabei beobachten können, wie ich absichtlich zufällig geschaffene Wesen ausgesondert habe. Wenn es sich schließlich um natürliche Selektion gehandelt hätte, hätte es wahrscheinlich über einen langen Zeitraum hinweg zu einer offensichtlich verschwenderischen Zufallsschöpfung kommen müssen, bis die natürlichen Bedingungen alle außer den beobachteten Überlebenden ausgerottet hätten.

Was ich hier künstliche Selektion nenne, ist in der Tat dem, was Menschen machen, wenn sie absichtlich Lebewesen züchten oder sie selektiv aussondern, recht ähnlich. Was die übrigen beiden Möglichkeiten angeht, glauben die Kreationisten an eine besondere Schöpfung, bei der Lebewesen durch einen Schöpfer absichtlich für diese Welt »entworfen« werden. Andererseits fühlen sich Darwinisten, um ihre Schlußfolgerung zu rechtfertigen, daß es vor unserer Zeit eine Geschichte mit einer offenkundig verschwenderisch vor sich gehenden evolutionären Entwicklung gab, durch harte Beweise in Form von Fossilien angezogen. Für sie ist die Evolution aller Lebewesen, einschließlich der des Menschen, eher durch natürliche Selektion als durch göttliche Schöpfung erklärbar.

Wenn man jedoch den Gedanken der natürlichen Selektion auf unsere eigene Evolution anwendet, dann kommt ein bemerkenswertes gefühlsmäßiges Hindernis auf. Was ich meine, wird sofort klar, wenn wir uns auch nur einen Augenblick lang vorstellen, eines der zuvor beschriebenen Wesen zu sein. Die besondere Schöpfung ist eine angenehme Vorstellung, ja sie schmeichelt uns sogar – wie schön ist es doch, sich vorzustellen, daß wir durch den Schöpfer speziell für diese Welt geschaffen worden sind. Wir haben dann bezogen auf uns selbst und auf den Schöpfer, der uns schuf, ein gutes Gefühl. Man sieht sich selbst als ein speziell entworfenes Lebewesen, das von einem höheren Wesen in besonderer Weise für die Existenz hergestellt wurde. Dagegen ist es eine Ungeheuerlichkeit, durch natürliche Auslese entstanden zu sein. Wären wir selbst Wesen, wir wären schockiert darüber, daß ich rücksichtslos Leben zerstört habe. Wir würden wissen wollen, warum ich nicht in der Lage war, zwei Wesen für eine bestimmte Art von Überleben zu schaffen, statt geistlos 19 Wesen zu schaffen, von denen 17 sterben mußten. Und selbst wenn Sie zu denen gehört hätten, die glücklicherweise überlebt haben, wird so das Leben zum Glücksspiel; es gäbe natürliche Einflußfaktoren, die über das Ergebnis entschieden und die nicht unter Ihrer Kontrolle wären.

Natürlich sind wir keine Wesen, und daher mag uns das alles lächerlich erscheinen. Wenn es um simulierte Kreaturen auf einem Computerbildschirm geht, können wir ganz objektiv sein. Wenn es aber um unsere eigene Schöpfung geht, liegen die Dinge völlig anders. In diesem Fall sind wir nicht so gefühllos; wenn man uns fragt, ob wir an natürliche Selektion glauben, könnten wir leicht so reagieren wie die Wesen aus unserer Vorstellung. Dies erklärt den Reiz, der insbesondere vom Kreationismus und allgemein von nichtdarwinistischen Vorstellungen ausgeht. Doch der Grund dafür mag einfach darin liegen, daß sich unsere Emotionen so entwickelt haben, damit wir für das Überleben gerüstet sind, so wie wir dies bei den Genen der Wesen gesehen haben. Das mag uns dazu verleiten, die Bedeutung unserer eigenen Existenz höher zu bewerten als alles andere und in uns gegen alles Widerstand aufkommen zu lassen, was seine Bedeutung mindert, wie dies anscheinend etwa bei der Evolution durch natürliche Selektion der Fall ist. Unser Bedürfnis, das eigene Überleben zu sichern, könnte uns dazu verleiten, unser Leben höher zu bewerten und ihm eine weit größere Bedeutung beizumessen, als dies objektiv gerechtfertigt ist. Anders ausgedrückt hat sich unsere Reaktion auf Darwins Einsichten zur Evolution vermutlich teilweise durch Evolution entwickelt – und nahezu mit Gewißheit ist das der Fall, weil in dieser Reaktion unsere Emotionen zum Ausdruck kommen. Paradoxerweise hat die Evolution durch natürliche Selektion vielleicht emotionale Widerstände dagegen geschaffen, diesen Vorgang mit Hilfe unseres Denkens zu verstehen; und hier mag es sich um ein wichtiges psychologisches Hindernis handeln, gegen das der Darwinismus angehen muß.

Aber der Widerspruch ist eher scheinbar als real. Dies liegt daran, daß es bei der natürlichen Selektion nicht darum geht, wie die Selektion sich selbst den Menschen gegenüber verständlich macht. Im Gegenteil, das Problem besteht darin, daß die Menschen wissen, wie die natürliche Selektion vor sich geht; und da mag ein emotionaler Widerwille als zusätzliche Schwierigkeit hinzukommen. Doch handelt es sich hier nur um einen Teil des Problems. Wie wir bald erkennen werden, sind die Menschen, wenn es um Fragen der Evolution geht, sowohl durch positive als auch durch negative Gefühle in die Irre geleitet worden. Und für keinen Bereich trifft das stärker zu als für den unseres Stellenwerts in der Natur.

Evolution ohne unanständige Wörter

Eine weitere stark verbreitete Reaktion auf den emotionalen Schock durch die Evolution besteht darin, nicht zu bestreiten, daß uns natürliche (im Gegensatz zu übernatürlichen) Instanzen geschaffen haben, jedoch zu glauben, bei der Evolution handle es sich um einen Mechanismus zur Verbesserung und Vervollkommnung, um einen Mechanismus, durch den Arten allmählich »lebenstüchtiger«, »fortgeschrittener« und »höher entwickelt« werden als andere. Wenn man sich einreden kann, eine der höchsten Leistungen einer fortgeschrittenen Evolution zu sein, dann verleiten diese Werturteile wie das von der besonderen Schöpfung dazu, daß man meint, man sei ein spezielles und überlegenes Wesen. Und wenn man ein Mensch ist, fällt einem das leicht. Die Tatsache, daß die eigene Art sich vielleicht erst vor kurzem entwickelte und möglicherweise auf vielen Arten in vorangehenden Stufen beruht, scheint die Korrektheit dieser Schlußfolgerung zu belegen: Die menschliche Art ist die am höchsten entwickelte Art, die »lebenstüchtigste«, der »Höhepunkt der Evolution« und die von allen Arten »am besten angepaßte«. Obwohl man vielleicht nicht dazu in der Lage ist, sich selbst einzureden, man sei speziell für diese Welt geschaffen worden, kann man sich doch zumindest für die höchste Leistung der Evolution halten; und dabei wird Evolution als ein fortschreitender, sich vervollkommnender Mechanismus verstanden. Wenn man nicht gegen einen Schöpfer antreten muß, kann man sich selbst in der Tat als wahrer Gott der Schöpfung betrachten, das höchste Wesen und das letztendliche Ziel der Evolution!

Wie dem auch sei, ich zweifle daran, daß irgend jemand bei unserer EVOLV-O-MATIC-Simulation auf den Gedanken kommt, Gleiter seien »besser«, »lebenstüchtiger«, »entwickelter« als ängstliche Wesen oder umgekehrt. Vor allem Lebenstüchtigkeit ist ein Begriff, ohne den die Evolution durch natürliche Selektion gut auskommen kann. Das Problem besteht darin, daß er einen ganz falschen Beigeschmack hat. »Lebenstüchtig« legt zuallererst den Gedanken nahe, Lebewesen würden durch die Evolution so geformt, daß sie in eine natürliche Umgebung passen wie eine Statue, die extra so entworfen wurde, daß sie in eine Nische im Gebäude paßt. Nur selten sind solche Nischen in der Natur völlig statisch; und ein wichtiger Aspekt der Umwelt besteht darin, daß es andere Lebewesen gibt.

Die in Abbildung 3 und 5 dargestellte Welt stellt ein gutes Beispiel dafür dar. Es begann alles mit zwei Einzelwesen, einem Gleiter und einem ängstlichen Wesen. Zunächst breiteten sich die Gleiter in einem größeren Gebiet aus, während die ängstlichen Wesen sich auf den Garten Eden beschränkten. (Der Leser wird sich daran erinnern, daß jedesmal, wenn sich ein ängstliches Wesen vermehrt, sich ein Gen verändert und dadurch eine Variation entsteht, auf die sich die Selektion auswirken kann.) Im Paradies des Gartens Eden mutierten diese ehemaligen Gleiter unaufhörlich und vermehrten sich schließlich schneller als die ursprünglich vorhandenen ängstlichen Wesen. Im Gegensatz dazu lebten einige der ursprünglich vorhandenen ängstlichen Wesen in den üppig ausgestatteten Gebieten der restlichen Welt; dort überlebten sie lange genug, so daß sich die natürliche Selektion im umgekehrten Sinne auf sie auswirken konnte. Am Ende konnten ihre Nachkommen viel besser gleiten als die ursprünglichen Gleiter, an deren Stelle sie allmählich traten. Schließlich tauschten die Populationen oder Arten ihre Rollen: Die ängstlichen Wesen waren jetzt zu Gleitern geworden und die Mutanten der Gleiter ängstliche Wesen. Wäre da nicht die andere Art gewesen, die in einen Wettbewerb mit ihnen trat, hätte wahrscheinlich jede einzelne von ihnen vollkommen lebensfähige Unterarten von ängstlichen Wesen und Gleitern gebildet. Der Kampf mit besser angepaßten Individuen der anderen Art führte erneut zum Rollentausch: Die ängstlichen Wesen wurden schließlich wieder zu Gleitern und umgekehrt.

Um atmen zu können, brauchen heute alle Tiere Sauerstoff aus der Atmosphäre. Doch zu Anfang, als die Erde entstand, gab es einen Großteil dieses Sauerstoffs nicht. Beim Sauerstoff, den wir atmen, handelt es sich im Wirklichkeit um eine Verunreinigung der Atmosphäre, die von grünen Pflanzen abgegeben wird. Er ist ein gefährliches, leicht reagierendes Gas, das Feuer, Rost und alle möglichen Arten von Oxydation auslöst. Würde heute alles Leben auf der Erde ausgelöscht, gäbe es wegen der zerstörerischen Auswirkungen des Sauerstoffs keinen spontanen Neuanfang; der Sauerstoff würde sofort mit den biochemischen Grundelementen reagieren und das Neuentstehen des Lebens beenden. Und so spielte es sich nahezu mit Gewißheit in der Vergangenheit ab. Bei der Atmosphäre, um nur einen Bestandteil unserer Umwelt zu nennen, handelt es sich nicht um eine schon zuvor bestehende Nische, für die das Leben so entworfen wurde, daß es wie ein Deckel auf einen Topf »paßt«; es geht hier vielmehr um etwas, das durch das Leben selbst grundlegend verändert wurde.

Ein weiterer fader Beigeschmack der Wörter »lebenstüchtig« und »Lebenstüchtigkeit« hat etwas mit persönlicher Gesundheit und Vitalität zu tun. Die Wörter suggerieren, daß die natürliche Selektion Lebewesen im gleichen Sinne lebenstüchtiger macht, wie ein gesunder Mensch lebenstüchtiger als ein kranker ist oder wie regelmäßige körperliche Betätigung jemanden lebenstüchtiger macht als einen anderen Menschen. In einem bestimmten Maße wird dies durch natürliche Selektion erreicht; das Problem besteht jedoch darin, daß es trotz des Schlagworts »Überleben des Tüchtigsten« von Herbert Spencer nicht die individuelle Lebenstüchtigkeit ist, worum es bei der natürlichen Selektion geht. Die Evolution durch natürliche Selektion läuft letztendlich nicht auf die »Lebenstüchtigkeit« des einzelnen Lebewesens hinaus, sondern auf seinen Erfolg bei der Vermehrung. Kein Lebewesen, wie lebenstüchtig es als Einzelwesen auch immer sein mag und wie vollkommen auch seine persönliche Gesundheit und Vitalität geworden sein mag, könnte den Ausgang der Evolution durch natürliche Selektion beeinflussen; es sei denn, es könnte die Faktoren, die seinen Erfolg entscheidend bestimmten, über die erfolgreiche *Vermehrung* an seine Nachkommenschaft weitergeben.

Die »Fitneß« eines Individuums im sportlichen und medizinischen Sinne trägt zugegebenermaßen häufig entscheidend dazu bei, daß ein Lebewesen bei der Vermehrung Erfolg hat. Doch es bleibt eine Tatsache, daß allein die erfolgreiche Vermehrung zählt, wenn es um Evolution durch natürliche Selektion geht. Tüchtigkeit ist ein Mittel zum Zweck, für sich genommen aber kein Ziel der Evolution. In diesem Sinne ist »das Überleben des Tüchtigsten« eine irreführende und unglücksselige Ausdrucksweise. Genau deswegen mußte »Tüchtigkeit« (fitness) in den darwinistischen Veröffentlichungen als Fachbegriff definiert und mit einschränkenden Attributen wie

»darwinistisch«, »wahr« oder »erblich« versehen werden. Für unsere Zwecke jedoch sollten die Wörter »lebenstüchtig« oder »Tüchtigkeit« – die unanständigen Wörter der Evolutionstheorie – vermieden werden. Statt dessen sollte man viel genauere Ausdrücke wie »Erfolg bei der Vermehrung« verwenden. Ich werde mich in diesem Buch an eine solche Sprachregelung halten; denn die natürliche Selektion geht auf die eben beschriebene Weise vonstatten.

EVOLV-O-MATIC veranschaulicht in drastischer Weise, daß die natürliche Selektion im Endeffekt lediglich eine Frage des unterschiedlichen Erfolgs bei der Vermehrung ist. Zudem handelt es sich hier um ein *quantitatives* Maß, nicht um ein qualitatives. Die Evolution unserer Gleiter und unserer ängstlichen Wesen zeigte, daß das, was sich sich da entwickelte, eigentlich nicht die Wesen waren, sondern vielmehr die Gene, die ihre Bewegungen beeinflußten. Die Selektion entschied zu ihren Gunsten, und zwar allein zu ihren Gunsten; denn es waren nur diese numerischen Werte, durch die sich die Wesen voneinander unterschieden. Unsere Wesen waren in Wirklichkeit nicht viel mehr als eine Ziffernkombination, die das Verhalten bei jedem einzelnen Wesen bestimmte.

Wir haben vielleicht den Wunsch, einen Sprachgebrauch zu wählen, nach dem die Gleiter bei der Nahrungssuche in der übrigen EVOLV-O-MATIC-Welt »besser« sind als die ängstlichen Wesen. Wir könnten aber auch ebensogut sagen, daß die ängstlichen Wesen im Garten Eden »besser« sind als die Gleiter. Derartige Vergleiche sind in höchstem Maße relativ und beruhen im Endeffekt auf numerischen Werten, die objektive Tatsachen und keine subjektiven Werturteile sind. Eigentlich könnten wir sogar sagen, daß Gleiter »unabhängiger«, »abenteuerlustiger« und »mutiger« sind als ängstliche Wesen. Diese vorurteilsbeladene anthropomorphe Redeweise hätte jedoch wiederum nur eine objektive Bedeutung vermittelt über die objektive quantitative Tatsache, auf der sie beruht. Und gewiß sähen wir uns nicht dazu veranlaßt, die Gleiter oder die ängstlichen Wesen auf irgendeiner absoluten Beschreibungsebene als »höher entwickelt« oder »überlegen« zu betrachten – insbesondere wenn sich im Laufe der Entwicklung, wie in der oben dargestellten Simulation, eine Art in die andere verwandelt und umgekehrt.

Bedauerlicherweise leiden viele, die es eigentlich besser wissen sollten, unter dieser Begriffsverwirrung. So zitiert Stephen Jay Gould in seinem kürzlich erschienenen Buch *Zufall Mensch* folgendes Bekenntnis von Darwin: »Nach langem Nachdenken komme ich nicht umhin, der Überzeugung zu sein, daß es keine angeborene Tendenz zur Entwicklung gibt.« Die Tatsache, daß Darwin die doppelte Verneinung gebraucht, vermittelt den Eindruck, daß er gegen die in seiner Zeit gebräuchliche, in hohem Maße fortschrittsgläubige Sichtweise zu dieser Schlußfolgerung gedrängt wurde. Ich will damit sagen, daß die meisten Menschen in der viktorianischen Zeit mit Herbert Spencer einer Meinung darin waren, es ginge bei der Evolution um einen immer weiter- und aufwärtsstrebenden Fortschritt hin zu etwas Besserem. Darwins Position dazu könnte kaum eindeutiger ausfallen, und seine Worte könnten nicht kategorischer sein. Auf der nächsten Seite jedoch zitiert Gould Darwin erneut mit den folgenden Worten: »In der Geschichte der Welt waren die Bewohner jedes der aufeinanderfolgenden Zeitalter ihren Vorgängern im Kampf ums Dasein überlegen und sind insoweit auf der Stufenleiter der Natur höher anzusiedeln. Und es trägt vielleicht zu dem verschwommenen, doch fehlgeleiteten Gefühl vieler Paläontologen bei, daß die Struktur als ganze fortgeschrittener ist.« Steven Jay Gould kommt zu dem Schluß, Darwin sei eine der Personen, auf die sich diese Bemerkung bezieht, er habe sich bei diesem Thema unklar ausgedrückt und sei zwiespältig gewesen. Einerseits durch »die vorgefaßten Auffassungen der Gesellschaft«, den Fortschrittsglauben anzunehmen, und andererseits durch »die Logik der Theorie«, diesen Glauben von sich zu weisen, habe er sich hin- und hergerissen gefühlt.[1]

Was jedoch Darwin hier wirklich sagt, kann auch anders interpretiert werden. Stellen Sie sich folgendes vor. Nehmen wir einmal an, Sie stehen auf der Bühne eines Theaters. Draußen auf der Straße befindet sich eine große Menschenmenge, die herein möchte, um ein Schauspiel zu sehen. Wer zuerst kommt, soll den besten Platz erhalten. Die Türen werden geöffnet. Was wird geschehen? Augenscheinlich werden die ersten versuchen, Sitze vorne im Parkett zu bekommen; das sind im Theater normalerweise die teuersten Sitzplätze. Wenn all diese Plätze besetzt sind, wird es allmählich in den Logen, in der Mitte und im hinteren Teil des Parketts voller werden, und ebenfalls in den vorderen Reihen des ersten Rangs. Wenn das Parkett, die Logen und der erste Rang besetzt sind, werden sich die übrigen Ränge füllen, bis schließlich nur noch der »Olymp« – die obersten Sitze an der am weitesten von der Bühne entfernten Stelle – übrigbleiben. Sind aber im Olymp die besten Plätze, und würde sich irgend jemand bei freier Auswahl für einen solchen Sitzplatz entscheiden? Natürlich nicht. Die Plätze im Olymp füllten sich nur deshalb, weil die übrigen Theaterplätze bereits belegt waren.

Es drängt sich eine verblüffende Parallele zur Evolution auf, und hier handelt es sich um den Ausgangspunkt für die Vorstellung, auf die Darwin in Goulds Zitat anspielt. Die Lebewesen, die als erste eine organische Evolution durchmachten, fanden auf der Erde eine völlig frei verfügbare Umwelt vor; sie besetzten als erstes die angenehmsten und am ehesten zugänglichen Gebiete – in meinem Theaterbeispiel entspricht dies dem Parkett. Hier handelte es sich um die ersten, ganz einfachen Lebewesen, von denen noch heute überall auf der Erde in großer Zahl Abkömmlinge zu finden sind. Diejenigen, die später kamen, mußten sich ein bißchen mehr anstrengen, um zu überleben; in ihren Zellen entwickelten sie getrennte Zellkerne oder wurden Vielzeller – im Theaterbeispiel können wir das mit den Personen vergleichen, von denen die Ränge aufgefüllt wurden. Nach und nach waren alle Teile der Umwelt besetzt, und es wurde wahrscheinlicher, daß große, komplexe, »höhere« Lebewesen neue Wege finden würden, sich über das herzumachen, was übrigblieb – häufig indem sie auf Jagd nach den Lebewesen gingen, die sich »weiter unten« auf der Stufenleiter befanden. Schließlich trat in einem recht späten Stadium der Evolution, wenn man es von den Anfängen aus sieht, der Mensch, das »höchste« aller Lebewesen, auf den Plan – um dann, verwendet man die Theatermetapher, den Olymp zu besetzen.

Bei diesem Vergleich liegt der zentrale Punkt darin, daß niemand, der auf der Bühne stünde und beobachtete, wie sich ein solches Theater füllt, den Fehler begehen würde, zu meinen, daß die oberen Sitzplätze notwendigerweise »besser« sind als die unteren. Weit gefehlt, alles würde augenscheinlich auf das Gegenteil hindeuten. Es waren die unteren Sitzplätze im Theater, die näher an der Bühne gelegenen Plätze, die sich zuerst füllten, und die oberen – und dazu gehörte schließlich auch der Olymp – wurden erst besetzt, nachdem die unteren bereits belegt waren. Im allgemeinen sind im Theater die obersten Plätze einfach nicht die besten – es sind die unteren.

Bei einer vorurteilslosen Betrachtungsweise der organischen Entwicklung auf der Erde würde man zu einer ähnlichen Auffassung kommen. Das Leben entwickelte nur deshalb immer komplexere und kompliziertere Formen, weil einfachere und elementarere Lebensformen sich zuerst entwickelt und bereits den größten Teil der für solche Lebewesen verfügbaren Umwelt besiedelt hatten. Für Neuankömmlinge gab es da nur die Möglichkeit, nach neuen, »fortgeschritteneren« und gewöhnlich komplexeren Lebensweisen zu suchen.

Bei der Tatsache, auf die sich Darwin im zweiten Zitat bezieht – Gould meint, dies widerspreche dem ersten –, geht es um folgendes: Notgedrungen konnten sich komplexe Lebewesen erst nach den einfacheren entwickeln, und eine Voraussetzung für die natürliche Selektion besteht darin, daß die Überlebenden im Kampf um den Erfolg bei der Vermehrung über die Lebewesen, zu deren Auslöschung sie beitrugen, den Sieg davongetragen haben sollten. Doch Darwin selbst beeilte sich, darauf hinzuweisen, dies bedeute nicht, daß die Evolution durch natürliche Selektion *immer* komplexere oder komplizierztere Lebewesen hervorbringe. Er führte gern das Beispiel des Bandwurmes als einer Art an, die sich erst entwickeln konnte, nachdem seine Wirtslebewesen entstanden waren, die er dann als Parasit befallen konnte. Doch hatte er viele der Organe nicht mehr, die seine Vorfahren besaßen, bzw. sie waren viel einfacher geworden. Im Endergebnis entstand ein Lebewesen mit wenig mehr als einem einfachen Mund, einem Verdauungssystem und daran hängenden Fortpflanzungsorganen. Derartige Parasiten sind jedoch in dem Sinne »hoch entwickelt«, daß sie bis ins Detail auf ihren Wirt angepaßt und so spezialisiert sind, daß sie nur eine bestimmte Art befallen können. In dem Maße, wie etwa Bandwürmer an Menschen angepaßt sind und erst ihre besonderen Anpassungsmechanismen zur Besiedlung von Menschen entwickeln konnten, nachdem sich die Menschen entwickelt hatten, sind die Bandwürmer »entwickelter« als wir selbst.

Die Evolution entwickelt sich auch in einer fernen Zukunft nicht unvermeidlich auf irgendein höchstes Ziel ungeahnter Komplexität und Vervollkommnung hin. Der augenblickliche Erkenntnisstand verweist auf eine ganze andere Schlußfolgerung: auf eine Schlußfolgerung, nach der die Sonne allmählich ihren Kernbrennstoff aufgebraucht hat, sich immer weiter ausdehnt und schließlich in von jetzt an gerechnet ungefähr 5 Milliarden Jahren die Erde verschlingen wird. Die letzten Lebewesen, die noch leben werden, bevor schließlich alles in Flammen aufgeht, sind sehr wahrscheinlich diejenigen, mit denen alles anfing, die einfachen einzelligen Bakterien – wahrscheinlich die Nachkommen der Organismen, die jetzt in den Tiefen der Ozeane oder am Rande der heißen Löcher des Meeresbodens dahinvegetieren. In dieser Hinsicht mag sich das Leben dann einmal im Kreis gedreht haben; und wenn man darauf besteht, daß das Leben Fortschritte gemacht hat, dann wäre dies nur in dem Sinne möglich, daß es sich von den Anfängen entfernt hat und wieder dorthin zurückkehrt.

Hier handelt es sich um den dritten Grund, das Wort »lebenstüchtig« und Wendungen wie »Überleben des Tüchtigsten« zu meiden: Diese Ausdrucksweise setzt Werturteile über die Qualität dessen voraus, was die Evolution hervorbringt, und suggeriert, daß es um einen Vorgang der Vervollkommnung geht, einen Vorgang, der darauf abzielt, höhere Lebewesen hervorzubringen, die immer »lebenstüchtiger« und immer besser an ihre Umwelt »angepaßt« sind als die, die vor ihnen lebten. Eine derartige Redeweise ist undarwinistisch und unwissenschaftlich, weil sie auf subjektiven Werturteilen von Menschen und nicht auf objektiven quantitativen Tatsachen beruht. Dies ist insofern wichtig, als wir nun verstehen können, daß ein Großteil der Kritik am und der Vorurteile gegen darwinistisches Denken nicht gerechtfertigt ist und auf irreführenden Annahmen darüber beruht, was die Theorie tatsächlich besagen soll. Ein richtig verstandener Darwinismus kann ganz sicher nicht dazu mißbraucht werden, rein qualitative Werturteile über Individuen, Geschlechter, Rassen oder Arten anzusprechen, die »fortgeschrittener«, »höher entwickelt«, »lebenstüchtiger« oder was sonst noch alles sind. Im Gegenteil, eine objektive, quantitative Betrachtungsweise würde zeigen, daß beispielsweise in der heutigen Welt viele der Individuen und Populationen, die sich am erfolgreichsten fortpflanzen, ganz gewiß nicht als die »lebenstüchtigsten« oder die »fortgeschrittensten« beschrieben werden sollten. Nur eine im wesentlichen undarwinistische Fortschrittsgläubigkeit könnte die Grundlage für die falsche Behauptung sein, daß andere Individuen oder Populationen mit geringerem Erfolg bei der Fortpflanzung in einem qualitativ anderen Sinne »höher entwickelt« sind. Diejenigen, die heute den modernen Darwinismus kritisieren, weil er ihrer Auffassung nach unausgesprochen Werturteile über einzelne Menschen, über Rassen, Geschlechter und Arten enthält, sagen damit mehr über ihr eigenes Unwissen und über ihre eigenen Vorurteile aus als über die von ihnen nicht verstandene Evolution durch natürliche Selektion.

Diese Kritik an einem mißverstandenen Darwinismus ist wahrscheinlich selbst ein Produkt Darwinscher Evolution; sie wirkt sich auf unsere Emotionen aus, um uns im Kampf mit anderen zu schützen und uns ein Gefühl vom eigenen Wert zu vermitteln. Vermutlich ist dies die eigentliche Grundlage für gesellschaftliche, geschlechtsbezogene und rassische Vorurteile, die sich auf pseudodarwinistische Rationalisierungen wie »Tüchtigkeit« berufen. Ist man der Auffassung, man sei ein überlegenes Produkt der Evolution, so mag dies auf natürliche Selektion zurückgehen; denn sie hat unsere subjektiven Empfindungen über uns selbst geprägt. Aber gewiß handelt es sich nicht um ein objektives Urteil, das sich auf wissenschaftlicher Grundlage belegen ließe. Solche subjektiven Werturteile sollten als Ausdruck der Emotionen gegenüber den Menschen und den Tieren verstanden werden, und als nichts weiter. Mit dieser Einsicht gewappnet können wir auf der Stelle fast 150 Jahre des Mißverständnisses und der Konfusion im Zusammenhang mit dem Darwinismus zu den Akten legen und die langweiligen Debatten, die zu diesen Fehlentwicklungen führten, schlicht ignorieren. Statt dessen können wir zu neuen und tiefergehenden Einsichten kommen. Eine solche Einsicht wurde erst kürzlich von der Informatik zutage gefördert, eine weitere demonstriert, daß Darwins Entdeckung über die Biologie hinausreicht und sich zu einem viel allgemeineren Prinzip entwickelt.

Erfolg durch Wiederverwendung der Ergebnisse

Von einem prinzipiellen Standpunkt aus könnten wir sagen, daß es bei der EVOLV-O-MATIC-Welt nur darum ging, eine Gruppe von Regeln zu finden, die sich als am wirksamsten erwiesen, um die Bewegungen der ängstlichen Wesen zu steuern. Aus diesen Regeln ergibt sich die tatsächliche Bahn, auf der sich ein beliebiges einzelnes Wesen bewegt. Nehmen wir einmal an, ich müßte die Regeln, nach denen die Verhaltensmuster zur Nahrungssuche bei den ängstlichen Wesen gesteuert werden, so aufschreiben, daß ich die numerischen Werte ihrer »Gene« einstelle. Dann könnte ich wahrscheinlich ganz leicht einen Gleiter oder ein ängstliches Wesen entwerfen, indem ich ihnen die Werte zuweise, wie sie in Abbildung 4 dargestellt sind. Müßte ich dagegen einen Gleiter oder ein ängstliches Wesen erfinden, das besser als die anderen Gleiter oder ängstlichen Wesen wäre, dann käme mir das Problem möglicherweise viel schwieriger vor. Denn der Unterschied zwischen zwei ganz gut funktionierenden Gleitern bzw. Wesen wäre viel unmerklicher als der allgemeine Unterschied zwischen einem beliebigen Gleiter und einem beliebigen ängstlichen Wesen. Ich müßte wahrscheinlich auf eine viel komplexere Mathematik ausweichen, um vorhersagen zu können, was für ein Wesen im Kampf mit anderen Wesen derselben Art am besten wäre. Es wäre zumindest recht zeitraubend, ein Programm mit Hilfe von Versuch und Irrtum auf die Weise zu schreiben, daß ich eine Folge von Werten eingeben, ein Wesen mit anderen vergleichen und die Werte abändern müßte und so weiter.

Es wäre viel einfacher und schneller für mich, wenn ich, wie zu Beginn, schlicht ein große Anzahl von Wesen mit einer ganz zufälligen Zusammenstellung von Bewegungsgenen schaffen würde und sie gegeneinander kämpfen ließe, bis sich herausstellte, wer der beste ist. Der große Vorteil dieser Vorgehensweise bestünde darin, daß dies nicht nur schneller ginge, sondern es von mir auch kein tieferes Verständnis des Problems erforderte, außer daß ich herausbekommen müßte, wer gewonnen hat. Statt meinen Computer für komplexe Gleichungen zu programmieren, könnte ich einfach das Programm EVOLV-O-MATIC laufen lassen und darauf warten, daß die erfolgreichen Wesen durch natürliche Selektion entstehen.

Diese Vorstellung ist deshalb so elegant, weil sie sich, wenn sie beim Entwerfen von Wesen in EVOLV-O-MATIC funktioniert, prinzipiell auf alle möglichen Arten von Problemen übertragen läßt, weil dies etwas mit Konstruktion oder mit Entwurf zu tun hat und weil es dieselben grundlegenden Eigenschaften aufweist. Das Hauptkennzeichen besteht darin, daß es bei dem Problem nicht um eine Lösung geht, die ein und für alle Male gültig ist. Vielleicht kann man das damit vergleichen, daß man beim Lotto die Gewinnzahl errät. Das Verfahren, um eine solche Zahl zu finden, ließe sich nicht durch irgendeine Art von Selektion entwickeln. Denn es handelt sich um eine Situation mit einem Versuch und einer Antwort, die entweder richtig sein kann oder falsch. Es gibt keinen Preis für jemanden, bei dem nur die erste oder die zweite Ziffer der Gewinnzahl stimmt.

Wenn jedoch die Lottoregeln darin bestünden, daß die Gewinnzahlen ziffernweise verkündet würden, wäre es einfach, sich eine Regel auszudenken, um die Gewinnzahl zu finden. Dies gilt auch, wenn die Zahl im Endeffekt, sagen wir, zehn Ziffern lang ist (siehe Abbildung 6). Nehmen wir einmal an, die Gewinnzahl wäre 7926477482. Hier gibt es nur 10 Milliarden

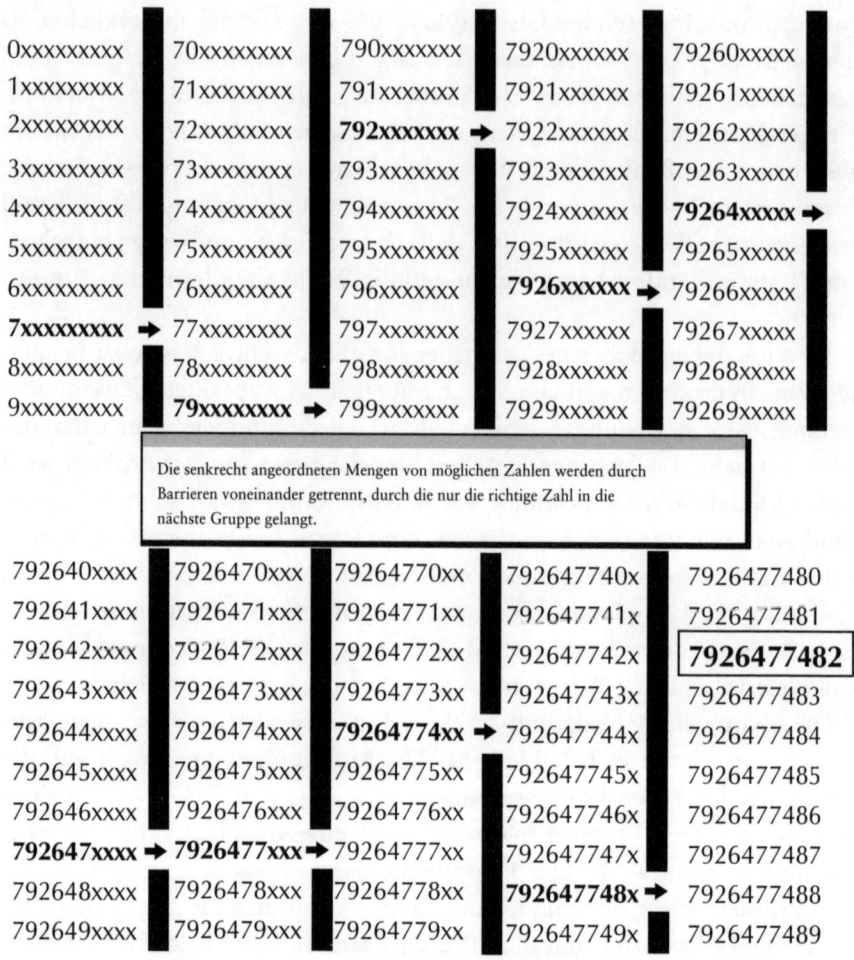

Abbildung 6: Wie man eine von 10 Milliarden Zahlen in zehn Schritten findet

(10 000 000 000 oder 10 hoch 10) mögliche Kombinationen. Die Wahrscheinlichkeit, eine derartige Zahl in einem Schritt jetzt oder nie zu finden, beträgt 1 zu 10 Milliarden; sie ist also so gering, daß sie vernachlässigbar ist. Wenn man jedoch annimmt, daß man eine Ziffer pro Schritt raten könnte, wäre es einfach: Welche der 10 Milliarden Zahlen auch immer die Gewinnzahl wäre, man wüßte, daß man nur mit einer von zehn Ziffern anfinge. Die Chance, die erste Ziffer der Gewinnzahl korrekt zu raten, wäre dann nicht 1

zu 10 Milliarden, sondern 1 zu 10. Man müßte lediglich höchstens zehnmal raten, um herauszufinden, daß die erste Ziffer der Gewinnzahl eine 7 ist. Wenn wir dies auch für die zweite Ziffer machten, brauchten wir nicht mehr als zehn weitere Rateversuche, um zu sehen, daß die Gewinnzahl mit 79 beginnt und so weiter, bis wir die vollständige Antwort hätten: 7926477482. Alles in allem hätten wir nur 100 Zahlen (zehn für jede der 10 Ziffern) durchprobieren müssen, um zur korrekten Antwort zu gelangen. Wäre es um alles oder nichts gegangen, wäre es auch bei 100 Rateversuchen ausgesprochen unwahrscheinlich gewesen, daß wir die richtige Antwort herausgefunden hätten. Denn wir hätten immer noch lediglich 100 Rateversuche bei 10 Milliarden Möglichkeiten insgesamt gehabt, also 9 999 999 900 Möglichkeiten, daneben zu tippen. Da verwundert es nicht, daß echte Lottogesellschaften folgendermaßen vorgehen müssen: Man hat nur einen Versuch, und dann wird ein und für allemal festgestellt, ob es sich um die Gewinnzahl handelt; ansonsten wäre es zu einfach, die richtige Zahl zu tippen.

Da ist es doch eine ganz andere Sache, erfolgreiche Wesen für die EVOLV-O-MATIC-Welt zu entwerfen; hier haben wir bereits gesehen, daß partielle Lösungen möglich sind, bei denen man schrittweise vorgeht. Wir könnten deshalb mit vielen zufällig geschaffenen Wesen beginnen und es der Welt, in der sie leben, überlassen, die Gewinner dadurch zu selektieren, daß die Verlierer allmählich ausgesondert und die Gewinner mit Erfolg bei der Fortpflanzung belohnt werden. Selbst wenn die Chance, einen Gewinner zu finden, 1 zu 10 Milliarden wäre, so haben wir doch gerade gesehen, daß sich die Antwort bei einem schrittweisen Selektionsprozeß in überraschend kurzer Zeit finden läßt.

Im Fall der EVOLV-O-MATIC-Welt haben wir das Problem so definiert, daß der korrekte Satz der Bewegungsgene gefunden werden muß. Wie wir beobachtet haben, gibt es acht davon, jedes mit Werten von 0 bis 15 einschließlich oder 16 Werten insgesamt. Die Gesamtzahl der möglichen Werte, die solche Bewegungsgene annehmen können, ist deshalb 16 achtmal mit sich selbst multipliziert (oder 16 hoch 8). Das ergibt 68 719 476 736 oder mehrere Zigmilliarden möglicher Lösungen und ähnelt der Zahl in unserem Lottobeispiel. Wie im Fall der Lotterie könnten wir in vielen kleinen Schritten auf eine Lösung von 1 zu 10 Milliarden hinarbeiten; die Gewinnzahl zu finden, wäre also ein durchaus machbares Vorhaben.

Dieses Beispiel veranschaulicht eine zweite Voraussetzung für unser Verfahren. Sie besteht darin, daß eine angenäherte Problemlösung nicht nur Schritt für Schritt möglich sein sollte, sondern auch, daß wir in der Lage sein müßten, bessere Lösungen auszuwählen, wenn sie auftreten. In der EVOLV-O-MATIC-Welt macht dies die Computerumgebung für uns; denn Wesen, die bei der Nahrungssuche mehr Erfolg haben als andere, haben eine größere Nachkommenschaft und drängen deshalb im Kampf um die Nahrung weniger effektive Nahrungssucher allmählich beiseite. Dennoch könnten wir eine solche Selektion auch selbst per Hand vornehmen oder einen Selektionsprozeß einbauen, der dies in regelmäßigen Abständen erledigen würde (beispielsweise indem wir die Wesen mit den schlechtesten Ergebnissen ausscheiden lassen).

Um die besten Ergebnisse zu erzielen, müssen wir in der Lage sein, unsere Lösungen im Prinzip immer wieder, falls erforderlich, weiterzubenutzen; auf diese Weise könnten die allmählichen schrittweisen Verbesserungen so lange fortgesetzt werden, bis wir zu wirklich guten Lösungen gelangen. Im Lottobeispiel haben wir dies so gemacht, daß wir jede korrekte Antwort für die nächsten zehn in Frage kommenden Lösungen als Ausgangspunkt eines Selektionzyklus nehmen. Das Ergebnis ist ein Prozeß in drei Schritten: ein Versuch, eine Selektion und eine Fortpflanzung, durch die es zur Bildung von Varianten kommt. Die sich ergebende Selektion neuer unterschiedlicher Kandidaten kann prinzipiell endlos lange wieder eingegeben werden. Außerdem könnte jede Form der Information zum Ausgangspunkt für diesen Prozeß werden. Eine derartige Vorgehensweise wird jetzt immer häufiger im Ingenieurwesen dazu verwendet, Lösungen zu finden: Dies gilt vor allem, wenn Computer dazu eingesetzt werden können, Variationen zu erzeugen, die dann nach dem Kriterium, wie nahe sie an die optimalen Lösung herankommen, selektiert werden können.

Vor kurzem wurde diese Vorgehensweise dazu verwendet, ein künstliches Enzym hervorzubringen. Enzyme sind komplexe biochemische Stoffe, deren Anwesenheit bei anderen Substanzen dazu beiträgt, daß eine bestimmte Reaktion entsteht. (Viele der Verdauungsprozesse, die ständig in unserem Körper ablaufen, lassen sich beispielsweise darauf zurückführen, daß Enzyme am Werk sind.) Das Enzym, um das es hier ging, wurde hergestellt, um die DNS aufzuspalten, die organisch-chemische Substanz, aus der sich nahezu alle Gene fast jedes Lebewesens zusammensetzen. Die übrigen nutzen die ganz ähnliche RNS; und bei dem künstlich entwickelten Enzym handelt es sich in der Tat um eine Variante der in der Natur vorkommenden RNS. Die Fähigkeit des natürlichen Enzyms, die DNS aufzuspalten, ist jedoch begrenzt. Die gezielte »Neuentwicklung« eines solchen organischen Moleküls kam wegen seiner schieren Größe und Komplexität nicht in Frage; es wurde daher ein anderer Weg beschritten: Trillionen von Enzymmolekülen wurden einem Prozeß ausgesetzt, der zu zufälligen Mutationen führte. Die sich daraus ergebenden mutierten Moleküle durchliefen dann einen Selektionsprozeß, der diejenigen Moleküle begünstigte, die in wirksamerer Weise die DNS aufspalten konnten als die anderen. Die sich nun ergebende kleinere Anzahl »verbesserter« Moleküle wurde dann dazu verwendet, eine viel größere Zahl von ihnen zu »züchten«, die erneut weiterer Mutation, Selektion, Züchtung ausgesetzt wurden und so weiter. Schließlich erhielt man nach zehn Zyklen oder »Generationen« dieses Prozesses ein Enzym, das in der Lage war, DNS hundertmal wirkungsvoller als die zu Beginn vorhandenen Enzyme aufzuspalten. Zudem wiesen die Gewinner in diesem Evolutionsprozeß Mutationen an völlig unerwarteten Stellen auf und waren in einer Weise verändert worden, die sich ein menschlicher Gentechniker gar nicht hätte vorstellen können, ganz zu schweigen davon, daß er dies durch direkte Manipulation der Moleküle nie erreicht hätte.[2]

Anders ausgedrückt war die Methode genau dieselbe wie die, die ich einsetzte, als ich zufällig die Wesen in der EVOLV-O-MATIC-Welt schuf, oder die, von der wir uns vorstellten, daß wir sie verwendet hätten, um beim Lotto die Lösung mit einer ursprünglichen Chance von 1 zu 10 Milliarden zu finden, wenn wir jeweils nur eine Ziffer hätten raten können.

Nun begann der Kreislauf von Probieren, Selektion und Fortpflanzung einschließlich Variation mit einer biochemischen Substanz – einem RNS-Enzym. Bei ihr war die chemische Information ziemlich auf dieselbe Weise enkodiert, wie die Information, die bei den Wesen das Verhalten bei der Nahrungssuche steuert, enkodiert wird. Die Selektion, Mutation und Züchtung anhand der wenigen ausgewählten Exemplare wurde künstlich durchgeführt. All diese Prozesse waren jedoch auf natürliche Weise vor sich gegangen, um das Originalenzym hervorzubringen; und der Kerngedanke unserer modernen Erkenntnisse über die Evolution besteht darin, daß vor Milliarden von Jahren die Vorläufer der sich selbst vermehrenden biochemischen Substanzen, die Vorfahren der heutigen DNS und RNS, durch rein zufällige Umstände zusammengeführt wurden.

Beide setzten sich aus wiederholt auftretenden biochemischen Untereinheiten zusammen; und wie das sprichwörtliche Glied einer Kette, der sie mit ihrer spiralförmigen Verschlungenheit ähneln, können sie grundsätzlich beliebig lang sein. Die DNS – der Hauptbestandteil des genetischen Materials bei der übergroßen Mehrheit aller Lebensformen – setzt sich aus zwei spiralförmigen Strängen zusammen, die durch ineinandergreifende chemische Basen in der gleichen Weise aneinanderhängen, wie die Glieder eines Reißverschlusses zwei Teile eines Kleidungsstücks miteinander verbinden. Es gibt vier solcher Basen, die normalerweise mit den Buchstaben A, T, G und C abgekürzt werden. Ein A an einem Strang geht immer eine chemische Verbindung mit einem T am anderen Strang ein, und ein G auf der einen Seite mit einem C auf der anderen. Im Endergebnis muß jede beliebige Sequenz von Basen an einem Strang – sagen wir CAT – einer Sequenz am anderen entsprechen – in diesem Fall GTA. Trennt sich ein Strang vom anderen und verbinden sich neue Basen mit den frei liegenden Basen an jedem »offenen« Strang, wird die genaue Kopie des anderen erzeugt (siehe Abbildung 7).

Im wesentlichen ist dies der Mechanismus, auf dem die Vererbung bei allen Lebewesen beruht. Die Basensequenzen enthalten Informationen der Art, daß Dreiergruppen wie etwa CAT oder GTA einen Kode bilden, der in eine von ungefähr 22 Aminosäuren oder in die »Satzzeichen« des Kodes wie beispielsweise ein »Stopp« übersetzt wird. Diese Aminosäuren sind ihrerseits die wesentlichen Elemente des Eiweißes, aus denen alle Lebewesen bestehen. Darwin erkannte, daß die natürliche Welt dieselbe selektive Rolle spielt, wie wir dies beobachtet haben, als wir zu Beginn des Kapitels mit der künstlich erzeugten EVOLV-O-MATIC-Welt spielten. Bei gelegentlich auftretenden Kopierfehlern stellt die Fähigkeit der DNS-ähnlichen Substanzen, auf die gerade beobachtete Weise Kopien von sich selbst zu erzeugen, sicher, daß es auch zu dem Teil des Kreislaufes kommt, der durch Fortpflanzung mit Variation gekennzeichnet ist. Das Resultat besteht darin, daß die eigentlichen Gene weitere Kopien von sich selbst erzeugen, auf die dann ihrerseits die Selektion wirkt, und so weiter und so fort.

In der Vergangenheit kam es nur bei organischer Evolution zur natürlichen Selektion. Dennoch war sich Darwin darüber im klaren, daß Evolution durch natürliche Selektion als Prinzip nicht davon abhing, was selektiert wurde. So wies er in seinem Buch *Die Abstammung des Menschen*, das zwölf Jahre nach dem *Ursprung der Arten* veröffentlicht wurde, auf folgendes hin: »Die Bildung verschiedener Sprachen und verschiedener Species und die Beweise dafür, daß beide durch einen stufenweise fortschreitenden Gang entwickelt worden sind, beruhen auf in merkwürdigerweise gleichen Grundlagen.« Er erkannte, daß der Kreislauf von Variation, Selektion und Verdoppelung der selektierten Gebilde auch bei Sprachen auftrat. Darwin schreibt: »Wir sehen in jeder Sprache Variabilität, und neue Wörter tau-

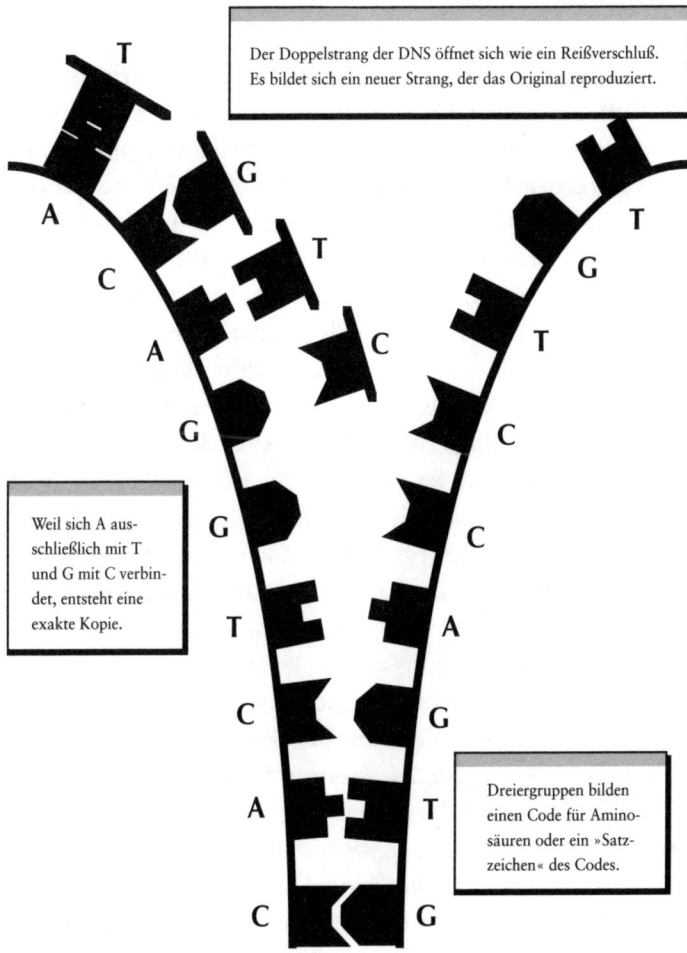

Abbildung 7: Der genetische Code

chen beständig auf; da es aber für das Erinnerungsvermögen eine Grenze gibt, so sterben einzelne Wörter wie ganze Sprachen allmählich ganz aus.« Darwin fährt fort: »In jeder Sprache findet beständig ein Kampf ums Dasein zwischen den Wörtern und grammatischen Formen statt: die besseren, kürzeren, leichteren Formen erlangen beständig die Oberhand.« Er läßt keinen Zweifel an der Tatsache aufkommen, daß die linguistische Evolution ein Beispiel für eine Darwinsche Evolution in ihrer allgemeinsten Form ist, und brachte folgendes zum Ausdruck: »Das Überleben oder die Beibehaltung gewisser begünstigter Wörter in dem Kampfe ums Dasein ist natürliche Zuchtwahl.«[3]

Darwins Erweiterung des Begriffsinhalts der natürlichen Selektion (Zuchtwahl) auf menschliche Sprachen – somit auf ein rein kulturelles Phänomen – widerlegt einen letzten Trugschluß über die Evolution. Hier geht es um die oft vorgebrachte Auffassung, daß Menschen »aufgehört haben, sich zu entwickeln«, und »von der natürlichen Selektion ausgenommen« sind, weil sie in Kulturen leben, die sie von der »natürlichen« Welt und daher von den Auswirkungen der natürlichen Selektion fernhalten. Andere Menschen und ihre Kultur stellen jedoch eindeutig einen sehr wichtigen Bestandteil unserer Umwelt dar, wie ja auch andere Wesen ein wichtiger Bestandteil der EVOLV-O-MATIC-Welt sind. Und wenn andere Menschen und ihre Kultur nichtzufällige Auswirkungen auf den Erfolg der Menschen bei der Fortpflanzung haben, dann ist dies für Menschen ebenso natürlich, wie es dies für jede andere soziale Art wäre. Die Tatsache, daß Termitenköniginnen so groß und unbeweglich geworden sind, daß sie außerhalb des Termitenhaufens nicht überleben können – ja überhaupt nicht aus ihm herauskommen –, bedeutet nicht, daß man annehmen kann, sie seien von der natürlichen Selektion ausgeschlossen. Sie leben jedoch in einer vollständig von Termiten geschaffenen Umwelt und sind hauptsächlich von anderen Termiten umgeben, auf die sie zum Überleben völlig angewiesen sind. Wenn die Termiten etwas über Evolution schreiben könnten, dann wären sie wahrscheinlich in der Tat der Auffassung, daß sie dasselbe Recht hätten, zu behaupten, daß sie »aufgehört haben, sich zu entwickeln«, wie die Menschen; die Menschen leben, so würden sie ausführen, in Gebäuden, die mit ihren Termitenhaufen vergleichbar sind, und weisen ein Niveau gesellschaftlicher Zusammenarbeit auf, das den Anforderungen von Termiten womöglich nicht gerecht wird.

Die Wahrheit besteht wahrscheinlich darin, daß die Auffassung, nach der die Menschen aufgehört haben, sich zu entwickeln, nur ein weiterer Ausdruck einer emotionalen Reaktion ist. Bei dieser Reaktion versucht man, die Auswirkungen der natürlichen Selektion dadurch zu verniedlichen, daß man zugesteht, man sei, obwohl man ihr einmal ausgesetzt gewesen sein mag, nun nicht mehr von ihr betroffen. Hier wird der Versuch unternommen, mit der Evolution so umzugehen wie mit einem Vorstrafenregister – sie wird also mit etwas verglichen, was einem in Zukunft nicht mehr vorgehalten werden sollte, selbst wenn es ein schlechtes Licht auf die Vergangenheit wirft. Wenn eine solche Behauptung irgendeine objektive Bedeutung haben sollte, dann müßte nachgewiesen werden, daß das, was wir »die menschliche Umwelt« nennen können, entweder keinen besonderen Einfluß auf die Fortpflanzung hat oder völlig zufällige Auswirkungen hat (dies läuft auf dasselbe hinaus). Die Haupteinflußgröße auf die menschliche Umwelt ist jedoch die Gegenwart anderer Menschen; und wie wir nun sehen werden, kann das Sozialverhalten bei der Fortpflanzung einschneidende Konsequenzen auf den Erfolg des einzelnen haben.

2
Evolution und Zusammenarbeit

Evolution und Zusammenarbeit scheinen einander widersprechende Konzepte zu sein. Für die Evolution durch natürliche Selektion ist der Erfolg einzelner Lebewesen bei der Fortpflanzung, wie wir gerade sahen, von ausschlaggebender Bedeutung. Der Zusammenhang von Evolution und Egoismus ist dagegen leicht zu verstehen; und der Darwinismus wurde häufig nicht nur mit dem Schlagwort »Überleben des Tüchtigsten« in Verbindung gebracht, sondern auch mit dem Satz »die Natur verteidigt sich mit Klauen und Zähnen«. Selbst wenn wir das erste Schlagwort ablehnen, weil dabei die Tatsache übersehen wird, daß es weniger um »Lebenstüchtigkeit« als um den Erfolg bei der Fortpflanzung geht, scheint es doch so zu sein, daß der Satz am Ende unvermeidlicherweise zutrifft: Aus der Evolution durch natürliche Selektion ergibt sich ein gnadenloser Kampf, wenn schon nicht ums Überleben, dann zumindest um den Erfolg bei der Fortpflanzung. Wir werden jedoch in diesem Kapitel erfahren, daß eine derartige Schlußfolgerung keineswegs unumgänglich ist und daß natürliche Selektion, weit davon entfernt, nur die Egoisten zu selektieren, zu höchsten Formen der Zusammenarbeit führen kann. Wir werden verstehen – das ist vielleicht am überraschendsten –, daß es nur dazu kommen kann, wenn wir auf die grundlegende Einsicht des letzten Kapitels zurückgreifen: daß die Selektion sich auf einzelne Gene auswirkt und auf nichts weiter.

Der Trugschluß vom kostenlosen Mittagessen

Die Frage, wie die Evolution durch natürliche Selektion irgend etwas anderes als Egoismus hervorbringen konnte, wird häufig als »Altruismusproblem« bezeichnet. Nach Meinung vieler Personen entsteht das Problem gerade dadurch, daß man den Begriff »Altruismus« etwas anders als beim

Verhalten von Menschen verwendet. Gebraucht man ihn in bezug auf andere Lebewesen – oder gar im Hinblick auf Pflanzen oder solche Organismen wie Bakterien –, wird dies als »antropomorph« und als unangemessen angesehen; hier würden nämlich anderen Lebensformen Eigenschaften zugeschrieben, die nur dem Menschen zukommen sollten.

Wir können das Problem teilweise entschärfen, wenn wir einen Augenblick mit der Beantwortung der Frage, wie relevant möglicherweise evolutionstheoretische Erkenntnisse über den Altruismus bei Tieren für das menschliche Verhalten sind, warten. Dann können wir zunächst einmal »Altruismus« als Fachbegriff definieren, so wie etwa die Begriffe »Masse« und »Kraft« in der Physik präzise und exakt definiert sind. Auf diese Weise wird die Bedeutung der Begriffe, damit sie in der Naturwissenschaft verwendet werden können, genauer festgelegt; dort haben sie eine eingeschränkte, enger umschriebene Bedeutung als in der Alltagssprache. Lassen Sie uns deshalb beim »Altruismus« ebenso vorgehen und diesem Begriff eine präzise naturwissenschaftliche Bedeutung geben. Wir wollen für unsere Zwecke eine Übereinkunft treffen, daß Altruismus definiert wird als *jede Handlung, die den Fortpflanzungserfolg eines anderen auf Kosten des Fortpflanzungserfolgs beim Handelnden fördert.*

Stellen Sie sich, um sich den Gedanken unmißverständlich zu veranschaulichen, folgendes »Gedankenexperiment« vor. Nehmen wir einmal an, wir hätten eine Population egoistischer Organismen, in der plötzlich durch Mutation ein Altruist, wie wir ihn eben definiert haben, auftritt. Definitionsgemäß müßte diese altruistische Mutante den Erfolg der anderen egoistischen Mitglieder der Population bei der Fortpflanzuung auf Kosten des eigenen Fortpflanzungserfolgs fördern. Da die natürliche Selektion über den Erfolg bei der Fortpflanzung vermittelt wirkt, muß dies zum Nachteil der Altruisten geschehen, bis dann bald ein Zeitpunkt kommt, zu dem sie aussterben. Anscheinend kann sich der Altruismus nicht durch natürliche Selektion entwickeln, wenn wir uns diesen Prozeß so vorstellen, daß ein einzelnes Lebewesen Erfolg bei der Fortpflanzung hat, und wenn wir den Altruismus durch die Opfer definieren, die ein einzelnes Lebewesen beim Kampf um die Fortpflanzung eingeht. Diese Logik ist anscheinend schlüssig.

Doch irgend etwas stimmt hier nicht. Denn der Altruismus, wie wir ihn gerade definiert haben, kommt in der natürlichen Welt überraschend häufig vor. In sozialen Verbänden lebende Insekten wie etwa die Bienen, die Wespen oder die Ameisen demonstrieren uns das in höchstem Maße: Die überwiegende Mehrheit der einzelnen Tiere in diesen Gesellschaften hat überhaupt keinen Erfolg bei der Fortpflanzung, sondern arbeitet altruistisch für die Königinnen und Dronen; denn das sind die einzigen Tiere, die Nachwuchs haben. Wäre die natürliche Selektion, wie im ersten Kapitel behauptet, letztlich ein Problem des individuellen Fortpflanzungserfolgs, wie konnten dann ganze Kasten von Arbeitern, Soldaten und Pflegepersonal entstehen, die ihrerseits überhaupt keinen Erfolg bei der Fortpflanzung haben? Angenommen, wir beharren auf der Definition des Altruismus als Fachbegriff, was in diesem Fall soviel bedeutet wie persönliches Opfer des Altruisten beim Fortpflanzungserfolg zugunsten des Empfängers der altruistischen Handlung, wie kann sich dann der Altruismus durch natürliche Selektion entwickeln?

Anscheinend gibt es nur zwei Möglichkeiten: Entweder kann die natürliche Selektion nicht wirklich zu einem solchen Ergebnis führen, oder es muß einen anderen Weg geben, auf dem das möglich ist – ein Weg, der bei den bisherigen Überlegungen übersehen oder der für ausgeschlossen gehalten wurde. Nach kurzem Nachdenken könnten wir uns ein leicht verändertes Gedankenexperiment ausmalen, bei dem es dieses Problem auf den ersten Blick nicht gibt.

Stellen Sie sich das Gegenteil der Situation vom ersten Gedankenexperiment vor. Nehmen wir an, es gibt eine Population von Altruisten, unter denen es keine egoistischen Lebewesen gibt. Definitionsgemäß werden sich alle gegenseitig von Nutzen sein, und der Altruismus wird, wenn er erst einmal in der Gruppe verankert ist, weiterhin gedeihen. Daraus könnten wir die Schlußfolgerung ziehen, daß der Altruismus sich in Wirklichkeit doch durch natürliche Selektion entwickeln kann, *aber nur wenn er sich nicht auf einzelne Lebewesen als solche, sondern auf eine ganze Gruppe auswirkt* – wir sprechen dann von Gruppenselektion.

Jeder, der vor 25 oder vor 50 Jahren mit den Schriften zur Evolutionstheorie vertraut war, hätte bemerken müssen, daß Gruppenselektion, die bei weitem nicht nur ein Gedankenexperiment ist, in der Tat die verbreitetste Lösung für das Altruismusproblem war. Bis in die sechziger Jahre dieses Jahrhunderts hinein wurde weithin geglaubt, daß sich die Selektion, obwohl sie sich auf die Lebenstüchtigkeit des einzelnen auswirken mag, auch die Lebenstüchtigkeit ganzer Gruppen beeinflußt; dies geschieht dadurch, daß sie all die begünstigt, die Opfer für das Wohl der Allgemeinheit gebracht haben. Die einzige Erklärungsmöglichkeit bestand offensichtlich in folgendem: Aus dem selbstlosen Opfer der Arbeiter unter den Insekten läßt sich die Schlußfolgerung ziehen, daß die natürliche Selektion Bienenstämme und Ameisenkolonien als »Super-Lebewesen« betrachtete und sich dort auf eine Weise auswirkte, wie dies anscheinend sonst nur bei einzelnen Lebewesen geschah. Schließlich könnte man auch die einzelnen Lebewesen selbst, bei denen die natürliche Selektion offenkundig einen Effekt hatte, als riesige Gesellschaften einzelner Zellen begreifen, von denen sich die meisten selbst genausowenig fortpflanzten (in dem Sinne, daß sie neues Leben entstehen ließen) wie die Soldaten oder die Arbeiter bei den Insekten. Wie die unfruchtbaren Kasten bei den staatenbildenden Insekten gelingt es den meisten Zellen in einem sich geschlechtlich fortpflanzenden, aus vielen Zellen bestehenden Lebewesen nicht, das Lebewesen selbst wieder hervorzubringen. Sie überlassen es statt dessen den Geschlechtszellen, so wie die weiblichen Arbeiter in den Insektengesellschaften es den Dronen und Königinnen überlassen, in der Kolonie bzw. im Bienenstock für die Vermehrung zu sorgen. Allem Anschein nach könnten ganze Gesellschaften der natürlichen Selektion ausgesetzt sein, und auf dieser Ebene würde sich die Selektion unvermeidlicherweise zugunsten eines Selbstopfers auswirken, das seinerseits ein derartiges »Super-Lebewesen« ermöglichte. Die Annahme der Gruppenselektion traf nicht nur zu, sondern sie traf ganz augenscheinlich zu.

Bedauerlicherweise ist das, was dem Augenschein nach zutrifft, nicht immer wahr. Und der gesunde Menschenverstand ist bei naturwissenschaftlichen Fragen manchmal ein schlechter Ratgeber. Die Tatsache, daß wir nicht mitbekommen, wie die Erde sich dreht, daß fallen gelassene Gegenstände auf unsere Füße und nicht auf die Seite fallen und daß Wolken, Sonne, Mond und Sterne sich allem Anschein nach quer über den Himmel bewegen, beweist nicht, daß die Erde ortsfest ist und daß das Universum sich um uns dreht. Im Gegenteil, diese offensichtlichen Belege dafür, daß die Erde ortsfest ist und der Himmel sich bewegt, täuschen über die Wahrheit hinweg und erwecken nur den Anschein, zu zeigen, daß die Erde sich nicht bewegt. Nachdem man die Erde heute vom Weltraum aus betrachten und sie aus einem anderen Blickwinkel sehen kann, wird die Tatsache als solche allgemein akzeptiert, daß es die Erde ist, die sich bewegt, und nicht der Himmel.

Etwas Ähnliches trifft auf die Gruppenselektion zu. Aus der Sicht der Evolutionstheorie ist diese Auffassung genauso falsch wie das Weltbild mit einer unbeweglichen Erde im Zentrum der Universums. Um zu verstehen, warum dies so ist, lassen Sie uns einen Moment zu unserem zweiten, anscheinend naheliegenden Gedankenexperiment zurückkehren. Wir hatten eine Population aus reinen Altruisten, die zum gegenseitigen Nutzen miteinander zusammenarbeiteten. Doch stellen Sie sich jetzt einmal vor, daß durch Mutation plötzlich ein egoistisches Individuum auf den Plan tritt. Definitionsgemäß muß die altruistische Mehrheit den Fortpflanzungserfolg der egoistischen Mutante fördern. Dies liegt daran, daß wir darin übereingekommen sind, Altruismus als einen Beitrag zum Fortpflanzungserfolg des anderen auf Kosten des Altruisten zu definieren; und das muß auch zutreffen, wenn der, dem das zugute kommt, völlig egoistisch ist. Schließlich hat der Altruismus auch im alltäglichen Sprachgebrauch etwas mit Opfern zu tun und nicht mit Nutzen.

Der entsprechend egoistische Nachwuchs der ursprünglich egoistischen Mutante wird jedoch auch von den Altruisten in ihrer Umgebung mit Wohlwollen aufgenommen. Das Ergebnis wird unvermeidlich darin bestehen, daß es von einer Generation zur nächsten immer mehr egoistische Einzellebewesen geben wird, bis schließlich die Altruisten zum Aussterben gebracht werden. Wieder einmal scheinen wir mit völliger Gewißheit schließen zu können, daß Altruismus so, wie wir ihn definiert haben, bei natürlicher Selektion nicht überleben kann. Denn definitionsgemäß *werden die Altruisten immer den Fortpflanzungserfolg der egoistischen Lebewesen bis zu einem Punkt fördern, an dem sie selbst ganz aussterben.*

Die Lösung des Altruismusproblems durch die Gruppenselektionisten ist mit anderen Worten immer für etwas anfällig, was als das »Trittbrettfahrerproblem« bekannt wurde. Hier geht es um die Beobachtung, daß, wenn einzelne Personen im Hinblick auf den Fortpflanzungserfolg einen Preis zahlen, um für die Gruppe oder die Art einen Nutzen herauszuschlagen, ein derartiger Nutzen nach unserer Definition für den Fortpflanzungserfolg der anderen lohnend sein wird. Einzelne Lebewesen jedoch, die versuchen, den Nutzen mitzunehmen, ohne für die Kosten zu zahlen, werden immer selektiert werden, weil ihr Fortpflanzungserfolg von den Altruisten gefördert wird; das sind jetzt die, die in Wirklichkeit zahlen. Nach und nach würde die natürliche Selektion den zahlenden Teil der Population benachteiligen; dies ist zum einen der Fall wegen der Kosten, die mit ihrem Erfolg bei der Fortpflanzung verbunden sind, und zum andern wegen des Nutzens, der sich für den nicht zahlenden, Trittbrett fahrenden Teil der Population ergibt. Kurz, Altruismus wird Egoismus bis zu dem Punkt fördern, daß der Altruismus ausgelöscht wird und nur der Egoismus übrigbleibt.

Wenn man versucht, die Evolution des Altruismus dadurch zu erklären, daß man sich auf Gruppenselektion als Mechanismus der Evolution beruft, dann ist das mit dem Versuch vergleichbar, ein *perpetuum mobile* zu entwerfen. Kein Physiker nähme eine Maschine, die keine Energie verbraucht, auch nur einen Augenblick lang ernst, weil all diese Apparate an der Tatsache scheitern, daß sie versuchen, etwas umsonst zu bekommen. Weil Energie weder geschaffen noch zerstört werden kann, sondern nur auf unterschiedliche Weise übertragen wird und weil ihre Übertragung immer mit einem unwiederbringlichen Verlust verbunden ist, kann keine Maschine sie mit hundertprozentiger Effektivität wieder einspeisen; und deshalb kann sie sich auch nicht ewig bewegen. Unabwendbar hat die Energie die Tendenz, als Wärme zu entweichen, Geräusche oder Reibung fordern ihren Preis, und all diese Maschinen kommen am Ende zum Stillstand.

Beim Altruismus verhält es sich ähnlich: Weil der Fortpflanzungserfolg die Antriebskraft für die natürliche Selektion ist, muß ein Rohstoff wie der Altruismus sozusagen seinen Zoll entrichten, und zwar im Hinblick auf den eigenen Fortpflanzungserfolg. Bei der Gruppenselektion versucht man, wie beim *Perpetuum mobile* in der Physik, etwas umsonst zu bekommen. Dabei wird angenommen, daß der Gruppennutzen für sich genommen ausreicht, um die Kosten zu rechtfertigen, die für den einzelnen notwendigerweise mit dem Altruismus verbunden sind. Wenn man jedoch lediglich den Gruppennutzen betont, dann kann man nicht erklären, warum die einzelnen die Kosten zahlen sollten.

Wir haben es hier mit einem wichtigen Prinzip zu tun und mit einem Prinzip, das oft, insbesondere beim menschlichen Verhalten, übersehen wurde. Ein Vorfall, der dies veranschaulicht, ereignete sich vor einigen Jahren an einer renommierten sozialwissenschaftlich ausgerichteten Hochschule. Eine Fakultät hatte beschlossen, in einem Lokal für einen emeritierten Professor eine Abschiedsfeier zu geben. Der Dekan tat verächtlich den

Rat eines Mitarbeiters ab, der seinen Vorgesetzten vor dem Verfahren gewarnt hatte, eine Pauschalrechnung für alle zu verlangen, wobei jeder den gleichen Anteil zahlen sollte. Der Mitarbeiter wurde daran erinnert, daß es sich hier um zivilisierte Menschen handele – Sozialwissenschaftler, die an Gruppen glaubten und um den Wert sozialer Zusammenarbeit wußten. Nachdem der Dekan jedoch allem Anschein nach von jedem seinen Beitrag kassiert hatte, fand er schließlich heraus, daß er einen Anteil zu wenig hatte. Jeder behauptete jedoch, bezahlt zu haben (und der Kollege, der von dieser Vorgehensweise abgeraten hatte, unternahm alles, die Aufmerksamkeit auf sich zu ziehen, als er seinen finanziellen Beitrag leistete; auf diese Weise konnte kein Zweifel aufkommen, daß zumindest er bezahlt hatte). Weil man unvernünftigerweise Bargeld eingesammelt hatte, gab es keine Möglichkeit, herauszufinden, was jeder einzelne eingezahlt hatte; und deshalb war das Mittagessen für eine Person gratis – im Endeffekt auf Kosten der anderen.

Dieser Vorfall veranschaulicht, was wir alle aus unserer allgemeinen Lebenserfahrung wissen: daß für einzelne Menschen, wie zivilisiert sie anscheinend auch sind und wie sehr sie auch auf die Bedeutung der sozialen Zusammenarbeit erpicht sein mögen, in der Realität die eigenen Kosten wichtiger sind als der Nutzen der anderen. Weil Trittbrettfahrer dazu neigen, den Altruismus anderer auszunutzen, muß diese Einstellung sich notwendigerweise wie die Energie in realen Maschinen aufbrauchen, so daß es weder in der Evolution des Verhaltens noch in der Volkswirtschaft so etwas wie ein kostenloses Mittagessen gibt. Zum Schluß muß immer jemand für das Mittagessen aufkommen; und in ähnlicher Weise muß die Evolution durch natürliche Selektion für das kostenlose Mittagessen zahlen – also für die altruistischen Handlungen.

Wie man dafür sorgt, daß sich ein kostenloses Mittagessen auszahlt

Hätten wir immer noch irgendwelche Zweifel am Trugschluß über ein kostenloses Mittagessen, könnten wir sie anhand der EVOLV-O-MATIC-Welt überprüfen. Wir müßten ein neues »Gen« für ängstliche Wesen einführen, ein Gen für den Altruismus, wie wir ihn oben definiert haben. Dies wäre durch die Entscheidung möglich, daß das Wesen mit dem Altruismusgen jedesmal, wenn sich zwei Wesen treffen, das andere »füttert«, indem es bis zu einem Punkt Energie überträgt, von dem an die beiden Wesen dasselbe Energieniveau haben. Ein »Nichtaltruist« gäbe jedoch nie Energie an einen »Altruisten« ab – nach unserer Definition ginge dies nur umgekehrt.

Was geschieht, wenn wir diese Simulation laufen lassen? Zuerst bestätigen sich unsere Erwartungen. Am Anfang ergeht es den Wesen mit gleichen Energieressourcen recht gut, so daß die Kosten der ersten Begegnungen mit anderen gering sind. Nach einer gewissen Zeit jedoch nehmen die Unterschiede zwischen den Energieniveaus der Wesen allmählich zu; jedesmal, wenn der Altruist auf ein Wesen mit viel geringeren Reserven stößt, muß er Energie an das andere Wesen abgeben. Die übrigen Wesen dagegen, die mehr Energie als der Altruist haben, geben sie ihm nicht zurück. Deswegen ist beim Altruisten eine Tendenz zu beobachten, schnell in einen Schwächezustand zu verfallen und, bevor er sich vermehren kann, zu sterben. Und selbst wenn er sich erfolgreich vermehrt, erliegt sein Nachwuchs gewöhnlich schneller dem Tod als der des Nichtaltruisten. Deswegen stirbt das Altruismusgen erwartungsgemäß binnen kurzem aus.

Dazu kommt es jedoch nicht automatisch. Verblüffenderweise zeigen die Simulationen mit der EVOLV-O-MATIC-Welt, daß unsere Erwartungen zum Altruismus und zur natürlichen Selektion überhaupt nicht zutreffen und daß sich Altruisten tatsächlich, im Gegensatz zu unserer scheinbar unwiderlegbaren Logik im Gedankenexperiment, unter bestimmten Bedingungen gut entwickeln können. Nehmen Sie beispielsweise einmal an, daß die altruistische Mutante zufällig ein Gleiter ist. Gleiter entstehen, wie wir gesehen haben, nur gelegentlich. Wegen ihrer effektiven und vielfältigen Verhaltensmuster bei der Nahrungssuche entwickeln sie sich gut, wenn es wirklich einmal zu dieser Variante kommen sollte. Ist der Altruist ein solcher Gleiter, und gibt es, wenn überhaupt, nur wenige von ihnen, dann stößt er möglicherweise sowieso nicht auf viele Wesen, vor allem wenn ihn seine Reisen nur selten in den Garten Eden führen, wo die ängstlichen Wesen leben. Im Endergebnis pflanzt er sich vielleicht fort, bevor er viel von seiner Energie verliert; und seine Nachkommen haben eventuell genausoviel Glück, so daß sie dazu neigen, wenn überhaupt, dann auf einen der ihren treffen.

Auf den ersten Blick sieht es nach Gruppenselektion aus. Denn anscheinend ist für die Gruppe oder die Gleiterfamilie die gemeinsame Eigenschaft, Altruist zu sein, von Vorteil. Ebenso wie in unserem zweiten Gedankenexperiment ist es anscheinend so, daß eine Gruppe von Altruisten tatsächlich als Gruppe selektiert werden kann. Wenn man jedoch genauer hinsieht, dann zeigt sich, daß es sich hier um eine oberflächliche und irreführende Sichtweise handelt. Lassen Sie uns näher betrachten, was in dieser Simulation mit den einzelnen Gleitern geschieht.

Als erstes fällt auf, daß, wenn es sich bei beiden um Altruisten handelt, eigentlich *beide* Seiten von irgendeiner Interaktion profitieren. Wir waren jedoch bereits übereingekommen, daß der Akt des Altruismus immer für das Individuum, das – Altruist oder nicht – am wenigsten Energie hat, von Vorteil ist. Zugegeben, die Rollen mögen sich in einem späteren Stadium umkehren – und dies wird tatsächlich auch der Fall sein. Aber es bleibt eine Tatsache, daß dies, obwohl die Individuen voneinander profitieren, nicht geschieht, weil sich die Selektion auf die gesamte Gruppe auswirkt.

Wenn zwei Individuen möglicherweise voneinander profitieren, dann kommt dies bei mindestens zwei und aller Wahrscheinlichkeit nach bei einer viel größeren Zahl von Begegnungen daher, daß *beide dasselbe Altruismusgen haben*. Es ist das Altruismusgen beim Empfänger, das davon profitiert, wenn beide an diesem Austausch Beteiligten Altruisten sind. Das Gen stellt sich als die Einflußgröße heraus, die unseren Erwartungen völlig zuwiderläuft. Selektion wirkt sich nicht auf eine *Gruppe* von Altruisten als solche aus, sondern auf das *Gen* für Altruismus, das alle Mitglieder der Gruppe wegen der gemeinsamen Abstammung von einem Urvater bzw. einer Urmutter haben. Zudem liegt der Beweis dafür auf der Hand. Wir sollten uns nach der Besonderheit fragen, die einen Gleiter zum Altruisten macht: Die Antwort ist, wie wir gesehen haben, einfach. Es liegt allein an der Tatsache, daß wir ihm das Altruismusgen gegeben haben. Nur durch dieses Gen unterscheiden sich die Altruisten von einer beliebigen anderen Gleiterart.

Der Effekt ist sogar noch offenkundiger, wenn der ursprüngliche Altruist zufällig ein ängstliches Wesen ist. Wie wir sahen, überleben und gedeihen solche Individuen nur, wenn sie sich zufällig im Garten Eden befinden; dort pflanzen sie sich gewöhnlich schnell fort. Ist der Altruist das einzige ängstliche Wesen oder eines von wenigen ängstlichen Wesen, die im Garten leben, sind diejenigen, mit denen er Kontakt hat, häufig seine eigenen Nachkommen. Wenn dies der Fall ist, ist das Ergebnis genau dasselbe wie bei den Gleiter-Altruisten, die auf ihren eigenen Nachwuchs stoßen: Dem Altruismusgen, das sich bei den Nachkommen der ängstlichen Wesen findet, kommt die Energieübertragung zugute. Solange es nicht zu viele Nichtaltruisten gibt, die das ausnutzen, profitieren anscheinend in Wirklichkeit sowohl die Gleiter als auch die ängstlichen Wesen vom Altruismusgen. Dies liegt daran, daß es bei den Individuen mit dem Altruismusgen eine Neigung dazu gibt, die Energieunterschiede untereinander auszugleichen. Dies wiederum geht darauf zurück, daß ein Altruist, der bei einem Treffen Energie an einem anderen Altruisten verliert, bei einer weiteren Begegnung möglicherweise Energie dazubekommt. Das Ergebnis besteht darin, daß das Altruismusgen unter solchen Bedingungen wirkungsvoll selektiert werden kann.

Nehmen wir einmal an, es sei eine ausreichende Zahl von Nichtaltruisten vorhanden. Dann wird die Wahrscheinlichkeit geringer, daß Altruisten häufig genug aufeinanderstoßen, um den Fortpflanzungserfolg des Altruismusgens insgesamt zu verbessern. Am Ende scheint dies den Erfolg der Altruisten zu begrenzen. Solange jedoch ein Altruist das Glück hat, mit anderen Besitzern des Altruismusgens zusammenzukommen, kann tatsächlich zugunsten des Altruismus selektiert werden. Auch wenn die Altruisten unter den ängstlichen Wesen nicht die einzigen Wesen im Garten sind, besteht das Ergebnis darin, daß ihre Neigung, in einer Gegend zu bleiben, möglicherweise bedeutet, daß sie häufiger mit ihresgleichen zusammentreffen als mit Nichtaltruisten; und das wirkt sich zugunsten ihres Altruismusgens aus.

Lassen Sie uns nun noch einmal auf unser offenbar unwiderlegbares Gedankenexperiment zurückkommen. Was stimmte an unseren Schlußfolgerungen nicht?

Die Antwort lautet, daß wir bei dem *Niveau*, ab dem es zu natürlicher Selektion kommt, einen Fehler gemacht haben. Wir nahmen einfach an, daß die Selektion Individuen auswählt. Die oben geführte Diskussion über den zentralen Gedanken des Darwinismus hätte uns auf die Erkenntnis vorbereiten müssen, daß in Wirklichkeit die natürliche Selektion sich nicht auf Individuen auswirkt, sondern auf ihre Gene. Im Falle der Wesen in der EVOLV-O-MATIC-Welt sind diese »Gene« numerische Werte, durch die unsere Leistungskennwerte gesteuert werden. Könnten Altruisten nicht die »Gene« für Altruismus weitergeben oder sie mit ihren Verwandten gemeinsam haben, dann wären unsere Erwartungen hundertprozentig erfüllt worden. Die Tatsache jedoch, daß die Kopien der »Gene« für Altruismus einen Nutzen aus ihrer Wirkung auf andere ziehen, widerspricht unseren Erwartungen. Und im Endeffekt entstehen überraschenderweise ganze Populationen von Altruisten. Bei lebenden Organismen müssen wir das Wort Gene nicht in Anführungszeichen setzen. Wie wir nämlich bereits sahen, handelt es sich hier tatsächlich um die Gebilde, auf die sich die natürliche Selektion auswirkt.

Daraus ergibt sich eine erstaunliche Einsicht, die der Intuition zuwiderläuft. Langsam verstehen wir, daß wir dabei sind, eine Erklärung für soziale Zusammenarbeit im allgemeinen und für Altruismus im besonderen zu finden. Das gilt aber nur, wenn wir erkennen, daß sich die natürliche Selektion *nicht* auf der Ebene des Individuums oder auf der Ebene der Gruppe, sondern auf der Ebene der individuellen Gene auswirkt. Was in den Gedankengängen der Gruppenselektionisten übersehen wurde, war die Tatsache, daß sich die Selektion auf einer grundlegenderen Ebene auswirkt als nur der des Individuums – auf der der individuellen Gene. Paradoxerweise können wir erst, wenn wir verstehen, warum die Selektion sich auf der untersten genetischen Ebene Folgen hinterläßt, allmählich ein Verständnis für die Evolution der Zusammenarbeit auf der höchsten gesellschaftlichen Ebene entwickeln.

Hier handelt es sich wahrscheinlich um den Grund dafür, daß es zu Darwins Lebzeiten nicht möglich war, das Altruismusproblem zufriedenstellend zu lösen; und dies trifft für die gesamte Zeit zu, bis man den eigentlichen Kerngedanken der Genetik verstand. Als man erst einmal darauf gekommen war, war es unumgänglich, daß jemand früher oder später diese folgenreiche Entdeckung machen würde. Dabei ging es darum, daß die höchsten Formen sozialer Zusammenarbeit nur durch eine Begrifflichkeit erklärt werden konnten, bei der die natürliche Selektion der individuellen Gene einbezogen wurde. Auf eine derartige Vermutung kamen in den dreißiger Jahren zunächst Darwinisten wie J. B. S. Haldane, aber erst in den sechziger Jahren wurde das Problem von W. D. Hamilton eindeutig gelöst – fast genau ein Jahrhundert nach der Veröffentlichung des *Ursprungs der Arten*.

Stellen Sie sich folgendes Beispiel vor, um zu verstehen, wie Hamilton vorging. Nehmen wir an, ich hätte ein Gen (oder viele Gene, das ist hier ohne Bedeutung), das bei mir die Eigenschaft fördert, mein Leben dafür zu opfern, daß das Leben mindestens dreier meiner Kinder gerettet wird. Um zu begreifen, in welchem Ausmaß sich bei Menschen ein selbstmörderischer Altruismus entwickeln kann, müssen wir zunächst eine genetische Einflußgröße berücksichtigen. Sie besteht darin, daß jeder Mensch in seinen Körperzellen zwei vollständige Gensätze hat. In unseren Geschlechtszellen, den Samenzellen bzw. den Eizellen, geben wir jedoch nur einen Gensatz weiter. Eine befruchtete Eizelle hat einen doppelten Satz rekonstruierter Gene – jeweils einen von jedem Elternteil (siehe Abbildung 8). Jetzt kommen wir zu dem eigentlich interessanten Punkt, bei dem der Altruismus zur Sprache kommt. Wenn ich wirklich Gene habe, die mich dazu bringen, mein Leben für drei meiner Kinder zu opfern, dann können wir beobachten, wie durch mein altruistisches Handeln 100 Prozent dieser Gene zerstört werden. 150 Prozent der Gene – und das ist die Überraschung – bleiben bei einem solchen Selbstopfer erhalten. Dies liegt daran, daß jedes meiner Kinder die Hälfte meiner Gene bekommt. Nach den Regeln der Wahrscheinlichkeit bekommt jedes von ihnen 50 Prozent meiner Gene bzw. der Gene für das Selbstopfer. Drei mal 50 Prozent macht 150 Prozent; das heißt, daß derartigen Genen wegen meines Selbstopfers ein größerer Erfolg bei der Fortpflanzung beschieden ist, als dies der Fall wäre, hätte ich nicht den selbstmörderischen Akt des Altruismus begangen (siehe Abbildung 8). Dasselbe trifft zu, wenn es sich um meine Geschwister handelt, die ich da rette; denn auch sie haben die Hälfte meiner Gene mit mir gemeinsam. Weil auf all meine anderen Gene genau dasselbe zutrifft, profitieren sie in gleicher Weise davon. Wie wir im ersten Kapitel gesehen haben, geht es um den Fortpflanzungserfolg, auf den sich am Ende die natürliche Selektion reduzieren läßt. Deswegen könnten wir sagen, daß es meine aufopfernde Handlung war, die der natürlichen Selektion unterworfen wurde. Denn sie war mit einem größeren Fortpflanzungserfolg für die Gene, die in mir die Neigung zum Selbstopfer förderten, verbunden.

Hier handelt es sich um die wesentliche Erkenntnis in einem Bereich, den man »die alles einschließende Tüchtigkeit« nennt, um das unanständige Wort wieder zu gebrauchen. Versuche, eine solche »Tüchtigkeit« bezogen auf Individuen zu erfassen, sind ausgesprochen kompliziert; und den Begriff auch nur korrekt zu definieren, führt zu Gehirnverbiegungen, die ich meinen Lesern nicht zumuten möchte. Die Schwierigkeiten, die durch die alles einschließende Tüchtigkeit aufgeworfen werden, sind ein weiterer Grund da-

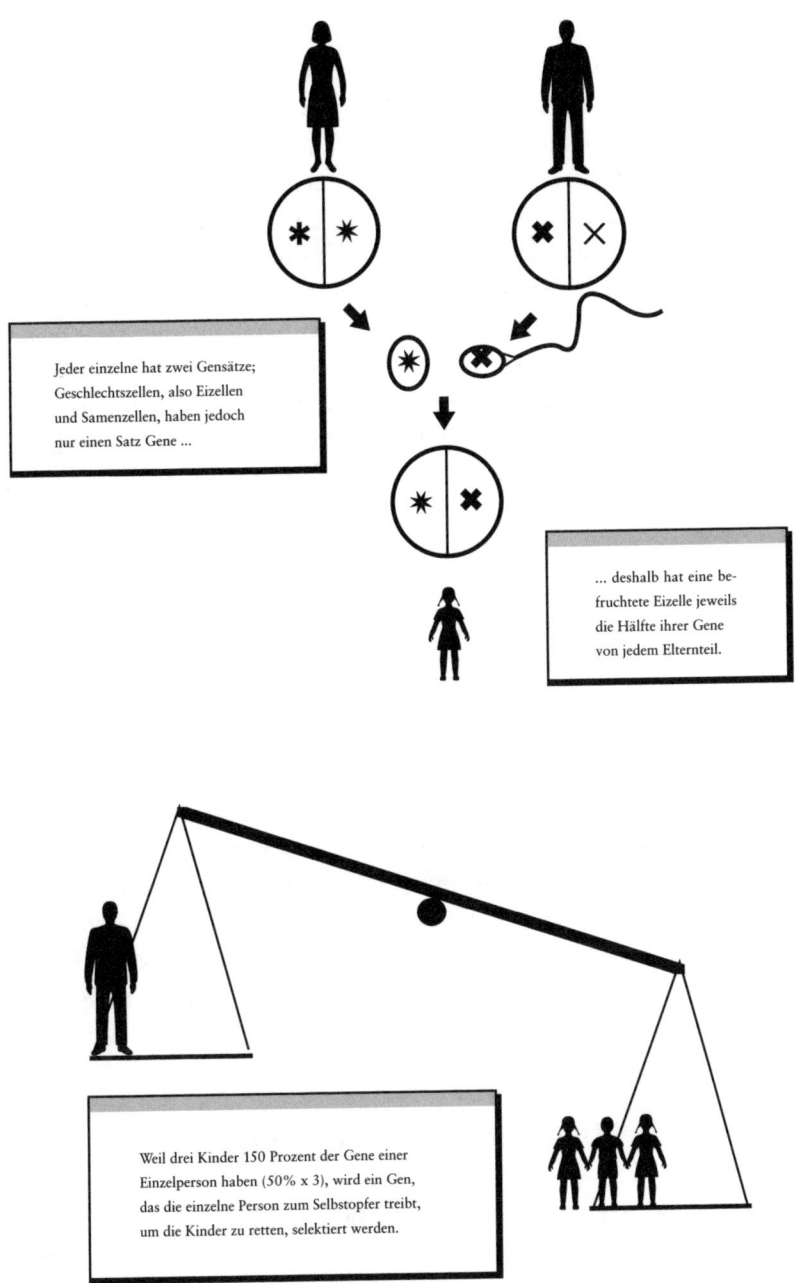

Abbildung 8: Wie die Genetik das Selbstopfer fördert

für, das unanständige Wort überhaupt zu vermeiden (siehe oben, S. 46–54). Eine bessere Problemlösung besteht darin, den Altruismus vom Standpunkt der individuellen Gene aus zu betrachten sowie für die Gene Kosten und Nutzen beim Selbstopfer zu berechnen. Dieser Ansatz zur Problemlösung umgeht auch den Fehler, die Selektion als einen Vorgang zu betrachten, der sich nur auf Individuen auswirkt; denn auch Organismen, die sich aus vielen Zellen zusammensetzen, verdanken diesem Prinzip die Vollständigkeit und das Zusammenwirken ihrer einzelnen Teile. In einem großen Körper arbeiten vielfältige Zellen miteinander zusammen, weil sie alle dieselben Verwandtschaftsbeziehungen zueinander aufweisen und weil Gene, von denen die Zusammenarbeit in einer Zelle begünstigt wird, durch identische Kopien von sich selbst in anderen Zellen profitieren. Kurz gesagt, Hamiltons Entdeckung, daß der Altruismus sich auf der Ebene der individuellen Gene entwickeln konnte, war sicherlich grundlegend. Sie ließ sich nicht nur auf nahe miteinander verwandte Gemeinschaften individueller Lebewesen anwenden, sondern auch auf vielzellige Organismen allgemein.

Weil die Verwandtschaftsbeziehungen wichtig sind, um zu gewährleisten, daß alle Individuen das Altruismusgen haben, sprach man von »Verwandtschaftsaltruismus«. Für sich genommen konnte dies als eine erste Lösung des Altruismusproblems betrachtet werden. Wir werden später sehen, daß einem Großteil der Psychologie des Menschen und des Sozialverhaltens in der Tierwelt Verwandtschaftsaltruismus zugrunde liegt. Doch es gibt auch noch eine weitere grundlegende Form des Altruismus, die zu einer zweiten Lösung des Altruismusproblems führt – eine Lösung, die besonders gut auf Menschen anwendbar ist. Und wie wir in späteren Kapiteln sehen werden, haben sowohl dieser Altruismus als auch der Verwandtschaftsaltruismus eine besondere Bedeutung für ein modernes Verständnis nicht nur von Darwin, sondern auch von Freud.

Das Mittagessendilemma

Es gibt noch eine zweite Möglichkeit, durch die sich Altruismus entwickeln kann und durch die unsere zuvor geschilderten Gedankenexperimente widerlegt werden. Dabei geht es um Altruisten, die nur mit anderen Altruisten zusammenarbeiten. Aber woher kann etwa ein Wesen wissen, ob es sich bei einem anderen Wesen um einen Altruisten handelt? Das Problem besteht darin, daß beide vor demselben Dilemma stehen: Selbst wenn sie beide miteinander zusammenarbeiten könnten, woher wüßten sie jeweils, ob der andere bereit ist, mit ihnen zusammenzuarbeiten?

Eine Antwort mag bei der Frage zu suchen sein, *wie* man Verwandtschaftsbeziehungen erkennt: Könnten Altruisten, die von denselben Eltern abstammen, sich gegenseitig erkennen, dann wären sie in der Lage, die Wahrscheinlichkeit abzuschätzen, daß sie das Altruismusgen von diesen Eltern geerbt haben. Doch das geht nur bei Verwandtschaftsaltruismus. Gibt es eine weitere Möglichkeit, bei der es dazu kommt, daß sich beide gegenseitig erkennen? Die gibt es in der Tat. Um das jedoch genau zu verstehen, müssen wir uns ein bißchen tiefgehender mit dem ganzen Thema des Sozialverhaltens beschäftigen und näher auf die Altruismusdiskussion eingehen.

Nehmen wir an, Sie und ein Verwandter gingen gemeinsam in ein Lokal zum Essen. Wenn man es in der elementarsten Begrifflichkeit ausdrückt, könnte man sagen, daß Sie und ihr Verwandter einerseits vielleicht einen Nutzen aus einem solchen Ereignis ziehen und es andererseits mit Kosten für Sie verbunden ist. Der Nutzen bestünde im Essen, und die Kosten wären aus der Rechnung zu ersehen. Aber sie beide hätten die Wahl, entweder zu zahlen oder nicht zu zahlen. Lassen Sie es uns *Zusammenarbeit* nennen, wenn man die Rechnung begleicht, und *Abtrünnigwerden*, wenn man nicht zahlt. Je nachdem, ob Sie mit dem andern zusammenarbeiten oder abtrünnig werden bzw. ob Ihr Verwandter mit Ihnen zusammenarbeitet oder abtrünnig wird, gibt es nun vier Möglichkeiten. Wenn Sie beide miteinander zusammenarbeiten, essen Sie gemeinsam, und jeder zahlt. Wir könnten dies *wechselseitige Zusammenarbeit* nennen, weil Kosten und Nutzen zu gleichen Teilen aufgeteilt werden.

Nehmen wir nun einmal an, daß Sie sich kooperativ zeigen und zahlen, nicht jedoch Ihr Verwandter; vielleicht behauptet er, nicht genügend Geld dabeizuhaben, oder er weigert sich schlicht zu zahlen. Daß Sie für das Essen Ihres Verwandten aufkommen, könnten wir in diesem Sinne als *Altruismus* bezeichnen. Betrachtet man es jedoch von Ihrem Standpunkt, könnten wir behaupten, daß das, was Ihr Verwandter gemacht hat, ein Akt des *Egoismus* war. Was für ihn nämlich dabei herauskam, war ein kostenloses Mittagessen. Schließlich könnten wir uns eine Situation vorstellen, bei der

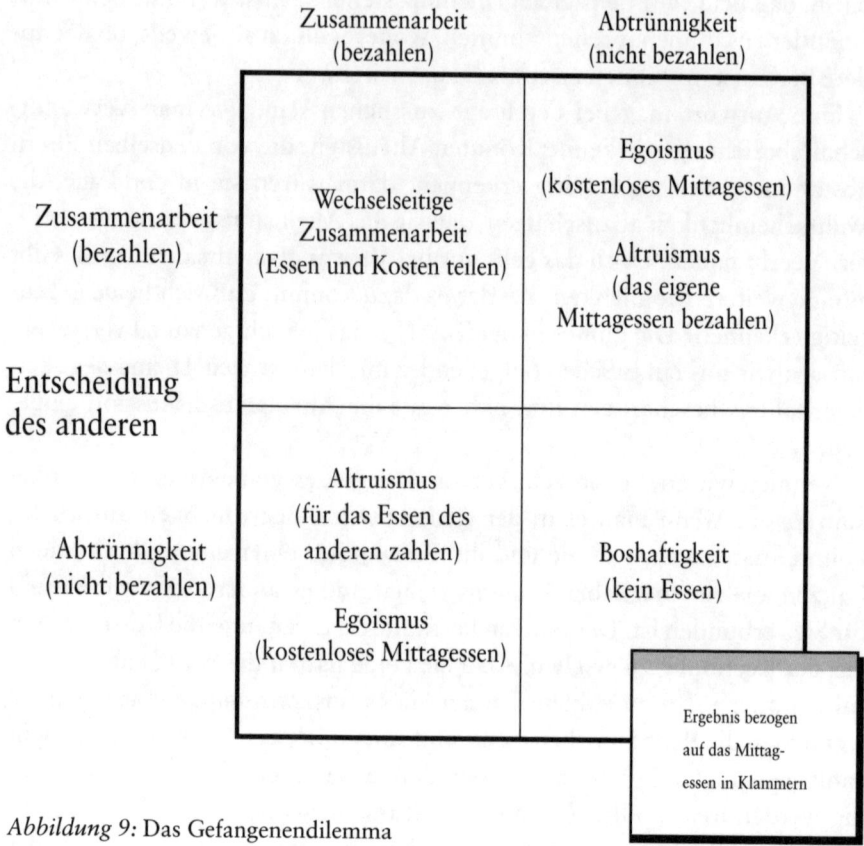

Abbildung 9: Das Gefangenendilemma

keiner von Ihnen darauf eingestellt war, irgend etwas zu bezahlen, und deshalb keiner von Ihnen ein Mittagessen bekam. Wir könnten das *Boshaftigkeit* nennen (siehe Abbildung 9).

Wenn wir nun über den relativen Wert dieser Ergebnisse für Sie und Ihren Verwandten nachdenken, dann sieht man gleich, daß es immer am besten ist, man bekommt ein kostenloses Mittagessen – dann hat man einen Nutzen, ohne für die Kosten aufkommen zu müssen. Das ist besser als ein Mittagessen, bei dem man sich die Kosten teilt. Obwohl Sie nämlich ein Mittagessen bekommen, müssen Sie auch dafür bezahlen. Aber dies wiederum ist besser als überhaupt kein Mittagessen zu erhalten, was zwar nicht mit Kosten verbunden gewesen wäre, aber es hätte sich auch kein wie immer gearteter Nutzen ergeben. Am schlechtesten wäre das Ergebnis, wenn Sie für das Mittagessen von jemand anders zahlen müssen – also Kosten ohne einen Nutzen für Sie. Überführt man diese Beispiele in die Sprache, die wir in den vorigen Kapiteln eingeführt haben, können wir erkennen, daß Egoismus (ein kostenloses Mittagessen) besser ist als wechselseitige Zusammenarbeit (beide essen, beide zahlen). Dies wiederum hat jedoch größeren Wert als Boshaftigkeit (keiner zahlt, keiner ißt); am schlechtesten wäre es das Ergebnis, wenn man einen Akt des Altruismus vollbringen muß (Sie bezahlen, der andere ißt auf Ihre Kosten).

Wegen der Anekdoten, die man sich ausdenkt, um dies zu veranschaulichen, wird die beschriebene Situation gewöhnlich als »Gefangenendilemma« bezeichnet (Abbildung 9). Ein häufig dagegen vorgebrachter Einwand besteht darin, daß sie allem Anschein nach unnatürlich und gekünstelt ist. Denken wir jedoch für einen Augenblick an mein oben beschriebenes Beispiel mit den Sozialwissenschaftlern im Restaurant, die herausfanden, daß einer von ihnen nicht bezahlt hatte, dann können wir erkennen, daß es eine Unzahl von Situationen gibt, die diesem Modell recht nahekommen (siehe oben, S. 70 f.). In diesem Fall bekam derjenige, der nicht bezahlte, tatsächlich ein kostenloses Mittagessen, und die übrigen Beteiligten vollbrachten tatsächlich einen Akt des Altruismus in dem Sinne, daß sie als Gruppe dafür zahlen mußten. Es ist eine Tatsache, daß Menschen häufig mit dem Konflikt konfrontiert sind, ob sie mit anderen zum gegenseitigen Nutzen zusammenarbeiten oder ob sie die anderen in ihrem eigenen egoistischen Interesse täuschen sollen. Auch wenn wir uns gerne selbst einreden möchten, daß wir normalerweise im Interesse der Gruppe handeln würden, ist es wichtig, beide Seiten des Dilemmas zu sehen, das ihm zugrunde liegt. Der Vorteil des Gefangenendilemmas besteht darin, daß hier beide Seiten beschrieben und ausgewogen dargestellt werden, so daß das Ergebnis nicht mit Vorurteilen belastet ist.

Wir können dies zu der vorher beschriebenen EVOLV-O-MATIC-Simulation des Altruismus in Beziehung setzen. Lassen Sie uns zunächst noch einmal ins Gedächtnis rufen, was wir dort erfahren haben (siehe oben, S. 71–75). Die oben dargestellte Situation beschrieb Einzelwesen mit einem Altruismusgen. Das heißt, sie müssen die ganze Zeit über mit den anderen zusammenarbeiten. Sie sind vergleichbar mit den beiden, die in ein Lokal gehen und immer bereit sind zu zahlen, was auch immer der andere macht. Lassen Sie uns das als die Strategie des *Trottels* bezeichnen. (In der wissenschaftlichen Literatur wird diese Strategie gewöhnlich »All C« für »always co-operate« oder »immer zur Zusammenarbeit bereit« genannt.)

Haben wir in unserer Population bereits einen Trottel – also ein Wesen mit einem Altruismusgen –, dann können wir auch erkennen, daß wir noch einen weiteren Typ von Wesen haben, der die entgegengesetzte Strategie einsetzt; diesen nennen wir entsprechend den *Abtrünnigen* (in der Literatur als »All D« bekannt von »always defect« oder »immer bereit, abtrünnig zu werden«). Hier handelt es sich um die übrige nicht-altruistische Population – also die Mitglieder der Population ohne das Altruismusgen.

Wir haben bereits gesehen, wie es Altruisten und Nicht-Altruisten in der EVOLV-O-MATIC-Welt ergeht. Es hängt jedoch auch viel von zufälligen Faktoren ab, wie zum Beispiel der Gegend, in der ein altruistisches Wesen nach Nahrung sucht, den Individuen, auf die er gerade trifft, und so weiter. Die Energieniveaus wiederum sind durch solche Faktoren beeinflußt wie etwa das Stadium des Spiels, in dem die Begegnung stattfindet. Um die Angelegenheit einfacher zu machen und damit wir leichter an den Kern des Altruismusproblems herankommen, wollen wir eine etwas veränderte Form der Simulation verwenden, eine Simulation, die auf dem oben kurz beschriebenen Gefangenendilemma im Restaurant beruht.

Wie in diesem Fall haben die beiden Einzelwesen die Wahl, miteinander zusammenzuarbeiten oder abtrünnig zu werden. Das Ergebnis läßt sich dann in das obige Schema einordnen. Wir könnten das jeweilige Kosten-Nutzen-Verhältnis einfacher beschreiben, wenn wir jedes Ergebnis als Punkt darstellen. Solange die Rangreihe der Kosten-Nutzen-Verhältnisse dieselbe bleibt, ist es nicht wesentlich, was die Punkte bedeuten: Das egoistische Vergnügen am Nutzen ohne Kosten muß mehr wert sein, als füreinander zu bezahlen und sich gegenseitig zu nutzen; dies muß wiederum besser sein als die gegenseitige Vermeidung von Kosten ohne jeglichen Nutzen; dagegen muß Kosten für die eigene Person, verbunden mit einem Nutzen für die andere, das am wenigsten erstrebenswerte Ergebnis sein (siehe Abbildung 10, S. 85). Lassen wir auf dieser Grundlage eine Simulation laufen, ähnelt das Ergebnis dem, was wir erwarten würden: Der Abtrünnige dringt schnell in die Populationen der Trottel ein; die Trottel überleben nur so lange, wie sie vorwiegend mit weiteren Trotteln zusammenkommen. Mit anderen Worten kommen wir zu dem Ergebnis unseres oben beschriebenen Gedankenexperiments: Trottelige Altruisten können sich gegen die Invasion egoistischer Abtrünniger nicht wehren; und eine Population von Abtrünnigen könnte nie von Trotteln überrannt werden.

Doch wir sollten nun auch Mutationen zulassen, damit neue Gene hinzukommen, die das Verhalten im Hinblick auf Zusammenarbeit oder Abtrünnigkeit noch ausgeklügelter steuern. Wie kann man dies bewerkstelligen?

Robert Axelrod und Stephanie Forrest haben zu diesem Zweck ein Verfahren entwickelt.[1] Ihre Lösung bestand darin, etwas bereitzustellen, was es einem Mitspieler erlauben würde, nicht die ganze Zeit über zusammenzuarbeiten oder abtrünnig zu werden, sondern jeweils neu auf den anderen Mitspieler zu reagieren. Sie erreichten dies dadurch, daß sie die Reaktion eines Mitspielers auf dem Ergebnis der letzten drei Interaktionen mit dem anderen Mitspieler basieren ließen. Es war so, als hätte man die Restaurantbesucher mit einer Erinnerung daran ausgestattet, was geschah, als sie die letzten drei Male vorher miteinander essen gingen. Wie wir sahen, kann jede Interaktion drei mögliche Ergebnisse haben, in Abhängigkeit davon, ob die Person jeweils mit der anderen zusammenarbeitete oder von ihr abtrünnig wurde. Wenn beide miteinander zusammenarbeiten, zahlten beide, und beide hatten einen Nutzen. Wurden beide abtrünnig, zahlte keiner, und keiner hatte einen Nutzen. Wenn sich dagegen einer durch Bezahlen als kooperativ erwies und der andere abtrünnig wurde, wurde der zahlende Mitspieler von nichtzahlenden Abtrünnigen ausgebeutet. Bei drei Wiederholungen ergeben sich $4 \times 4 \times 4$ oder 64 mögliche Resultate. Jedes einzelne Ergebnis könnte als Einzelinformation kodiert werden, C für »cooperation« oder Zusammenarbeit und D für »defection« oder Abtrünnigkeit. Von Trotteln beispielsweise könnte man annehmen, daß sie ein Gen mit 64 Cs haben, während Abtrünnige 64 Ds haben.

Diese Zeichenketten von Cs und Ds können als die bestimmende Strategie betrachtet werden. Weil jedes C oder D in der 64 Zeichen langen Kette ein D oder ein C sein könnte, ist die mögliche Gesamtanzahl der Kombinationen von 64 Cs und Ds 2 hoch 64 – also eine 2, die 64 mal mit sich selbst multipliziert wird, oder mehr als 18 Trillionen! Robert Axelrod und Stephanie Forrest bemerken dazu folgendes: Hätte man seit Beginn des Universums vor ungefähr 10 Milliarden Jahren pro Sekunde eine der möglichen Strategien ausprobiert, dann hätte man bis heute lediglich 2 bis 3 Prozent der möglichen Kombinationen abarbeiten können. So groß ist die Anzahl.

Ein zufälliger Satz derartiger Strategie-Gene ging in den Kreislauf von Variation, Selektion und Fortpflanzung ein, von dem wir im vorigen Kapitel gehört haben. Als Detail kam noch hinzu, daß die Vermehrung geschlechtlich erfolgte; dadurch tauschten die Gene Teile ihrer Zeichenketten, während sie Kopien von sich bildeten, miteinander aus. So hätte sich ein reines Trottel-Gen (64 Cs) mit einem reinen Abtrünnigen-Gen (64 Ds) paaren können, wodurch eine Nachkommenschaft mit einer Mischung von Cs und Ds in den Genen herausgekommen wäre. Die sich daraus ergebenden Gene wären dann der Selektion ausgesetzt gewesen; hier hätten die Faktoren auf der Grundlage des oben dargestellten Kosten-Nutzen-Verhältnisses gegeneinander gewirkt: Bei erfolgreicher Abtrünnigkeit (Abtrünnigkeit in Kombination mit Zusammenarbeit des anderen Spielers) gab es fünf Punkte, wechselseitige Zusammenarbeit brachte drei Punkte für jeden Spieler, beiderseitige Abtrünnigkeit jeweils einen Punkt für jeden Spieler, während erfolglose Zusammenarbeit (Zusammenarbeit in Verbindung mit Abtrünnigkeit des anderen) zu null Punkten führte. Gene mit geringer Punktzahl wurden ausgesondert, die mit höheren Punktzahlen »paarten sich« dann durch Austausch von Teilen der C/D-Zeichenketten und brachten auf diese Weise vielerlei Nachwuchs hervor. Dieser trat dann gegeneinander an und so weiter.

Wie man erwarten konnte, erwiesen sich die meisten dieser Strategien zunächst als wenig erfolgsträchtig. Trotzdem entwickelte sich binnen kurzem eine Strategie, die in starkem Maße der ähnelte, die als Sieger aus einem früher durchgeführten Wettbewerb von Computerprogrammen zum Gefangenendilemma hervorging. Wie es sich so ergab, war es das einfachste der eingegebenen Computerprogramme: Es handelte sich um ein »Wie du mir, so ich dir« (englisch: »Tit-for-Tat«). Bei dieser Strategie beginnt man immer mit einer Zusammenarbeit, macht dann jedoch immer dasselbe, was der Mitspieler vorher gemacht hatte. Die Abbildungen 11 und 12 veranschaulichen eine Simulation, in der »Wie du mir, so ich dir« beim Kampf um Gebietsgewinne auf Abtrünnige und auf Trottel trifft. Bei diesem Kampf belegen die Spieler ein Territorium auf dem Bildschirm des Computers und spielen das Gefangenen- bzw. Restaurantbesucher-Dilemma mit bis zu acht benachbarten Mitspielern. Sie gewinnen Punkte, die,

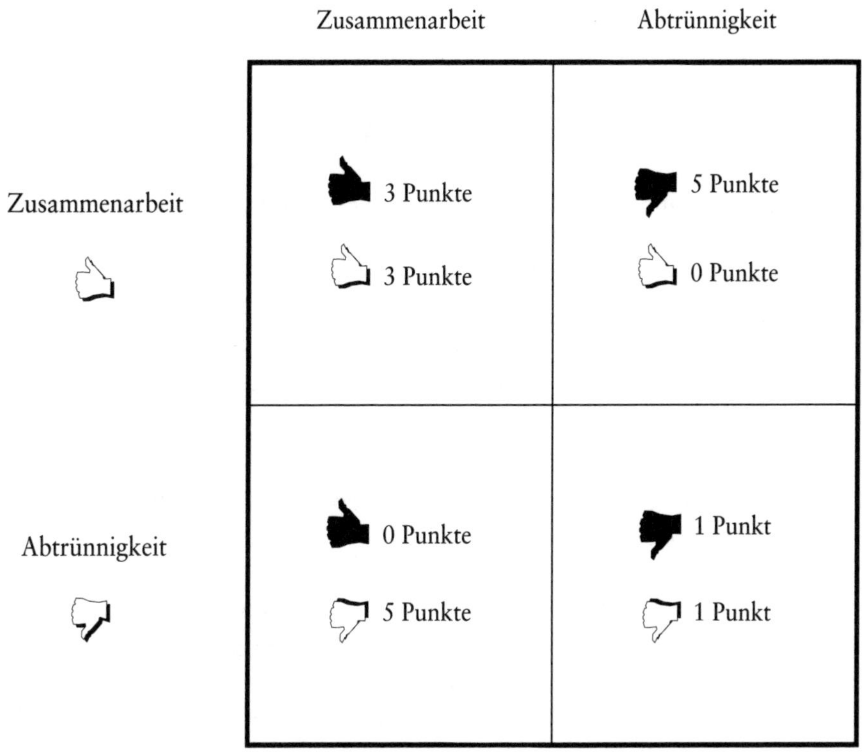

	Zusammenarbeit	Abtrünnigkeit
Zusammenarbeit	👍 3 Punkte 👍 3 Punkte	👎 5 Punkte 👍 0 Punkte
Abtrünnigkeit	👍 0 Punkte 👎 5 Punkte	👎 1 Punkt 👎 1 Punkt

Abbildung 10: Punkte bei einem Wettbewerb zum Gefangenendilemma

wie in Abbildung 10 dargestellt, ihren Erfolg bei der Vermehrung festlegen. Das Erstaunliche ist dabei folgendes: Obwohl die Trottel eine Invasion von Abtrünnigen nicht abwehren und gewiß keine Invasion ins Territorium der Abtrünnigen machen können, sind die Spieler mit der Strategie »Wie du mir, so ich dir« in der Lage, in Populationen von Abtrünnigen einzudringen und die Trottel für eine Zusammenarbeit zu gewinnen.

Wenn Sie verstehen wollen, auf welche Weise sich das Spiel entwickelt und was die Gründe dafür sind, schauen Sie sich einmal Abbildung 11 (oben) an. Trottel sind durch ein Pluszeichen, Abtrünnige durch ein Minuszeichen dargestellt; die dritte Art von Mitspielern sind die mit der Strategie »Wie du mir, so ich dir«. In der Ausgangsposition sieht man jeweils drei von jeder Art, und alle gruppieren sich um die Mitte des Spielfelds. Nach

15 Iterationen (während der jeder Beteiligte mit jedem anderen spielt, mit dem er in Kontakt kommt) liegen die Abtrünnigen größtenteils wegen der Ausbeutung der Trottel vorne. Auf der linken Seite des Feldes hat jedoch ein Keil von Trotteln überlebt; sie wurden von den Spielern mit der Strategie »Wie du mir, so ich dir« geschützt, die sich an zweiter Stelle befinden; dies kann man aus den Werten ablesen, die auf linken Seite der unteren Darstellung in Abbildung 11 aufgeführt sind.

Nach 50 Iterationen (Abbildung 12, oben) sind die Spieler mit der Strategie »Wie du mir, so ich dir« weit vorne, und die Trottel stehen an zweiter Stelle, weil sie mehr Erfolg bei der Fortpflanzung haben als die Abtrünnigen. Trottel finden sich jedoch nur auf der linken Seite des Spielfeldes, wo sie von den Spielern mit der Strategie »Wie du mir, so ich dir« beschützt wurden. Sie waren nicht in der Lage, auf der rechten Seite, wo immer noch Platz ist, auf irgendeine Art voranzukommen. Trotzdem kann man einen sich ausdehnenden Keil von Spielern mit der Strategie »Wie du mir, so ich dir« beobachten, von denen die übrigen leeren Gebiete schneller als von den Abtrünnigen besiedelt werden; diese sind dort ansonsten in der Mehrzahl. Der Grund dafür besteht darin, daß die Spieler mit der Strategie »Wie du mir, so ich dir«, wenn sie miteinander interagieren, einen größeren Erfolg bei der Fortpflanzung haben – jeweils drei Punkte – als die Abtrünnigen, die nur einen Punkt bekommen, wenn sie mit einem weiteren Abtrünnigen zusammentreffen.

Nach 1000 Iterationen (Abbildung 12, unten) sind die Spieler mit der Strategie »Wie du mir, so ich dir« fast vollständig in die Population der Abtrünnigen eingedrungen, die jetzt nur noch in voneinander abgekapselten Grüppchen in der rechten unteren Ecke überleben. Ohne Kontakt zu Trotteln, die sie ausbeuten könnten, ereilt diese Abtrünnigen schließlich das Schicksal auszusterben; wegen ihrer Interaktionen untereinander und mit den Spielern der Strategie »Wie du mir, so ich dir« gedeihen die Trottel jedoch weiterhin gut. Wie diese Abbildungen zeigen, nutzt die Strategie »Wie du mir, so ich dir« zum einen den Trotteln, und sie wirkt sich zum andern für die Abtrünnigen bestrafend aus. Dabei wird der eigene Erfolg bei der Fortpflanzung sowie der Erfolg jeder weiteren Strategie positiv beeinflußt, die in der Lage ist, mit ihr auf gleichberechtigter Basis zusammenzuarbeiten. »Wie du mir, so ich dir« dringt allmählich in die Populationen der Abtrünnigen ein und fördert die Zusammenarbeit der Trottel untereinander.

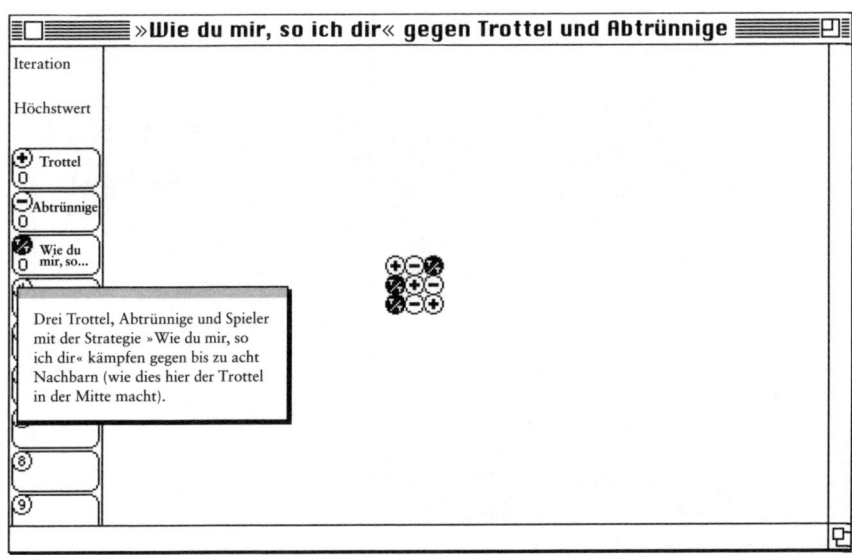

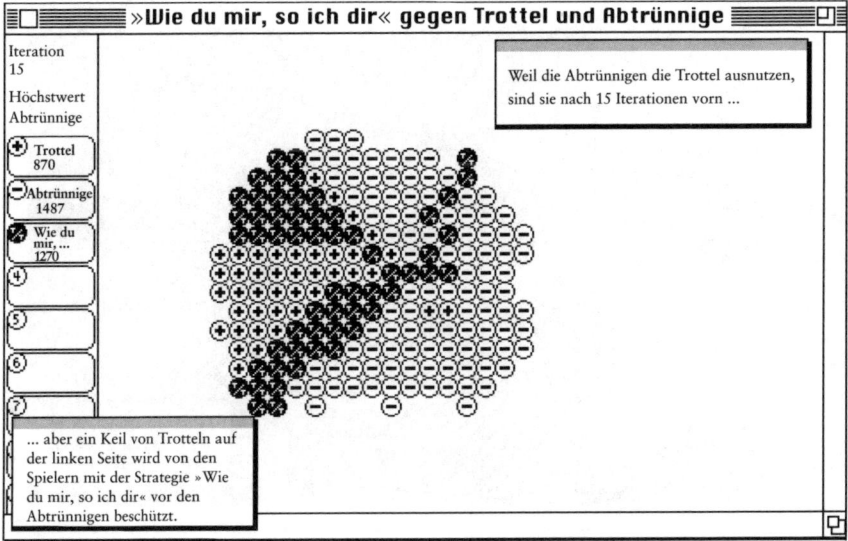

Abbildung 11: Kampf um Gebietsgewinne bei der Strategie »Wie du mir, so ich dir« im Vergleich zu der von »Trotteln und Überläufern«

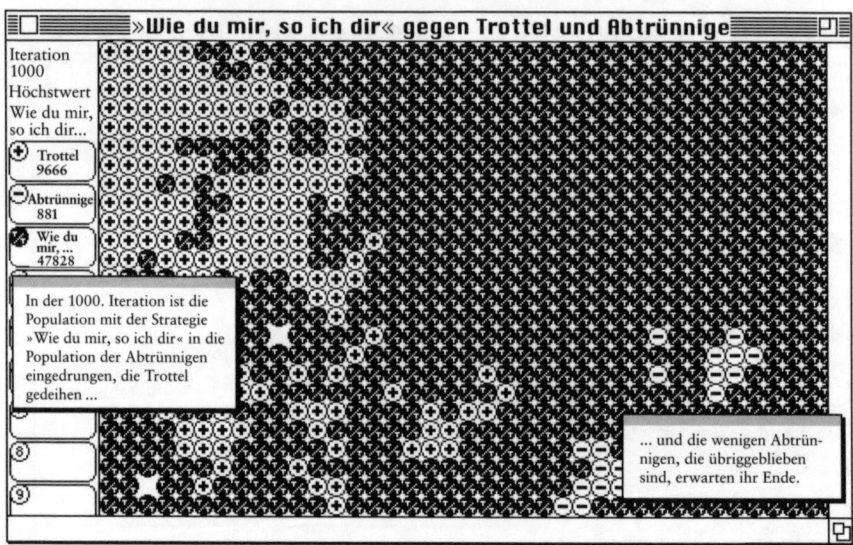

Abbildung 12: »Wie du mir, so ich dir« gewinnt, und Zusammenarbeit ist besser als Egoismus

Im Gegensatz zu denjenigen, die dachten, Evolution durch natürliche Selektion bedeute automatisch Egoismus, Aggression und Boshaftigkeit, können wir jetzt etwas beobachten, was sich als die vielleicht verblüffendste Entwicklung überhaupt herausstellt: eine sich durch natürliche Selektion ergebende Zusammenarbeit, die nach und nach in eine Population von nicht kooperationsbereiten Egoisten eindringt. Für diejenigen, die Evolution mit Schlagworten wie »Stellt den Schwächsten an die Wand« gleichsetzen, mag es noch überraschender sein, daß die Spieler mit der Strategie »Wie du mir, so ich dir«, die dies zuwege gebracht haben, die vorbehaltlose Zusammenarbeit der trotteligen Altruisten nicht ausnutzten. Im Gegenteil, sie beschützten und förderten sie, so daß es am Ende mehr von ihnen als von den Abtrünnigen gab.

Das Erfolgsgeheimnis des »Wie du mir, so ich dir« besteht darin, daß es sich um einen differenzierten Altruismus handelt, um einen Altruismus, dessen Grundregel lautet: Arbeite mit den kooperationsbereiten Mitspielern zusammen und wende dich von den abtrünnigen ab. Die Bereitschaft dieser Spieler, mit allen zusammenzuarbeiten, die mit ihnen zusammenarbeiten, bedeutet, daß sie schnell die Früchte der wechselseitigen Zusammenarbeit ernten und daß sie jene nicht ausnutzen, die noch vorbehaltloser mit anderen zusammenarbeiten als sie selbst. Doch ihre Bereitschaft, Abtrünnigkeit selbst wieder mit Abtrünnigkeit zu bestrafen, beschützt sie davor, von egoistischen Spielern, die einen Nutzen aus der Zusammenarbeit anderer ziehen, ausgenutzt zu werden.

Im wesentlichen ist die »Zusammenarbeit mit den kooperationsbereiten Mitspielern« auch das Erfolgsgeheimnis des Verwandtschaftsaltruismus. Auch hier geht es um ein Altruismusgen bei einem Individuum, das einen Nutzen daraus zieht, daß Kopien von ihm in einem anderen Individuum vorhanden sind. In dem Fall jedoch, mit dem wir uns jetzt beschäftigen, muß das Altruismusgen gar nicht wegen einer gemeinsamen Abstammung im Adressaten des altruistischen Aktes vorhanden sein. Dadurch ist die genetische Verwandtschaft für die Evolution nicht entscheidend. Im Gegenteil, diese Art von Altruismus kann sich spontan bei Individuen ergeben, die überhaupt nicht miteinander verwandt sind. Nur die Bereitschaft zur Zusammenarbeit des einen sollte auf ein positives Echo stoßen und von anderen erwidert werden. Das ist der Grund dafür, daß man dies als *wechselseitigen Altruismus* bezeichnet.

Obwohl identische Kopien desselben Gens oder derselben Gene für Zusammenarbeit beim wechselseitigen Altruismus nicht vorhanden sein müssen, muß die Zusammenarbeit für die Gene, von denen die Zusammenarbeit beider Seiten kontrolliert wird, dennoch auf dieselbe Weise von Nutzen sein, wie es bei den Genen für Verwandtschaftsaltruismus der Fall ist. In beiden Fällen wird nicht versucht, etwas umsonst zu bekommen, indem man annimmt, daß die Zusammenarbeit sich zum Nutzen der Gruppe, der Gesellschaft oder der Art entwickeln kann. Wir haben vielmehr gesehen, daß die unvermeidlichen Kosten der Zusammenarbeit geringer sein können als der Nutzen für die Gene, die dem zugrunde liegen.

Aber das überraschendste Ergebnis dieses Kapitels besteht in folgendem Befund: Um die soziale Zusammenarbeit der ausgeklügeltsten Art zu verstehen, müssen wir erkennen, daß die Selektion sich auf der elementarsten Ebene abspielt – der des einzelnen Gens. Die Sichtweise der natürlichen Selektion, die man den Standpunkt des »egoistischen Gens« nennt und die sich nur auf individuelle Gene auswirkt, war das unumgängliche Ergebnis von Hamiltons Entdeckung. Hier ging es um die Art und Weise, wie die genetische Erscheinungsform sich möglicherweise günstig die Evolution des Altruismus auswirkt. Daraus ergibt sich die Schlußfolgerung, daß man den Altruismus am natürlichsten vom Standpunkt einzelner Gene aus begreift. Man muß beobachten, wie das Gen den Organismus opfert, und zwar zugunsten des Fortpflanzungserfolgs der mit ihm identischen Kopien bei nahen Verwandten (siehe Abbildung 8). Wenn man es aus diesem Blickwinkel sieht, ist der Altruismus genausowenig ein Widerspruch in sich wie der Tod eines lebendigen Organismus. Lebewesen mögen sterben, aber die Fortpflanzung stellt sicher, daß die Gene potentiell unsterblich sind. Stirbt das Lebewesen, oder verzichtet es auf Fortpflanzung, dann kann sein Opfer den Erfolg der Gene, die es mit nahen Verwandten gemeinsam hat, bei der Vermehrung verbessern.

Dies führt dazu, Lebewesen so zu sehen, daß sie kaum mehr als die Verpackung oder die Vehikel ihrer Gene sind, zumindest wenn es um die natürliche Selektion geht. Wie wir auch zu Beginn des ersten Kapitels erkannt haben, sind die Wesen in der EVOLV-O-MATIC-Welt kaum mehr als Chiffren für die numerischen »Gene«, die sie steuern; deshalb sind biologische Organismen, die sich auf natürlichem Wege entwickeln, im wesentlichen Behälter für ihre DNS. Von diesem Standpunkt aus ist das Opfer von Individuen zugunsten ihrer Gene weniger ein Problem für die evolutionstheoretische Erklärung, sondern ein Einblick in die elementarsten Mechanismen: die natürliche Selektion auf der Ebene des Gens.

Doch wie beeinflussen individuelle Gene das Verhalten? Tatsächlich fand man ein solches einzelnes Gen in einem einfachen einzelligen Organismus wie dem Schimmelpilz. Es scheint bei den Schimmelpilzzellen zu bewirken, daß sie sich zu einem schleimigen Organismus zusammenfinden, der sich bewegen läßt, als handle es sich um einziges Individuum. In Menschen fand man ein ganz ähnliches Gen, das wohl etwas mit Krebs zu tun hat; dies deutet darauf hin, daß wir wahrscheinlich, zumindest auf der Ebene der individuellen Zelle, von »Genen für Zusammenarbeit« oder für »Altruismus« sprechen können (wenn man Krebs als etwas betrachten kann, was mit »Abtrünnigkeit« oder »Egoismus« vergleichbar ist[2]). Die Frage jedoch, wie Selektion auf der Ebene der Gene menschliches Verhalten beeinflussen kann, ist weit vielschichtiger. Darum werden wir uns im restlichen Teil des Buches damit beschäftigen. An dieser Stelle müssen wir unsere Überlegungen zur natürlichen Selektion auf der Ebene der Gene abschließen und damit beginnen, uns mit der Seele zu beschäftigen.

3
Verborgenes Bewußtsein

Wenn man Evolution und Zusammenarbeit als Widerspruch begreift, dann läuft man Gefahr, die Fähigkeit zum altruistischen Handeln nur Menschen zuzusprechen und dann zu behaupten, sie habe sich, wenn überhaupt, auf andere, vorzugsweise auf nichtdarwinistische Weise vollzogen. Im letzten Kapitel sahen wir jedoch, daß sich Altruismus im engeren Sinne entgegen allem Anschein tatächlich durch eine Darwinsche Evolution in ihrer strengsten Form entwickeln kann: durch natürliche Evolution auf der Ebene des einzelnen Gens. Es ist jetzt an der Zeit, unsere Aufmerksamkeit einer zweiten wichtigen Eigenschaft des Menschen zuzuwenden, von der – wenn man einmal vom Altruismus absieht – sogar noch häufiger behauptet wird, sie mache den Menschen aus: das *Bewußtsein*. Wie wir sehen werden, ist die Evolution des Bewußtseins eventuell viel enger mit der Evolution der Zusammenarbeit verbunden, als man es anscheinend für möglich hielt. Und wenn man die eine Entwicklung mit Evolution durch natürliche Selektion erklären kann, dann könnte es gute Gründe dafür geben, auch die andere so zu erklären. Als Bestandteile dieser Erklärung kommen schließlich auch noch zwei weitere Fähigkeiten hinzu, von denen die Menschen oft behaupten, es gebe sie nur bei ihnen – die Sprache und den Sinn für ästhetische Harmonie.

Warum muß man sich seiner selbst bewußt sein?

Wenige Themen haben zu mehr Diskussionen und zu mehr Spekulationen Anlaß gegeben als die Frage der Evolution des Bewußtseins. Ein Punkt jedoch, der zu Verwirrung führte, kann sofort geklärt werden. Beim ersten geht es um die Frage, was wir meinen, wenn wir vom »menschlichen Bewußtsein« sprechen. Es gibt da eine Interpretation von Bewußtsein, der zufolge man von einem Sonnentau sagen könnte, er sei sich dessen bewußt, daß eine Fliege auf ihm landet; wenn nämlich die Fliege landet, veranlaßt sie ihn, sich zu schließen. Die Pflanze hat auf einen Reiz reagiert, und in diesem Sinne könnten wir dies mit Recht so beschreiben, daß er sich der Fliege »bewußt« sei. Doch hier handelt es sich um eine recht eingeschränkte Art von Bewußtsein; denn das ist nicht alles, woran Menschen gewöhnlich denken, wenn sie vom »menschlichen Bewußtsein« sprechen. Sie haben dann anscheinend eher das *Bewußtsein von der eigenen Person* im Sinn. Mit diesem Begriff meinen wir nicht nur, sich etwas in eingeschränktem Sinne bewußt zu sein, wie man vom Sonnentau sagen könnte, er sei sich dessen bewußt gewesen, daß irgend etwas auf ihm gelandet ist. Vielmehr meinen wir zusätzlich, *wir seien uns bewußt gewesen, daß uns etwas bewußt ist.* Dies ist der Sinn, in dem ich den Begriff »Bewußtsein« im folgenden gebrauche, zumindest im Zusammenhang mit Menschen. Wenn ich sage, Menschen hätten »Bewußtsein«, dann unterstelle ich, wir meinten, daß Menschen nicht nur etwas wahrnehmen, sondern auch, daß sie wahrnehmen, daß sie etwas wahrnehmen, und die subjektive Bewußtheit haben, sich etwas bewußt zu sein – das *Bewußtsein von der eigenen Person.* Man könnte sagen, daß Menschen sich auf eine Weise der eigenen Person bewußt sind, die genau das Gegenteil dessen ist, worauf wir beim Sonnentau stoßen.

Weil wir annehmen, daß dies nur bei unserer Art vorkommt, und uns etwas darauf einbilden, der Höhepunkt der Schöpfung zu sein, neigen wir zu der Annahme, daß unsere geistige Überlegenheit gegenüber allen Dingen allgemein etwas mit einem derartigen Bewußtsein von der eigenen Person zu tun hat. Es genügt jedoch, einen Augenblick darüber nachzudenken, um zu zeigen, daß dies nicht der Fall ist. Ausdrücke wie »Bewußtsein von der eigenen Person« oder »sich seiner selbst bewußt fühlen« führen nicht wie von Geisterhand automatisch zum überragenden Verstand eines Albert Einstein oder zur genialen Begabung eines Leonardo da Vinci. Im Gegenteil, sie deuten eher auf Gehemmtheit und auf eine verringerte Leistungsbereitschaft hin als auf eine Steigerung unserer geistigen Kräfte. Versucht man, sich dessen bewußt zu sein, was man macht, wenn man die Treppe hinuntergeht, dann kann sich daraus schnell eine gefährliche Unternehmung entwickeln. Denn man wird fast immer langsamer werden und möglicherweise eher über die eigenen Beine stolpern, als die Ausführung der Handlung zu verbessern. Eine schmerzliche, aber weniger gefährliche Alternative bestünde darin, sich darauf zu konzentrieren, was man jetzt macht, wenn man gerade mit vollem Mund Nüsse oder ähnliche Nahrungsmittel kaut. Darwin war bereit, eine bestimmte Summe Geldes darauf zu verwetten, daß sich das Bewußtsein von der eigenen Person störend auf einen Reflex auswirkt: »Der bewußte Wunsch, eine Reflextätigkeit auszuführen, verhindert zuweilen oder unterbricht ihre Ausführung, obgleich die eigentlichen Empfindungen angeregt sein mögen. So ging ich zum Beispiel vor vielen Jahren mit einem Dutzend junger Leute eine Wette ein, sie würden nicht niesen, wenn sie Schnupftabak nähmen, obgleich sie alle erklärten, daß sie es stets täten. Sie nahmen demnach sämtlich eine Prise, aber infolge eines heftigen Wunsches, es möchte ihnen gelingen, nieste kein einziger, obgleich ihnen die Augen tränten, und alle, ohne Ausnahme, mußten mir die Wettsumme bezahlen.«[1]

Es ist somit klar: Für viele Handlungen, die wir jeden Tag ausführen, ist es nicht erforderlich, sich seiner selbst im vollen menschlichen Sinne bewußt zu sein. Wenn man sich bewußt (im Gegensatz zu unbewußt) ist, die Treppe hinunterzugehen, zu kauen oder bald niesen zu müssen, dann ist das anscheinend nicht dasselbe wie *sich seiner selbst* bei all diesen Handlungen im einzelnen *bewußt* zu sein. Im Gegenteil, wenn wir uns dessen bewußt sind, was wir machen, behindert uns dies in derartigen Situationen eher darin, die Handlung auszuführen, als irgendeinen Gewinn daraus zu ziehen. Genaue und bewußte Aufmerksamkeit gegenüber dem, was wir machen, ist gewöhnlich eher ein Hinweis darauf, daß wir die Fähigkeit oder die Tätigkeit, um die es gerade geht, nicht völlig beherrschen, und sie ist gerade kein Beleg für das Gegenteil. Wenn wir jedoch vollkommen sachkundig sind und Fähigkeiten wie das Spielen auf einem Musikinstrument, das Sprechen einer Fremdsprache und das Autofahren vollständig erlernt haben, dann sind wir uns nicht unmittelbar der oft vielschichtigen Handlungen, Urteile und Reaktionen bewußt, die für all diese Fähigkeiten Voraussetzung sind. Wir sagen, solche Fähigkeiten »ergäben sich auf natürliche Weise« und setzten nicht die konzentrierte Selbstbewußtheit voraus, durch die sich der Lernende bzw. der Laie vom Meister unterscheidet. Wir gebrauchen den Ausdruck »sich seiner selbst bewußt sein« nur in Situationen, in denen wir uns schlecht fühlen, in denen uns nicht wohl in unserer Haut ist oder in denen wir in Verlegenheit gebracht wurden.

Selbst Aufgaben, für die wir unsere ganze Konzentration brauchen, wie die Lösung eines komplizierten Problems oder das Schreiben eines vielschichtigen Briefes, bringen uns eher dazu, uns auf das Problem zu konzentrieren als uns unserer eigenen Person bei dieser Aufgabe bewußt zu sein. Manchmal sind Menschen so von diesen schwierigen Aufgaben absorbiert, daß sie alles um sich herum vergessen, also den Ort, an dem sie sich befinden, und die Dinge, die sie sonst noch so erledigen müßten – das ist das genaue Gegenteil vom Bewußtsein der eigenen Person. In derartigen Situationen ist es tatsächlich schwer, zu verstehen, was das Bewußtsein von der *eigenen* Person noch zusätzlich beitragen könnte. Ein solches Bewußtsein von uns selbst würde uns als Ablenkung vom Problembewußtsein und von der Konzentration auf das Problem erscheinen. In der Tat mag man sich sogar wirklich dazu verleiten lassen, sich zu fragen, warum man sich überhaupt der eigenen Person bewußt sein muß. Man sollte bedenken, daß es oft die ganze Konzentration erfordert, wenn man sich des Themas, um das es geht, bewußt ist; das läßt das Bewußtsein von der eigenen Person bestenfalls nebensächlich werden, schlimmstenfalls handelt es sich um so etwas wie eine Ablenkung von der eigentlichen Aufgabe.

Es scheint jedoch eine Aktivität zu geben, die zum einen typisch für den Menschen ist und zum andern fast immer Bewußtsein in dem Sinne voraussetzt, daß man sich seiner selbst ganz bewußt ist. Gemeint ist insbesondere die Sprache und verbales Denken im allgemeinen. Darwin schrieb: »Ein langer und komplexer Gedankenzug kann ebensowenig ohne die Hilfe von Worten durchgeführt werden, werden sie nun ausgesprochen oder bleiben sie stumm, wie eine lange Berechnung ohne den Gebrauch von Zahlen und der Algebra.«[2] Zudem verlangt die Verwendung von Worten fast immer das volle Bewußtsein von der eigenen Person als der Person, die diese Worte gebraucht. Teilweise kommt dies daher, daß jeder korrekt gebildete Satz ein Subjekt haben muß – *ich*, *du*, *er*, *sie* oder *es*, wie das der Fall sein mag, wenn das Subjekt in der Einzahl steht. Unvermeidlicherweise setzt dies ein Bewußtsein dessen voraus, wer der Handelnde ist (oder der Handlung ausgesetzt ist wie in Passivsätzen); und eine solche Bewußtheit ist gleichbedeutend mit dem Bewußtsein in seinem vollständigen menschlichen Sinne, daß man sich bewußt ist, sich etwas bewußt zu sein.

Dennoch erkennt jeder, der jemals versucht hat, eine Fremdsprache zu erlernen oder auch nur sein Wissen über die eigene Sprache zu erweitern, binnen kurzem, daß beim wirklichen Sprechen viele komplexe Regeln und

Prinzipien zum Einsatz kommen, derer wir uns im Normalfall nicht voll bewußt sind. Nehmen wir einmal an, die einzig mögliche Methode, die deutsche Sprache zu verwenden, bestünde darin, sich zunächst näher mit den komplexen Regeln der Grammatik und des Wortschatzes zu beschäftigen (viele Schüler müssen heute auf diese Weise gesprochene und tote Fremdsprachen wie Latein oder Griechisch lernen). In diesem Fall hätten wir vielleicht recht mit der Behauptung, beim Sprechen sei die bewußte Aufmerksamkeit erforderlich, weil dies die einzig mögliche Vorgehensweise sei, um zu gewährleisten, daß man sich an die Regeln hält und verstanden wird. Doch niemand lernt seine Muttersprache auf diese Weise; und selbst, bevor Kinder zur Schule gehen, sind die meisten von ihnen soweit, sich zumindest rudimentär in ihrer eigenen Sprache ausdrücken zu können. Aber selbst diese elementare Ausdrucksweise folgt unausgesprochen komplexen grammatischen und syntaktischen Regeln, die nur wenige Muttersprachler erklären oder gar formulieren könnten. Sie gebrauchen, um es in einem Wort auszudrücken, solche Regeln *unbewußt* und sprechen nicht, indem sie im Bewußtsein von sich selbst Prinzipien anwenden, sondern indem sie impliziten Regeln folgen, die sie auf bewußter Ebene nie verstanden haben; doch sind sie offensichtlich unbewußt in der Lage, sich danach zu richten. Kurz ausgedrückt: Man muß nicht verstanden haben, was ein Konjunktiv ist, um ihn beim Sprechen verwenden zu können; und man kann sein ganzes Leben damit zubringen, Prosa zu sprechen, ohne je zu wissen, was Prosa ist!

Wäre bewußte Aufmerksamkeit wirklich wichtig, um komplexe Aufgaben, die nach Regeln ablaufen, zu bewältigen, dann würde man in der Tat das Gegenteil von dem erwarten, was wir herausgefunden haben. Statt daß die Menschen sich der Linguistik in ihrer Sprache nicht bewußt sind, würde man von ihnen erwarten, daß sie sorgsam auf die bewußte Orientierung an linguistischen Regeln achten, wobei sie sich gleichzeitig des Inhalts weit weniger bewußt blieben – das träfe vor allem auf die Äußerungen zu, bei denen die Bedeutung viel einfacher ist, als in der dabei verwendeten Sprache zum Ausdruck kommt.

Anders ausgedrückt, obwohl der Inhalt von vielem, was wir sagen, bei uns ein Bewußtsein erfordert, wie Darwin beobachtete, so trifft das anscheinend auf die Fähigkeit, dies in Worte zu fassen, nicht zu – zumindest insofern uns die Mechanismen, die zum Einsatz kommen, um Gedanken in Worte zu übersetzen, großenteils nicht bewußt sind. Dies führt uns jedoch zu einem tieferliegenden Problem. Wir müssen uns jetzt mit der Frage beschäftigen, warum der Inhalt der menschlichen Sprache Bewußtsein voraussetzen soll, auch wenn der Mechanismus des Sprechens dies anscheinend nicht voraussetzt. Für die umfassende Antwort auf diese tiefergehende Fragestellung müssen wir uns bis zum nächsten Kapitel gedulden. Lassen sie uns jedoch eine erste Antwort finden, indem wir über die Rolle der Sprache für das menschliche Bewußtsein von der eigenen Person nachdenken.

Wörter und Bewußtheit

Es ist recht wahrscheinlich, daß die Sprache entstand, als unsere Vorfahren noch nomadisierende Jäger und Sammler waren. Die Stufe der menschlichen Evolution, die durch Jagen und Sammeln gekennzeichnet ist, ging erst vor ungefähr 15 000 Jahren zu Ende. Damals, während der sogenannten neolithischen Revolution, ließen die ersten Menschen diese Stufe hinter sich, um in der Landwirtschaft seßhaft zu werden. Bei den Stämmen der australischen Ureinwohner und denen der !Kung San in der südafrikanischen Kalahari-Wüste (das ! steht für einen Schnalzlaut) ging dieses Stadium erst kürzlich zu Ende; es gibt dort Personen, die sich noch daran erinnern können. Da es so gut wie sicher ist, daß der Mensch vor ungefähr einer Million Jahren zu jagen und zu sammeln begann, folgt daraus, daß diese Lebensweise selbst bei den ersten Menschen, die sie aufgaben, mindestens 98 Prozent ihrer Geschichte ausmacht; für einige Stämme ist dieser Zeitanteil sogar noch größer.

Es ist verlockend, an dieser Stelle darüber zu spekulieren, daß möglicherweise eine Parallele zwischen den Ursprüngen der menschlichen Sprache und einem der eindeutigsten Beispiele für die abstrakte Kommunikation unter Tieren besteht, die in der direkten Umgebung und etwas weiter entfernt nach Nahrung suchen: der berühmten Bienensprache, bei der die Honigbiene mit dem Hinterleib wedelnde Bewegungen ausführt. Die Ausrichtung des nach außen zeigenden, wedelnden Teils dieses Tanzes gibt von der Senkrechten gesehen aus die Richtung der Nahrungsquelle relativ zur Sonne an. Und zwischen den einzelnen Tänzen läßt die tanzende Biene ihre Mitbewohnerinnen aus dem Bienenstock von der gefundenen Nahrung kosten. Möglicherweise entwickelte sich dies aus einer einfacheren Interaktion, bei der Bienen, die von anderen wegen ihrer wohlschmeckenden Nahrung bedrängt wurden, diese abgaben, dann aber so taten, als würden sie sofort mit mehr Nahrung zurückkommen, und damit die anderen dazu brachten, ihnen zu folgen. Vielleicht kehrten auch menschenartige Jäger und Sammler mit einer Nahrung zurück, die sofort von anderen als ihr Eigentum reklamiert wurde, und griffen zu einem ähnlichen Trick, indem sie mit einer Hand in eine bestimmte Richtung deuteten, in der man die Nahrung finden konnte. Aufmunterndes Grunzen und andere Laute könnten mit diesen Gesten einhergegangen sein; dies war dann der Weg hin zur richtigen Sprache, so daß eine mit Kosten verbundene altruistische Handlung – das Teilen der Nahrung mit anderen – teilweise durch eine mit weniger Kosten verbundene ersetzt wurde: andere darüber zu informieren, wo sie selbst Nahrung finden könnten. Die Redefreiheit und ein kostenloses Mittagessen haben möglicherweise mehr miteinander zu tun, als wir meinen.

Hier wie im Fall der Honigbiene geht es um Sprache in ihrer einfachsten und ganz unmittelbar zielgerichteten Form: »Es gibt Wild in den Bergen!«, oder wie immer die Botschaft gelautet haben mag. All diesen Aussagen ist eins gemeinsam: Sie können – zumindest grundsätzlich – immer dadurch überprüft werden, daß man tatsächlich dorthin geht und nachsieht, ob sie stimmen. Bisweilen sind solche Aussagen vielleicht unwahr oder ungenau, doch grundsätzlich können sie immer mit der Wirklichkeit, die sie beschreiben, verglichen werden. Im Endergebnis muß die Bedeutung solcher Mitteilungen für die ursprünglichen Jäger und Sammler recht groß gewesen sein, wie ja auch die Nachricht der Honigbiene entscheidend für den Erfolg und das Überleben dieser speziellen Art von Nahrungssuchenden zu sein schien.

Vermutlich ist die Sprache auf diese Weise entstanden, etwa durch einfache Hinweissätze, die über Nahrung, Gefahr, Feinde, das Wetter und so weiter informierten. Der Austausch derartiger Informationen beruhte wahrscheinlich auf Gegenseitigkeit. So könnte ich erwarten, daß Sie mir sagen, wo ich morgen Wasser oder ähnliches finde, wenn ich bereit bin, Ihnen zu sagen, woher das Essen stammt, das ich heute gefunden habe. Die Kosten, die mit der Mitteilung verbunden sind, sind vernachlässigenswert – gewiß viel geringer, als wenn ich Ihnen tatsächlich etwas vom Essen abgeben müßte –, ihr Wert könnte jedoch für den Empfänger der Nachricht tatsächlich recht bedeutsam sein. Würde ich etwa mein Essen mit Ihnen teilen, dann mag das für Sie ausreichen. Sage ich Ihnen dagegen, wo ich es gefunden habe, dann könnten Sie vielleicht mit anderen dorthin gehen, und es wäre dort möglicherweise für alle genug Nahrung. Hat sich erst einmal eine einfache Sprache entwickelt, dann liegt es anscheinend auf der Hand, daß die Kommunikation mit Worten außerordentlich nützlich wird.

Entwickelte sich die Sprache ursprünglich, um nützliche Mitteilungen zu ermöglichen, wie dies bei den Honigbienen in einer vergleichbaren Form der Informationsübermittlung offensichtlich eingetreten ist, ist es gut möglich, daß die Sprache, nachdem sie sich zu diesem ursprünglichen Zweck entwickelt hatte, für einen zweiten Zweck sozusagen »präadaptiert« wurde. *Präadaptation* ist ein Begriff aus der Evolutionstheorie, der bedeutet, daß erst etwas für den einen, dann jedoch für einen anderen Zweck selektiert wird, nachdem die ursprüngliche Selektion eingetreten ist. Die Flossen der Seehunde etwa entwickelten sich bei der auf dem Lande lebenden Form dieser Art als Beine. Die Flossen der Pinguine dagegen entwickelten sich bei den Vögeln, von denen die Pinguine abstammen, ursprünglich als Flügel. In beiden Fällen wurden Gliedmaßen, die sich ursprünglich für die Bewegung zu Lande oder in der Luft entwickelt hatten, für die weitere Evolution präadaptiert, damit sich die Tiere im Wasser angemessen fortbewegen konnten. Der zentrale Punkt besteht darin, daß der grundlegende Aufbau von Gliedmaßen, ob sie nun für den Einsatz in der Luft, zu Wasser oder auf dem Lande da waren, im allgemeinen derselbe sein kann, so daß Gliedmaßen, die sich zu einem bestimmten Zweck entwickelten, zu Gliedmaßen werden können, die sich dann zu einem weiteren ähnlichen Zweck wie der Bewegung im Meer statt in der Luft fortentwickeln.

In diesem Sinne können wir Sprache als eine Präadaptation für die Evolution des Bewußtseins begreifen. Ursprünglich nehmen wir vielleicht an, daß sich die Sprache für verhältnismäßig einfache und unkomplizierte Mitteilungen entwickelte, wie wir es bei der Honigbiene gesehen haben. Wenn sie sich jedoch erst einmal so entwickelt hat, dann könnte sie andere Aufgaben übernehmen und der Selektion mit unterschiedlichem adaptivem Ergebnis ausgesetzt sein. Es mag durchaus sein, daß Voraussetzung für das Sprechen normalerweise völlige Selbstbewußtheit ist, nicht weil das Sprechen von Wörtern eine so schwere Aufgabe ist, daß es nicht anders geht, sondern weil die Fähigkeit zu sprechen das Bewußtsein von der eigenen

Person ermöglicht. Sprache ist anders ausgedrückt möglicherweise eher eine Präadaptation für Bewußtsein, als daß Bewußtsein eine notwendige Bedingung für Sprache ist.

Dies konnte geschehen, weil Wörter abstrakte Repräsentationen der Wirklichkeit und nicht für sich genommen reale Bestandteile der Außenwelt sind. Selbst lautmalerische Wörter wie »peng« oder »rums« sind nicht die Geräusche selbst, an die sie erinnern sollen, sondern deren Repräsentationen. Ihnen zu sagen, daß Sie eine bestimmte Emotion wie Angst erlebt haben, bedeutet nicht, daß Sie dabei Angst haben müssen, wenn Sie davon erzählen, oder daß Sie Angst empfinden müssen, um dies zu verstehen. Hier ist Sprache nicht ein Ausdruck der Emotionen, sondern ein Ausdruck *über* Emotionen. Es wird über die Sprache auf die Emotion verwiesen, doch diese wird nicht notwendigerweise im Sprecher oder im Zuhörer hervorgerufen. Infolgedessen können abstrakte Begriffe grundsätzlich für abstrakte Wirklichkeiten stehen, wie etwa Absichten, Vorstellungen, Erinnerungen und Emotionen; genausogut können sie aber auch für Wirklichkeiten stehen, die sich anfassen lassen, wie etwa ein Spiel, Berge oder die Anordnung von Dingen in der realen Welt. Wörter sind kurz ausgedrückt für die Abstraktion dadurch präadaptiert, daß sie selbst abstrakt sind.

Als Folge daraus lassen sich Wörter so verwenden, daß sie für Dinge stehen, die völlig abstrakt sind und nie auf dieselbe Weise, wie dies bei einem Gegenstand möglich wäre, gesehen, berührt oder empfunden werden könnten. Dadurch eignen sie sich hervorragend dazu, *psychologische* Sachverhalte wie Motive, Erinnerungen, Emotionen oder Gedanken zu beschreiben. Es ist genauso leicht zu sagen »Ich mache das zu deinem Wohl«, wie zu sagen »Es gibt Wild in den Bergen!«. Beides scheint eine Tatsachenfeststellung zu sein, obwohl es beim ersten Satz um etwas ganz Abstraktes – eine Absicht – geht, wohingegen es sich bei der letzten Aussage um etwas ganz Reales handelt, das Wild in den Bergen. Der wesentliche Unterschied besteht in folgendem: Während sich direkt überprüfen läßt, ob es Wild in den Bergen gibt, indem man dorthin geht und nachsieht, kann das Vorhandensein einer abstrakten Absicht nicht unmittelbar beobachtet werden, weil es sich um ein abstraktes und nicht um ein materielles Gebilde handelt. Keiner könnte in Ihren Kopf klettern, um Ihre Absichten auf dieselbe Weise zu inspizieren, wie man in die Berge gehen könnte, um nachzusehen, ob das Wild wirklich dort ist. Man kann einfach ein Gefühl, einen Gedanken, eine

Absicht nicht auf dieselbe Weise beobachten, wie man die Dinge in der realen Welt beobachtet.

Wenn man einmal von Halluzinationen absieht, kann der Mensch, der so etwas erlebt, es nicht wirklich in dem Sinne *sehen*, wie wir mit den Augen etwas wahrnehmen. Im Gegenteil, die bedeutsamsten subjektiven Realitäten, die wir erleben, sind unsere Emotionen, und sie werden als Gefühle ausgedrückt, die manchmal dem recht nahe kommen, wie wir etwas in der realen Welt mit Hilfe des Berührungssinnes fühlen. Vor allem Schmerz und Freude können manchmal genauso real sein wie etwas, was wir durch Berührung empfinden; und viele weitere Emotionen kommen einer solchen unmittelbaren körperlichen Empfindung nahe. Doch sogar diese Gefühle, so real sie auch sein mögen, werden nur von der Person wahrgenommen, die sie empfindet; andere Menschen können ihren Wahrheitsgehalt leicht anzweifeln oder ihre Intensität einfach deshalb herunterspielen, weil es sich um eine interne Angelegenheit der betreffenden Person handelt. Erinnerungen, Gedanken und Absichten sind nur vom inneren Auge der Vorstellung zu erkennen; außerhalb des Denkens der Person, die sie wahrnimmt, kommt ihnen keine objektive Realität zu.

Dies deutet darauf hin, daß es keine Methode gibt, um den Wahrheitsgehalt derartiger abstrakter, subjektiver Empfindungen zu überprüfen, weil das, was man mit den Augen wahrnimmt, nicht über den Geist einer Person hinausreicht; und der Tastsinn kann nicht direkt mit den Emotionen eines anderen Menschen zusammengeführt werden. Dennoch können wir ebensogut selbst *hören*, daß wir sprechen, wie andere uns dabei zuhören können; und werden unsere Gedanken schriftlich festgehalten, können sie, auch wenn sie nie ausgesprochen wurden, gehört werden. Dank unserer Fähigkeit, uns daran zu erinnern, wie sich die verwendeten Worte anhören, wenn sie gesprochen werden, können wir ihnen im Innern als unausgesprochenen Gedanken lauschen. Als solche erklingen sie in einem ganz in sich abgeschlossenen Raum, in unserem eigenen Bewußtsein; unsere Fähigkeit, Gedanken schriftlich in Worte zu fassen, schafft eine neue Situation. Wir könnten jetzt den Wahrheitsgehalt beispielsweise der Aussage »Ich mache das nur zu deinem Wohl« überprüfen; denn vielleicht haben wir uns selbst dabei zugehört, wie wir dies in Worten oder zumindest in Gedanken ausgedrückt haben. Solange wir uns nicht einander widersprechender Gedanken bewußt sind, könnten wir behaupten, eine solche Aussage sei ebenso objektiv und wahr wie die Aussage über das Wild in den Bergen. Und wenn dies irgend jemand in Frage stellte, würden wir entrüstet abstreiten, daß uns dabei je ein anderer Gedanke durch den Kopf gegangen sei. Wenn eine solche Leugnung wahr wäre, hätte es langsam den Anschein, als wären Gedanken Dinge und als könnten wir auf dieselbe Art und Weise zu Aussagen über Seelisches gelangen wie zu solchen über die äußere physische Realität.

Wir könnten dies in der Tat so weit fassen, daß nicht nur Dinge dazu gehören, die wir gehört haben – zumindest wenn sie anschließend in Worten formuliert wurden –, sondern auch solche, die wir lediglich subjektiv empfunden haben. Wären wir in der Lage, Emotionen und Intuitionen in Worten auszudrücken, wie dies bei einem Gedanken möglich wäre, könnten wir sie auf diese Weise in den Rang von »Tatsachen« erheben. Dank der Fähigkeit, die uns in die Lage versetzt, unsere inneren subjektiven Wahrnehmungen in Worte zu fassen, könnten sie im allgemeinen beginnen, bezogen auf unsere psychische Welt die Rolle zu übernehmen, die unsere äußeren objektiven Sinne bezogen auf die reale Welt haben. Dann würden die eigentlich in Worten enthaltenen abstrakten Möglichkeiten erkannt werden; und ihre wichtige Rolle für das menschliche Bewußtsein wäre offenkundig. Dadurch, daß sie es uns ermöglichen, eine innere psychische Realität zu beschreiben, würden sie es uns gestatten, uns ihrer auf eine Weise bewußt zu werden, daß wir sie anderen mitteilen könnten. Vielleicht begann alles als einfache Mitteilung über den Zustand von Gegenständen in der äußeren Welt, die vergleichbar ist mit der Welt der Honigbienen. Diese Art der Kommunikation mag sich auf diesem Wege zu einem Medium entwickelt haben, das Aussagen über eine innere subjektive Welt ermöglicht – über etwas, was uns sonst als Bewußtsein bekannt ist.

Bewußtsein als Lüge

Weil die Sprache etwas so Abstraktes ist, hätte sich auch eine weitere Möglichkeit ergeben können, die mit der Evolution des Bewußtseins zusammenhängt. Es handelt sich um die Möglichkeit der *Täuschung*. Weil die Theorie der Gruppenselektion in der Vergangenheit so einflußreich war, gab es eine Tendenz, diesen Aspekt der Kommunikation im evolutionären Denken zu übersehen (siehe oben, S. 67–71). Solange man sich die Kommunikation als etwas vorstellt, das mit dem Nutzen für die Gruppe oder die Art in Verbindung zu bringen ist, ist die mißlungene Kommunikation anscheinend krankhaft und fehlangepaßt. In dem Augenblick jedoch, in dem wir anfangen, die Evolution begrifflich als Erfolg der Individuen und der Gene bei der Vermehrung zu fassen, läßt sich nachvollziehen, was eine Täuschung ist. Wenn nämlich Kommunikation hilfreich und ehrlich zum Wohl des Empfängers der Information eingesetzt werden kann, kann sie auch dazu verwendet werden, zum Wohl dessen, der Fehlinformationen verbreitet, jemandem etwas Irreführendes oder zumindest wenig Hilfreiches mitzuteilen.

Das offensichtlichste Beispiel dafür ist Verschleierung, die als betrügerische Fehlinformation betrachtet werden kann. Es gibt aber auch eine Reihe weiterer Beispiele. Ein Beispiel, das zeigt, welche Bedeutung Fehlinformation für den individuellen Erfolg bei der Vermehrung hat, ist die Mimikry des Weibchens beim blaukiemigen Sonnenbarsch. Bei dieser Art haben die Männchen ein deutlich erkennbares farbiges Muster und sind viel größer als die Weibchen, die sie in ihre sorgsam gebauten Nester locken. Es gibt jedoch auch eine kleine Gruppe von »Transvestiten« oder »Weibchen-Imitatoren«: Männchen, die den wirklichen Weibchen in Größe und Farbe ähneln. Sie kommen nie als erste ins Nest, sondern warten immer darauf, bis ein echtes Weibchen hereingekommen ist und angefangen hat, Eier zu legen. Dann kommt der Transvestit und wird durch das ahnungslose dort wohnende Männchen als zweite weibliche Eroberung begrüßt. Doch anstatt neue Eier zu den bereits dort vorhandenen dazuzulegen, stößt der Weibchen-Imitator gewaltige Samenwolken aus und befruchtet damit die Eier des ersten Weibchens im Nest. Die Botschaft, die der Imitator hier vermittelt, entspricht nicht der Wahrheit und ist nicht am »Wohl der Art« ausgerichtet – um diese Angelegenheit könnten sich normale Männchen hervorragend selbst kümmern. Täuschung belohnt hier den Täuscher mit Fortpflanzungserfolg, so daß sich das Spiel mit der Verkleidung durchaus lohnen kann – in der Evolution ebenso wie auf der Bühne eines Theaters.

Wenn wir noch einmal an die Evolution des Bewußtseins denken, dann wurden die Auffassungen darüber stark vom Fortschrittsglauben beeinflußt, daß sich alles immer weiterentwickelt und daß der Mensch an der Spitze dieser Entwicklung steht. Die Vorstellung bestand in folgendem: Auch wenn sich der Ort, an dem das menschliche Bewußtsein angesiedelt wurde, nicht in einer von Gott gegebenen Seele etwas unterhalb der Engel befand, so handelt es sich dabei doch zumindest um eine hohe Leistung des evolutionären Fortschritts. Und dieser Fortschritt wurde wiederum verstanden als ein Mechanismus, bei dem sich etwas vervollkommnet oder zumindest verbessert. Bewußtsein setzt Wissen voraus, und deshalb gab es selbstverständlich die Neigung, sich das menschliche Bewußtsein als die höchste Form des Wissens vorzustellen und seine transzendentale Eigenart, Wahrheiten zutage zu fördern, hervorzuheben. Aber wir haben bereits bei Darwin bemerkt, daß er sich gegen solche ungerechtfertigten Schlußfolgerungen verwehrt, und in unserer modernen Sicht des Darwinismus, bei der ein besonderes Gewicht auf die Selektion der Gene gelegt wird, ist dafür kein Platz. Selbst wenn unsere Art, metaphorisch betrachtet, im Theater der Evolution auf den oberen Rängen Platz nahm, so haben wir trotzdem keinen Grund, anzunehmen, aus der Tatsache, daß uns ein Bewußtsein zukommt, ergäbe sich notwendigerweise ein Bewußtsein von höchster Wahrheit – am wenigsten bei allem, was uns selbst angeht (siehe oben, S. 50f.).

Wie wir gerade gesehen haben, ist es eine Sache zu sagen »Es gibt Wild in den Bergen« und eine andere zu sagen »Ich wußte gar nicht, daß es Wild in den Bergen gibt«, obwohl beide Aussagen von der Syntax her recht ähnlich sind. Wenn ich sage, ich wüßte nichts vom Wild in den Bergen, mag mir das als Entschuldigung dienen gegen die argwöhnisch vorgebrachte Äußerung, ich hätte dies, wenn ich es gewußt hätte, anderen erzählen sollen, anstatt die Nahrungsquelle für mich zu behalten. Doch wer kann das wissen? Die Abstraktheit der Sprache bietet zweifellos gute Möglichkeiten für Täuschungen jeglicher Art, vor allem wenn es bei den entsprechenden Aussagen um die Gedanken, Erinnerungen, Absichten oder Emotionen einer Person geht. Weil man solche Aussagen nicht anhand unabhängiger Beweise direkt überprüfen kann, handelt es sich bei ihnen eher um so etwas wie unüberprüfte Berichte. Wer kann wissen, was Sie gefühlt, vergessen oder gewollt haben, wenn man eine Emotion nicht empfinden muß, um sie zu beschreiben, wenn man nicht in der Lage sein muß, sich an etwas zu erinnern, um zu sagen, daß man es vergessen hat, oder etwas zu wünschen, nachdem man gesagt hat, man wolle es? Die Sprache ist anscheinend nicht nur eine Präadaptation für das Bewußtsein, sondern auch für massive Betrügereien. »Man könnte in der Tat behaupten, daß das höchste Ziel beim Spracherwerb darin besteht, wirksam zu lügen« und »daß beim wirklichen Lügen

Sprache absichtlich als Mittel eingesetzt wird..., um den Zuhörer in die Irre zu führen«.[3] Wenn man sich näher mit dem Thema Zusammenarbeit beschäftigt, dann finden sich Hinweise darauf, warum dies so ist.

Obwohl sich die Strategie »Wie du mir, so ich dir« bei Wettbewerben zum Gefangenendilemma als die Strategie der Gewinner erwies, zeigten sich die durch natürliche Selektion ausgewählten Stategien, die bei dem im letzten Kapitel beschriebenen Wettbewerb erfolgreich waren, tatsächlich etwas weniger von der netten Seite als die reine Strategie des »Wie du mir, so ich dir«. *Nett* bedeutet in diesem Zusammenhang, daß man nicht der erste ist, der abtrünnig wird. Diese sich durch natürliche Selektion entwickelnden Strategien verführten dazu, vom anderen Spieler abtrünnig zu werden, wenn man damit durchkam. Bei der Strategie »Wie du mir, so ich dir« kommt dies nie vor, weil hier der Spieler von einem anderen Spieler abtrünnig wird, um diesen zu bestrafen, wenn er zuvor abtrünnig geworden ist; und das geschieht im Endeffekt als Anreiz dafür, sich wieder als kooperativ zu erweisen. Aber zweifellos kann sich ein Betrug auszahlen, wenn man damit durchkommen kann. Wie wir gesehen haben, ist vom einzelnen aus betrachtet ein kostenloses Mittagessen bezogen auf Kosten und Nutzen das beste Ergebnis. Und wenn eine Person ihr Gegenüber dazu bringen kann, ihr sein Mittagessen zu bezahlen, dann ist ihr Trick, in Begriffen der Evolutionstheorie ausgedrückt, die Strategie der Gewinner. In der Tat haben sich ganze Klassen von Lebewesen vom Bandwurm bis zu den Misteln so entwickelt, daß sie auf Kosten ihres Wirts ein kostenloses Mittagessen bekommen.

Eine Möglichkeit, an ein kostenloses Mittagessen zu gelangen, besteht darin, sein Gegenüber zu der Auffassung zu verleiten, man könne nicht zahlen. Eine nachvollziehbare Lüge wie etwa, daß man all sein Geld verloren oder vergessen habe, zur Bank zu gehen, erfüllt eventuell ihren Zweck. Doch ist mit derartigen Täuschungsmanövern auch ein Problem verbunden; und das besteht darin, daß diese Manöver von der anderen, möglicherweise ausgenutzten Seite häufig aufgedeckt werden können. Eine geniale Serie von Experimenten, wie sie von Paul Ekman, einem der wenigen Psychologen in der Nachfolge von Darwins psychologischem Ansatz, durchgeführt wurde, zeigte, auf welche Weise es dazu kommt und warum.

Paul Ekman erforschte die Methoden, mit deren Hilfe Zuhörer bei dem, was ihnen erzählt wurde, Lügen aufdecken konnten. Bisweilen reichten die Worte aus, oft war jedoch die Stimme entscheidend: »Die Stimmlage ... läßt sich auf Hirnareale zurückführen, die etwas mit Emotionen zu tun haben. Es ist recht schwierig, einige der Stimmveränderungen zu verbergen, die auftreten, wenn es zu emotionaler Erregung kommt. Und die Rückkopplung darüber, wie sich die Stimme anhört, ist wahrscheinlich beim Hören der Stimme nicht so gut wie beim Erkennen der Wortwahl. Aber für einen Lügner ist es unabdingbar, die Kontrolle darüber zu behalten, wie er sich anhört. Wenn sich jemand zum ersten Mal auf Tonband hört, ist er meist überrascht, weil die Wahrnehmung der eigenen Stimme teilweise über den Knochen erfolgt; und das hört sich nun einmal anders an.«[4]

Nach Ekman ist das am besten belegte stimmliche Anzeichen für Emotionen die Stimmhöhe. Bei ungefähr 70 Prozent der beobachteten Personen wird die Stimmlage höher, wenn sich die entsprechende Person aufregt. Untersuchungen zeigen jedoch auch, daß die Stimmlage höher wird, wenn die Person lügt, wahrscheinlich liegt dies daran, daß sie wegen der Täuschung Angst hat, entdeckt zu werden. Eine ungewöhnlich ausdruckslose Stimme kann jedoch ebenfalls, vielleicht als Ausgleich für diesen Effekt, ein Hinweis auf Täuschung sein.

Doch ist der Klang der Stimme nicht der einzige Ausgangspunkt für Hinweise auf die Echtheit oder Falschheit dessen, was ein Zuhörer wahrnimmt. Auch das Gesicht kann viel zum Vorschein bringen. Ein ausgezeichnetes Beispiel hierfür ist das Lächeln. Beim echten Lächeln ziehen sich die Muskeln um die Augen herum zusammen, was, wie Darwin anmerkt, Falten zur Folge hat.[5] Doch die entsprechenden Muskeln können beim falschen Lächeln nicht willkürlich zusammengezogen werden. Im Endeffekt wirkt unaufrichtiges Lächeln gewöhnlich etwas übertrieben; dies kommt daher, daß versucht wird, die Falten um die Augen herum, die für ein echtes Lächeln charakteristisch sind, dadurch zustande zu bringen, daß der Mund zu einem breiteren Grinsen als beim echten Lächeln auseinandergezogen wird. Paul Ekman kommt zu der Schlußfolgerung: »Vom Gesicht aus gibt es direkte Verbindungen zu den Gehirnarealen, die etwas mit der Emotion zu tun haben; dies ist bei Worten nicht der Fall. Wenn eine Emotion entsteht, werden die Gesichtsmuskeln nach und nach unwillkürlich innerviert. Durch bewußte Entscheidung oder durch Gewohnheiten können es Menschen lernen, diesem Gesichtsausdruck entgegenzuwirken, indem sie mit wechselndem Erfolg versuchen, ihn zu verbergen. Der Gesichtsausdruck ist beides – willkürlich und unwillkürlich, er lügt und bringt die Wahrheit zum Ausdruck, beides gleichzeitig.«[6]

Wenn das Gesicht so viel zum Vorschein bringen kann, dann trifft dies auch auf den Körper zu:

»Der Körper ist eine guter Lieferant für durchsickernde Informationen und für Hinweise auf Täuschung. Im Unterschied zum Gesicht oder zur Stimme stehen die meisten Körperbewegungen nicht in direkter Verbindung mit den Gehirnarealen, die etwas mit der Emotion zu tun haben. Die Beobachtung der eigenen Körperbewegungen muß nicht schwierig sein. Ein Mensch kann fühlen und häufig auch sehen, was sein Körper macht. Es ist möglicherweise viel einfacher, in einem emotionalen Zustand Körperbewegungen zu verbergen als den Gesichtsausdruck oder Stimmveränderungen. Den meisten Menschen ist dies jedoch gleichgültig. Durch Erziehung haben sie gelernt, daß man das gar nicht machen muß. Sie werden nur höchst selten dafür verantwortlich gemacht, was sie bei den mit dem Körper ausgeführten Handlungen verbergen. Der Körper läßt Informationen durchsickern, weil man von ihm keine Notiz nimmt. Alle sind zu sehr damit beschäftigt, das Gesicht zu beobachten und die Worte zu bewerten.«

Ganz allgemein kommt er zu der Schlußfolgerung: »Lügner überwachen, kontrollieren und verstecken gewöhnlich nicht ihr gesamtes Verhalten. Auch wenn sie es wollten, könnten sie es wahrscheinlich nicht. Es gibt nur eine geringe Chance dafür, daß jemand in der Lage sein könnte, von den Zehenspitzen bis zum Haarschopf alles, was er macht und was ihn verraten könnte, erfolgreich zu kontrollieren.«[7] Auch ein weiterer Psychologe in der Nachfolge von Charles Darwin beobachtete etwas in dieser Richtung: »Wer Augen hat, zu sehen, und Ohren, zu hören, möge sich selbst davon überzeugen, daß kein Sterblicher ein Geheimnis für sich behalten kann. Bleiben seine Lippen still, dann plappert er mit den Fingerspitzen; Verrat dringt ihm aus allen Poren.«[8] Zusammenfassend können wir folgendes sagen: Diese Beobachtungen deuten darauf hin, daß ein Täuschungsverhalten, bei dem man sich der eigenen Person bewußt ist, wie ja auch bei den meisten anderen Fällen bewußten Verhaltens, nicht zu einem besseren Täuschungserfolg führt. Im Gegenteil, *anscheinend ist es höchstwahrscheinlich das Bewußtsein, ein Täuschungsmanöver durchzuführen, das sich selbst verrät.*

Wenn wir für einen Augenblick auf die Darwinsche Evolutionstheorie zurückkommen, könnten wir zu der Schlußfolgerung kommen, daß es zwischen den Täuschungsinstrumenten und den Instrumenten, um Täuschungen aufzudecken, zu einer Art »Wettrüsten« kommt. Solche Formen des Wettrüstens haben gewiß bei anderen offensichtlicheren Beispielen für Täuschung und Aufdeckung der Täuschung stattgefunden, etwa bei der Tarnung von Tieren oder Pflanzen. Hier belohnt die Selektion Beutetiere, denen es gelingt, die Räuber zu täuschen. Doch die Selektion belohnt auch die Räuber, die erfolgreich Beutetiere aufspüren, was wiederum zu einem Aufschaukeln des Wettrennens führt; das alles ähnelt dem Wettrüsten, wie wir es aus dem militärischen Bereich kennen. Die Beute wird nach dem Kriterium selektiert, ob sie wirklich so gut getarnt ist, daß sie den geschärften Sinnen des Räubers, der sie auffinden muß, entgeht. Im Endergebnis erzielt die Beute auf diese Weise erstaunliche Erfolge bei der Täuschung.

Kürzlich haben Darwinisten wie R. D. Alexander und Robert Trivers darauf hingewiesen, es habe sich möglicherweise in der Psychologie des Menschen eine ähnliche Art von Wettrüsten zwischen Täuschung und Aufdeckung der Täuschung entwickelt, vor allem was die Zusammenarbeit angeht. Sie behaupten, daß die natürliche Selektion wegen der Schwierigkeit, eine bewußte Täuschung zu verbergen, wie in Paul Ekmans Untersuchungen herausgearbeitet wurde, möglicherweise die Täuscher belohnt hat, die nicht wußten, daß sie Täuschungsmanöver unternahmen, und sich deshalb mit geringerer Wahrscheinlichkeit durch Hinweise auf die Täuschung verrieten. Anders ausgedrückt könnten wir sagen, daß Lügner vielleicht besser lügen würden, wenn sie sich nicht ihrer eigenen Person bewußt wären. Wären sie sich weniger bewußt, daß sie täuschen, würden die anderen es als viel schwieriger empfinden, Anzeichen dafür zu entdecken. Mit anderen Worten begünstigt die natürliche Selektion die Lügner, die sich ihrer eigenen Person *nicht* bewußt sind, und Täuscher, die sich nicht der Tatsache bewußt sind, daß sie täuschen. Wenn sich solche Lügner nicht bewußt sind, daß sie lügen, könnten sie völlig aufrichtig lügen und würden deswegen nicht die geringsten Anzeichen für Täuschung und Angst zeigen. In einem Satz zusammengefaßt: Die natürliche Selektion könnte Täuscher für eine

Entwicklung belohnen, durch die sie sich ihres Täuschungsmanövers *nicht mehr bewußt* sind. Wenn dies der Fall ist, dann würde das Bewußtsein – das, dessen man sich bewußt ist – dazu dienen, das, dessen man sich *nicht* bewußt ist, zu verstecken oder es abzuschirmen. Ein derartiges Bewußtsein könnte tatsächlich mehr verbergen als enthüllen, und wir hätten recht, wenn wir es eine *verborgene* Form der Bewußtheit nennen, eine Bewußtheit, die sich entwickelt hat, um sogar noch stärker zu täuschen als Informationen preiszugeben.

Hier mag sich ein Vergleich aus dem Gebiet der Öffentlichkeitsarbeit aufdrängen. Stellen Sie sich vor, Sie sind Chef einer Firma oder einer Behörde; Sie wissen, daß sie etwas falsch gemacht hat und daß dies zu öffentlicher Kritik Anlaß geben wird. Wenn Sie den Wunsch hätten, die Wahrheit vor der Öffentlichkeit zu verbergen, dann wären Sie gut beraten, ihre Öffentlichkeitsabteilung nicht über das volle Ausmaß des Fehlverhaltens zu informieren. Und es gibt einen guten Grund dafür: Selbst wenn Sie wüßten, daß die Abteilung ihr Bestes geben würde, um die Geschichte zu verbergen, gäbe es die reale Möglichkeit, daß irgend jemandem im Scheinwerferlicht der Öffentlichkeit ein enthüllendes Wort über die Lippen käme oder er sich sonst irgendwie geschwätzig verhielte, was eine genauere Nachprüfung provozieren würde. Es wäre wesentlich besser für die Öffentlichkeitsabteilung, sie wüßte überhaupt nichts über die Täuschungsmanöver und wäre in der Lage, die Presse und die Öffentlichkeit in voller Aufrichtigkeit zu informieren. Wenn Sie wüßten, daß diese Abteilung nicht den leisesten Verdacht darüber hätte, was sich wirklich abgespielt hat, gäbe es auch nicht die Möglichkeit, daß sie aus Versehen alles verraten würde. Im Endeffekt würden Sie eine »Informationspolitik« betreiben und diejenigen in der Organisation, die dann eine größere Öffentlichkeit davon informieren könnten, nicht »einweihen«; die Öffentlichkeit würde in diesem Fall »außen vor bleiben«.

Unter diesem Blickwinkel könnte man sich vorstellen, daß die Seele eines einzelnen Menschen in ähnlicher Weise aufgebaut ist; es gibt einige Bereiche, die »eingeweiht« sind, und andere, die aus einem entsprechenden Grund nicht informiert werden sollen. »Eingeweiht zu sein« würde bedeuten, sich etwas bewußt zu sein, und »nicht eingeweiht zu sein«, daß man sich dessen nicht bewußt ist. Insbesondere Täuschungsmanöver müßten aus dem Bewußtsein verbannt werden, damit sie anderen nicht hintergründige Hinweise liefern, welche die Wahrheit ans Licht bringen. Wie eine Öffentlichkeitsabteilung, die nicht die leiseste Ahnung davon hat, daß die Organisation, die sie vertritt, etwas Falsches gemacht hat, könnte sich die Seele so entwickeln, daß sie andere um so besser täuschen kann, je mehr sie sich selbst täuscht. Die wirksamsten Lügner wären diejenigen, die sich selbst einreden, daß ihre Lügen eigentlich der Wahrheit entsprechen. Wenn sie diese Meisterleistung der Selbsttäuschung bewerkstelligt haben, wäre es für sie um so leichter, andere hinters Licht zu führen. Jetzt könnten sie ganz ehrlich lügen!

Obwohl Experimente zur Selbsttäuschung, wie Sie vielleicht meinen könnten, schwer zu planen und in die Praxis umzusetzen sind, wurde auf diesem Gebiet ein besonders schöner Versuch durchgeführt. Dabei wurde ein Lügendetektor verwendet, um die galvanische Hautreaktion auf Stimmen zu messen. Man fand heraus, daß die Hautreaktion verstärkt auftritt, wenn man seine eigene Stimme, aber nicht, wenn man die eines anderen Menschen hört; diese Reaktion auf die eigene Stimme nimmt mit der Zeit zu, statt geringer zu werden, wie dies bei der Stimme eines anderen Menschen der Fall ist. Im Experiment wurde die Hautreaktion auf den Ton von Stimmen in Beziehung gesetzt zum bewußten Wissen darüber, welche Stimmen die Versuchspersonen hörten, und es fanden sich Unterschiede im Hinblick auf die Wahrnehmung. Das Experiment zeigte, daß bei den Personen, die ihre eigene Stimme nicht erkannten, die Hautreaktion ein viel zuverlässigerer Indikator für die Wahrheit war als ihr bewußtes Wissen. Wie wir nach den Erörterungen zur Rolle der Sprache erwarten konnten und wie Robert Trivers anmerkt, »verstand es bei den meisten Fehlern der Teil des Gehirns, der die Sprache steuert, falsch, während der Teil, der die Erregung steuert, es richtig verstand«.[9] Dieser Befund belegt, daß es zu unbewußter Wahrnehmung kommen kann, während das Bewußtsein keine Notiz davon nimmt; das ist durchaus vergleichbar mit meinem Beispiel zur Öffentlichkeitsarbeit.

Um jedoch nachzuweisen, daß dieser Vergleich wirklich stimmt, müßten wir in der Lage sein, zu zeigen, daß es für eine derartige Unbewußtheit ein Motiv gab und daß es sich nicht nur um einen zufälligen Fehler oder um einen Fehler der bewußten Wahrnehmung handelte. In unserem Beispiel ist die Öffentlichkeitsabteilung nicht nur über die Wahrheit nicht informiert, sondern man hat sie auch daran gehindert, die Wahrheit kennenzulernen.

Um diesen Aspekt der Situation zu überprüfen, wurde ein zweites Experiment durchgeführt, in dem die Selbstwahrnehmung der Versuchspersonen vor der Wiederholung des ersten Experiments zur Stimmerkennung künstlich beeinflußt wurde. Es ist bekannt, daß wir uns selbst mehr Aufmerksamkeit widmen, wenn wir stolz auf etwas sein können, als wenn wir uns wegen etwas schämen; in vorausgehenden Experimenten war nachgewiesen worden, daß Versuchspersonen mit einem hohen Selbstwertgefühl eher dazu neigen, ihre eigene Stimme zu erkennen, als solche mit einem niedrigen Selbstwertgefühl. Bei einer Wiederholung des Experiments beeinflußte man das Selbstwertgefühl der Versuchspersonen dadurch, daß man ihnen erzählte, wie gut oder wie schlecht sie in einem Test zu verbalen Fähigkeiten abgeschnitten hatten. Wenn es um Stimmerkennung ging, zeigte sich, daß es für die Selbsttäuschung tatsächlich ein Motiv gab. Diejenigen, in denen man dadurch ein hohes Selbstwertgefühl hervorgerufen hatte, daß sie angeblich hohe Werte im Test hatten, erkannten ihre eigenen Stimmen mit viel höherer Wahrscheinlichkeit und neigten sogar dazu, ihre Stimme einer anderen Person zuzuordnen. Diejenigen, deren Selbstwertgefühl gesunken war, weil sie angeblich schlechte Testwerte hatten, zeigten jedoch die gegenteilige Reaktion: Sie hatten einen Hang dazu, sich selbst aus dem Weg zu gehen und abzustreiten, daß es sich um ihre Stimme handelte. Wenn man sie zudem nach dem Experiment befragte, so berichteten die Versuchspersonen mit dem geringeren Selbstwertgefühl, sie hätten weniger Vergnügen daran, ihre eigene Stimme zu hören, und stuften ihre Stimme im Vergleich zu der Gruppe der Erfolgreichen als weniger wohlklingend ein.

Die Autoren, die sich diese schönen Experimente ausgedacht haben, schließen ihren Artikel mit der Schlußfolgerung: »Die Entdeckung des Täuschungsprinzips, einer in uns ablaufenden lügnerischen Aktivität, ermöglicht uns, das gesamte bewußte Leben mit neuen Augen zu sehen.«[10] Das nächste Kapitel beschäftigt sich mit einer solchen Sicht – oder einem solchen Modell – der Seele. Doch bevor wir uns vom Thema Bewußtheit und Täuschung abwenden, gibt es noch ein oder zwei weitere Fragen zu klären, die durch das Konzept des verborgenen Bewußtseins interessanterweise in neuem Licht zu sehen sind. Eine davon ist wichtig, weil sie einer wesentlichen Einsicht im Wege steht; das ist etwa beim subjektiven Gefühl von der eigenen Bedeutung der Fall, wenn es darum geht, eine objektive Tatsache wie die Evolution zu verstehen (siehe oben, S. 45).

Ich meine hier etwa unsere Leichtgläubigkeit bei der Frage, ob Altruismus durch Gruppenselektion zustande kommt. Im letzten Kapitel sahen wir, daß Gruppenselektion vom wissenschaftlichen Standpunkt aus gesehen so glaubwürdig ist wie das *Perpetuum mobile* in der Physik. Dies liegt daran, daß es dieser Theorie nicht gelingt, die individuellen Kosten der Zusammenarbeit gegen die Interessen von anderen Menschen aufzuwiegen, und sie im Endeffekt annimmt, man könne etwas gratis bekommen (siehe oben, S. 69 f.). Doch verhindert dies nicht, daß die Menschen so denken – selbst Menschen, die es besser wissen sollten, wie die Sozialwissenschaftler, die am Ende ihrem Kollegen ein kostenloses Mittagessen geben mußten. Wenn man man einmal bedenkt, daß es ihre Aufgabe ist, menschliches Verhalten zu verstehen, muß doch die Tatsache überraschen, daß nur einer von ihnen die Schwierigkeiten voraussah. Aber das ist typisch. Manche Menschen halten es für ganz normal, häufig mit ziemlicher Naivität vorauszusetzen, daß andere, ohne zu zögern, nachzufragen oder interne Konflikte anzuzetteln, die Kosten der Gruppenmitgliedschaft übernehmen.

Warum ist dies der Fall? Vielleicht lautet die Antwort, daß es im eigenen Interesse ist, sich selbst über die Eigeninteressen anderer hinwegzutäuschen, weil die anderen Personen dann um so leichter dazu gebracht werden können, gegen ihre eigenen Interessen zu verstoßen. Man könnte hier vom Prinzip »Hannemann, geh du voran« sprechen. Wenn wir alle engagierte Mitglieder der Familie, der Gruppe, der Gesellschaft und der Art sind und alle das Wohl der Mehrheit höher einstufen als unsere persönlichen Kosten, dann ist Hannemann wie wir und kann auch dafür bezahlen. Die Tatsache, daß wir bei dieser Gelegenheit nicht bezahlen, ist nur eine Kleinigkeit, für die sich stets unendliche viele Rationalisierungen finden lassen: Hannemann hat mehr Zeit und Geld, Hannemann kann das besser, er macht es auch lieber, ihm liegt es mehr, er hat es das letzte Mal nicht gemacht usw. Zudem werden uns die anderen in jeder Gruppe, die mehr als zwei Personen umfaßt, oft nur mit einer Stimme Mehrheit majorisieren, obwohl wir von ihnen erwarten, daß sie, ohne groß über die Kosten für sich selbst nachzudenken, etwas zur Gruppe beitragen. Weil sie uns alle persönlich dadurch nutzen können, daß sie zu den Kosten der Gruppenmitgliedschaft beitragen, haben wir selbst ein persönliches Interesse daran, mit anzusehen, wie sie bezahlen. Um es anders auszudrücken, könnten wir sagen, daß Schwarzfahren möglich ist, weil es andere Menschen gibt, die den

Fahrpreis bezahlen; sonst gäbe es nämlich gar keinen öffentlichen Personenverkehr! Paradoxerweise sind gerade jene Menschen, die den größten Nutzen aus dem Schwarzfahren ziehen, am stärksten motiviert, sich dafür auszusprechen, daß die anderen den Fahrpreis bezahlen.

Mit anderen Worten nützt es unserem eigenen Egoismus, wenn wir uns selbst über das Eigeninteresse anderer Menschen hinwegtäuschen; denn diese Selbsttäuschung macht es uns leichter, andere in der Erwartung auszubeuten, daß sie zahlen, während wir einen Nutzen daraus ziehen. Daraus ergibt sich, daß wir wahrscheinlich an unsere kollektiven, auf Gruppenselektion vertrauenden Einstellungen zum Sozialverhalten appellieren und sich so ein Vorurteil entwickelt hat; es handelt sich um ein Vorurteil, das durch völlig egoistische Interessen aufrechterhalten wird. (In dem Maße, wie derartige Vorstellungen zur Grundlage für die sogenannten »Sozialwissenschaften« werden, können sie tatsächlich viel von dem erklären, was an ihnen in Wirklichkeit so unwissenschaftlich ist.) An den Altruismus bei anderen Menschen zu glauben, muß nicht heißen, daß man naiv und leichtgläubig ist; bestehen doch seine praktischen Auswirkungen darin, daß er es anderen schwerer macht, sich zu weigern, daß sie zu unserem persönlichen Nutzen altruistisch handeln. Weil andere Menschen entsprechend einen Anreiz haben, uns gegenüber eine ähnliche Haltung einzunehmen, wird sich eine Kultur der gegenseitigen Ermahnung zum Altruismus und der Erwartung entwickeln, daß man sich selbst aufopfert. Dabei hat jeder ein egoistisches Interesse am Altruismus aller anderen Menschen.

Natürlich sind solche Vorurteile für uns auch manchmal mit Kosten verbunden (wie dies sicherlich im Restaurantbeispiel auf den Dekan zutraf, der in arge Verlegenheit gebracht wurde). Trotzdem wiegt in den meisten Fällen der Nutzen insgesamt die Kosten auf, weil es uns um so leichter macht, uns selbst über unser Eigeninteresse, nicht zu bezahlen, hinwegzutäuschen, wenn wir uns erst einmal beim Eigeninteresse anderer Menschen getäuscht haben. Wenn wir Hannemann nie des Schwarzfahrens verdächtigt hätten, warum sollten wir dann uns selbst gegenüber diesen Verdacht aussprechen? Wie unser persönliches Bewußtsein könnte auch unser soziales Bewußtsein versteckt sein und nicht nur unsere egoistischen und antisozialen Motive verbergen, sondern auch die anderer Menschen.

Die zweite Frage, die sich durch die Überlegungen zum sozialen Betrug und zur Selbsttäuschung ergibt, ist auch deshalb interessant, weil es sich hier um ein ausgesprochen heikles Thema und um eine Frage handelt, die offensichtlich evolutionstheoretischen Überlegungen und dem prüfenden Blick des Wissenschaftlers am wenigsten zugänglich ist. Es geht zudem um etwas, was eng mit dem Ausdruck von Emotionen zusammenhängt. Die Frage, um die es mir geht, lautet: Was ist die Grundlage für das Gefühl des ästhetischen Vergnügens, das Menschen bei Kunst, Literatur und Musik empfinden?

Wenn wir uns zunächst mit der Musik beschäftigen, lohnt es sich, anzuführen, was Charles Darwin dazu meinte: »Allen Tieren ist wahrscheinlich die Wahrnehmung, wenn nicht gar das Vergnügen bei Kadenzen und beim Rhythmus in der Musik gemeinsam, und sie geht zweifellos auf die physiologische Gemeinsamkeit beim Nervensystem zurück.« Er fügt jedoch hinzu: »Da weder die Freude am Hervorbringen musikalischer Noten noch die Fähigkeit hierzu von dem geringsten Nutzen für den Menschen in Beziehung zu seinen normalen Lebensverrichtungen sind, so müssen sie unter die mysteriösesten gerechnet werden, mit welchen er versehen ist.« Darwin war dennoch ein zu guter Psychologe, um nicht auf folgendes hinzuweisen: »Musik erweckt verschiedene Gemütserregungen in uns.« Er fährt mit der Schlußfolgerung fort, daß unsere Fähigkeit, Musik hervorzubringen und sie zu schätzen, möglicherweise ein Produkt der sexuellen Selektion ist (wovon später eingehender die Rede sein wird); teilweise läßt sich das auf folgendes zurückführen: »Die Liebe ist immer noch das häufigste Thema unserer Gesänge« – etwas, was heute so wahr ist wie im Jahr 1871.[11]

Doch wie dem auch sei, die Fähigkeit, den Rhythmus und die Töne zu entdecken, mag sich teils deshalb entwickelt haben, weil sie beim Sprechen von Bedeutung ist, insbesondere im Hinblick auf Emotion und Täuschung. Wie wir gesehen haben, merkte Paul Ekman an, daß die Stimmlage etwas mit Gehirnarealen zu tun hat, die mit Emotionen in Verbindung stehen; die Tonhöhe hat bei Emotionen die Tendenz, anzusteigen und sich als Indikator für Täuschung zu erweisen (siehe oben, S. 106–109). Aber die musikalischen Aspekte der Sprache allgemein können dem Zuhörer viel über den seelischen Zustand eines Sprechers sagen, und die Sensibilität dafür mag sich teils aus ebendiesem Grund entwickelt haben. Spezialisierte Gehirnareale, denen die Aufgabe zukommt, die Tonhöhe, den Rhythmus, die Satzmelodie, das Tempo sowie das Auf und Ab der Sprache zu analysieren, um mögliche Anzeichen von Täuschung zu entdecken, könnten Präadaptationen (siehe oben, S. 100f.) im Hinblick auf den Sinn für Musik gewesen sein.

Allgemein ist ästhetisches Vergnügen oft mit der Wahrnehmung von Harmonie, Proportion, Rhythmus und Einheit bei einem Gegenstand verbunden, ganz gleich, ob es sich dabei um Musik, Literatur, Theater oder die bildende Kunst handelt. Obwohl aus diesem Grund Dissonanzen und rhythmische Brüche aufregend und vergnüglich sein können, liegt es hauptsächlich an der Harmonie und nicht so sehr an der Dissonanz, an dem vorhandenen und nicht so sehr an dem fehlenden Rhythmus, daß wir Musik lieben (vergleichen Sie etwa atonale, unrhythmische modernistische Musik mit der Unterhaltungsmusik). Ähnlich verhält es sich mit Theaterstücken und mit der Literatur; wir ziehen beim Handlungsverlauf, bei den beteiligten Personen und bei den Beschreibungen die Einheit der Zersplitterung, den übergreifenden Zusammenhang der Unordnung und die Konsistenz dem Chaos vor. In der Malerei rufen innere Harmonie, angenehme Proportionen, die Einheit der Bestandteile zusammengenommen das Gefühl des ästhetischen Vergnügens hervor.

Ein möglicher Grund, warum dies so ist, könnte darin liegen, daß Harmonie, ein übergreifender Zusammenhang und das Fehlen innerer Widersprüche die Merkmale jeglicher Art von ehrlicher Kommunikation, vor allem jedoch der verbalen Kommunikation sind. Jemand, der aufrichtig die Wahrheit sagt, wird wahrscheinlich eine Botschaft vermitteln, die einfach, zusammenhängend und vollständig ist. Die Stimmlage wird mit einer Mimik und Gestik einhergehen, die dafür angemessen ist und die damit harmoniert. Eine solche Kommunikation muß beim Zuhörer, der sich entspannt und offen fühlen kann, weder Verdacht noch Angst hervorrufen. Dagegen wird sich jemand, der nicht die Wahrheit sagt, durch innere Zerrissenheit der Botschaft oder durch irgendwie geartete Widersprüche zwischen der Botschaft und anderen Signalen verraten; dies zeigt sich entweder an der Stimme, an der Gestik oder am Ausdrucksverhalten. Die Wahrnehmung solcher uneinheitlichen Signale, wie hintergründig auch immer sie sein mögen, wird beim Zuhörer wahrscheinlich Verdacht, Angst und innere Konflikte wecken, denn er scheut die Möglichkeit der Täuschung und die Kosten, die sich für ihn daraus ergeben könnten (wie etwa jemandem ein Mittagessen zu bezahlen). Das Ergebnis kann in einer Neigung bestehen, ein Vergnügen dabei zu empfinden, wenn man eine grundlegende ästhetische Einheit empfindet, und kein Vergnügen an etwas zu haben, wo dies nicht vorhanden ist. Emotionen entwickelten sich ursprünglich im Zusammenhang mit der direkten Beurteilung von Worten, dem Aussehen oder von Gesten und sind vielleicht auf diese Weise zu etwas geworden, was unserem Vergnügen daran in der Literatur, in der bildenden Kunst, in der Musik und im Theater zugrunde liegt.

Vielleicht ist es am Ende dieses Kapitels sinnvoll, anzumerken, daß ein Abschnitt, der sich ursprünglich mit dem Bewußtsein beschäftigen sollte, auch die Sprache mit einbezogen hat und mit Fragen der Ästhetik abschließt – zwei weitere Bereiche, von denen man gewöhnlich annimmt, sie seien etwas für unsere Art Einmaliges. Doch alle drei Bereiche sind möglicherweise unter evolutionären Bedingungen entstanden, die ganz gewiß nicht allein für den Menschen gelten. Im Gegenteil, bei Zusammenarbeit und Abtrünnigkeit, Egoismus und Altruismus, Täuschung und Aufdeckung handelt es sich um Dilemmas, mit denen jeder mit anderen interagierende Organismus konfrontiert ist. Es mag sein, daß Menschen diese Dilemmas intensiver erleben als andere Arten. Dies liegt sowohl an ihrer besseren Kommunikationsfähigkeit als auch an ihrer Fähigkeit, sich so viele Bereiche der Erde untertan zu machen. Doch hier handelt es sich nur um graduelle, nicht um qualitative Unterschiede. Grundsätzlich könnten bei den Menschen Sprache, Bewußtsein und Ästhetik einen gemeinsamen Ursprung in der Evolution des Konflikts und der Zusammenarbeit haben.

4
Modelle zur Beschreibung der Seele

Wenn man über Bewußtsein spricht, ohne Freud zu erwähnen, läßt sich das ungefähr so gut rechtfertigen, wie wenn man über Schwerkraft schreibt, ohne auf Newton hinzuweisen, oder über Evolution, ohne Darwin zu nennen. Das hält jedoch viele Autoren nicht davon ab, genau dies zu machen. Teilweise mag es daran liegen, daß man sich Freud im wesentlichen eher als einen Menschen vorstellt, der Entdeckungen über das *Unbewußte* machte als über das Bewußtsein. Freuds Erkenntnisse über das Unbewußte haben jedoch eine weitgehende Bedeutung für unser Verständnis vom Bewußten und verweisen darauf, daß man das Bewußtsein nicht ganz verstehen kann, wenn man nicht auch das Unbewußte versteht. Hier ist es wiederum wichtig, zu begreifen, daß Freud kein Philosoph oder Psychologe war, der sich daranmachte, das menschliche Bewußtsein zu erforschen. Von der Ausbildung her war er Neurologe, dessen wegweisende psychotherapeutische Methode ihn dazu brachte, Entdeckungen großer Tragweite zu machen. Dabei ging es um das Wesen des Bewußtseins, auch wenn es sich beim Bewußtsein selbst nicht ursprünglich um das Gebiet handelte, das er näher erforschen wollte.

Das vorige Kapitel hat uns mit den neueren darwinistischen Theorien zur Evolution des Bewußtseins vertraut gemacht. Es ist jetzt an der Zeit, näher darauf einzugehen, in welcher Beziehung dies zu Freuds Erkenntnissen steht.

Die Seele als Macintosh

Sigmund Freud starb lange vor der Zeit des Personal Computers. Wenn er jedoch einen solchen Rechner gehabt hätte, dann wäre es durchaus nicht unwahrscheinlich gewesen, daß er eine Reihe aufschlußreicher Parallelen zwischen dem Personal Computer und seinem Verständnis der Seele gezogen hätte. Ein Vorläufer in dieser Richtung ist sicherlich sein kurzer Artikel zum »Wunderblock«. Es geht hier um einen Notizblock, der aus einer durchsichtigen Folie und weiteren darunterliegenden Blättern bestand; sie verklebten mit einer Wachsschicht, um die Striche festzuhalten, die man mit einem Stift darauf eingetragen hatte. Dies geschah auf eine Weise, daß die Blätter auch wieder von der Wachsschicht gelöst werden konnten, um die Striche zu löschen. Freud begann sich für dieses einfache Gerät zu interessieren, weil es für ihn ein anschauliches Beispiel dafür war, wie aus der Wechselwirkung zwischen dem Wahrnehmungssystem (die obere Lage, auf die der Stift gedrückt wird) und dem System des Langzeitgedächtnisses (die darunterliegende Wachsschicht) das Bewußtsein (die geheimnisvolle Schrift auf dem Block) entsteht. Er rechtfertigte diese Analogie, indem er erläuterte, all das seien Hilfsapparate, die »zur Verbesserung oder Verstärkung unserer Sinnesfunktionen erfunden« wurden; sie seien nach ihrem Vorbild gebaut worden, und in diesem Zusammenhang erwähnt er Brillen, Kameras und Hörhilfen.[1] Hätte er in der Ära des Computers gelebt, hätte er außerdem hinzugefügt, daß Computer im allgemeinen nicht nur den Wahrnehmungsorganen ähneln, sondern auch der Seele. Wäre er heute noch am Leben, hätte er tatsächlich herausgefunden, daß taschenbuchgroße Computer, in die Daten mit Hilfe eines Stifts eingegeben werden, Nachfolger des Wunderblocks sind und daß Daten aus dem Speicher eines Computers auf berührungsempfindlichen Bildschirmen dargestellt werden können; dadurch entsprechen diese Computer in noch viel stärkerem Maße Freuds psychologischen Modellvorstellungen.

Diese winzigen Computer haben häufig eine sogenannte »graphische Benutzeroberfläche«; sie ähnelt der eines Macintosh-Computers, mit dessen Hilfe dieses Buch geschrieben wurde. Eine *Oberfläche* (oder eine Schnittstelle) ist ein Bereich, in dem zwei Systeme miteinander in Kontakt kommen – in diesem Fall der Mensch als Benutzer des Rechners und das Betriebssystem des Computers. Im Fall des Macintosh wird der Inhalt des Rechners in Form von *Icons* dargestellt, kleinen Bildern, die auf einem fiktiven Schreibtisch erscheinen. Dateien sind in Form von *Dokumenten* zu sehen, die in *Ordnern* organisiert sind. Es gibt sogar einen Papierkorb, in den der Benutzer des Computers Dokumente und Programme werfen kann, wenn er sie von der Festplatte des Rechners löschen möchte. Der Benutzer weist mit einem kleinen Pfeil auf ein Icon und wählt es aus; daraufhin wird es optisch hervorgehoben, was als Hinweis darauf zu verstehen ist, daß genau dieses Dokument als nächstes verwendet wird. Wenn man es öffnet, erscheint es mit einer Überschrift, einem verschiebbaren Kästchen zum Durchblättern des Dokuments und anderen Hilfsmitteln in einem »Fenster«; so kann man herausfinden, um welche Art von Dokument es sich handelt, und es verändern (siehe Abbildung 13).

Der Erfolg des Macintosh ging größtenteils auf seine leicht zu bedienende und intuitive Benutzeroberfläche zurück. Die Tatsache, daß Computer und Menschen auf unterschiedliche Weise funktionieren, stellt ein Problem dar, das durch den Macintosh gelöst wurde. Der entscheidende Punkt dabei ist die Benutzeroberfläche, über die der Mensch, der den Computer einsetzt, und der Computer miteinander in Kontakt kommen. Beim Macintosh umging man dieses Problem dadurch, daß die lästigen Einzelheiten des Betriebssystems hinter der graphisch dargestellten Fiktion eines Schreib-

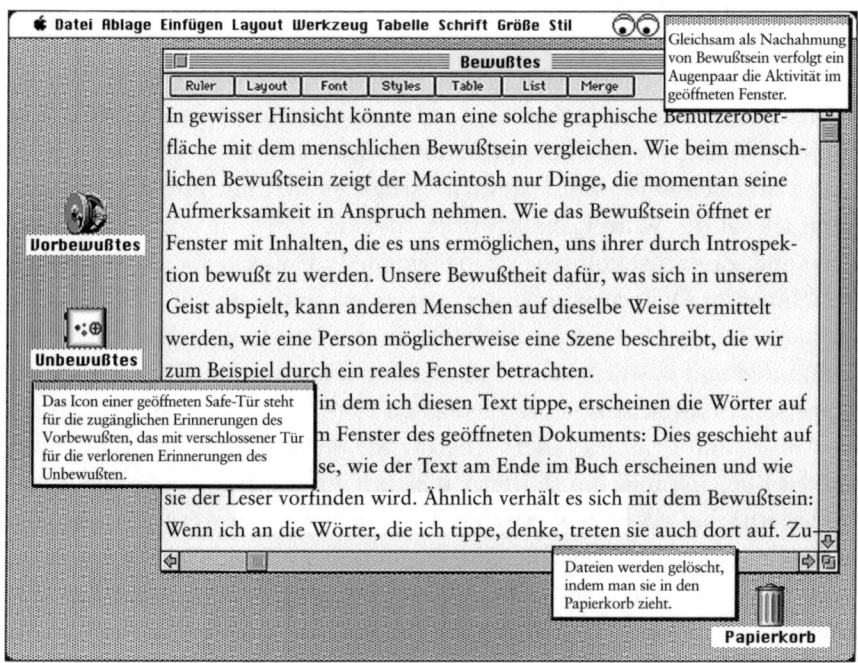

Abbildung 13: Der Macintosh™ als Modellvorstellung für die Seele

tischs mit seinen Icons versteckt wurde. Beim Bildschirm des Computers handelte es sich nie im wörtlichen Sinne um einen Schreibtisch – dies beginnt damit, daß man von oben auf die Schreibplatte schaut. Was das Problem anging, dies als Schnittstelle zwischen Mensch und Rechner einzusetzen, war jedoch nur wichtig, daß das alles so dargestellt werden konnte. Man konnte den Bildschirm als einen halbdurchsichtigen Schirm auffassen, der unnötige Einzelheiten und Schwierigkeiten vom Benutzer fernhält, auf dem aber alles auf angemessene und intuitiv einsichtige Weise gezeigt wurde, was der Benutzer wissen mußte.

In gewisser Hinsicht könnte man eine solche graphische Benutzeroberfläche mit dem menschlichen Bewußtsein vergleichen. Wie beim menschlichen Bewußtsein zeigt der Macintosh nur Dinge, die momentan seine Aufmerksamkeit in Anspruch nehmen. Wie das Bewußtsein öffnet er Fenster mit Inhalten, die es uns ermöglichen, uns ihrer durch Introspektion bewußt zu werden. Unser Bewußtsein dafür, was sich in unserer Seele abspielt, kann anderen Menschen auf dieselbe Weise vermittelt werden, wie eine Person möglicherweise eine Szene beschreibt, die wir zum Beispiel durch ein reales Fenster betrachten.

In dem Moment, in dem ich diesen Text tippe, erscheinen die Wörter im Fenster des geöffneten Dokuments auf dem Bildschirm: Dies geschieht in ähnlicher Weise, wie der Text am Ende im Buch erscheinen und wie sie der Leser vorfinden wird. Ganz ähnlich verhält es sich mit dem Bewußtsein: Wenn ich an die Wörter, die ich tippe, denke, treten sie auch dort in Erscheinung. Zunächst kommen sie in meinem Bewußtsein vor, dann auf dem Bildschirm im Dokumentenfenster, später im Buch, in dem der Leser sie vorfindet, und schließlich im Bewußtsein des Lesers. Der Bildschirm des Computers und das gedruckte Buch könnten als weitere Oberflächen, als Schnittstellen zwischen unterschiedlichen Formen des Bewußtseins – dem des Autors und dem des Lesers – betrachtet werden. Aber der Bildschirm und das Buch beruhen auf Wörtern, die auch auf der allem zugrundeliegenden Oberfläche – dem Bewußtsein selbst – eingetragen werden. Indem ich meine Gedanken und Gefühle anderen mitteile, ermögliche ich ihnen, zu verstehen, worin mein Bewußtsein besteht, so daß es auch in ihr Bewußtsein eingetragen wird. Mein Bewußtsein könnte als eine Art psychologische Schnittstelle zum Bewußtsein anderer Menschen verstanden werden – ein Fenster zu meiner Seele. Es handelt sich natürlich um das Hilfsmittel, über das andere Daten in meine Seele eingeben und über das ich Daten für andere Seelen ausgebe (siehe Abbildung 13).

Bei dieser Art von Datenübermittlung allgemein und bei dieser Art von Schnittstelle im besonderen gibt es jedoch eine Schwierigkeit. Im Falle des Computers liegt sie für jeden auf der Hand; es handelt sich um das Problem des Datenschutzes und der Datensicherheit. Wir wollen hier wieder den Macintosh als Beispiel nehmen. Vor einigen Jahren mußte ich mir mit anderen einen Rechner teilen und wollte meine persönlichen Dateien auf der internen Festplatte des Computers abspeichern, statt sie immer wieder, wenn es erforderlich war, eingeben und löschen zu müssen. Auf der Festplatte hätte sie sich jeder ansehen können und Zugang zu ihnen gehabt. Weil es sich hier um persönliche Daten handelte, wollte ich dies verhindern. Eine Möglichkeit bestand darin, die Dateien zu chiffrieren. Aber das war keine ideale Lösung, weil immer noch jeder die Daten hätte löschen können und weil Chiffrierung und Dechiffrierung viel Zeit kostet und ein lästiger Vorgang ist. Eine weitere Möglichkeit wäre gewesen, meine Dateien zwischen anderen Dateien zu verstecken, etwa indem ich ihnen irreführende und wenig informative Namen gab. Das Problem bestand dann aber darin, daß, wenn ich meine Dateien zwischen denen einer anderen Person versteckt hätte, der Besitzer der Dateien wahrscheinlich sofort erkennen würde, daß sie nicht ihm gehörten; er hätte sie sich anschauen und sie löschen können. Und wenn man zahlreiche Dateien mit wenig informativen und irreführenden Namen in vielen unterschiedlichen Ordnern versteckt, bereitet das beim Suchen immer wieder Probleme.

Die Lösung, zu der ich mich entschloß, bestand nicht darin, meine Dateien zu chiffrieren, sondern eine besondere Art von Programm zu benutzen, mit dessen Hilfe die Festplatte in zwei Partitionen eingeteilt wurde: in einen öffentlichen, frei zugänglichen Teil, den jeder nutzen konnte, und in einen privaten, versteckten Teil, zu dem nur ich Zugang hatte. Natürlich konnte ich die Festplatte nicht auf mechanischem Wege physisch in Partitionen einteilen. Ich erzeugte unsichtbare Dateien, die im Unterschied zu dem, was sonst beim Macintosh üblich ist, nicht auf der Oberfläche zu sehen und von gelegentlichen Benutzern nicht auffindbar waren. Meine Dateien waren jetzt privat und geschützt; denn keiner konnte sie sehen, ganz abgesehen davon, daß man sie weder öffnen noch löschen konnte.

Hier drängt sich eine weitere Parallele zur menschlichen Seele auf, so wie ja auch Freud durch den »Wunderblock« auf Parallelen zum Psychischen kam. Nehmen wir einmal an, das Bewußtsein entspricht den Fenstern der psychologischen Oberfläche beim Menschen; auf ihr werden die Daten der Ein- und Ausgabe sowie die Dinge wiedergegeben, auf die sich das Betriebssystem momentan konzentriert. Dann wäre es möglich zu sagen, daß es auch unsichtbare Dateien, geschlossene Fenster, versteckte Partitionen oder reservierte Sektoren im Speicher geben könnte, so wie dies im Computer möglich ist. Wenn wir die offenen Fenster *das Bewußte* nennen, könnten wir jene geschlossenen, unzugänglichen Teile *das Unbewußte* nennen. Wir könnten darauf hinweisen, daß diese unbewußte Region denjenigen Inhalten der Seele entspräche, die am sichersten geheimgehalten werden. Wenn sie nämlich im Bewußtsein auftauchen, würde dies dem Fortpflanzungserfolg der Personen, die der Öffentlichkeit die Inhalte auf diese Weise zugänglich machten, nicht förderlich sein. Wenn das Bewußtsein eine psychologische Schnittstelle zur Psychologie anderer Menschen ist, könnten wir die Voraussage machen, daß das Bewußtsein nur jene Aspekte der Seele eines einzelnen Menschen enthalten sollte, die entweder keinen Schaden anrichtet oder ihm nutzt, wenn sie öffentlich bekannt werden. Doch andere Aspekte der Seele, wie etwa egoistische, betrügerische und asoziale Antriebskräfte, Erinnerungen oder Emotionen, würden am besten dem unsichtbaren Teil anvertraut werden – dem Unbewußten. Auf subjektiver, menschlicher und psychologischer Ebene entspräche dies im Endeffekt beim Computer dem Problem des Datenschutzes und der Datensicherheit. Es wäre die Art und Weise, wie die natürliche Selektion die psychologische Schnittstelle geformt hat, offen gegenüber anderen zu sein, wo dies erwünscht ist, sich jedoch zugeknöpft gegenüber anderen zu zeigen, wenn das nicht der Fall ist. Und aus Gründen, die im letzten Kapitel erklärt wurden, würde dies auch bedeuten, daß man mit dem Bewußtsein von der eigenen Person ähnlich umgehen würde: Man würde wissen, wo es im eigenen Interesse lag, daß andere Bescheid wissen sollten, und wo es diesem Interesse widersprach, daß sie etwas darüber wissen durften (siehe oben, S. 103–117).

Aber lassen Sie mich zur Frage des Schutzes meiner privaten Dateien zurückkehren; meine Aktion war nicht so beispiellos, wie dies beim Betriebssystem des Macintosh anscheinend der Fall gewesen sein mag. Die Schreibtischdatei selbst beispielsweise, die Daten darüber enthält, was auf dem

Schreibtisch sichtbar ist, ist für den Benutzer normalerweise unsichtbar und unzugänglich (einfach weil sie immer benutzt wird, wenn der Schreibtisch, zu dem sie gehört, sichtbar ist). Ebenfalls dürfen bestimmte Systemdateien, die Instruktionen für das Betriebssystem der Rechners enthalten, überhaupt nicht inspiziert werden, oder sie können, wenn dies möglich ist, üblicherweise vom Benutzer nicht unmittelbar als Fenster geöffnet werden (ebenfalls weil sie normalerweise in Gebrauch sind). Weiterhin könnten wir auch beobachten, daß das menschliche Betriebssystem so vorgeht wie das Macintosh-Betriebssystem, wenn es dem Benutzer viele der wichtigsten Dateien nicht zugänglich macht. Der Grund dafür, daß Computer normalerweise keinen Zugang zu ihrem Betriebssystem zulassen, besteht darin, daß der Benutzer zuviel Schaden anrichten könnte, wenn er leicht Zugang dazu hätte. Bei derartigen Systemen handelt es sich um eine komplexe Software, an der man sich, wie am zerbrechlichen Innenleben einer komplizierten Uhr, nicht zu schaffen machen sollte; denn fast jeder Eingriff, wie vorsichtig auch immer er sein mag, würde sich wahrscheinlich schädlich auswirken. In gleicher Weise können wir auch erwarten, daß das seelische Betriebssystem des Menschen (was immer das ist) in ähnlicher Weise für Eingriffe des Benutzers unbewußt und unzugänglich gelassen wird. Wie die Benutzeroberfläche bei einem Computer, von der die vielschichtigen Details des Betriebssystems vor dem Benutzer verborgen gehalten und nur Informationen von unmittelbarer Bedeutung für den Benutzer freigegeben werden, würde auch das Bewußtsein einen größeren Teil dessen verbergen, was sich in der Seele abspielt.

Das Unbewußte bestünde demnach aus zwei Arten »unsichtbarer Dateien« (um beim Vergleich mit dem Macintosh zu bleiben). Auf der einen Seite wären da seelische Inhalte, die prinzipiell bewußt sein könnten, aber wegen ihrer sozial unerwünschten Eigenheiten unbewußt gelassen werden. Auf der anderen Seite gäbe es die Bereiche der Seele, die nie bewußt waren, sondern aufgrund der Tatsache, daß sie sozusagen Bestandteil des psychischen Betriebssystems sind, auf Dauer im Unbewußten geblieben sind.

Doch wie die unsichtbaren Dateien im Computer würden vermutlich beide Bereiche des Unbewußten ihr Speichermedium gemeinsam mit den bewußten, zugänglichen Bestandteilen nutzen (im Fall des Macintosh war das dieselbe Festplatte). Wie mein Beispiel mit der geheimen Partitionierung zeigte, braucht man keine physische Partitionierung in irgendeiner Form anzunehmen. Es wäre lediglich erforderlich, bestimmte Daten über die Programmschnittstelle unzugänglich zu machen.

Jedoch wird nicht jeder unzugängliche Bestandteil des Macintosh-Betriebssystems in unsichtbaren und normalerweise unzugänglichen Dateien gespeichert. Manches liegt in Form eines fest eingebauten Speichers vor, des ROM oder *Read Only Memory* (Speicher nur mit Lesezugriff). Wie die Bezeichnung andeutet, kann dieser Speicherinhalt nur gelesen und neu beschrieben werden. Er ist in dem Sinne »fest verdrahtet«, daß er auf Dauer angelegt ist, und kann, nachdem er erst einmal bei der Herstellung des Computers eingerichtet wurde, nicht mehr verändert werden.

Auch an dieser Stelle hätte Freud wiederum einen aufschlußreichen Vergleich zu Rate gezogen. Es gibt zusammen mit dem, was dadurch unbewußt ist, daß es aus dem Bewußtsein verbannt wird und auf Dauer unbewußt bleibt, einen dritten Bestandteil des Unbewußten; Freud nannte ihn »das archaische Erbe«, »Urphantasien« oder einfach nur »Phylogenese« (wir würden heute von »Evolution« sprechen). Hier handelt es sich um eine Seite seiner Schriften, die 50 Jahre lang systematisch übersehen und verzerrt dargestellt wurde, die jedoch von einer solchen Bedeutung für den Psychodarwinismus ist, daß sie unübersehbar ist. Schriebe er heute etwas über dieses Thema, würde er wahrscheinlich darauf hinweisen, daß wir den genetischen Code, wie ja auch bei Computern die grundlegendsten Bestandteile des Betriebssystems im ROM »fest verdrahtet« sind, als eine vergleichbare Form des Speichers nur mit Lesezugriff betrachten könnten, eine Art DNS-ROM. In bestimmten Genen mögen Teile des psychologischen Betriebssystems beim Menschen kodiert sein, wie auch Teile des Programms für das Betriebssystem in den ROM-Chips des Macintosh enthalten sind. Derartige nur mit Lesezugriff ausgestattete Speicher wären natürlich völlig unbewußt und befänden sich auf einem Speichermedium (der DNS), das sich vermutlich deutlich von dem Speicher unterscheidet, auf dem vielleicht andere Teile des Unbewußten eingetragen sind (es ist uns heute noch nicht ganz klar, wie Erinnerungen im Gehirn abgespeichert werden, und wir haben nur eine verschwommene Vorstellung davon, wie ein solches DNS-ROM wirklich funktioniert).

Der Vergleich wäre jedoch immer noch richtig: Freud mochte keine Halbheiten und würde wahrscheinlich in der Tat, wäre er erst einmal soweit, noch weiter gehen und darauf hinweisen, daß auch die andere Form des Speichers, der RAM oder *Random Access Memory* (Speicher mit zufälligem Zugriff) für eine bestimmte Seite der Erinnerung beim Menschen stehen könnte. Der RAM wird so genannt, weil es sich um eine energieabhängige Form des aktiven Speichers handelt, die nur besteht, solange das Betriebssystem des Computers geladen ist und hochgefahren wird. Nach dem Abschalten des Computers oder bei Stromausfall steht er nicht mehr zur Verfügung; es handelt sich um eine Art Kurzzeit- oder Arbeitsspeicher, in dem der Computer Informationen bereithält, die er für das, was er gerade macht, benötigt. Stellen Sie sich beispielsweise vor, ich wollte einen Text aus dem Manuskript dieses Buchs beim Schreiben an eine andere Stelle bringen. Ich kann den entsprechenden Textteil ausschneiden; im Fenster des Dokuments wird er dann nicht mehr erscheinen und an dem Punkt, an dem ich ihn einfüge, wieder zum Vorschein kommen. Wo war er in der Zwischenzeit? Die Antwort lautet: im RAM (genauer in dem Teil des RAM, der »Ablage« genannt und vom Betriebssystem des Macintosh für solche Aktionen wie Ausschneiden und Einfügen reserviert wird). RAM entspricht für sich genommen anscheinend recht gut dem Kurzzeitgedächtnis oder dem bewußten Gedächtnis, das ich etwa einsetzen würde, wenn ich mich, anstatt darauf zu vertrauen, daß mein Computer den Text für mich ausschneidet und wieder einfügt, selbst daran erinnern würde. Wie mein Computer müßte ich die Daten vorübergehend irgendwo abspeichern, bis ich sie wieder brauche; ich wäre jedoch damit einverstanden, sie zu vergessen, nachdem die Aktion, bei der ich sie benötigt habe, abgeschlossen ist.

Der Grund, warum ich selbst auf diesen Vergleich näher eingehe, ist derselbe wie für Freud beim Wunderblock: um einen konkreten Ausdruck für eine ansonsten abstrakte Vorstellung zu finden – in diesem Fall Freuds Erkenntnis über die Struktur des Bewußtseins. Das führte Freud dazu, Bewußtsein genauer zu definieren, als dies in der Alltagssprache der Fall ist. Er definierte *das Bewußtsein* ohne weitere Zusätze als *das, was momentan die Bewußtheit beschäftigt*. Für sich genommen entspräche das Bewußte dem aktiven Fenster auf dem Bildschirm des Computers und, was den Speicher anbetrifft, Teilen des RAM im Computer. Hier handelt es sich um einen viel engeren und präziseren Begriff vom Bewußten, als er vielleicht normalerweise verwendet wird; doch hat dies den Vorteil, daß er bezogen auf die seelische Realität – auf die tatsächliche Bewußtheit von einem Augenblick zum nächsten – und nicht in verschwommeneren Zusammenhängen beschrieben wird.

Diese Definition bringt jedoch ein neues Problem mit sich, weil sie scheinbar viel von dem ausschließt, was vielleicht zum Bewußtsein dazugehört, wenn wir es umfassender definieren. Dies brachte Freud dazu, einen zweiten Begriff zu kreieren, damit das mit eingeschlossen war, was der erste Begriff nicht abdeckte. *Das, was augenblicklich nicht im Bewußtsein ist, woran man sich aber willentlich in jedem Moment erinnern könnte*, nannte Freud das *Vorbewußte*. Es enthält das meiste von dem, was sonst in der Alltagssprache möglicherweise als das Bewußte bezeichnet wird; dies entspräche dem zugänglichen Schreib-/Lesespeicher auf der Festplatte des Computers – Dateien, die, wenn erforderlich, vom Benutzer geöffnet werden könnten, die jedoch im Moment nicht in einem aktiven Fenster dargestellt werden. Ein Beispiel wäre etwa meine Telefonnummer, etwas, was nicht immer in meinem Bewußtsein ist, woran ich mich jedoch schnell erinnere, wenn ich sie benötige.

Wenn wir das Bewußte als die momentane Bewußtheit und das Vorbewußte als das, was potentiell bewußt sein kann, definiert haben, bräuchten wir schließlich noch eine weitere Begrifflichkeit. Hier würde es sich eindeutig um weder bewußte noch potentiell bewußte, sondern um gänzlich unbewußte Inhalte des Denkens handeln. In diesem besonderen Freudschen Sinn wird das Unbewußte definiert als das, was nicht willentlich vom Bewußtsein erinnert werden kann. Bei einem Computer würde dies teils den unsichtbaren, partitionierten oder unzugänglichen Dateien entsprechen und teils dem fest verdrahteten ROM des Betriebssystems – all dies könnte normalerweise nicht in einem Fenster auf der Schreibtischoberfläche des Computers geöffnet werden (siehe Abbildung 13).

In der Psychologie des Menschen sind die Experimente zur Stimmerkennung, die ich gegen Ende des letzten Kapitels erwähnt habe, ein hervorragendes Beispiel für unbewußte Bewußtheit. Hier sahen wir anhand von Befunden zur elektrischen Leitfähigkeit der Haut, daß manche Versuchspersonen eindeutig ihre eigene Stimme erkannten, sich jedoch dieser Tatsache in ihrem subjektiven Bewußtsein nicht ganz bewußt blieben. Mit einem Wort: sie waren sich dessen *unbewußt*. Ein weiteres Beispiel, das mehr mit unserem Computerbeispiel zu tun hat, kommt aus dem Bereich der sogenannten »Seelenblindheit«. Hier handelt es sich um einen Zustand, den man bei Menschen mit einer Schädigung in den Seharealen des Gehirns antreffen kann. Bei ihnen fand man heraus, daß sie in der Lage waren, auf Zielgegenstände zu deuten oder sie mit den Augen zu verfolgen, während sie zur gleichen Zeit energisch abstritten, daß sie irgend etwas erkennen konnten. Obwohl sie wiederum kein Bewußtsein davon haben, daß sie einen Gegenstand betrachten, können sie, wenn man sie dazu auffordert, oft richtig raten, um was es sich vermutlich handelt. Man setzt tatsächlich die Seelenblindheit routinemäßig dazu ein, die hysterische Blindheit (also Blindheit, die durch rein psychologische Faktoren zustande kommt) von der »echten« Vollblindheit zu unterscheiden. Diese Befunde zeigen, daß seelenblinde Menschen, auch wenn ihnen nicht bewußt ist, etwas zu sehen, tatsächlich unbewußt etwas sehen, und daß es irgendwo in ihrer Seele zu visuellen Wahrnehmungen kommt, obwohl sie keinen vom Willen gesteuerten Zugang dazu haben.

Ich habe einmal auf einen ähnlichen Effekt gesetzt, um meine Leistungen beim Schießen zu verbessern. Die Erfahrung zeigt, daß niemand über eine gewisse Zeit hinaus ein Gewehr ganz still halten kann. Selbst wenn man flach auf dem Bauch liegt und das Gewehr aufstützt, kann man nicht verhindern, daß Kimme und Korn leicht vom Ziel abdriften. Wenn ich mit dem Gewehr so gut zielte, wie ich konnte, und den Abzug so weit drückte, daß nur noch ein geringfügiger zusätzlicher Druck erforderlich war, um abzufeuern, entdeckte ich, daß mich ein rein emotionales Gefühl zuverlässig darüber informierte, wann Kimme und Korn genau auf das Ziel zeigten. Ich fand heraus, daß meine Schießleistung, wenn ich dann und nur dann abfeuerte, viel besser als sonst war und daß ich mit einer Genauigkeit schießen konnte, die weit besser war als das, was ich bewußt sehen konnte. Es gibt eine gewisse Wahrscheinlichkeit, daß einige Informationen auch beim normalen Sehen nicht bis ins Bewußtsein vordringen. Vielleicht sind genau diese Informationen entscheidend, um richtig zu zielen, und vielleicht habe ich unbewußt zu ihnen Zugang, wenn ich mich eher von Emotionen als von meinem Verstand leiten ließ, um zu erfahren, wann ich abdrücken mußte. Im Endeffekt setzte ich wahrscheinlich eine Art Seelenblindheit als Mittel ein, um eine größere Treffsicherheit zu erzielen. Dies weist darauf hin, daß die unbewußten Bereiche der Seele vielleicht durch vielschichtigere Beziehungen mit den bewußten verbunden sind, als es mein Vergleich mit dem

Computer nahelegt. Wir sollten uns nun einem detaillierteren Modell des Unbewußten und dessen Beziehung zum Bewußtsein zuwenden.

Ein neues ES für Freud

Natürlich ist die Seele des Menschen kein Computer, ebensowenig, wie sie ein »Wunderblock« ist. Freuds Verwendung dieser Metapher war nur als Modellvorstellung für bestimmte Seiten des Seele gemeint; und wenn ich im letzten Abschnitt die Macintosh-Metapher verwendete, verfolgte ich dieselbe Absicht. Sie stellt einen passenden Vergleich für das dar, was Freud selbst die Beschreibung der psychischen *Tiefendimension* oder *Topik* nannte.

Die im letzten Kapitel erwähnten Experimente zur Stimmerkennung sind ein Beispiel dafür, wie die psychische Tiefendimension aufgebaut ist. In diesen Experimenten erkannten einige Versuchspersonen ihre eigene Stimme durch Hinweise auf die elektrische Leitfähigkeit ihrer Haut, doch gelang es ihnen nicht, sie bewußt zu erkennen. Dieser Befund deutet darauf hin, daß diese Versuchspersonen in einem Bereich ihrer Seele verstanden, daß sie ihre eigene Stimme hörten, in einem anderen dagegen nicht. Die einzige Erklärungsmöglichkeit dafür, wie zwei einander widersprechende Wissensbestandteile gleichzeitig in ein und derselben Seele nebeneinander existieren können, besteht darin, anzunehmen, daß sie in gewissem Sinne getrennt voneinander existieren. Das ist der Kern der topischen Auffassung vom Bewußtsein. Hier wird die Seele als etwas Geteiltes oder etwas Partitioniertes betrachtet; auf ähnliche Weise habe ich auch die gemeinsam genutzte Festplatte partitioniert, auf der meine private Dateien gespeichert waren.

»Psychische Tiefendimension« ist hier als Versuch gemeint, die Seele im Sinne einer vorgestellten räumlichen Ortsbestimmung zu beschreiben, als handele es sich um eine Landschaft oder eine komplexe Oberfläche. Ich möchte an dieser Stelle das Wort *vorgestellt* betonen, weil Freud sich unerbittlich gegen jeden Versuch wehrte, psychische Funktionen in der Gehirnphysiologie zu verorten. Um den sinnvollen Vergleich aus dem letzten Abschnitt zu verwenden, könnten wir sagen, daß sich Freud vor allem mit der *Software* der Seele beschäftigte, nicht mit ihrer *Hardware* – dem Gehirn.

(Noch heute wissen wir so wenig über das Gehirn, daß wir auch nicht sehr viel weiter kommen könnten als Freud. Das, was wir wissen, deutet jedoch darauf hin, daß seine Vorsicht wohlbegründet war und daß die Wahrscheinlichkeit gering ist, vielschichtige Phänomene wie das Bewußtsein auf ein einziges Zentrum zurückführen oder an irgendeinem Punkt verorten zu können; und das liegt daran, daß hier anscheinend innerhalb des Gehirns eine beträchtliche Parallelverarbeitung und Aufteilung in grundlegende Prozesse wie Wahrnehmung, Sprache und Erinnerung vorliegt.)

Bei Freuds erstem Versuch, die Seele modellhaft zu beschreiben, handelt es sich demnach um ein Softwaremodell und nicht um einen Versuch, die Gehirnanatomie in Form einer Landkarte darzustellen. Die seelischen Inhalte werden in drei Bereiche unterteilt, die man mit übereinanderliegenden geologischen Schichtungen vergleichen könnte. Bei der von mir im letzten Kapitel verwendeten Macintosh-Analogie sahen wir, daß die drei Unterabteilungen des Bewußtseins mit drei Arten von Dateien im Computer verglichen werden können: offene Dateien (das Bewußte), prinzipiell verfügbare Dateien (das Vorbewußte) und nicht zugängliche oder unsichtbare Dateien (das Unbewußte; siehe Abbildung 13). Dieser Vergleich eignete sich gut für unsere Zwecke; denn er zeigte, daß versteckte Dateien, ebenso wie unzugängliche Systemdateien, mit gut zugänglichen Dateien im Speicher auf derselben Festplatte ineinander verschachtelt sein können. Sie waren in dem Maße unterscheidbar, wie der Benutzer, der die Rolle des bewußten Willens übernahm, in der Lage war, sie zu öffnen. Bei Freuds erstem Modell handelt es sich ziemlich genau um dasselbe: Hier wird der wesentliche Unterschied zwischen den drei Zuständen des Bewußtseins damit gleichgesetzt, wie leicht sich ihr Inhalt ins Bewußtsein rufen läßt; und so wird dann die Topik des Bewußtseins bestimmt.

Die erste Topik wurde als solche bezeichnet, weil sie im Laufe der zwanziger Jahre durch eine zweite ersetzt wurde, das bekannte Modell von Es, Ich und Über-Ich. Es wäre jedoch weit gefehlt, anzunehmen, daß es sich bei den drei neuen Begriffen schlicht um Ersatzbegriffe für die drei vorangehenden handelte, daß also das Es dasselbe wäre wie das Unbewußte, das Ich dasselbe wie das Bewußte und das Über-Ich dasselbe wie das Vorbewußte. Im Gegenteil, die drei Begriffe aus der zunächst verwendeten Topik wurden weiterhin verwendet, um die drei Unterbereiche des Bewußtseins zu beschreiben. Mit den neuen Begriffen wurde die Absicht verfolgt, dem

131

eine neue Dimension hinzuzufügen, sozusagen eine Dimension, bei der es nicht vorwiegend um unterschiedliche Bewußtseinsebenen ging, sondern um unterschiedliche *Instanzen* innerhalb der Seele. (Die neuen Begriffe ersetzten gerade die Bezeichnungen für das Bewußte-Vorbewußte und für das Unbewußte als *Systeme*, nicht so sehr als topische Bereiche; aber wir müssen uns hier nicht mit den Einzelheiten beschäftigen.)

Jede Art von Instanz ist durch das definiert, was sie macht – durch ihre Aufgabe. Die sogenannte »zweite Topik« ist so etwas wie eine Landkarte der Seele, zu der im Unterschied zu der ersten nicht nur die Konturen und die Schichten des Bewußtseins gehören, sondern zusätzlich noch die Funktion bestimmter Örtlichkeiten; das ließe sich in der Landschaftstopographie damit vergleichen, daß man von Wasserscheiden, Senkungsgräben oder Überflutungsflächen spricht. Bei all dem geht es um topographische oder geschichtete räumliche Beziehungen. Es zeigen sich aber auch qualitative Funktionsunterschiede; so fließen Niederschläge an Wasserscheiden in unterschiedliche Gebiete ab, während sich das Wasser in Tälern ansammelt und es sich auf Überflutungsflächen verteilt. In jedem Fall liegt der Topographie eine Funktion zugrunde. Ähnlich verhält es sich mit den drei Instanzen der zweiten Topik. Jede weist eine charakteristische Topographie auf, die im Sinne ihrer Funktion oder Rolle für die innere Ökonomie der Seele definiert ist.

Zunächst zum Es: Ein wichtiges Argument zugunsten des Begriffs vom Es lautet, daß es hilft, die Sprachverwirrung beim Begriff des »Unbewußten« zu beenden. Dieser Begriff kann eindeutig zwei leicht unterschiedliche Bedeutungen haben: Wie wir gesehen haben, kann er »nicht bewußt« bedeuten, wobei bewußt so wie in Freuds Frühwerk definiert ist – als *das, was gegenwärtig unsere bewußte Aufmerksamkeit besetzt*. Dies könnte etwa bedeuten, daß meine Telefonnummer immer dann unbewußt ist, wenn ich nicht daran denke. Wir haben jedoch auch gesehen, daß es dadurch »vorbewußt« wird, weil vorbewußt definiert war als *das, was sich sich willentlich ins Bewußtsein rufen läßt*; und selbst wenn ich in einem Augenblick nicht an meine Telefonnummer denke, kann ich mich im nächsten sofort an sie erinnern. Um das gegenwärtig unbewußte Vorbewußte von dem auf Dauer gänzlich Unbewußten zu unterscheiden, wäre es hilfreich, für das letztere einen anderen Begriff zu haben. Die Lösung liegt hier bei einem neuen Modell. Das Es ist das Unbewußte als ein Zustand der ständigen Unbewußtheit. Obwohl nicht alles Unbewußte Bestandteil des Es ist, ist alles, was zum Es gehört, völlig unbewußt.

Hierdurch wird jedoch lediglich die Tiefendimension des Es festgelegt. Worin besteht nun seine Funktion? Die Antwort läßt sich leicht mit Hilfe der zuvor erläuterten Macintosh-Analogie finden. Erstens war Freud der Auffassung, daß zum Es auf Dauer unbewußte, instinkthafte Triebe gehören, die letztlich im Körper entstehen, aber die instinkthaften Grundlagen der Seele bilden. Wir könnten sagen, daß es die ständig nicht verfügbaren Systemdateien des Organismus enthält, die letztendlich im DNS-ROM der Gene enkodiert sind. Wir haben jedoch auch gesehen, daß ein Teil dessen, was das Unbewußte ausmacht, das ist, was von oben dem Unbewußten aufgezwungen wurde, was also eher nicht wie die Triebe von unten aufsteigt. Das *verdrängte* Unbewußte ist daher der zweite wichtige Bestandteil des Es.

Verdrängung ist ein weiterer Schlüsselbegriff der Psychoanalyse, und es handelt sich hier vielleicht um den Begriff, der am stärksten mißverstanden wurde. Zum großen Teil kommt dies wahrscheinlich daher, daß man darunter das versteht, was es in der Alltagssprache bedeutet; dort ist »verdrängen« ein transitives Verb, also ein Verb mit Subjekt und Objekt. Nach dieser Auffassung ist Verdrängung etwas, was eine Person einer anderen antut. In Freuds Schriften jedoch wird »Verdrängung« als Fachbegriff reflexiv verwendet: Verdrängung beschreibt etwas, was Sie sich selbst antun; und Sie haben gute Gründe dafür.

Erneut läßt sich das am Beispiel der Experimente zur Stimmerkennung veranschaulichen. Wie Sie sich erinnern werden, zeigte das zweite Experiment folgendes: Versuchspersonen, deren Selbstwertgefühl künstlich herabgesetzt wurde, indem man ihnen sagte, sie hätten in einem Test schlechte Leistungen gezeigt, erkannten bewußt ihre eigene Stimme mit geringerer Wahrscheinlichkeit als Versuchspersonen, die in ihrem Selbstwertgefühl bestärkt worden waren (siehe oben, S. 110–112). Freud hätte denselben Sachverhalt so beschrieben, daß die Personen mit geringerem Selbstwertgefühl eher dazu neigten, das Erkennen ihrer eigenen Stimme zu *verdrängen*. Das Experiment verdeutlicht zudem, daß sie ihre eigenen Gründe dafür hatten. Die Experimentatoren haben den Zustand des verringerten Selbstwertgefühls vielleicht künstlich hervorgerufen; es gab jedoch bei den Versuchspersonen eine Neigung, das Erkennen der eigenen Stimme zu verdrängen; und dies war etwas, was nur von ihnen selbst kommen konnte. Es handelte sich weniger um etwas, was die Experimentatoren machten, als um eine Abwehrreaktion auf die im Experiment herbeigeführte Situation.

Freuds ursprünglicher Begriff für das, was später als Verdrängung bekannt wurde, war Abwehr; in mancherlei Hinsicht scheint dies ein Begriff zu sein, der vorzuziehen ist, wenn man das weitverbreitete Mißverständnis bedenkt, daß das Wort Verdrängung zumindest im Englischen (»repression«) hervorgerufen hat. Im Jahre 1926 sprach er sich in der Tat dafür aus, zu diesem Begriff zurückzukehren.[2] Die Abwehreigenschaft der Verdrängung bei den Personen, die ihre eigene Stimme wegen ihres verringerten Selbstwertgefühls nicht erkannten, erklärt sich durch die Beobachtung, daß Menschen sich im allgemeinen stärker zurückhalten, wenn sie auf einem Gebiet versagt haben, als wenn sie Erfolg hatten (siehe oben, S. 110–112). Man möchte einfach nicht die Aufmerksamkeit auf sich lenken, wenn man meint, erfolglos zu sein; man möchte lieber, daß die Menschen den eigenen Mißerfolg nicht bemerken.

Durch dieses Beispiel wird eine zweite wichtige Eigenschaft des Freudschen Begriffs der Abwehr bzw. der Verdrängung veranschaulicht. Wie wir gesehen haben, besteht die erste Eigenschaft darin, daß das Verdrängte topisch vom Bewußten verschieden ist. Freud selbst drückte es so aus, daß »*ihr Wesen nur in der Abweisung und Fernhaltung vom Bewußten besteht*«.[3] Die zweite wichtige Eigenschaft des Freudschen Verdrängungsbegriffs ist die der Dynamik. Damit ist gemeint, daß es bei der Abwehr um einen Konflikt geht und daß eine bestimmte Kraft erforderlich ist, um das zu verdrängen, was bewußt war oder bewußt gewesen sein mag, und aus ihm statt dessen etwas Unbewußtes zu machen. Das zweite Experiment zur Stimmerkennung zeigte, daß sich die Abwehr der Versuchspersonen dagegen, ihre eigene Stimme zu erkennen, auf ihr verringertes Selbstwertgefühl zurückführen ließ. Diese abwehrende Selbstvermeidung war in dem Sinne dynamisch, weil ihr ein eindeutiges Motiv zugrunde lag und sie verhinderte, daß diesen Personen das Wiedererkennen der eigenen Stimme bewußt wurde, indem sie das Wiedererkennen im Unbewußten beließen. Deshalb zeigten die Experimente, daß das Freudsche Unbewußte topisch vom Bewußten unterschieden ist und daß es auch dynamisch verdrängt (oder abgewehrt) wird. Wenn es sich mit den auf Dauer unbewußten, triebhaften Grundelementen der Seele verbindet, wird aus dem verdrängten Unbewußten das Es.

Eine Reihe moderner Darwinisten hat Freuds zweite Topik übernommen. Edward O. Wilson erklärte in seiner *Sociobiology*, daß »sich die psychoanalytische Theorie mit der soziobiologischen Theorie anscheinend ausgesprochen gut vereinbaren läßt«;[4] und David Barash war einer derjenigen, die als erste die vielen Gemeinsamkeiten zwischen Freuds Entdeckungen und dem modernen Darwinismus weiterverfolgten.[5] Robert Trivers schrieb es Freud zu, auf die »sexuellen Zwischentöne beim Konflikt zwischen Eltern und ihrem Nachwuchs«[6] gekommen zu sein, wies auf ein mögliches evolutionäres Erklärungsmodell für die infantile Regression hin (siehe unten, S. 189f.) und machte die Beobachtungen, wie sie in früheren Ausführungen über die Verdrängung beschrieben wurden (siehe oben, S. 109–117). Ein Autor schreibt sogar: »Pierre van den Berghe scheint der einzige Soziobiologe zu sein, der die Psychoanalyse kategorisch ablehnt.«[7]

Freuds Modell der Seele übt auf viele moderne Darwinisten deswegen eine solche Anziehungskraft aus, weil es den biologischen Trieben eine so wichtige Rolle zuweist. Freud selbst formulierte hoch abstrakte Theorien über allgemeine Klassen von Trieben und teilte sie schließlich in zwei Gruppen ein: Lebenstriebe und Todestriebe. Wie wir jedoch in den vorangehenden Kapiteln gesehen haben, zeigen unsere modernen Erkenntnisse zur Evolution, daß sich die Selektion auf einzelne Gene auswirkt. Wir könnten sagen, die Gleiter aus der EVOLV-O-MATIC-Welt hätten einen Gleit-»Trieb« ebenso, wie die ängstlichen Wesen einen Angst-»Trieb« haben. In Wirklichkeit sahen wir aber, daß das, was sie tatsächlich hatten, acht Richtungsgene waren, die zusammen darauf hinwirkten, daß sie das beobachtete »triebhafte« Verhalten hervorbrachten. Wir haben heute allen Grund, anzunehmen, daß es sich bei dem, was Freud und seine Generation vor hundert Jahren eine »triebhafte Tendenz« genannt hätten, in Wirklichkeit um ein Verhalten handelt, das in den Genen eines Organismus enkodiert ist.

Hier könnte zur Erklärung wieder ein Computerbeispiel hilfreich sein. Während ich an diesem Buch schreibe, wird alle fünf Minuten der normale Vorgang, bei dem die von mir eingetippten Zeichen auf dem Bildschirm angezeigt werden, für ein oder zwei Sekunden unterbrochen. Dann erstellt ein Unterprogramm des von mir benutzten Textverarbeitungssystems auf der Festplatte eine Sicherungskopie des Dokuments, an dem ich arbeite. Das stört manchmal, ist aber notwendig, weil es mich gegen einen zufälligen Datenverlust absichert. Wenn das System zusammenbricht, weil der Strom ausfällt oder ein anderes ähnliches Ereignis eintritt, wird gewährleistet, daß höchstens die letzten fünf Minuten meiner Arbeit (zusammen mit all den übrigen im RAM abgespeicherten Informationen) unwiderruflich verloren sind. Die zeitweilige Unterbrechung der vollen Funktionsfähigkeit des Rechners wurde durch ein Unterprogramm zur Datensicherung verursacht, das einen gewissen Anteil an der Rechenzeit des Computers in Anspruch nimmt und auf diese Weise zwischenzeitlich die Eingabe über die Tastatur blockiert. Wir könnten sagen, daß mein Textverarbeitungssystem »einen Trieb« hat, alle fünf Minuten eine Sicherungskopie anzufertigen; und wenn es sich um ein Lebewesen handelte, hätten Freud und seine Zeitgenossen dies wahrscheinlich so beschrieben. Heutzutage könnten wir sagen, daß ein Lebewesen, das sich so verhält, mit dem Code eines Programms vergleichbar ist, der mein Textverarbeitungssystem dazu ver-anlaßt, diese Schritte auszuführen – mit einem Gen.

Trotzdem ist Freuds Konzept der Triebe, die als Motive für unser Verhalten dienen, immer noch nützlich. Das gilt selbst dann noch, wenn wir Triebe heute lieber als etwas verstehen wollen, was aus individuellen Genen entsteht und sicherlich das Ergebnis eines Entwicklungsprozesses ist, der sich letztlich in die DNS einprägt. Auch hier drängt sich wieder eine passende Parallele zum Computer auf, weil sich dort ebenfalls »Triebe« und »Antriebskräfte« finden lassen. Das *Laufwerk* eines Computers (engl. drive, was auch Trieb bedeutet) ist ein Teil der Hardware, die etwas von einem Speichermedium wie etwa einer magnetischen oder einer optischen Platte, von einem Band oder einer CD-ROM liest. Ein *Treiber* (engl. driver, was aber auch Antriebskraft bedeutet) ist ein Programm, das der Rechner nutzt, um für ein Ausgabegerät wie etwa einen Drucker Daten vorzubereiten und zu steuern. Freuds Theorie von den psychischen Trieben ist ein angemessener Ausdruck dieser beiden Bedeutungen. Einerseits könnten psychologische Triebe so gesehen werden, daß sie Daten übersetzen, die letztendlich in der DNS-ROM so gespeichert werden, wie ein CD-ROM-Laufwerk im Computer Daten abruft, die auf einer CD enkodiert wurden. Andererseits könnte man Triebe im psychischen Bereich als etwas verstehen, was bei den Ausgabegeräten den Treibern entspricht. Dies läßt sich so begründen, daß Triebe Motive und Steuerinstrumente für die Ausgabe in Form eines Verhaltens sind, wie es ein Lebewesen in Gedanken, Gefühlen und Handlungen zum Ausdruck bringt. Wir könnten deshalb den Begriff

»Trieb« beibehalten, sehen ihn jedoch jetzt durch die Computeranalogie in einem neuen Licht: Wir könnten einen Trieb als einen Output betrachten, der letztendlich vom genetischen Code gesteuert wird.

Welchen Stellenwert hat all das für Freuds Es? Angesichts neuer Erkenntnisse und theoretischer Fortschritte war Freud persönlich immer bereit, seine Auffassungen noch einmal zu überdenken; zur zweiten Topographie gab er folgenden Kommentar ab: »Solche und ähnliche Auffassungen gehören zu einem spekulativen Überbau der Psychoanalyse, von dem jedes Stück ohne Schaden und Bedauern geopfert oder ausgetauscht werden kann, sobald eine Unzulänglichkeit erwiesen ist.«[8] Im Sinne dieses Kommentars könnten wir einen neuen Namen für das Es finden; dadurch würden wir auf eine neue Bewußtheit für die Rolle der individuellen Gene verweisen, und zudem würde dieser sinnvolle Begriff nicht mehr mit überkommenen biologischen Vorstellungen aus dem neunzehnten Jahrhundert in Verbindung gebracht. Lassen Sie uns also Freuds Es (engl. Id, was für das ES, aber auch für Identität bzw. Personalausweis steht) in ES umbenennen. Das kommt dem Ursprung ziemlich nahe und erinnert uns daran, daß es sich im wesentlichen um dasselbe handelt wie bei Freuds Es; es unterscheidet sich aber gerade genug, um anzudeuten, daß wir damit nicht all seine Annahmen zu den Trieben übernehmen. (Im folgenden bleibe ich bei *Es*, wenn ich mich auf Freuds ursprünglichen Begriff beziehe, verwende aber ansonsten *ES* in diesem neuen Sinne.)

Ein weiterer Vorteil dieses Ansatzes besteht darin, daß er Freuds Befunde, daß das Es etwas *Chaotisches* ist, sofort plausibel werden läßt. Der Grund dafür liegt darin, daß die Gene, die das Verhalten beeinflussen, bei ihren Beziehungen zueinander im ES nicht geordnet werden müssen, genausowenig wie ein Computerprogramm als solches notwendigerweise in dem Speichermedium, in dem es abgespeichert wird, geordnet sein muß. So können moderne Rechner mehrere Programme auf einmal laufen lassen, und ständig arbeiten mindestens zwei Programme gleichzeitig: das Betriebssystem, das die grundlegenden Operationen des Computers unterstützt, und ein weiteres Programm, das eine momentan anstehende Aufgabe abarbeitet, wie etwa eine Tabellenkalkulation und ein Textverarbeitungssystem. Für uns ist hier nicht wichtig, daß es möglich sein sollte, Betriebssystem und Textverarbeitung bzw. Tabellenkalkulation miteinander zu einem integrierten Programm zu verbinden, sondern daß der Computer in der Lage sein sollte, jeder Aufgabe Zeit und Speicher zuzuordnen, wenn und sobald es notwendig wird. Im Ergebnis gibt es für jede Aufgabe einen Programmcode als ein von anderen Codes unterscheidbares Gebilde; alle Aufgaben wechseln sich bei der Arbeit ab und funktionieren nicht als einheitliches System. Vermutlich trifft dasselbe auf die Gene für ein Verhalten zu. Sie müssen im ES kein einheitliches Gebilde ergeben, sondern können im Zentralnervensystem durchaus in »Echtzeit« gegeneinander wirkende und sogar in Konflikt zueinander stehende Anforderungen an den Organismus stellen. Folgerichtig müßte man das ES als eine Fundgrube für viele unterschiedliche Verhaltensprogramme betrachten, die nicht alle miteinander vereinbar sein oder in jeder Hinsicht miteinander übereinstimmen müssen, zumindest solange sie sich weiterhin dort befinden. Wie der genetische Code selbst scheint es sich um ein völliges Durcheinander vieler unterschiedlicher Gene zu handeln; ihr Zusammenhang zeigt sich darin, welche Bedeutungen in ihnen zum Ausdruck kommen, nicht darin, wie sie abgespeichert werden.

Diese Erkenntnis würde auch einen weiteren Befund zum Es erklären, auf dem Freud genauso beharrte wie auf dem Chaos: die Zeitlosigkeit des Es. Nehmen wir einmal die recht langsame Geschwindigkeit als gegeben hin, mit der evolutionäre Veränderungen auf dem Niveau des genetischen Codes ablaufen, dann ist ein derartiger Befund, wenn wir die Grundlagen des ES mit der DNS-ROM des Menschen gleichsetzen, nicht überraschend. Die genetische Forschung zeigt, daß die Veränderung durch Mutation auf der Ebene der einzelnen Gene recht langsam vor sich geht und, selbst wenn es sich um eine grundlegende Veränderung handelt, nicht schneller als einmal pro Generation vonstatten gehen kann. Obwohl sich beobachten läßt, daß sich bestimmte Gene über wenige Generationen hinweg recht tiefgreifend verändern, tickt die genetische »Uhr«, was das einzelne Lebewesen angeht, praktisch nur einmal pro Generation. Denn ein Lebewesen erhält all seine Gene im Augenblick der Befruchtung des Eis nur ein einziges Mal und kann selbst nur eine Mutation weitergeben, wenn es an der Zeit ist, sich fortzupflanzen. Wir wissen im Moment ziemlich sicher, daß die meisten grundlegenden Gene auf eine Zeit vor mehreren Milliarden Jahren zurückgehen und daß es Ähnlichkeiten zwischen einigen Genen, wie man sie beim Menschen findet, und jenen gibt, wie sie bei Mikroorganismen wie der Hefe vorkommen. In diesem Zusammenhang ist der Befund, daß das ES nach menschlichen Kriterien zeitlos ist, ein weiterer Hinweis darauf, daß seine Wurzeln weit zurückreichen, nicht nur ins Unbewußte, sondern auch in die evolutionäre Vergangenheit. (Obwohl Freud tatsächlich an die »Lamarcksche« Vererbung glaubte [siehe oben, S. 29–36], deutete diese Interpretation seiner Erkenntnisse darauf hin, daß sich die Zeitlosigkeit des Es aus folgendem ergibt: Gene werden – wenn man einmal von Mutationen absieht – vom Lebewesen, zu dem sie gehören, unverändert weitergegeben.

Doch das Es war für Freud viel mehr als nur eine chaotische Fundgrube der Vergangenheit. Es handelte sich für ihn um eine aktive, dynamische Instanz der Persönlichkeit, die vor allem danach strebte, das Verhalten zu beeinflussen. Freud fand heraus, daß diese inneren Triebe hauptsächlich als Gefühle der Lust und der Unlust zum Ausdruck kamen; diese Gefühle gehören zu den offensichtlichsten und wichtigsten subjektiven Empfindungen, die wir haben. Wie es jedoch anscheinend so oft der Fall war, nahm Darwin seine Erkenntnisse vorweg: »Ich muß mich daran gewöhnen, das Aufkommen des Gefühls der Lust und der Unlust als einen der wichtigsten Schritte in der seelischen Entwicklung zu begreifen... Die Art von Fortschritt, die ich mir vorstellte, bestand darin, daß ein Reiz eine bestimmte Wirkung hervorbrachte... und daß die Wirkung zunächst in alle möglichen Richtungen ausstrahlte und daß dann gewisse eindeutige Übertragungswege erworben wurden. Eine derartige Übertragung wurde auf unbekannte Weise mit Lust und Unlust assoziiert... Man fand heraus, daß klare Verhaltensausrichtungen am nützlichsten waren; und diese wurden in die Praxis umgesetzt.«[9] Wenn man es in modernerer Begrifflichkeit ausdrückt, dann möchte uns Darwin hier folgendes sagen: Das, was man normalerweise als Lust empfindet, ist wahrscheinlich das Ergebnis eines Verhaltens, das unter sonst gleichen Bedingungen den Fortpflanzungserfolg eines Lebewesens verbessern würde. Gesund, warm eingepackt, wohlgenährt, sexuell befriedigt, sicher, von Anverwandten geliebt und von Freunden geschätzt – all dies müßte einem Menschen eigentlich angenehm sein und müßte bewirken, daß der Fortpflanzungserfolg der Gene, der zu diesen Ergebnissen führt, besser wird. Im Unterschied dazu ist das, was schmerzvoll und unangenehm ist, gewöhnlich das Ergebnis eines Verhaltens, das den Fortpflanzungserfolg des einzelnen unter sonst gleichen Bedingungen nicht verbessern dürfte. Ausbleibende Lust im allgemeinen und Unlust im besonderen wären die Sanktionen, die das ES einsetzen könnte, um den Organismus zu bestrafen, wenn er es unterließe, es zufriedenzustellen, so wie Lust die Belohnung dafür wäre, wenn er seine Anforderungen erfüllt. Im Endergebnis können wir das Prinzip von Lust und Unlust, wie Darwin es offensichtlich tat, so sehen, daß die Lust die Karotte ist, die uns vor die Nase gehalten wird, und die Unlust der Knüppel, mit dessen Hilfe die natürliche Selektion versucht, das Verhalten eines Organismus zu beeinflussen.

... und ein neues ICH

Die Auffassung vom ES als einer psychologischen Instanz, die für die Gene eines einzelnen Menschen steht, führt zu der Frage, wie sich das ES zum Ausdruck bringt und worauf sich seine Triebe richten. Die Antwort findet sich mit Hilfe von Freuds zweiter neuer Instanz, dem Ich. Im Unterschied zum Es, das völlig unbewußt ist, wird das Ich in Freuds zweitem Modell der Seele als etwas aufgefaßt, das den ganzen Bereich vom Bewußten über das Vorbewußte zum Unbewußten umfaßt.

Der Begriff wurde natürlich schon lange vor Freud verwendet, und er wird sogar in seinen Schriften etwas uneinheitlich gebraucht. Dies liegt daran, daß anscheinend manchmal damit »das Selbst« als Ganzes gemeint ist, also Seele und Körper. Doch bisweilen gebraucht Freud das Wort »Ich« in einem engeren, fachlicheren Sinn, sozusagen als Management-Instanz der Persönlichkeit, der die Verantwortung für absichtliche Gedanken und Bewegungen zukommt, die aber auch wichtigen unbewußten Aktivitäten nachgeht. Auch hier mag es ratsam sein, uns wie bei der Neufestlegung des Begriffs ES nach diesem Präzedenzfall zu richten und ein Kürzel zu benutzen, das die Begriffsverwirrung beendet.

Das Ich als Instanz der Entscheidungsfindung muß eindeutig vom Ich als dem Selbst unterschieden werden. Ich schlage vor, daß ersteres durch *ICH* umschrieben wird (wiederum verwende ich *ICH*, wenn ich mich auf diese neue Definition beziehe, ich behalte jedoch *Ich* bei, wenn ich darauf anspielen möchte, daß sich dies in verschiedener Hinsicht von Freuds ursprünglichem Begriff unterscheidet). Der Vorteil besteht darin, daß das neue ICH ganz von selbst zu der Instanz wird, auf die das ES seine Triebe und an die es seine Anforderungen richtet. Teilweise liegt dies daran, daß das ICH über die Informationen aus dem Wahrnehmungssystem direkt mit der Außenwelt in Kontakt tritt und aufgrund seiner Fähigkeit, absichtliche Gedanken und

Handlungen zu steuern, Informationen verschiedener Art nach außen gibt. Dies heißt, daß das Bewußtsein, definiert als alles, was gerade die Bewußtheit beschäftigt, eine einzigartige Eigenschaft des ICHs ist, bei dem es sich um die einzige Instanz handelt, die für sich in diesem Maße bewußtseinsfähig ist. Wie das Betriebssystem des Macintosh handelt es sich um ein *ereignisgesteuertes* System. Damit ist gemeint, daß es im wesentlichen auf Reize reagiert, entweder auf äußere (auf Wahrnehmungsinformationen aus der realen Welt) oder auf innere (auf die Triebe des ES oder auf Bestandteile seiner selbst, die als Emotionen, Gefühle, Gedanken, Absichten oder Erinnerungen zum Ausdruck kommen). Wie beim Betriebssystem eines Computers müßte es zwischen einander widerstreitenden Anforderungen an Zeit und Aufmerksamkeit unterscheiden und erhielte die Aufgabe, seine eigenen Ressourcen für Wahrnehmung, Gedanken und Handeln auf die unterschiedlichen Aufgaben zu verteilen, um die es geht, wenn man diesen Anforderungen gerecht werden will (siehe Abbildung 14).

Diese Erkenntnis erklärt möglicherweise, warum das ICH durch Einheit, aber das ES durch Chaos gekennzeichnet ist. Freud fand heraus, daß unser Gefühl der Einheit als Person – eine einzige einheitliche Persönlichkeit zu haben – eine Eigenschaft des Ichs ist. Dies ergibt einen Sinn, wenn wir das ICH als eine Kontrollinstanz betrachten, die mit der Aufgabe betraut ist, die Programme des ES auszuführen. Eine Instanz, die Programme ausführen muß, muß sich nämlich damit beschäftigen, daß sie in ihrem Ablauf zusammenpassen und miteinander vereinbar sind. Sie kann beispielsweise nicht davon ausgehen, zwei einander widersprechende Programme auf einmal laufen zu lassen und dann immer noch zu erwarten, daß dabei widerspruchsfreie Verhaltensweisen herauskommen. Widersprüchliche Gefühle oder Motive – in einem Wort *Ambivalenz* – ergeben keine einheitlichen und widerspruchsfreien Verhaltensweisen; sie führen vielmehr tendenziell dazu, daß das ICH in seiner Entscheidungsfähigkeit gelähmt wird, weil es nur selten zwei einander widersprechenden Absichten auf einmal folgen kann. Die reale Welt, in der das ICH funktionsfähig sein muß, befiehlt, daß man entweder seinen Kuchen behält oder daß man ihn aufißt; man kann ihn aber nicht gleichzeitig behalten und ihn aufessen. Obwohl also die Gene für das Kuchenessen und das Kuchenbehalten im ES hervorragend nebeneinander bestehen können, könnten zwei derartige Programme vom ICH parallel zueinander nicht mehrere Male ohne widersprüchliche und selbst-

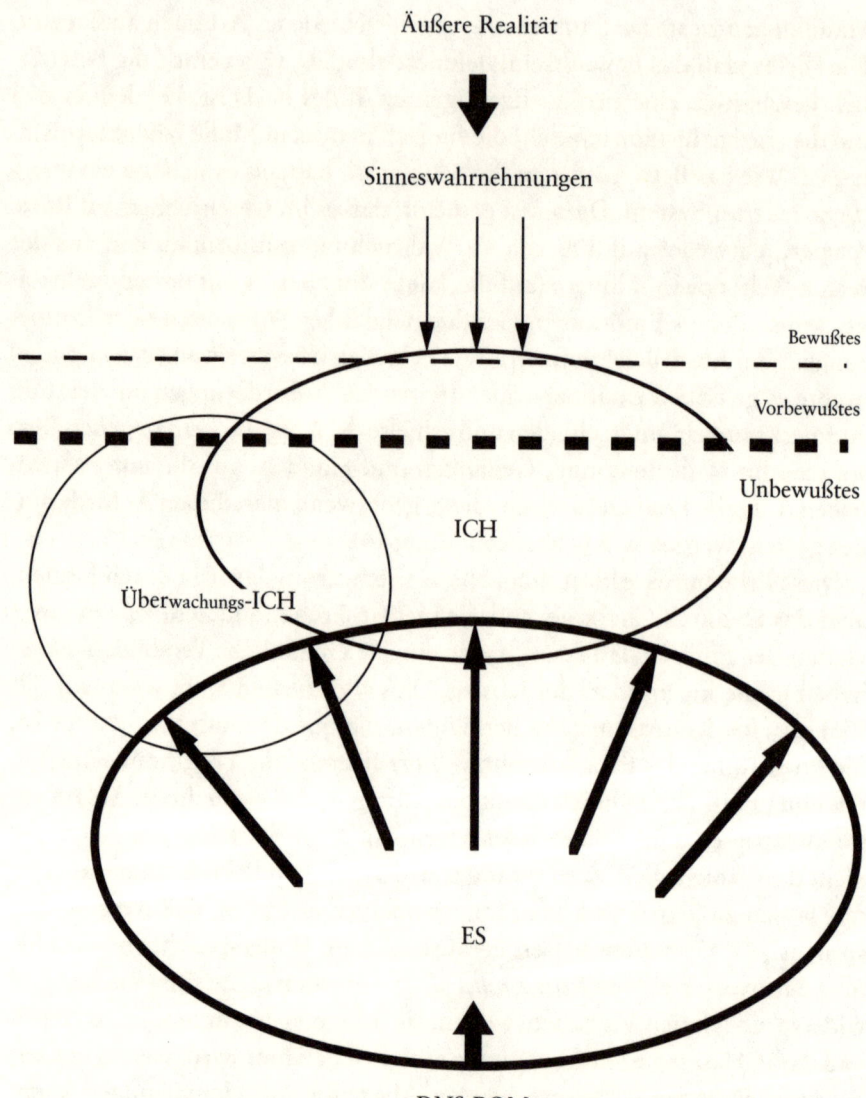

Abbildung 14: Das Modell der Seele nach Auffassung der Psychodarwinisten

schwächende Auswirkungen ausgeführt werden. Wie der gemeinsame Körper, den sich alle Gene (zumindest zeitweilig) teilen müssen, wäre das ICH eine zentrale Management-Instanz, die alle Verhaltensprogramme, die zu Handlungen führen, durchlaufen müßten. Der Sinn für Einheit und Einheitlichkeit beim ICH wäre Ausdruck seiner zentralen vereinheitlichenden Rolle im gesamten Organismus und all seiner Gene, aus denen es sich zusammensetzt. Es ist ihr Schicksal, sich den Organismus als Schlüsselbestandteil des psychologischen Betriebssystems, auf das sie alle zusammen wegen des gemeinsamen Fortpflanzungserfolgs letztendlich angewiesen sind, teilen zu müssen.

Derartige Überlegungen erklären, warum Freud der Auffassung war, daß das Ich zumindest im Idealfall dem *Realitätsprinzip* gehorcht, im Unterschied zum Es, von dem er annahm, daß das Prinzip von Lust und Unlust Vorrang hatte. Realitätsprinzip bedeutete, die unumstößlichen Tatsachen des Lebens wegen der logischen Notwendigkeit und wegen der eingeschränkten Möglichkeiten dessen, was sich erreichen ließ, zu akzeptieren. In der Praxis hieß das, der Sinneswahrnehmung und der Objektivität gegenüber inneren subjektiven Gefühlen Vorrang zu geben – bei der gewohnten Ernährung zu bleiben, anstatt der Lust freien Lauf zu lassen und den Kuchen zu essen.

Teilweise geschah dies aus den gerade erwähnten Gründen – man kann seinen Kuchen nicht gleichzeitig behalten und ihn aufessen, zumindest nicht in der realen Welt. Es gibt jedoch noch einen weiteren Aspekt des Realitätsprinzips, der unmittelbar aus dem Lustprinzip folgt: Wenn es einzelne Personen dazu bringt, ihren Erfolg bei der Fortpflanzung zu maximieren, dann können sie durch das Lustprinzip in unmittelbaren Konflikt mit dem Fortpflanzungserfolg anderer Personen geraten. Es ist eine altbekannte Lebensweisheit, daß das, was dem einen Lust bereitet, für den anderen schmerzlich sein kann. Um es anders auszudrücken, könnten wir folgendes sagen: Beim Lustprinzip und beim ES geht es um das Eigeninteresse der Gene des einzelnen; dagegen sind das Realitätsprinzip und das ICH zwangsläufig mit der Spannung gleichzusetzen, die sich durch die Beziehung zu anderen und durch das Eigeninteresse in den Genen *dieser Personen* ergibt. Das Eigeninteresse anderer ist zudem etwas, was das ICH bei einer sozialen Art, für die Zusammenarbeit mit einem wesentlichen Nutzen, aber auch mit bedeutsamen Kosten verbunden ist, nicht ignorieren kann.

Wahrscheinlich aus dem gleichen Grund fand Freud heraus, daß es eine Unterabteilung des Ichs gab, die vorwiegend damit beschäftigt war, gegen das Lustprinzip anzugehen. Hier handelte es sich um die dritte und letzte seelische Instanz, die als *Über-Ich* bekannt ist. Aus Gründen der begrifflichen Einheitlichkeit und um die zugrundeliegende normale Funktionsweise zu betonen, auf die ich gerade hingewiesen habe, könnten wir es in Überwachungs-ICH oder in *Über*-ICH umbenennen.

Meine Rechtfertigung dafür, daß ich es als *Überwachungs*-ICH bezeichne, besteht in Freuds Entdeckung, daß das Über-Ich das Ich selbst so betrachtet, als handele es sich um eine andere Person. Bei extremen Formen psychischer Störungen tritt das Über-ICH recht deutlich in der Form in Erscheinung, daß die betreffenden Personen »Stimmen hören«. Die entsprechenden Stimmen kommen nicht von außen – es handelt sich eindeutig um Wahnvorstellungen –, aber die davon betroffene Person kann sie laut und deutlich hören. Sehr oft bringen die Stimmen Kritik zum Ausdruck, Geringschätzung und Verachtung gegenüber der Person, um die es geht; manchmal geben sie auch Kommentare zu ihrem Verhalten ab, so wie dies vielleicht ein Beobachter von außen machen würde: »Die Kranken klagen dann darüber, daß man alle ihre Gedanken kennt, ihre Handlungen beobachtet und beaufsichtigt; sie werden vom Walten dieser Instanz durch Stimmen informiert, welche charakteristischerweise in der dritten Person zu ihnen sprechen. (›Jetzt denkt sie wieder daran; jetzt geht er fort.‹) Diese Klage hat recht, sie beschreibt die Wahrheit; eine solche Macht, die alle unsere Absichten beobachtet, erfährt und kritisiert, besteht wirklich, und zwar bei uns allen im normalen Leben.«[10] Die betreffende Instanz ist uns, so schließt Freud, subjektiv als unser *Gewissen* bekannt. Für sich genommen kann man einen Teil des Über-ICHs als vorbewußt betrachten. Wie jedoch auch das umfassendere ICH, dessen Bestandteil es ist, bleibt das Über-ICH zum größten Teil unbewußt. In der Tat entdeckte Freud, daß es tiefgehende und vielschichtige Wechselwirkungen mit dem Unbewußten gibt; und dies erklärt, warum das Über-ICH gewöhnlich gut informiert ist, wenn es das ICH kritisch bewertet (siehe Abbildung 14).

Auf die klarste nur mögliche Weise machen diese inneren Stimmen die Funktionsweise des Gewissens oder des Über-ICHs als eines zweiten zusätzlichen ICHs deutlich: Es hat die besondere Aufgabe, das primäre ICH zu beobachten, zu bewerten und zu zensieren. Wenn wir noch einmal daran zurückdenken, daß wir uns zuvor mit der Evolution der Zusammenarbeit beschäftigt haben, können wir allmählich verstehen, wie und warum sich eine solche selbstkritische Instanz durch natürliche Selektion herausbilden konnte. Dort erkannten wir, daß andere Menschen bei Interaktionen, bei denen es um Zusammenarbeit geht, unser Verhalten beobachten werden, aber wir sahen auch, daß sich Schwindeleien häufig auszahlen.

Man muß nicht notwendigerweise annehmen, daß das Gefühl für Gewissensentscheidungen, im Sinne einer inneren Kritik am eigenen Verhalten, sich entwickelt hat, um den Interessen anderer Menschen dienlich zu sein. Wie Robert Trivers betonte,[11] haben sich im eigenen Interesse Schuldgefühle herausbilden können; dies war der Fall, wenn es wichtig war, im voraus beurteilen zu können, wie andere auf das eigene Verhalten reagieren würden. Man müßte einen Sinn dafür haben, wie sie auf irgendwelche Schwindeleien reagieren würden, die man versucht sein könnte auszuprobieren. Das Gewissen würde im voraus Warnsignale für moralische Reaktionen von seiten anderer aussenden. Es könnte sich unter ansonsten gleichen Bedingungen, in Begriffen der Evolutionstheorie ausgedrückt, dadurch bezahlt machen, daß es mit einem Nutzen für den einzelnen verbunden ist, wenn es in Aktion tritt. Es wäre die eine Seite des Realitätsprinzips, das aus der Realität abgeleitete Urteile auf das eigene Verhalten und auf dessen wahrscheinliche Folgen für andere Menschen anwendet. Dies würde gewiß erklären, warum Freud und die meisten Psychoanalytiker nach ihm herausfanden, daß die Strenge oder etwas Entsprechendes im Über-Ich einer einzelnen Person nicht auf die Eltern dieses Menschen oder auf irgendeinen anderen daraus abgeleiteten Einfluß zurückgeführt werden können, sondern daß es sich hier um einen unabhängigen Faktor handelt. Das wäre auch der Fall, wenn es sich nicht um eine sich durch Evolution entwickelnde, sondern um eine erlernte Charaktereigenschaft handelte.

Wenn man das Über-ICH als etwas begreift, was sich durch natürliche Selektion herausgebildet hat, dann paßt das auch gut zu Darwins Beobachtungen an einem seiner eigenen Kinder, als dies noch ganz klein war: »Als er 2 Jahre und 3 Monate alt war, gab er seiner kleinen Schwester sein letztes Stück Ingwerbrot und rief dann voller Selbstlob: ›Oh, nett, Papa, nett, Papa.‹... Etwas später (als er 2 Jahre und 7 1/2 Monate alt war) sah ich ihn, wie er mit unnatürlich strahlenden Augen und auf eine merkwürdig unnatürliche oder affektierte Art aus dem Eßzimmer kam; ich ging ins Zimmer, um nachzusehen, wer dort war, und entdeckte, daß er trotz eines Verbots vom Puderzucker genascht hatte. Weil er nie auf irgendeine Weise bestraft worden war, ließ sich sein merkwürdiges Betragen sicher nicht auf Angst zurückführen; ich nehme an, es handelte sich um eine vergnügte Erregung« – mit anderen Worten um das Lustprinzip –, »um den Kampf mit dem Gewissen«. Auch die Täuschung, für die unsere Augen eben durch die Beschäftigung mit dem Bewußtsein geöffnet wurden, entging dem wachsamen Darwin nicht: »Vierzehn Tage später sah ich ihn, wie er aus demselben Zimmer kam; er beäugte seinen Kittel, bei dem er ganz sorgfältig die Ärmel aufgekrempelt hatte. Wieder war sein Benehmen so merkwürdig, daß ich mir vornahm, nachzusehen, was er in seinem Kittel hatte; ich ließ mich nicht dadurch ablenken, daß er sagte, es sei nichts, und mich wiederholt anwies ›wegzugehen‹, und ich entdeckte Essigflecken vom Gurkenglas auf seinem Kittel; deshalb hatten wir es hier mit einer sorgfältig geplanten Täuschung zu tun.«[12]

Wenn es um die Stimme geht, ist die Selbstbeobachtung wahrscheinlich eine besonders gut geeignete Vorgehensweise, weil die Stimme von anderen ziemlich auf die gleiche Weise wie vom Sprecher selbst gehört wird. Gesten und Mimik können andererseits nur indirekt vom Handelnden selbst bemerkt, aber nicht direkt wie bei anderen Personen beobachtet werden. Die Tatsache, daß man nie einen Spiegel braucht, um sich selbst zu hören, so wie man ihn braucht, um sich selbst zu betrachten, ist vielleicht der Grund dafür, daß das Über-ICH so grundlegend mit dem Sprechen und mit dem Kommunikationsmedium, der Sprache, zusammenhängt. Freud drückte dies so aus, »daß das Ich eine ›Hörkappe‹ trägt«.[13]

Dies wiederum muß einer der wichtigsten Gründe sein, warum Freud entdeckte, daß verbale Bezeichnungen mit Dingen verknüpft werden, damit sie vollständig bewußt werden, jedoch im Unbewußten nicht so sehr mit den Dingen verbunden werden. Um für einen Augenblick zum Computer als Modellvorstellung zurückzukehren, könnten wir uns vorstellen, daß die Worte Icons und Dateinamen sind, die dazu verwendet werden, Informationen auf einer Festplatte zu finden. Eine Datei mit einem Icon oder einem gültigen Namen wäre eine sichtbare Datei, auf die man zugreifen kann. Versteckte, unsichtbare Dateien hätten weder Icons noch Namen, die auf der Schreibtischoberfläche zu sehen wären; sie könnten deshalb nicht identifiziert werden.

Freuds Entdeckung bestand darin, daß etwas in Worte gefaßt werden muß, um vollständig bewußt zu werden, in Worte, denen die Aufgabe zukommt, das Ding mit einem Begriff zu verknüpfen, der verwendet wird, um es zu beschreiben. Wo solche Verbindungen fehlen oder unvollständig sind, ist auch das Bewußtsein für das, wofür sie stehen, insoweit unvollständig, daß das Wort das Ding nicht korrekt aus der Erinnerung abruft. Die Unfähigkeit des ICHs, Wörter unmittelbar und eindeutig mit dem Unbewußten in Verbindung zu bringen, würde bedeuten, daß es den Inhalt des Unbewußten genausowenig beschreiben kann, wie ein Computer normalerweise unsichtbare Dateien darstellen kann. (In den Experimenten zur Stimmerkennung mangelte es den Versuchspersonen, denen es nicht gelang, ihre eigene Stimme zu erkennen, gerade auf der verbalen Ebene an Selbstbewußtheit, nicht auf der Ebene der Haut, mit deren Hilfe man ja die Stimme nicht erkennen kann.)

Ist das Bewußtsein tatsächlich, wie bereits angedeutet, eine psychologische Schnittstelle mit der Psychologie anderer Menschen, dann ergäbe dieser Befund sofort einen Sinn. Wenn man die Darstellung eines Gefühls, eines Wunsches, eines Gedankens oder einer Erinnerung in einem Wort leugnet, könnte man sie anderen nicht mehr mitteilen und würde sie deshalb außerhalb der Bewußtsein genannten Schnittstelle zwischen Selbst und anderen ansiedeln. In Freudscher Begrifflichkeit ausgedrückt könnten wir sagen: Wehrt man bei etwas eine Wortvorstellung ab, dann läuft das darauf hinaus, es zu verdrängen.[14]

Man könnte es so verstehen, daß sich das ICH so wie das Betriebssystem beim Macintosh verhält, wenn der Benutzer eine Datei löschen möchte. Dies geht so vor sich, daß die Datei in einen Papierkorb auf der Schreibtischoberfläche gezogen wird (siehe Abbildung 13). Der Computer verschwendet jedoch weder Zeit noch Energie damit, die Datei auch wirklich zu löschen. Alles, was er macht, besteht darin, daß er den *Namen* der weggeworfenen Datei aus seinem Verzeichnis löscht. Ist der Eintrag im Verzeichnis erst einmal weg, ist die Datei so gut wie gelöscht, auch wenn die Informationen vorerst physikalisch auf der Festplatte bleiben. Man könnte eigentlich auch sagen, daß eine Datei dadurch gelöscht wird, daß man sie gegenüber dem Betriebssystem unsichtbar macht; sie wird physikalisch erst wirklich zerstört, wenn man sie zu einem späteren Zeitpunkt mit neuen Daten überschreibt.

In der Praxis ähnelt das Freuds Auffassung, wie die Verdrängung sich entwickelt: Der Name von etwas wird aus dem Bewußtsein gelöscht, und das Ding, für das er steht, wird dadurch im Unterbewußten zu einem unzugänglichen Gebilde. Computer-Hilfsprogramme zur Rettung von Daten versuchen nun, diese Dateien so wiederherzustellen, daß nach den Rohdaten gesucht wird, obwohl ihr Name im Betriebssystem verlorengegangen ist. In ähnlicher Weise entdeckte Freud, daß das Verdrängte tatsächlich wieder ins Bewußtsein gerufen werden kann, aber nur wenn sich die fehlenden Repräsentationen in Wörtern wiederherstellen lassen. Seine wichtigste Methode, um dies zu erreichen, das sogenannte *freie Assoziieren*, kommt den Methoden recht nahe, die bei der Rettung von Daten im Computer eingesetzt werden.

Wenn Dateinamen verlorengegangen sind, aber die Informationen, die diese Dateien enthalten, immer noch irgendwo auf der Festplatte vorhanden sind, bestünde eine Möglichkeit, sie aufzufinden, darin, die gesamte Festplatte nach Schlüsselbegriffen oder charakteristischen Informationselementen zu durchsuchen, die möglicherweise in den verlorengegangenen Dateien enthalten waren. Stellen Sie sich etwa vor, ich hätte versehentlich dieses Kapitel weggeworfen, nachdem ich diesen Abschnitt geschrieben habe. Eine Möglichkeit, den Text zurückzubekommen, bestünde vielleicht darin, ein zu diesem Zweck entworfenes Programm laufen zu lassen; dieses Programm würde die ganze Festplatte, auf die der Text geschrieben wurde, nach Wörtern oder Sätzen durchsuchen, von denen ich weiß, daß sie dort vorkommen, etwa das »freie Assoziieren« oder die »Rettung von Daten«. Es würde wahrscheinlich zahlreiche Dateien anbieten, aber unter ihnen würde sich gewiß auch die verlorengegangene Datei finden lassen. Es wäre dann nur noch erforderlich, den neu gefundenen Dateien gültige Namen zu geben, und meine Daten wären wiederhergestellt.

Durch freies Assoziieren versucht man im wesentlichen, genau das zu erreichen. Indem Freud Patienten dazu ermutigte, ihre Gedanken zufällig umherwandern zu lassen und so zufällige Assoziationen mit Vorstellungen, Gefühlen, Erinnerungen und Gedanken hervorzubringen, fand er heraus, daß das verdrängte Unbewußte ins Bewußtsein gerufen werden kann. Daher handelt es sich bei der Psychoanalyse vor allem um eine *verbale Behandlung* – eine Behandlung, die versucht, das Verdrängte noch einmal bewußt zu machen, indem es ihm eine Stimme verleiht und ihm die Stimme nicht streitig macht, wie dies im Endeffekt bei der Verdrängung geschieht. Freud drückt es in der Begrifflichkeit der zweiten Topik aus und merkt an: »Die Psychoanalyse ist ein Werkzeug, welches dem Ich die fortschreitende Eroberung des Es ermöglichen soll.«[15] Im wesentlichen stellt sie die abgerissenen und fehlgeleiteten Verbindungen der unbewußten Erinnerungen, Emotionen und Gedanken mit deren verbalen Repräsentationen im Bewußten wieder her. Auf diese Weise ist sie das Gegenteil von Verdrängung: ein Vorgang, der das Bewußtsein erweitert und dem Verdrängten eine Stimme gibt – eine Art der Datenrettung für das seelische Betriebssystem des Menschen.

Diese grundlegende Erkenntnis wird durch einen Fall veranschaulicht, den mir Anna Freud berichtete. Sie hatte eine Frau analysiert, die viel Material zur kindlichen Sexualität hervorbrachte, die sich jedoch entschieden weigerte, zu akzeptieren, daß so etwas bei ihr jemals vorgekommen sei. Eines Tages beschrieb sie dann eine Freizeitbeschäftigung aus ihrer Kindheit, die sie mit einem völlig unschuldigen Namen versehen hatte (an den ich mich leider nicht erinnere, obwohl Anna Freud ihn mir sagte); und dieses Wort hatte auch gewiß keine irgendwie gearteten sexuellen Nebenbedeutungen in der Alltagssprache. Anna Freud bat die Frau dann, darüber nachzudenken, welches Wort sie in einem Lexikon für das, was sie gerade beschrieben hatte, finden würde. Die Frau war völlig überrascht und in Schrecken versetzt, als sie erkannte, daß das, was sie beschrieben hatte, normalerweise als Masturbation bekannt ist. Sie war besonders erstaunt darüber, daß sie schon immer von dieser Praxis gewußt, jedoch nie ihre wahre Bedeutung erkannt hatte.

Das ist ein gutes Beispiel; denn die Menschen meinen oft, etwas müsse ganz und gar unbewußt sein, um im Freudschen Sinne verdrängt werden zu können. Wie die Experimente zur Stimmerkennung zeigen, kommt eben dies bei der Verdrängung häufig vor. In diesem Fall war das Erkennen der Stimme aber etwas völlig Unbewußtes – dem Körper bekannt, doch der Seele völlig unbekannt. Wenn Verdrängung so vonstatten geht, dann handelt es sich um so etwas wie eine Computerdatei, die vollständig unsichtbar gemacht wurde. Das Beispiel jedoch, an das wir jetzt denken, ist eher mit einer Datei zu vergleichen, die sichtbar bleibt, jedoch einen irreführenden Namen hat – wie ein Spielprogramm, das in einem Ordner mit beruflich genutzten Dateien versteckt und mit einem Namen versehen wird, der eher an Buchhaltung erinnert.

Weil die Frau schon immer von der infantilen Praktik wußte, war sie ihr über die Zeit hinweg in gewissem Maße bewußt. Es war ihr jedoch nicht bewußt – zumindest bis Anna Freud sie darauf hinwies –, daß es sich hier um etwas handelte, was alle anderen Masturbation nennen. Bei der Selbsttäuschung ging es lediglich um den sexuellen Aspekt dessen, was die Frau getan hatte, nicht um die Handlung als solche. Es war deshalb leichter für sie, weil ihr in ihrer Kindheit der eigentliche Begriff aus dem Lexikon nicht bekannt war und sie den Vorgang nur unter der von ihr selbst gewählten Bezeichnung kannte. Weil es sich bei dem Wort, das sie dafür verwendete, um ein völlig unschuldiges Wort handelte, war es leicht für sie, später alle Verbindungen zu lösen, die es zwischen dem Begriff und der Realität, für die er stand, in ihrem Bewußtsein gab. Im Endergebnis erinnerte sie sich an den Begriff und die von ihm beschriebene Praxis, ohne ihn jedoch mit irgend etwas in Verbindung zu bringen, was ihr seine wahre Bedeutung bewußt gemacht hätte. Sie erreichte dies dadurch, daß sie es in ihrer Erinnerung unter der Rubrik »unschuldige Freizeitvergnügungen aus der Kindheit« ablegte statt unter der richtigen Überschrift »Masturbation«. Erst als Anna Freud sie aufforderte, dafür einen neuen Namen zu suchen, der für jemand anders einen Sinn ergeben würde, kam ihr langsam die Wahrheit und damit das Verdrängte zu Bewußtsein.

Kurz ausgedrückt ist die Verdrängung die Art und Weise, wie die Selbsttäuschung ausgeführt wird, zumindest wenn sie voraussetzt, daß etwas aus dem Bewußtsein verbannt werden soll. Freuds Erkenntnis, daß für diesen Vorgang die Entfernung und das Sabotieren der verbalen Bezeichnung entscheidend ist, macht durchaus einen Sinn, wenn wir Sprache als eine Präadaptation für Bewußtsein und Bewußtsein selbst als eine Schnittstelle mit der Seele anderer Menschen betrachten. Aber das gerade erwähnte Beispiel führt zu einer neuen Frage, der wir uns nun zuwenden müssen. Es geht hier um die Tatsache, daß, wenn es bei der Evolution durch natürliche Selektion letztlich um den Fortpflanzungserfolg geht, sexuelle Motive von vorrangiger Bedeutung sind, nicht zuletzt als Anwärter für Verdrängung. Wie wir gleich sehen werden, entdeckte Freud ebendies.

5
Sexualität und das einzelne Gen

Jeder wird Freud mit Sexualität in Verbindung bringen. Gewöhnlich soll er dadurch in Verruf gebracht werden, damit einem Freuds Theorien selbst heute noch so umstritten erscheinen, wie sie es vor fast einem Jahrhundert waren. Aber auch Darwin hatte seine Probleme mit der Sexualität – oder zumindest mit dem Begriff der »sexuellen Selektion«.

Sexuelle Selektion war bis vor kurzem ein zutiefst mißverstandener Begriff. Darwin führte ihn als Versuch ein, die Eigenschaften zu erklären, die sich allgemein im Hinblick auf die Sexualität und speziell im Hinblick auf den Kampf zwischen den einzelnen Mitgliedern einer Art – in der Regel zwischen den Männchen – entwickelt hatten und die hier anscheinend von entscheidendem Einfluß waren. Der Schwanz des Pfaus, um ein allseits bekanntes Beispiel zu nehmen, ist vielleicht nicht dazu angetan, die Überlebenschancen des Männchens, das ihn stolz mit sich herumträgt, zu verbessern (denn es wird dadurch für ein Raubtier zur leichten Beute); aber der Schwanz trägt doch zu seinem Erfolg bei der Fortpflanzung bei.

Die Mißverständnisse hängen, wie schon oben erläutert, hauptsächlich mit dem Begriff der »Tüchtigkeit« zusammen. Sie waren dafür verantwortlich, daß viele Menschen zu der Auffassung kamen, die natürliche Selektion wirke sich zugunsten von Gesundheit und Überleben des einzelnen aus, die sexuelle Selektion dagegen zugunsten seines Fortpflanzungserfolgs. Dies brachte die beiden Prinzipien anscheinend in Widerspruch zueinander – so sehr, daß Alfred Wallace, der zur gleichen Zeit die natürliche Selektion entdeckte, sich selbst für »darwinistischer als Darwin« hielt, weil er die sexuelle Selektion, wie sie Darwin verstand, ablehnte. Vor allem Darwins Begriff der *weiblichen Zuchtwahl* – der Gedanke, daß Pfauenmännchen derartige Schwänze haben, weil die Pfauenweibchen dies gern mögen – wurde fast einhellig verlacht, und er wurde für den größten Teil der nächsten hundert Jahre nicht mehr zur Kenntnis genommen. Wenn schon ein Geschlechtsleben vorhanden sein mußte, nahm man an, dies sei »zum Wohle der Art« erforderlich. So wurde der Gedanke der Gruppenselektion, wie dies ja auch bei der Zusammenarbeit geschehen war (siehe oben, S. 67–71), ziemlich wörtlich auf die Sexualität übertragen. Darwins Kritiker waren nicht in der Lage, zu erkennen, daß sie versuchten, etwas umsonst zu bekommen, wenn sie meinten, einzelne würden dem Fortpflanzungsinteresse der Familie, der Gruppe oder der Art Vorrang vor ihrem eigenen persönlichen Interesse an der Fortpflanzung geben.

Nach Konrad Lorenz beispielsweise ist die sexuelle Rivalität unter Männchen, die um den Erfolg bei der Fortpflanzung kämpfen, »für das Überleben irrelevant, wenn nicht sogar eindeutig von Nachteil«, und führte zu »absonderlichen Körperformen, die für die Art ohne Bedeutung sind«. Die Entscheidung der Weibchen für ein bestimmtes Männchen war entsprechend fehlgeleitet, und es kam zu Resultaten, »die durchaus nicht im Interesse der Art waren«. Konrad Lorenz betont nachdrücklich, daß Arguspfauen, eine in hohem Maße durch sexuelle Selektion entstandene Art, »nie zu etwas Vernünftigem führen werden«, und daß man »sofort mit diesem Unsinn aufhören« solle. Julian Huxley brandmarkte sexuelle Selektion »insgesamt als biologisches Übel«, weil sie »nutzlos oder sogar nachteilig für die Art als Ganze« sei. Haldane nannte sie dagegen »eine Katastrophe für die Art; und Mary Midgley appelliert an »Klugheit und gesunden Menschenverstand«, um den von ihr angerichteten Schaden in Grenzen zu halten. Ernst Mayr verkündete: »Verschiedene Formen der egoistischen Selektion (z. B. ... viele Aspekte der sexuellen Selektion) können zu Veränderungen führen..., die sich kaum noch als ›Anpassungen‹ einordnen lassen.«[1]

Insgesamt also wurden Darwins Erkenntnisse zur Sexualität, wie auch etwas später Freuds Erkenntnisse, kontrovers diskutiert. Wie wir jedoch jetzt verstehen werden, ist dies keineswegs die einzige Gemeinsamkeit zwischen Freud und Darwin. Wenn man Freuds Erkenntnisse im Lichte des modernen Darwinismus sieht, ergeben sich einige überraschende neue Einsichten in die menschliche Sexualität, die weder Darwin noch Freud vorhersehen konnten.

Libido und die Sprache der Gene

Den oben erwähnten verächtlichen Bemerkungen über Darwins Begriff der sexuellen Selektion ist ein grundlegender Fehler gemeinsam. Es wird nicht erkannt, daß die natürliche Selektion letztendlich zugunsten des Erfolgs bei der Fortpflanzung auswählt und daß der Organismus, zumindest wenn man es vom Standpunkt der Selektion aus sieht, nichts weiter als eine Verpackung seiner Gene ist. Indem Darwin darauf beharrte, daß es wirklich eine sexuelle Selektion gibt, zeigte er, daß er verstand, wie wichtig die Rolle des Fortpflanzungserfolgs war. Seine Kritiker ließen nur erkennen, daß sie das nicht verstanden hatten. Für sie bedeutete Selektion, daß ein Lebewesen nach »Tüchtigkeit«, und damit ist Gesundheit oder Wohlbefinden gemeint, ausgewählt wurde oder nach dem Kriterium der »Fortgeschrittenheit« bzw. des »Fortschritts« der Art als Ganzer.

Wie wir jedoch gesehen haben, ist die natürliche Selektion nichts weiter als der unterschiedliche Erfolg der einzelnen Gene bei der Fortpflanzung. Wenn auf dieser Grundlage selektiert wird, ist die Gesundheit und das Überleben des einzelnen unter diesem Blickwinkel lediglich ein Mittel zum Ziel. Das Ziel ist dabei zwangsläufig der Fortpflanzungserfolg der Gene eines Organismus. Dieser Auffassung nach ist der Organismus, was seine Gene angeht, nur ein Mittel zum Ziel; ebenjene Gene, und nur diese, werden an künftige Generationen weitergegeben.

Der Grund dafür ist, daß Vielzeller strenggenommen *als Organismen* keinen Fortpflanzungserfolg haben – zumindest nicht in dem Sinne, wie dies auf Einzeller zutrifft. Einzellige Organismen wie Amöben, die sich zur Fortpflanzung einfach in zwei Zellen aufteilen, pflanzen sich tatsächlich als Organismen fort. Aus einer Amöbe werden zwei Amöben, die miteinander identisch sind. Vielzellige Organismen wie Pfauen oder Menschen jedoch können diese Methode nicht einsetzen. Nicht nur, daß es diesen Arten unmöglich ist, sich aufzuteilen, sie vermehren sich auch geschlechtlich; das heißt, daß jeweils immer beide Eltern etwas zum Nachwuchs beitragen. Letztlich bedeutet dies, daß es nie Nachwuchs geben kann, der aus identischen Clones der Eltern besteht, wie dies bei den Tochterzellen einer Amöbe der Fall ist, die sich einfach durch Zellteilung fortpflanzt. Wenn man den Menschen als eine Ansammlung einer ungeheuer großen Anzahl von Genen begreift, dann ist jeder Mensch einzigartig (nur mit Ausnahme der eineiigen Zwillinge – aber auch sie sind nie mit einem *Elternteil* identisch). Daraus können wir schließen, daß wir im strengen Sinne eigentlich nicht sagen können, vielzellige Organismen hätten als einzelne und als einzigartige Organismen einen Fortpflanzungserfolg.

Es sind die Gene, die Erfolg bei der Fortpflanzung haben und für die diese Organismen sozusagen eine Verpackung darstellen. Von der Art und Weise her, wie wir uns für Waren (zum Beispiel im Supermarkt) entscheiden, wissen wir, daß eine Verpackung passend und unverwüstlich genug sein muß, um den Inhalt zu schützen; für den Käufer sollte sie aber auch attraktiv sein. Und genauso verhält es sich mit der Darwinschen Evolution. Ein Organismus muß ein angemessener und langlebiger Behälter für die Gene sein, so daß sie in der Lage sind, im Kampf mit anderen Behältern dieser Art zu überleben. Wenn diese Gene nur eine geringe Chance haben sollen, sich erfolgreich fortzupflanzen, müssen Organismen aber auch – beispielsweise für das andere Geschlecht – attraktiv sein. Genau wie ein Paket im Regal eines Supermarkts muß der Organismus ausgewählt werden. Der Organismus muß jedoch wiederum wie die Verpackung einer Ware mehr als einfach nur zweckmäßig sein, wenn derjenige, der ihn auswählen soll, andere Eigenschaften schätzt – wie etwa den ästhetischen Reiz. Deshalb lassen sich die natürliche Selektion zum Überleben und die zum sexuellen Erfolg, die Darwin als »sexuelle Selektion« bezeichnete, im Endeffekt auf dasselbe zurückführen: auf den besonderen Fortpflanzungserfolg der Gene, die im Unterschied zu dem einzigartigen, nie wieder auftauchenden Organismus, in dem sie sich befinden, wirklich erneut hervorgebracht werden und in diesem Sinne potentiell unsterblich sind.

Obwohl man Sigmund Freud oft wegen seiner Irrtümer auf dem Gebiet der Evolution (beispielsweise wegen des zuvor erörterten Lamarckismus) scharf kritisiert hat, führten ihn seine Erkenntnisse zu einer Auffassung von der Sexualität, welche die moderne darwinistische Sichtweise vorwegnimmt. Das beginnt damit, daß Freud oft beschuldigt wird, die Bedeutung der Sexualität zu übertreiben. Wenn es bei der Evolution jedoch weniger um die »Tüchtigkeit« des einzelnen, sondern vielmehr um den Fortpflanzungserfolg geht, dann liegt die Betonung an der richtigen Stelle. Wäre Freud von der »korrekten« Auffassung des Darwinismus seiner Zeit beeinflußt gewesen, dann hätte er wahrscheinlich eher die Aggression betont als die Sexualität. Der Grund dafür liegt darin, daß beim »Überleben des

Tüchtigsten« ein Schwergewicht auf den Kampf ums Überleben gelegt wird und nicht so sehr auf den Fortpflanzungserfolg, der für die abgelehnte Auffassung von der sexuellen Selektion von entscheidender Bedeutung war. Die Tatsache, daß Freud dem Sexuellen als Triebkraft für das menschliche Verhalten eine größere Bedeutung als allen anderen Trieben beimaß, weist auf folgendes hin: Seine Ansichten waren viel stärker von seinen Befunden als von zeitgenössischen Vorstellungen geprägt; dies zeugt aber auch davon, daß es für seine Befunde eine reale Grundlage gab.

Das gleiche trifft auch auf andere verbreitete Fehler zu, die zu Freuds Zeiten beim Thema Sexualität gemacht wurden (und auch heute noch gemacht werden). Gemeint ist die Auffassung, daß Sexualität »zum Wohle der Art« da ist – mit anderen Worten handelt es sich um den typischen Fehler der Anhänger des Gedankens von der Gruppenselektion (siehe oben, S. 67–71). Von Anfang an war Freud zu gut über die wirklichen Motive und Gefühle der Menschen informiert, als daß er nicht bemerkt hätte, welchen ausgeprägten Konflikt es bezogen auf die Sexualität zwischen den Interessen des einzelnen und den Interessen der anderen gab. Diese Erkenntnis war für ihn in der Tat so wichtig, daß er diesem Thema ein ganzes Buch widmete – *Das Unbehagen in der Kultur*. Zum Zeitpunkt, als er diesen Text veröffentlichte, und bis in die letzte Zeit hinein kamen Freuds Entdeckungen auf dem Gebiet der Sexualität dem recht nahe, was er anfangs geschrieben hatte: »... muß ich die vorsätzliche Unabhängigkeit von der biologischen Forschung als Charakter dieser meiner Arbeit hervorheben«.[2]

Dank der Tatsache, daß Freud seinen eigenen Befunden mehr traute als den Theorien seiner Zeit, nahm er eine bemerkenswert korrekte und moderne Haltung ein, als er erläuterte: »Das Individuum hält selbst die Sexualität für eine seiner Absichten, während eine andere Betrachtung zeigt, daß es nur ein Anhängsel an sein Keimplasma ist, dem es seine Kräfte für eine Lustprämie zur Verfügung stellt, der sterbliche Träger einer – vielleicht – unsterblichen Substanz – wie ein Majoratsherr nur der jeweilige Inhaber einer ihn überdauernden Institution ist.«[3] Es ist in der Tat bemerkenswert, daß Freud eben jenen Begriff »Träger« verwendet, den Richard Dawkins, Autor des Buchs *Das egoistische Gen*, ungefähr 60 Jahre später gebrauchen wird, um seine Auffassung zu beschreiben, der zufolge der Organismus nicht viel mehr als der zeitweilige Aufbewahrungsort für die eigenen Gene ist. Freuds eben zitierte Worte sind eine gute Grundlage, um zu der Auffassung zu kommen, daß er, lebte er heute noch, die moderne darwinistische Sichtweise der Evolution, wie sie hier vertreten wird, für sich übernommen hätte und den Organismus unter dem Aspekt gesehen hätte, daß er zum Wohl seiner Gene existiert und nicht umgekehrt.

Wie immer dies auch sein mag, es bleibt eine Tatsache, daß Freuds Entdeckungen sogar auf noch weniger Widerhall stießen als Darwins Theorie der sexuellen Selektion. Wie Darwin sah man Freud als einen Menschen mit Vorstellungen zur Sexualität, bei denen dieses Thema als etwas gegen die Gesellschaft Gerichtetes, Unnatürliches, Fehlangepaßtes, Perverses oder Seltsames erscheinen mußte. Wiederum handelt es sich hier anscheinend um ein Thema, bei dem Freud und Darwin gut miteinander vergleichbar sind: Beide hatten augenscheinlich lächerliche Vorstellungen zur Sexualität!

Im Falle Freuds gingen die Vorbehalte vor allem auf die Tatsache zurück, daß die Sexualität, an die er dachte, keineswegs immer und ausschließlich eine an den Genitalien orientierte Sexualität von Erwachsenen war oder unmittelbar auf die Fortpflanzung ausgerichtet war. Freud ist vielmehr berüchtigt für seine viel umfassendere Deutung der Sexualität und für sein Beharren darauf, daß sie sich auch bei Kindern finden läßt; sie bezieht sich auf andere Objekte als die Genitalien und auf Dinge, die wenig mit der Fortpflanzung zu tun haben. Aus ebendiesem Grund nahm er Zuflucht zum Begriff der »Libido«, um damit einen umfassenderen Begriff der Sexualität vorzuschlagen. *Libido* bedeutet in Freuds Schriften Sexualtrieb in seiner allgemeinsten Form. Er betrachtete sie als etwas, was spontan in den *erogenen Zonen* des Körpers entsteht, an den es immer auf eine bestimmte Weise gebunden bleibt, auch wenn derartige Zonen sich überhaupt nicht in der Nähe der Genitalien befinden und sie wenig mit dem Ziel der Fortpflanzung zu tun haben. Er entdeckte – zunächst zu seiner eigenen Bestürzung, später dann zur Bestürzung aller anderen –, daß die Libido von Beginn der Kindheit an ihre Wirkung entfaltete und daß sie teilweise deswegen im Erwachsenenleben viele merkwürdige Formen annehmen konnte, indem *Fixierungen* auf frühe Stufen beibehalten wurden. Er erkannte schließlich, daß die Libido, unabhängig von ihren körperlichen Manifestationen, vor allem eine psychische Kraft war und daß die Seele ebenso wie der Körper damit aufgeladen und davon durchflutet war.

Freud setzt seine Ausführungen unmittelbar nach dem oben erwähnten Zitat fort, indem er folgendes hinzufügt: »Die Trennung der Sexualtriebe von den Ichtrieben würde einfach die Doppelfunktion des Individuums zum Ausdruck bringen.« Die »Doppelfunktion« besteht natürlich darin, daß das Individuum zum einen ein Organismus mit eigenen Zielen und zum andern der »sterbliche Träger einer unsterblichen Substanz ist« – heute wissen wir, daß es sich um die DNS handelt. Nehmen wir uns die Freiheit, eine umfassendere, weniger enge und genital fixierte Sichtweise der Sexualität zu haben, ist mit der »Trennung der Sexualtriebe«, auf die sich Freud bezieht, seine Erkenntnis gemeint, daß wir zwischen dem unterscheiden können, was er »Ichlibido« und was er »Objektlibido« nannte. *Objektlibido* ist die Libido, die sich auf äußere Objekte, aber (wegen des umfassenderen Libidobegriffs) normalerweise nicht ausschließlich auf das andere Geschlecht richtet. Die eindeutige Funktion der Objektlibido bei der Fortpflanzung bereitet keine Schwierigkeiten, zumindest wenn es sich bei den Objekten um Mitglieder des anderen Geschlechts handelt. Die andere Kategorie jedoch, die Ichlibido, ist eine der wichtigsten Entdeckungen von Freud und der Kern dessen, was er später einmal als *Narzißmus* bezeichnen sollte.

Heutzutage ist uns der Begriff des Narzißmus wie so vieles anderes, was wir von Freud übernommen haben, auf eine Weise vertraut, daß wir nicht mehr recht verstehen können, wie neu diese Einsicht zu seiner Zeit war. Zudem wird selten erkannt, daß es sich hier um eine Vorstellung handelt, die natürlich den Begriff der Libido voraussetzt. Der Grund dafür liegt darin, daß ein einzelner nur zum Liebesobjekt werden kann, wenn wir ebenjene Liebe in viel umfassenderen Zusammenhängen begreifen, als ihr nur die grundlegende biologische Funktion und die Funktion der Fortpflanzung zuzuordnen. Wiederum kann es sich beim Narzißmus um ein rein seelisches Phänomen handeln, und man muß dabei nicht voraussetzen, daß er auf irgendeine Weise körperlich zum Ausdruck kommt – eine weitere Beobachtung, die zeigt, daß am Begriff der Libido kein Weg vorbeigeht. Wenn das Ich zum entsprechenden Objekt für die eigene Libido des einzelnen werden kann, ergibt sich die Notwendigkeit, zwischen dem Begriff der Ichlibido und dem der Objektlibido zu unterscheiden.

Vom Standpunkt der Evolutionstheorie aus scheint dies auf den ersten Blick unseren Erwartungen zur Sexualität eklatant zu widersprechen. Der Grund dafür ist, daß der Erfolg bei der Fortpflanzung anscheinend nur Objektlibido erfordert, wenn wir darauf beharren, es so zu nennen, und auch nur dann, wenn das entsprechende Objekt ein Mitglied des anderen Geschlechts ist. Mit der Ichlibido jedoch verhält es sich ganz anders. Wenn es im Endeffekt nur um den Fortpflanzungserfolg geht, dann könnte man alle irgendwie gearteten Abweichungen von der Sexualität mit Objekten, die etwas anderes als das andere Geschlecht sind, als »fehlangepaßt«, »egoistisch«, »seltsam«, »lächerlich« oder in gleicher Weise als »biologisches Übel« betrachten, wie die Ergebnisse der sexuellen Selektion Darwins Kritikern vorgekommen waren (siehe oben, S. 151 f.).

Wenn wir jedoch einen Augenblick darüber nachdenken, sehen wir, daß die Angelegenheit gar nicht so einfach ist. Eigentlich drängt sich der Gedanke auf, die natürliche Selektion wähle tatsächlich weniger zugunsten des Fortpflanzungserfolgs aus, sondern eher zugunsten des Überlebens. Das liegt daran, daß ein Lebewesen erst geschlechtsreif werden muß, ehe es in der Lage ist, Erfolge bei der Fortpflanzung vorzuweisen. Bis zu diesem Zeitpunkt wird sich die Selektion weniger zugunsten des Fortpflanzungserfolgs als zugunsten der Überlebensmöglichkeiten des einzelnen auswirken; denn der muß existieren – und in den meisten Fällen reifen –, bevor er selbst mit irgendeinem unmittelbaren Erfolg bei der Fortpflanzung aufwarten kann. Deswegen ist das Überleben für den individuellen Fortpflanzungserfolg ein Mittel zum Zweck, auch wenn das Überleben eines Organismus, was die Evolution angeht, nie ein Ziel für sich sein kann.

Wenn das stimmt, können wir damit beginnen, eine unerwartete Logik in Freuds ansonsten merkwürdiger Erkenntnis auszumachen, daß die Libido, im Sinne einer verallgemeinerten dezentralisierten Sexualität, sich genauso auf das eigene Selbst eines Individuums richten könnte, wie dies im Verhältnis zu äußeren Objekten geschieht, auf die der Organismus zu seiner Vermehrung angewiesen ist. Auf diese Weise könnten wir allmählich verstehen, warum Gene, deren Ziel letztendlich im Erfolg bei der Fortpflanzung besteht, ein eigenes Interesse am Organismus selbst entwickeln, bevor er geschlechtsreif wird. Denn solche Gene können bis zu diesem Zeitpunkt überhaupt keinen Erfolg bei der Fortpflanzung haben. Statt als biologische Absurdität zu erscheinen, wäre die Libido – oder zumindest die Ichlibido – anscheinend eine Emotion, die das Interesse der Gene an ihrem Träger zum Ausdruck bringt, also am Körper und an der Seele des Individuums. Und soweit es um die Seele geht, wäre die Libido im Sinne eines psychischen Triebes die emotionale Sprache, mit deren Hilfe das Eigeninteresse der Gene des Individuums zum Ausdruck gebracht wird.

Entspricht dies der Wahrheit, könnte man sofort eine überprüfbare Vorhersage formulieren. Wenn das, was Freud Narzißmus nannte, eine Erkenntnis ist, in der die Bedeutung des Organismus für seine Gene zum Ausdruck kommt, könnten wir vorhersagen, daß die Ichlibido auf einem hohen Niveau einsetzen, aber vor allem nach Beginn des Geschlechtsreife abnehmen muß, um danach von der Objektlibido ersetzt bzw. in sie überführt zu werden. Genau darüber berichtet Freud. Seine Erkenntnis bestand darin, daß Libido bei der Geburt nur aus Ichlibido besteht und daß sie sich selbst nur ganz allmählich in Objektlibido verwandelt. Diese Verwandlung der Libido schien zudem kontinuierlich bis zum Ende des Lebens weiterzugehen, als käme die abnehmende Bedeutung des Organismus für seine Gene unmittelbar im verbleibenden Niveau der Ichlibido zum Ausdruck.

Eine zweite Vorhersage, die wir machen könnten, wenn wir daran glaubten, daß im Narzißmus die Bedeutung des Organismus für die Gene zum Ausdruck kommt, bestünde darin, daß es normalerweise gewisse Unterschiede zwischen den Geschlechtern geben sollte. Wenn es um eine umfassende Beschäftigung mit den Grundlagen der Geschlechtsunterschiede geht, dann müssen wir damit bis zum nächsten Kapitel warten; an dieser Stelle können wir jedoch ein oder zwei Beobachtungen anführen. Erstens unterscheiden sich die Geschlechter darin, inwieweit der Körper für den Erfolg bei der Fortpflanzung von Bedeutung ist. Um Nachwuchs zu bekommen, muß ein Mann nur den Akt der Befruchtung erfolgreich ausführen. Eine Frau jedoch muß neun Monate lang schwanger sein; danach kommt normalerweise – zumindest unter ursprünglichen Bedingungen, unter denen unsere Art ihre Anpassungsleistungen entwickelte – eine längere Stillperiode und eine anstrengende Zeit der Kinderbetreuung. Daraus folgt, daß der Körper einer Frau wie auch ihre täglich sich verändernde Gesundheit und Vitalität viel mehr vom langfristigen Erfolg bei der Fortpflanzung in Mitleidenschaft gezogen wird, als dies vielleicht der Fall gewesen wäre, wenn sie als Mann auf die Welt gekommen wäre. Selbst ein kranker, verkrüppelter oder gebrechlicher Mann wäre vielleicht in der Lage, Kinder zu haben; bei einer Frau mit vergleichbaren Behinderungen wäre das jedoch wesentlich weniger wahrscheinlich.

Wir können demzufolge im allgemeinen vorhersagen, daß Frauen mehr dazu neigen, narzißtisch zu sein, als Männer und daß es beim männlichen

Narzißmus mehr um die Potenz und um die Männlichkeit geht als um die allgemeine körperliche Form und langfristig um die Gesundheit. Wir sollten uns an dieser Stelle folgendes ins Gedächtnis rufen: Es ist nicht nur möglich, daß ein Mann im allgemeinen weniger gesund ist als eine Frau und trotzdem noch einen vergleichbaren Erfolg bei der Fortpflanzung hat, sondern die Evolution hat auch tatsächlich die Lebenserwartung von Männern auf ein Alter reduziert, das bedeutend geringer ist als die Lebenserwartung der Frauen. Untersuchungen an kastrierten Männchen bei einer Reihe von Säugetierarten, und dazu gehörte ja auch der Mensch, deuten darauf hin, daß es das männliche Sexualhormon Testosteron ist, auf das dieser Unterschied zurückgeht. Auf ebendieses Sexualhormon läßt sich zum großen Teil auch der Erfolg des Mannes bei der Fortpflanzung zurückführen. Dies zeigt, daß das persönliche Überleben für Männer nicht so entscheidend ist wie der Fortpflanzungserfolg für Frauen.

Dieser Unterschied zwischen den Geschlechtern ist tatsächlich so allgemein akzeptiert, daß eine narzißtischere Einstellung, vor allem im Hinblick auf das äußere Erscheinungsbild und die allgemeine Befindlichkeit, bei einem Mann häufig als Hinweis auf seine Unmännlichkeit interpretiert wird. Freud fand in dieser Hinsicht natürlich einen Geschlechtsunterschied. Im Originalartikel, in dem er erstmals die Unterscheidung zwischen Ichlibido und Objektlibido einführte, setzte er seine Ausführungen fort, indem er sagte, Objektliebe sei charakteristischer für Männer als für Frauen. Er bemerkte, daß dies insbesondere bei Frauen der Fall sei, die als gutaussehende Mädchen aufgewachsen seien, und daß solche narzißtischen Frauen oft »den größten Reiz auf Männer ausüben«. Er verglich dies mit der Anziehungskraft kleiner Kinder und wilder Tiere, die auch für »Narzißmus, Selbstgenügsamkeit und Unzugänglichkeit« bekannt sind. Die Anziehungskraft, so dachte Freud, läßt sich in der Tat darauf zurückführen, daß wir »wegen ihres seligen psychischen Zustandes« – der unanfechtbaren Selbstgenügsamkeit des Narzißmus – neidisch sind. Obwohl Freud notierte, daß sich diese Geschlechtsunterschiede durchaus nicht in allen Fällen finden lassen, erkannte er, daß sie »der Differenzierung von Funktionen in einem höchst komplizierten biologischen Zusammenhang entsprechen«.[4] Wie stark er auf die gerade von mir erwähnten Unterschiede zwischen den Geschlechterrollen hinweisen wollte, läßt sich nur schwer sagen, aber seine Worte deuten darauf hin, daß ihm so etwas bewußt war.

Obwohl es kaum nichtpsychoanalytische Untersuchungen zum Narzißmus gibt, existiert eine unverdächtige Quelle, die wir uns ansehen könnten, um diese Vorhersagen hinsichtlich der Geschlechtsunterschiede zu überprüfen. Es handelt sich hier um eine Reihe von nach den Regeln der Kunst durchgeführten Untersuchungen zum *Risikoverhalten*. Die Bereitschaft, Risiken einzugehen, steht im umgekehrten Verhältnis zum Narzißmus; denn je mehr einem etwas wert ist, desto weniger ist man bereit, es aufs Spiel zu setzen. Ähnlich verhält es sich mit der Libido. Ist einem das Selbst viel wert, dann sollte das Selbst nicht vom ICH aufs Spiel gesetzt werden. Zahlreiche Untersuchungen zum Risikoverhalten in vielen unterschiedlichen Situationen deuten übereinstimmend und zuverlässig darauf hin, daß es in diesem Bereich einen deutlichen Geschlechtsunterschied gibt. Bis auf wenige Ausnahmen sind Frauen im Vergleich zu Männern viel weniger bereit, sich zu einem Verhalten verleiten zu lassen, bei dem sie Leib und Leben riskieren. Eine kürzlich durchgeführte Untersuchung zeigte tatsächlich, daß sich die vorhergesagten Unterschiede im Hinblick auf das Risikoverhalten bei Mitgliedern eines Kibbuz noch nach drei Generationen einer Sozialisation finden ließen, die darauf abzielt, die Geschlechtsrollenunterschiede zu beseitigen. Nur in einer Hinsicht waren die Frauen eher bereit, Risiken auf sich zu nehmen, als Männer, und das war bei der Verteidigung ihrer eigenen Kinder. Mit dieser einen, leicht nachvollziehbaren Ausnahme waren es vor allem die Männer, die Risiken eingingen.[5]

Das selbstlose Gen

Sind wir der Auffassung, im Narzißmus komme das Eigeninteresse der Gene am Überleben des Organismus zum Ausdruck und dieses Eigeninteresse sei typisch für das fortpflanzungsfähige Alter, könnte die Frage aufkommen, ob eine derartige Neudeutung von Freuds Befunden wirklich zu rechtfertigen ist. Schließlich wußten weder Freud noch Darwin irgend etwas von Genen; und auch heute noch ist unser Wissen darüber, wie die Gene das Verhalten beeinflussen, äußerst begrenzt. Wenn man nun davon spricht, daß im Narzißmus das Interesse der Gene an der Erhaltung ihres Trägers, des Organismus, zum Ausdruck kommt, dann mag einem dies letztlich als willkürliche Korrektur erscheinen, die darauf angelegt ist, einer

161

ansonsten unsinnigen Vorstellung eine Patina biologischer Solidität zu verleihen. Wie ließe sich auch eine derartige Behauptung belegen?

Darwin kann in dieser Hinsicht als Vorbild dienen. Wie Freud machte er zu seiner Zeit Beobachtungen, die entweder als lächerlich abgelehnt (wie im Falle der weiblichen Zuchtwahl), als faktisch falsch betrachtet (beispielsweise sein korrektes Beharren darauf, daß die Erde viel älter ist, als die Physiker meinten) oder einfach nicht zur Kenntnis genommen wurden (etwa die Unmenge von Fakten, die er zusammenstellte, um die sexuelle Selektion zu belegen). Viele, wenn nicht die meisten dieser Befunde sind häufig auf eine Weise bestätigt worden, wie es Darwin überhaupt nicht vorhersehen konnte. Seine Schlußfolgerungen erwiesen sich recht häufig als korrekt, obwohl die Art, wie er dazu kam, möglicherweise nicht unseren heutigen Vorstellungen und Vorgehensweisen bei derartigen Problemen entspricht.

Das gleiche trifft in etwa auch auf Freud zu, und seine Erkenntnisse zum Narzißmus könnten der Prüfstein dazu sein. Wenn man beobachtet, daß Selbstliebe dem Selbsterhaltungsinteresse des Organismus entspricht, dann handelt es sich wohl kaum um eine revolutionäre Entdeckung. Und wäre bei Freuds Erkenntnissen zum Narzißmus nicht mehr herausgekommen, hätten wir recht mit der Auffassung, daß sie wenig dazu beitragen, ihre Anwendbarkeit auf unser modernes Verständnis von der Selektion auf der Ebene der einzelnen Gene zu belegen. Wenn wir in diesem Punkt überzeugend sein wollen, wäre es allerdings erforderlich, einen nichttrivialen Befund an der Hand zu haben, der sich nur durch das Modell vom egoistischen Gen erklären ließe. Die Geschlechtsunterschiede, die Freud beobachtete, wären sicherlich ein Anfang, doch es wäre vielleicht wünschenswert, noch mehr darüber zu wissen.

Die Sichtweise vom egoistischen Gen widerspricht in dem Punkt der Intuition, daß diese Auffassung die Zusammenarbeit viel besser erklärt als die anscheinend viel naheliegendere Auffassung der Gruppenselektion. Unter diesem Blickwinkel sollte man sie eher als die Auffassung vom »selbstlosen Gen« bezeichnen, setzt man einmal die wesentliche Tatsache als gegeben voraus, daß Altruismusgene in einem Individuum den Fortpflanzungserfolg bei einem anderen fördern können. Wie wir gesehen haben, erben Kinder bei einer sich geschlechtlich fortpflanzenden Art wie der unseren die Hälfte ihrer Gene von ihren Eltern. Wenn es beim Narzißmus um das Eigeninteresse der Gene an der Erhaltung des Trägers geht, hätten wir eigentlich etwas anderes erwartet: Freud hätte herausfinden müssen, daß zum Narzißmus – also zur Verliebtheit in sich selbst – zwar die Liebe zu den eigenen Kindern gehört, nicht aber zu Personen, mit denen man nicht verwandt ist. »Objektliebe« lautet der Begriff, den er für die Liebe zu anderen, nicht anverwandten Personen verwendete; und hier ergeben sich keine Schwierigkeiten. Doch wenn meine Deutung seiner Erkenntnisse zur »Ichliebe« stimmt, dann sollten wir bei ihm die Behauptung finden, daß sich ein derartiger Narzißmus nicht ausschließlich auf das Selbst richtet, sondern auch auf die Kinder. Bezeichnenderweise vertritt Freud genau diese Auffassung:

»Wenn man die Einstellung zärtlicher Eltern gegen ihre Kinder ins Auge faßt, muß man sie als Wiederaufleben und Reproduktion des eigenen, längst aufgegebenen Narzißmus erkennen. Das gute Kennzeichen der Überschätzung, welches wir als narzißtisches Stigma schon bei der Objektwahl gewürdigt haben, beherrscht, wie allbekannt, diese Gefühlsbeziehung. So besteht ein Zwang, dem Kinde alle Vollkommenheiten zuzusprechen, wozu nüchterne Beobachtung keinen Anlaß fände, und alle seine Mängel zu verdecken und zu vergessen, womit ja die Verleugnung der kindlichen Sexualität in Zusammenhang steht. Es besteht aber auch die Neigung, alle kulturellen Erwerbungen, deren Anerkennung man seinem Narzißmus abgezwungen hat, vor dem Kinde zu suspendieren und die Ansprüche auf längst aufgegebene Vorrechte bei ihm zu erneuern. Das Kind soll es besser haben als seine Eltern, es soll den Notwendigkeiten, die man als im Leben herrschend erkannt hat, nicht unterworfen sein. Krankheit, Tod, Verzicht auf Genuß, Einschränkung des eigenen Willens sollen für das Kind nicht gelten, die Gesetze der Natur wie der Gesellschaft vor ihm haltmachen, es soll wirklich wieder Mittelpunkt und Kern der Schöpfung sein. *His Majesty the Baby*, wie man sich einst selbst dünkte.«

Wir haben gesehen, wie Freud an sich selbst beobachtete, daß das, was wir heute das Gen nennen würden, potentiell unsterblich ist, auch wenn der einzelne nur etwas mehr als ein »Träger« dafür ist. Aber auch hier schreibt er: »Der heikelste Punkt des narzißtischen Systems, die von der Realität bedrängte Unsterblichkeit des Ichs, hat ihre Sicherung in der Zuflucht zum

Kinde gewonnen« – oder anders ausgedrückt in der Tatsache, daß die DNS des einzelnen, wenn er altert und stirbt, grundsätzlich immer weiterbestehen kann. Freud fährt fort: »Die rührende, im Grunde so kindliche Elternliebe ist nichts anderes als der wiedergewonnene Narzißmus der Eltern, der in seiner Umwandlung zur Objektliebe sein einstiges Wesen unverkennbar offenbart.«[6]

Doch das bei weitem auffallendste Beispiele für die Übereinstimmung der Freudschen Erkenntnisse zur Ichlibido mit modernen Einsichten zur Evolution auf der Ebene der Gene hängt mit dem Thema Altruismus zusammen. Kommt im Narzißmus wirklich das Eigeninteresse der Gene an ihrem Träger zum Ausdruck, dann sollte sich dies auf altruistische Handlungen verallgemeinern lassen, die man abgesehen von den Kindern gegenüber anderen Mitgliedern der Familie an den Tag legt.

Wir haben bereits erfahren, daß Altruismus wie auch elterliche Gefühle, tatsächlich auf gemeinsamen Genen beruhen kann; wir nannten dies »Verwandtschaftsaltruismus« (siehe oben S. 71–78). Wir sahen auch, daß der Altruismus die darwinistischen Auffassungen einer harten Probe unterzog; denn anscheinend verletzte dies die Regel, daß nur Gene, die den Fortpflanzungserfolg des einzelnen fördern, selektiert werden. Weil nahe Verwandte viele Gene gemeinsam haben, erkannten wir jedoch auch, daß die Kosten einer altruistischen Handlung bei einer Person geringer sein können als bei einem nahen Verwandten der Nutzen, selbst wenn eine identische Kopie des Altruismusgens vorlag. Wir können jetzt verstehen, daß es sich hier im wesentlichen tatsächlich um eine Erklärung für das handelt, was Freud weiter oben »Elternliebe« nennt. Weil Kinder mit den Eltern Gene gemeinsam haben und sie in der Regel langfristiger Träger der Gene sind, zahlt es sich für die Gene der Eltern aus, wenn sie Opfer für ihre Kinder oder für nahe Verwandte bringen (siehe Abbildung 8, S. 77 oben).

Kommt im Narzißmus tatsächlich das Eigeninteresse der Gene am Überleben ihrer Träger emotional zum Ausdruck, dann sollten solche narzißtischen Gefühle in gleicher Weise wie beim Selbst und bei den Kindern auf die nahe Verwandtschaft verallgemeinert werden. Freuds Erkenntnis bestand darin, daß ebendies geschieht, aber er fand heraus, daß es sich vermittelt über einen Vorgang entwickelt, den er *Identifizierung* nannte. Identifizierung beschreibt ein subjektives Gefühl für Ähnlichkeit, wie es im ICH, nicht im ES auftritt. Seine eigenen Untersuchungen und die Studien von Anna

Freud bestätigten zudem, daß dies auf zweierlei Weise, die sich häufig miteinander decken, zustande kommen kann. Sigmund Freuds Untersuchung zu sozialen Gruppen, die auf den seelischen Bindungen der Gruppenmitglieder untereinander beruhen, zeigte, daß die Bindung, um die es hier geht, eine Identifizierungsbindung ist. Überraschenderweise fand er jedoch heraus, daß man sich nicht primär mit anderen Gruppenmitglieder identifizierte, sondern mit dem Leiter der Gruppe oder dem Leitprinzip der Gruppe. Insbesondere fand Freud heraus, daß die Mitglieder einer solchen Gruppe den Gruppenleiter mit irgendeinem Aspekt des Über-ICHs gleichsetzen und dann eine zweite Identifizierung mit einem anderen entwickeln. Abstrakte Prinzipien oder Idealisierungen können zu Kernpunkten für die Identifizierung solcher Gruppen werden, weil das Über-ICH der Ort ist, an dem solche Ideale und Wertvorstellungen anzusiedeln sind. Dies bedeutet, daß der Gruppenleiter oft unbewußt als Elternteil gesehen wird; daraus folgt, daß alle, die dem Gruppenleiter folgen, seine Kinder sind.

Personen mit denselben Eltern haben wahrscheinlich dieselben Altruismusgene wie sie, zumindest mit einer Wahrscheinlichkeit von 50 Prozent. In der Urgesellschaft der Jäger und Sammler, aus denen sich unsere Vorfahren entwickelten, waren die meisten Anführer, mit denen man sich identifizieren konnte, Verwandte, am ehesten vielleicht die eigenen Eltern, wenn man einmal die Überschaubarkeit solcher Gesellschaften sowie die Tatsache in Rechnung stellt, daß sie auf Verwandtschaftsbeziehungen beruhten. Deshalb bedeutete das Gefühl, dieselben Eltern wie eine andere Person zu haben – oder die Über-ICH-Identifizierung –, daß man wahrscheinlich ein Verwandter von ihnen war. *Identifizierung mit* dem elterlichen Anführer der Gruppe wäre dann *Identifizierung über* Verwandtschaft; man löste das Problem, Verwandte auch als solche zu erkennen, durch einen Vergleich nicht nur mit der eigenen Person, sondern wichtiger noch durch einen Vergleich mit dem gemeinsamen Elternteil.

Natürlich trifft eine einzelne Person in modernen Gesellschaften auf viel mehr andere Personen, als dies je in Urgesellschaften geschehen ist, und interagiert mit ihnen. Im Endeffekt können die Menschen heute mit allen möglichen Arten anderer Menschen Identifizierungen entwickeln, mit denen sie auch nicht im entferntesten verwandt sind. Doch liegt das nur an den modernen Lebensbedingungen, wie sie vom Standpunkt der natürlichen Selektion aus nicht vorhersehbar waren. In der Urgesellschaft wählte die natürliche Selektion zugunsten der Identifikationsgefühle im ICH aus, wodurch Verwandtschaftsverhältnisse erkannt wurden und Verwandtschaftsaltruismus aktiviert wurde. Dies geschah anscheinend, weil im Normalfall die meisten der auf diese Weise identifizierten Personen in der Urgemeinschaft der Jäger und Sammler Verwandte waren. Das ist in gewisser Weise mit der Neigung einiger Lebewesen vergleichbar, mit denjenigen zusammenzuarbeiten, mit denen sie zusammen aufwachsen. In der Regel sind die, mit denen sie aufgewachsen sind, tatsächlich Verwandte; deshalb würde es dem Ziel dienen, Verwandte zu erkennen, wenn man eine Regel befolgt, die besagt: Erweise dich ihnen gegenüber kooperativ, auch wenn dies manchmal bedeutet, daß ein oder zwei der Spielkameraden keine echten Verwandten sind. Für den heutigen Menschen lautet die Regel anscheinend: »Handle altruistisch gegenüber jenen, mit denen du dich identifizieren kannst!« Dabei bedeutet Identifizierung oft, daß man ein gemeinsames Über-ICH hat, das unter den Bedingungen der Urgesellschaft auf ein gemeinsames Elternteil zurückging. Das Endergebnis besteht nun darin, daß Christen »Brüder und Schwestern in Christo«, ihre Kirchenführer »Väter« und Päpste sind (vom selben Wort wie *Papa*), während sie zu Gottvater und seinem Sohn im Himmel wie auch zu Maria, der Mutter Gottes, beten.

Was Freud als Ichlibido bezeichnete und was ich als Gefühle deute, die dem Eigeninteresse der Gene eines einzelnen dienen, würde auf diese Weise mit anderen Personen verbunden werden: Dies ist auch der Fall, wenn es auf indirektem Weg geschieht, indem man sich auf der Grundlage eines ähnlichen Über-ICHs der Gruppenmitglieder gemeinsam mit einem Gruppenanführer identifiziert. Würde die gemeinsame Über-ICH-Identifizierung wie in der Urgesellschaft auf gemeinsamer Abstammung beruhen, würden derartige Identifizierungen den Narzißmus, der für das ICH typisch ist, in Richtung auf nahe Verwandte wie etwa Geschwister, Vetter, Onkel und Tanten lenken. Eine rein subjektive Emotion der Selbstliebe, die andere mit einschlösse, aber auch die eigene Person, würde latente, aber objektive genetische Übereinstimmungen, die dem Mechanismus des Verwandtschaftsaltruismus bei den Urmenschen zugrunde lagen, wiederspiegeln.

Dies könnte auch auf eine weitere Erkenntnis von Freud zutreffen, nämlich auf das, was er den »Narzißmus der kleinen Differenzen« nennt. Damit beschreibt er einen Hang bei Personen, die einander nahe sind, sich zu befehden und oft über triviale Dinge aneinanderzugeraten. Das kommt etwa bei angeheirateten Familienmitgliedern und bei sonstigen Gruppen vor, die auf irgendeine andere Weise enger miteinander verbunden sind. Die Tatsache jedoch, daß kleine Differenzen zwischen Menschen trotz ihrer viel größeren Gemeinsamkeiten häufig solche Ausmaße annehmen, könnte zum Teil auf das evolutionäre Erbe unserer Urexistenz aus der Zeit der Jäger und Sammler zurückgehen. Der Grund dafür liegt darin, daß die Jäger und Sammler ursprünglich Nomaden waren, in recht geringer Bevölkerungsdichte zusammenlebten und nie in der Lage waren, entferntere Reiseziele anzusteuern, als sie zu Fuß erreichen konnten. Im Endergebnis trafen die Urmenschen nur selten, wenn überhaupt, auf irgendeinen anderen Menschen als auf die Leute aus der Nachbarschaft, die aller Wahrscheinlichkeit nach, was die Rasse, die Kultur und die Sprache betraf, eher so waren wie sie, als daß sie sich von ihnen unterschieden. Der »Narzißmus der kleinen Differenzen« hat sich vielleicht bei der Identifizierung als andere Seite der Medaille entwickelt. Hier würde es sich um eine Unterscheidung handeln, die auf verhältnismäßig belanglosen, offenkundigen Unterschieden beruhte; diese dienten dazu, stellvertretend für die wichtigeren genetischen Unterschiede zu stehen, wenn man etwa Blutsverwandte von angeheirateten Verwandten bzw. Mitgliedern der eigenen Gruppe der Jäger und Sammler von einer benachbarten Gruppe unterscheiden wollte. (Sicherlich kommt man nicht umhin, anzumerken, daß in der Welt der Politik, der Kultur und der Wissenschaft die Auswirkung des Narzißmus der kleinen Differenzen oft ein Stammesverhalten hervorbringt; hier handelte es sich sehr oft auch um Stammeskriege mit der Feder, wenn nicht sogar mit echten Waffen.)

Befunde, wie sie von Anna Freud berichtet werden, deuten darauf hin, daß ein weiterer psychischer Mechanismus daran beteiligt ist, daß es zu Altruismus kommt: die *Projektion*. In der Psychoanalyse wird dieser Begriff so definiert, daß das ICH bei anderen etwas wahrnimmt, was es in sich selbst verdrängt hat; es wird also den Splitter im Unbewußten des anderen bemerken, jedoch den Balken im eigenen Unbewußten übersehen. Anna Freud führt das Beispiel einer »jungen Gouvernante« an – heute wissen wir, daß es hier um sie selbst geht –, die als Kind »von zwei Vorstellungen besessen war: Sie wollte wunderschöne Kleidung und eine ganze Reihe von Kindern haben. In ihren Phantasien wurde sie fast zwanghaft dadurch in Anspruch genommen, daß sie sich die Erfüllung dieser beiden Wünsche ausmalte. Doch es gab da noch sehr viel mehr Dinge, die sie ebenfalls für sich beanspruchte: Sie wollte alles haben und machen, was ihre viel älteren Spielkameraden hatten und machten – eigentlich wollte sie alles besser machen als sie und wegen ihrer Klugheit bewundert werden. Ihr ständiger Aufschrei ›Ich auch!‹ ging den älteren Familienangehörigen auf die Nerven.« Im Erwachsenenalter jedoch veränderte sich ihre Persönlichkeit anscheinend vollständig: »Was vor allem an ihr verblüffte« – und dies kann ich aus meinen eigenen Beobachtungen bestäti-gen –, »war ihr anspruchsloser Charakter und die Bescheidenheit der Anforderungen, die sie an das Leben stellte... Sie war unverheiratet und kinderlos; ihre Kleidung war eher abgetragen und unauffällig. Sie zeigte nur geringe Anzeichen von Neid oder Ehrgeiz...« Eine genauere Analyse erbrachte jedoch folgendes:

»Die Ablehnung ihrer eigenen Sexualität hielt sie nicht davon ab, ein herzliches Interesse am Liebesleben ihrer Freundinnen und Kolleginnen zu entwickeln. Sie war eine enthusiastische Kupplerin und wurde in viele Affären eingeweiht. Obwohl sie sich um ihre Kleidung nicht sehr kümmerte, zeigte sie ein lebhaftes Interesse an den Kleidern ihrer Freundinnen. Obwohl sie selbst kinderlos war, widmete sie sich ganz den Kindern anderer Menschen... Man könnte von ihr sagen, sie sei ganz außerordentlich darum besorgt gewesen, daß ihre Freundinnen hübsche Kleider anhatten, bewundert wurden und Kinder bekamen. Trotz ihres unauffälligen Verhaltens hatte sie große Dinge mit den Männern vor, die sie liebte, und begleitete deren Karriere mit äußerstem Interesse... Statt sich selbst zu bemühen, irgendeines ihrer eigenen Ziele zu erreichen, verwendete sie all ihre Kraft darauf, von den Erfahrungen der Menschen, die sie gerne hatte, absorbiert zu werden.«

Dies lag möglicherweise an folgendem: »Sie projizierte ihre gehemmten triebhaften Regungen auf andere Menschen... Sie fühlte sich in ihre Wünsche ein und empfand eine starke Bindung zwischen diesen Menschen und sich selbst... Sie befriedigte ihre Triebe, indem sie an der Befriedigung anderer Personen teilhatte; dazu setzte sie den Mechanismus der Projektion und der Identifizierung ein.«[7]

Durch Projektion kann der nicht erfüllte oder gehemmte Narzißmus einer

Person stellvertretend bei einem anderen, mit dem man sich identifiziert, befriedigt werden. Wenn unter den Bedingungen der Urgesellschaft hauptsächlich die Verwandten Gegenstand der Projektion waren, müßte die rein seelische Projektion des Eigeninteresses ganz mit dem genetischen Verwandtschaftsgrad übereinstimmen. Anna Freud spricht davon, daß sie selbst durch ihren Hang, ihre eigenen Wünsche zu projizieren, »das Leben anderer Menschen« lebte, »anstatt eigene Erfahrungen zu machen«. Aber es sind nicht nur die Wünsche, die in anderen weiterleben. Auch für die Kopien gemeinsamer Gene trifft das zu; und vor allem aus diesem Grund haben sich wahrscheinlich die seelischen Mechanismen der Identifizierung und der Projektion entwickelt. Mit ihrer Hilfe hatten die Menschen in der Urgesellschaft möglicherweise einen Anreiz, denen gegenüber altruistisch zu handeln, mit denen sie sich verwandt fühlten; in der Urgesellschaft richtete sich dieses Gefühl vermutlich auf Menschen, mit denen man in genetischem Sinne verwandt war.

Das Stadium der Empfängnisverhütung durch Pillen

Freud führte den Begriff »Ichlibido« in seinem ersten bahnbrechenden Artikel über Narzißmus ein, den er kurz vor Ausbruch des Ersten Weltkriegs veröffentlichte. »Ich« bedeutet hier eindeutig das Selbst als ein Ganzes und wird nicht im später von Freud ausgearbeiteten eingeschränkteren Sinne eines Ich als Instanz verwendet, wofür ich in meiner Weiterentwicklung das Kürzel ICH gebrauche. Dieser Ansatz brachte ihn dazu, einen Zustand des *primären Narzißmus* anzunehmen, der beim einzelnen mit der Geburt beginnt und den er allmählich im Laufe der Entwicklung hinter sich läßt. Weil Freud auf einer sogenannten »infantilen Sexualität« beharrte – also auf seiner Erkenntnis, daß die Libido in der Kindheit in gleicher Weise am Werk ist wie im Erwachsenenleben –, waren seine Auffassungen dazu umstrittener als die zu irgendeinem anderen Thema.

Ebenso wie moderne Forschungsergebnisse ein neues Licht auf Darwins fast von allen abgelehntes Konzept der sexuellen Selektion werfen und es im allgemeinen bestätigen, ist der Psychodarwinismus in der Lage, Freuds Erkenntnisse zur infantilen Sexualität in einer Weise zu vertiefen, wie dies selbst vor kurzem noch nicht vorhersehbar war. Wir werden sehen, daß noch einige wichtige Überraschungen auf uns warten, wenn wir das Thema Sexualität aus diesem Blickwinkel betrachten.

Die erste Stufe der infantilen Sexualität, wie sie von Freud entdeckt wurde, ist als »orale Phase« bekannt. Er betrachtete den Mund, die Lippen und die damit zusammenhängenden Schleimhautschichten als primäre *erogene Zonen*, also als einen Körperbereich, in dem spontan libidinöse Empfindungen entstehen und der Ausgangspunkt für sexuelle Lust sein kann. Freud führte drei Gründe zur Rechtfertigung dafür an, daß er die orale Zone als etwas betrachtete, was mit der Libido zusammenhängt: Erstens merkte er an, daß der Mund normalerweise etwas mit der sexuellen Lust beim Küssen, Lecken oder Saugen zu tun hat. Als ob dies noch nicht reichte, wußte er auch, daß manche Personen ihre wichtigste orgastische, sexuelle Befriedigung auf diese Weise erlangen. Drittens – und dies war der Kern seiner Auffassung, daß bei Kindern orale Libido vorhanden ist – beobachtete er, daß kleine Kinder um des Saugens willen saugen, auch dann, wenn sie nicht hungrig sind, und daß sie dabei Finger, Daumen, Schnuller oder sonst irgend etwas benutzen. Auch Darwin hatte das beobachtet: »Man kann annehmen, daß Säuglinge Lust dabei empfinden, wenn sie saugen, und der glasige Augenausdruck scheint darauf hinzudeuten, daß dies der Fall ist.«[8] Weil sich bei Kleinkindern Lustempfindungen in einer Körperregion entwickelten, die später bei einigen sexuellen Perversionen auftauchen können und die bei Erwachsenen normalerweise Bestandteil des Vorspiels sind, kam Freud zu der Überzeugung, daß seine Auffassung vom oralen Verhalten als einer »sexuellen« Aktivität beim Kleinkind nicht abwegig war.

Perversion ist in Freuds Schriften kein abschätziges Wort, sondern ein Fachbegriff; er wird definiert als *Befriedigung der Libido, die auf einen anderen Ausgangspunkt zurückgeht als auf die Genitalien des anderen Geschlechts.*[9] Das Konzept der Ichlibido, die sich allmählich zur Objektlibido abspaltet, schien die Tatsache zu erklären, daß die Libido, wenn sie am Erreichen der Vereinigung mit dem Genital des anderen Geschlechts letztendlich gehindert oder darin gehemmt wird, sich auf frühere Stufen der Entwicklung und auf vorherige Objekte zurückzieht, wie etwa den eigenen Mund. Die sogenannten »oral Perversen« waren dann Menschen, deren Libido größtenteils auf diese Zone und auf diese primäre Stufe der Libidoentwicklung beschränkt blieb. So war Freud mit Hilfe des Libidobegriffs als eines Sexualtriebes im weiteren Sinne in der Lage, seine Entdeckung des Narzißmus mit späteren offenkundigeren Stufen der Sexualentwicklung zu verbinden. Außerdem konnte er jetzt argumentieren, daß die Libido sich allmählich aus dem primären Narzißmus zur Objektliebe des Erwachsenen und aus der oralen Erotik zum genitalen Orgasmus entwickelt.

Obwohl es sich hier um eine wohldurchdachte Theorie der Sexualentwicklung handelt und unsere modernen Auffassungen zu diesem Thema tief davon durchdrungen sind, läßt uns eine neue Entdeckung die Erkenntnisse von Freud in einem überraschend neuen Licht sehen. So zeigen wissenschaftliche Untersuchungen, daß orales Verhalten – Saugen, ohne hungrig zu sein – unter den Bedingungen der Urgesellschaft bzw. unter denen eines Landes in der Dritten Welt für die Mutter mit wichtigen Konsequenzen verbunden ist. Bleibt das Kind ständig bei der Mutter und hat es unbeschränkten Zugang zur Brust, wirkt sich dies auf das orale Verhalten so aus, daß das Baby recht häufig und lange an den Brustwarzen seiner Mutter saugt (manchmal spielt es dabei mit der anderen Brustwarze). Das zwanghafte Daumen- und Schnullernuckeln, das wir bei kleinen Kinder schon als normal ansehen, findet man weder bei den verschiedenen Arten der Affen noch bei Jägern und Sammlern wie den !Kung in der Kalahari-Wüste, wo die Babys Tag und Nacht ständig bei der Mutter sind. Der Grund dafür ist einfach: Die Babys können immer an den Brustwarzen ihrer Mütter saugen und brauchen deshalb keinen Ersatz. Vergleichende Analysen der Muttermilch zeigen, daß Arten, die wie die Schimpansen häufig stillen, dünnere Brüste mit weniger Milch haben als diejenigen, die selten stillen. Die Tatsache, daß die Muttermilch des Menschen der der Schimpansen in dieser Hinsicht recht ähnlich ist, deutet darauf hin, daß auch wir an häufiges Stillen angepaßt sind.

Untersuchungen zeigen auch, daß über einen längeren Zeitraum als zwei Jahre nach der Geburt die Sexualzyklen bei der Mutter gehemmt werden, wenn das Baby ständig die Brustwarzen stimuliert. Experimente, bei denen die Brustwarzen von Schafen betäubt wurden, belegen, daß für den empfängnisverhütenden Effekt die neurologische Stimulation der Brustwarze entscheidend ist und nicht die Milchproduktion an sich (die Schafe mit den betäubten Brüsten produzierten weiterhin Milch, auch wenn die Menstruation bei ihnen wieder einsetzte). Viele Frauen bemerken, daß während des letzten Teils der Schwangerschaft die Brüste allgemein und vor allem die Brustwarzen sehr unempfindlich werden, unmittelbar nach der Geburt jedoch ausgesprochen sensibel reagieren. Untersuchungen zeigen, daß die Gesamtmenge an Milch, die ein Baby bekommt, mehr oder weniger dieselbe ist, ganz gleich ob es sehr häufig gestillt wird oder ob dies auf festgelegte Zeiten beschränkt ist. (Etwas anders verhält es sich mit der Verdauung; vergleichsweise selten gestillte Babys erbrechen sich häufiger als öfter gestillte Babys.) Die Verringerung der Intervalle zwischen den Stillzeiten beeinflußt den monatlichen Zyklus jedoch entscheidend; er wird wieder einsetzen, wenn die Abstände immer größer werden, vor allem wenn man mit dem nächtlichen Stillen aufhört. Dies ist eine Erklärung dafür, warum in wohlhabenden Kulturen, in denen besonders das allabendliche Zufüttern früh eingeführt wird, der empfängnisverhütende Effekt des Stillens nicht allgemein anerkannt ist.[10]

Auch ohne Zufüttern werden Kinder jedoch schließlich damit beginnen, feste Nahrung zu sich zu nehmen; und die Reaktion der Mutter auf die Stimulation der Brustwarzen geht nach ungefähr zwei Jahren allmählich zurück. Nimmt man einmal an, daß es bei einer Frau nach neun Monaten Schwangerschaft noch einige Monate dauern kann, bis die Regel wieder ganz einsetzt und sie empfängnisbereit ist, so ergibt sich daraus als Schlußfolgerung: Der empfängnisverhütende Effekt des oralen Verhaltens auf die Frauen führt dazu, daß Geburten im Mittel ungefähr drei bis vier Jahre auseinander liegen – dies ist eine Vorhersage, die beispielsweise durch Untersuchungen über die Geburtsintervalle bei den !Kung bestätigt wird.

Freud war sich bewußt, daß das Stillen einen empfängnisverhütenden Effekt hat; dies war der Wissenschaft schon seit Aristoteles bekannt. Und er war gut über die Länge der Intervalle in traditionellen Kulturen informiert. Er hätte jedoch nie die ganze Bedeutung dieses Phänomens erkennen können; dies wird erst deutlich, wenn man sich einen neueren und dramatischeren Befund vor Augen führt: Unter den Bedingungen eines Landes der Dritten Welt ist die Geburt eines Kindes innerhalb der ersten vier bis fünf Lebensjahre eines bereits vorhandenen Kindes die größte Bedrohung für das Leben des älteren Kindes. Tatsächlich wurde in Westafrika dafür ein Begriff geprägt, um »die Krankheit des beiseite Geschobenen« zu beschreiben – starker Eiweißmangel bei einem Kind, das wegen der Geburt eines Geschwisters vorzeitig abgestillt wurde.[11] Wenn diese Bedingungen ein Hinweis auf jene sind, die während eines größeren Teils der Evolutionsgeschichte vorherrschend waren, dann erklärt dies möglicherweise Berichte, daß die australischen Ureinwohner eher Neugeborene verhungern lassen, als bereits vorhandene Kinder nicht mehr zu stillen. Ein derartiges Verhalten mag uns gefühllos und unerklärlich erscheinen, ergibt aber durchaus einen Sinn, wenn die Alternative darin besteht, daß das ältere Kind stirbt. Wenn vorzeitiges Entwöhnen für das abgestillte Kind den Tod bedeutet, wäre eine Mutter, die in kurzen Abständen ein Kind nach dem anderen auf die Welt bringt und ein bereits vorhandenes Kind vorzeitig entwöhnt, wahrscheinlich binnen kurzem in der Situation, daß nur sehr wenige ihrer Kinder bis zu einem bestimmten Alter überleben.

Es hat langsam den Anschein, als wäre das, was wir orales Verhalten nennen – zwanghaftes Nuckeln, ohne hungrig zu sein –, möglicherweise eine Darwinsche Anpassung, durch die kleine Kinder versuchen, die lebensbedrohliche Geburt eines Konkurrenten beim Kampf um Zuwendung und Aufmerksamkeit der Mutter hinauszuschieben. Setzt man einmal voraus, daß die Geburt von Geschwistern innerhalb der ersten vier Jahre im Leben eines schon vorhandenen Kindes ein so ausschlaggebender Faktor für das Überleben des älteren Kindes ist, dann können wir verstehen, daß orales Verhalten wirklich einen Sinn ergibt, wenn wir es vom Standpunkt des Kindes sehen, dessen Leben wahrscheinlich bedroht ist.[12]

Im Jahre 1989 erwähnte ich diese Entdeckung auf einer wissenschaftlichen Konferenz an der Universität von Edinburgh. Innerhalb weniger Tage bekam ich Berichte zugeschickt, daß Studenten in den Vorlesungen folgendes gesagt wurde: »Badcock hat bewiesen, daß Freud mit der oralen Phase nicht recht hatte!« Dies war selbst ein anschauliches Beispiel für den Eifer, mit dem alles, was Freud zu widersprechen scheint, aufgegriffen wird; und wiederum handelt es sich hier um etwas, was die Ähnlichkeit zwischen Freud und Darwin, auf den das gleiche zutrifft, belegt. Anscheinend vergehen kaum Monate, ohne daß die Medien unaufgefordert ihre ganze Aufmerksamkeit auf irgendeine neue Widerlegung von Darwin richten; und jetzt wurde meine Interpretation des oralen Verhaltens dazu verwendet, um Freud in Mißkredit zu bringen. Offensichtlich wurde mein Hinweis so gedeutet, orales Verhalten sei eigentlich eine Anpassung, bei der es vorrangig um das Überleben von Kindern ginge und nicht so sehr um die Sexualität als solche.

In einem bestimmten Sinne ist das richtig, aber nur bei sehr oberflächlicher Betrachtung. Es stimmt in der Tat, daß meine Erklärung der Evolution oralen Verhaltens mit der Behauptung einhergeht, das Gen sei selektiert worden, weil es dafür die Überlebenschancen von Babys verbesserte. Es ging um ebenjene Babys, die Träger der Gene waren. Und dies geschah, indem das Gen sie dazu brachte, die Brustwarze der Mutter auch dann zu stimulieren, wenn sie satt waren, und dadurch bei ihr das Wiedereinsetzen der Regel hinauszuzögern. Wenn wir uns jedoch meine früheren Bemerkungen zum Narzißmus ins Gedächtnis rufen, können wir verstehen, daß eine solche Auffassung wirklich oberflächlich ist. Wenn das, was Freud narzißtische Libido nannte, in Wirklichkeit, wie ich vorschlage, ein Strom von Emotionen ist, welche die Bedeutung des Organismus für die Gene zum Ausdruck bringen, dann sollte das orale Verhalten, insoweit es den Organismus schützt, von seiner Qualität her narzißtisch sein. Wie wir jedoch bereits gesehen haben, behauptete Freud genau dies. Wenn meine Theorie denn stimmt, bestätigt sie die Auffassung, daß orales Verhalten narzißtisch ist; zumindest widerspricht sie ihr nicht. Im Gegenteil, sie gibt Freuds Narzißmusbegriff eine neue, tiefere Bedeutung. Er wird in viel unmittelbarerem Sinne mit einem »sexuellen« Inhalt verwendet, wenn wir dieses Wort so interpretieren, daß es bedeutet, die Gene seien letztlich nur in dem Maße am Organismus interessiert, in dem der Organismus ein Mittel zum Erfolg bei der Fortpflanzung ist. Nur wenn wir uns in die schlechte Zeit mit dem Schlagwort vom »Überleben des Tüchtigsten« zurückversetzten, könnten wir der Auffassung sein, der Beitrag zum Überleben eines Organismus sei schließlich etwas ganz anderes als der Beitrag zu seinem Erfolg bei der Fortpflanzung. Aber wir können jetzt verstehen, daß Freuds Entdeckung des Narzißmus als eines Aspekts der Libido auf einer tieferen und erst kürzlich erkannten Wahrheit beruhte: daß der Organismus letztlich – um Freud und Dawkins zu zitieren – nichts weiter ist als der Träger des Fortpflanzungserfolgs der Gene.

Und schließlich fangen wir allmählich an, zu begreifen, wie jene Gene möglicherweise unser Verhalten und andere Aspekte des Organismus beeinflussen. Um es ganz einfach und undurchdacht zu sagen, »die Babys sind auf dieselbe Weise durch ein Gen für orales Verhalten programmiert« wie, sagen wir, mein Textverarbeitungssystem programmiert wurde, um alle paar Minuten eine Sicherheitskopie meiner Arbeit anzufertigen. Aber dies bedeutet nicht, daß irgendwo in der DNS eines Menschen folgender Code eingetragen ist: »Um dir die besten Überlebenschancen zu sichern, sauge ungefähr für zwei Jahre nach deiner Geburt so häufig wie möglich an den Brustwarzen deiner Mutter, auch wenn du keinen Hunger hast!« Es gibt eigentlich noch nicht einmal in meinem Textverarbeitungsprogramm einen Code, der lautet: »Mache alle fünf Minuten eine Sicherheitskopie.« Der Code enthält in Wirklichkeit einen Hinweis darauf, daß nach einer gewissen Anzahl von Zyklen der Computeruhr eine Standardunterroutine aufgerufen wird, die Dateien auf der Festplatte sichert. Diese Standardunterroutine ist Teil des Betriebssystems im Computer und nicht Bestandteil des Textverarbeitungsprogramms. Letzteres enthält nur einen Code, der besagt, wie und wann derartige Funktionen wie das Sichern von Dateien ausgeführt werden sollten. Die eigentliche Unterroutine zum Sichern ist eine Standardfunktion; denn sie wird von allen möglichen Arten unterschiedlicher Anwendungen, die auf dem Computer laufen können, genutzt. Es wäre unwirtschaftlich und nicht erforderlich, diese Funktion in jedem einzelnen Programm immer wieder neu zu erfinden.

Freuds Befunde deuten darauf hin, daß das »Gen für orales Verhalten« wahrscheinlich auf die gleiche Weise funktioniert. Darwins Beobachtung an seinem nur wenige Wochen alten Sohn zeigten, daß »eine auf sein Gesicht gelegte, warme, weiche Hand in ihm den Wunsch zu saugen hervorrief«.[13] Wir können annehmen, daß das Saugen ursprünglich wegen seiner Funktion im Zusammenhang mit dem Essen entstand und daß es eine normale Rückkopplung gibt, bei der Aktivitäten wie das Füllen eines hungrigen Magens mit Gefühlen belohnt werden, die man subjektiv als Lust empfindet. Wie wir bereits erfahren haben, entwickelte sich das, was Freud das Lust-Unlustprinzip nannte, als Teil des normalen menschlichen Systems; dadurch sollte ein Anreiz für ein Verhalten gegeben werden, das den Fortpflanzungserfolg des einzelnen begünstigt, und man sollte von einem Verhalten, das dem entgegenarbeitet, abgeschreckt werden. Wir haben auch gesehen, daß Darwin diesen Befund vorwegnahm, indem er ebenfalls auf die Lust hinwies, die Babys beim Saugen empfinden (siehe oben, S. 139f. und S. 170). Heute, wo wir das Lustprinzip in Verbindung mit dem Saugverhalten während der Nahrungsaufnahme bei Babys doch bereits kennen, wäre vermutlich nur eine leichte Modifikation erforderlich, um aus dem Saugen eine Lust als solche zu machen. So könnten Verbindungen zwischen Nervenzellen, welche die zum Saugen stimulierenden Neuronen hemmen, im Laufe der Embryoentwicklung unterbrochen werden; oder derartige Neuronen werden vielleicht direkt mit dem Lustzentrum verkoppelt. Werden an bestimmten Stellen Neurotransmitter oder hemmende Substanzen abgegeben, könnte dies im wesentlichen zu denselben Ergebnissen führen. Ein »Gen für orales Verhalten« würde dann auf ererbte Unterschiede hindeuten, die diesen Effekt beim Embryo zur Folge hätten. Das Gen müßte nicht befehlen: »Saug um des Saugens willen!«, aber in der Praxis hätte das dieselben Auswirkungen.

Ein solcher Effekt müßte jedoch erblich sein, weil seine Träger ihn, wenn dies ausbliebe, nicht an ihre Abkömmlinge weitergeben könnten; und die natürliche Selektion könnte sie dafür nicht mit dem Erfolg bei der Fortpflanzung belohnen. Deshalb darf man sich das »Gen für orales Verhalten« nicht so vorstellen, daß es mit einer einzigen, vollständigen und vielschichtigen Instruktion plötzlich die Bühne der Welt betritt; viel wahrscheinlicher wäre es, daß es bei den Instruktionen, die unsere Gene im Laufe der Entwicklung vor und kurz nach der Geburt für uns bereithalten, zu einer kleinen Veränderung gekommen ist.

Wenn man es mit Hilfe der drei Darwinschen Prinzipien zum Ausdruck der Gefühlsbewegungen formuliert, dann entspräche das orale Verhalten anscheinend dem ersten Prinzip: der zielgerichteten assoziierten Gewohnheit. Erst heute jedoch können wir dank Freuds Einblick in die umfassendere Emotion des Narzißmus verstehen, daß das orale Verhalten nicht nur beim einzelnen Kind zielgerichtet ist, sondern auch mit dem Eigeninteresse der Gene zusammenhängt und aufgrund der natürlichen Selektion zur Gewohnheit geworden ist.

Wir beginnen jetzt langsam einen tieferen Zusammenhang zwischen Darwins recht umstrittenen Erkenntnissen zur sexuellen Selektion und Freuds ähnlich belächelter und abgelehnter Libidotheorie zu verstehen. Wie wir zu Beginn dieses Kapitels gesehen haben, waren Darwins Kritiker zu sehr mit dem Überleben und Wohlergehen des Organismus beschäftigt – seiner Tüchtigkeit, um das unanständige Wort zu verwenden. Dabei erkannten sie nicht, daß im Rahmen der natürlichen Selektion im Endeffekt nur der Erfolg bei der Fortpflanzung zählt. Dieser Fehler verleitete sie zur schnellen Ablehnung der sexuellen Selektion; er wurde durch die Annahme der Anhänger der Gruppenselektionstheorie, man könne etwas umsonst bekommen, sogar noch verschlimmert. Auf die Sexualität angewandt hieß dies, sie hätte sich »zum Wohl der Art« entwickelt und nicht zum Wohl des einzelnen. Freuds Erkenntnisse zur Libido im allgemeinen und im speziellen wurden abgelehnt, weil seine Kritiker nur bereit waren, Sexualität als etwas zu begreifen, bei dem es um Fortpflanzung und um Erwachsene geht und bei dem man sich auf die Genitalien konzentriert. Doch wir verstehen jetzt allmählich, daß das, was Freud zur Libido und zum Narzißmus entdeckte, wahrscheinlich mit etwas zusammenhängt, wovon Darwins Kritiker meinten, es sei so wichtig – das Überleben des einzelnen Organismus, zumindest bevor er sich fortpflanzt.

Sowohl Darwin als auch Freud nahmen etwas vorweg; sie nahmen vorweg, daß die natürliche Selektion tatsächlich nach dem Kriterium des Fortpflanzungserfolgs der einzelnen Gene auswählt. Diese Einsicht stellt sowohl eine Erklärung für die sexuelle Selektion dar als auch für den Narzißmus. Wenn man Organismen als Träger ihrer Gene versteht, sind sie auf lange Sicht entbehrlich *und* anfänglich entscheidend für den Erfolg der Gene, deren Träger sie sind. Der erste Aspekt – die Entbehrlichkeit des Organismus für seine Gene – ist eine Erklärung dafür, daß »Tüchtigkeit« nur ein Mittel zum Zweck ist. Der zweite Gesichtspunkt – der entscheidende, wenn auch abnehmende Wert des Trägers für seine Gene – ermöglicht uns ein neues, darwinistisches Verständnis des Narzißmus.

6

Sex à la König Ödipus

Am bekanntesten von allen Erkenntnissen Freuds sind zweifellos die Befunde zum Ödipuskomplex. Dieser Komplex leitet seinen Namen vom sagenhaften Ödipus ab, der, ohne es zu wissen, seine Mutter heiratete und dann seinen Vater ermordete. Diese Geschichte ist so grotesk, daß sie scheinbar wenig mit dem Verhalten eines normalen Menschen zu tun hat, bei dem Vatermord und Inzest eher selten vorkommen. Wieder gibt es scheinbar überhaupt keine offenkundige biologische oder evolutionäre Erklärung für den Ödipuskomplex, insbesondere weil der Vatermörder das Prinzip des Verwandtschaftsaltruismus verletzt; und aus genetischen Gründen scheint sehr viel gegen Inzest zu sprechen. Es hilft wenig, wenn man darauf hinweist, daß Freud nicht einen Augenblick daran dachte, der Ödipuskomplex bringe die Menschen auch *tatsächlich* dazu, den gleichgeschlechtlichen Elternteil umzubringen und mit dem anderen Elternteil Inzest zu begehen. Es wird weithin angenommen, er sei der Auffassung gewesen, daß die Menschen genau das unbewußt machen *wollten* und daß nur kulturbedingte Verbote wie etwa das Inzesttabu sie davon abhielten, dieses ansonsten »natürliche« Verhalten zu zeigen. Wie wir jedoch gleich sehen werden, können viele dieser Vorbehalte wiederum durch einen neuen Ansatz ausgeräumt werden. Wir werden erkennen, daß manche von Freuds anscheinend wirklich absonderlichen Vorstellungen allmählich durchaus einen Sinn ergeben, wenn man sie vor dem Hintergrund einer richtig verstandenenen Evolutionstheorie sieht.

Man spielt die Urszene

Im vergangenen Kapitel sahen wir, wie sich das orale Verhalten im Verlauf der Evolution zu einem Mittel entwickelte, mit dessen Hilfe ein bereits in der Familie vorhandenes Kind in seinem eigenen Interesse die Fruchtbarkeit seiner Mutter beeinflussen konnte. Auf den ersten Blick scheinen Mutter und Kind dasselbe Interesse an diesem Vorgang zu haben. Wir könnten sogar sagen, daß Mutter und Kind in dieser Hinsicht »eine gemeinsame Evolution« durchgemacht haben: Es gibt ein Gen für orales Verhalten beim Kind, das nur deswegen in der Lage ist, seinen eigenen Chancen bei der Fortpflanzung zu verbessern, weil sich parallel dazu bei der Mutter ein Gen entwickelte, welches dafür sorgt, daß sie durch Stillen zeitweilig unfruchtbar wird.

So weit, so gut; aber wir müssen uns noch etwas näher damit beschäftigen. Um den Grund zu verstehen, lassen Sie uns einmal überlegen, was nach ungefähr zwei Jahren geschieht. Wir wissen, daß die Unfruchtbarkeit der Mutter zu diesem Zeitpunkt endet, ganz gleich, wie stark das Baby saugt. Die Ursache dafür liegt darin, daß dem evolutionären Eigeninteresse der Mutter – mit anderen Worten ihrem Erfolg bei der Fortpflanzung – am ehesten dadurch Geltung verschafft werden kann, daß sie ein weiteres Kind empfängt. Aber das bereits existierende Kind wird da anderer Meinung sein. Von seinem Standpunkt aus würden einige weitere Monate ungeteilter mütterlicher Aufmerksamkeit seinen eigenen Erfolg bei der Fortpflanzung eher verbessern, als wenn sie noch ein Baby bekommt. Dann nämlich gelangen einige der Ressourcen, die vielleicht sonst für die Milch beim vorhandenen Kind verwendet worden wären, in die Nährstoffe eines Fötus, mit dem das bereits existierende Kind höchstens die Hälfte der Gene gemeinsam hat. Obwohl es zwischen Mutter und Kind immer große Bereiche geben wird, in denen die Eigeninteressen beider Personen übereinstimmen, wird es wahrscheinlich in Randbereichen zum Konflikt kommen. Eltern und Kind haben ein Eigeninteresse daran, daß das Kind ißt. Aber das Kind wird gewöhnlich ein Eigeninteresse daran haben, daß es etwas mehr Nahrung bekommt oder etwas länger gestillt wird, als die Eltern das möchten. Bei der Mutter geht die Zeit der Unfruchtbarkeit, die durch das Saugen verursacht wird, zu Ende. Dies bedeutet, daß es zu einem Konflikt darüber kommen wird, wann sie wieder ein Kind haben soll; dabei wird das vorhandene Kind versuchen, die Empfängnis hinauszuzögern.

Hier handelt es sich jedoch keineswegs um das einzige Beispiel für einen Konflikt zwischen einer Mutter und ihrem Nachwuchs. Einen verblüffenden Fall entdeckte man kürzlich für den Zeitabschnitt ganz zu Beginn der Schwangerschaft. Obwohl es so scheinen mag, daß ein Fötus einfach deshalb in völliger Harmonie mit seiner Mutter lebt, weil er sich physisch innerhalb ihres Körpers befindet und in seiner Existenz völlig von ihr abhängig ist, wissen wir inzwischen, daß es zwischen Mutter und Fötus bei der Versorgung mit Blut zu grundlegenden Konflikten kommt. So wurde kürzlich entdeckt, daß Fötuszellen nahe der Plazenta in die Arterien der Mutter eindringen, nicht jedoch in die Venen. Sie reißen dort die Arterienwand ein, so daß sich die Blutgefäße weiten und zugunsten des Fötus mehr Blut in die Plazenta einströmt. Der Fötus gibt auch toxische Stoffe an den Blutkreislauf der Mutter ab, damit ihr Blutdruck erhöht wird; dies geschieht ebenfalls eher zum eigenen Nutzen als zu dem der Mutter. Die Mutter schlägt ihrerseits mit entsprechenden biochemischen Mitteln zurück, die darauf abzielen, die Auswirkungen solcher fötalen Störungen zu verringern; dies erklärt, warum es gewöhnlich für den Fötus oder für die Mutter oder für beide zu schwerwiegenden Krankheiten kommt, wenn eine der beiden Personen schwächer wird.

Es können auch Konflikte über die Inhaltsstoffe des Bluts entstehen. Sowohl die Mutter als auch das Kind brauchen Glukose aus dem Blut der Mutter, doch der Fötus braucht mehr davon als die Mutter. Der Fötus sondert deshalb immer größere Mengen des *milchanregenden* Hormons ab. Dadurch reagiert die Mutter nicht so empfindlich auf Insulin, und zum Wohle des Fötus steigt der Zuckerspiegel im Blut. Bei einem hohen Blutzuckerwert ist die Mutter jedoch von der Zuckerkrankheit bedroht; deshalb steigert sie die Produktion von Insulin. Das Ergebnis besteht darin, daß gegen Ende der Schwangerschaft 2000mal mehr des milchanregenden Hormons erzeugt wird als zu Beginn. Schwangerschaftsdiabetes schien einmal eine leicht erklärbare Krankheit zu sein. Jetzt verstehen wir sie als Teil des Konflikts zwischen Eltern und Nachwuchs um den Blutzucker; er wird mit gefährlichen chemischen Waffen innerhalb des Körpers der Mutter geführt.

Derartige Konflikte sind nicht auf die Schwangerschaft begrenzt. Sie können nach der Geburt weitergehen. Dabei verschlimmert sich der Konflikt dadurch, daß einige Gene als Hinweis darauf, von welchem Elternteil sie kommen, markiert werden können. Ein Gen von der Mutter ist mit einer 50prozentigen Wahrscheinlichkeit in irgendeinem ihrer künftigen Kinder vorhanden, und es hat daher ein ureigenes Interesse daran, daß sie sich fortpflanzt (siehe Abbildung 8, S. 77). Als Beispiel dafür kann das Prader-

Labhart-Willi-Syndrom dienen. Es wird durch ein Gen der Mutter hervorgerufen, dem keine Kopie beim Vater entspricht; das Kind wird unzureichend gestillt, es kommt zu schwachem Schreien, Inaktivität und Schläfrigkeit. Vermutlich geschieht dies, weil die Selektion sich bei den Genen der Mutter dergestalt ausgewirkt hat, daß das Baby so wenig fordernd wie möglich ist. Es ist jedoch nicht absolut sicher, ob ein Gen vom Vater in einem anderen Kind von derselben Mutter vorhanden sein muß, und man kann deshalb erwarten, daß dieses Gen die Mutter vor viel größere Anforderungen stellt. Genau das scheint bei Kindern mit dem Angelman-Syndrom zu geschehen; im typischen Fall sind sie überaktiv, schlafen weniger und werden länger gestillt. Das Angelman-Syndrom wird durch ein einzelnes Gen beim Vater verursacht, dem kein Gegenstück bei der Mutter entspricht; es hat eine gewisse Ähnlichkeit mit dem zuvor erwähnten »Gen für orales Verhalten« (siehe oben, S. 175f.).

Diese Beispiele vermitteln eine überraschende Einsicht zu einem von Freuds merkwürdigsten und aus biologischer Sicht scheinbar unsinnigsten Befunden. Es geht um sein Beharren darauf, daß kleine Kinder, nachdem sie die orale Phase durchlaufen haben, anschließend in die sogenannte »anale Phase« kommen, in der das Zurückhalten von Harn und Kot mit lustvollen Empfindungen verbunden wird. Auf den ersten Blick erscheint dies genauso befremdlich wie Diabetes während der Schwangerschaft; denn es ist nur schwer zu verstehen, wie das Zurückhalten von Ausscheidungen und nicht das Entleeren in irgendeiner Weise für die Anpassung von Vorteil sein kann. Es ist allerdings vorstellbar, daß sich die Erklärung der Schwangerschaftsdiabetes vielleicht auf anales Verhalten, wenn ich dies so nennen darf, übertragen läßt.

Unter den Bedingungen der Urgesellschaft, aus der wir uns entwickelten, trugen die Mütter wahrscheinlich die Babys die meiste oder die ganze Zeit über mit sich. Unter diesen Bedingungen kann eine Mutter leicht sehen, was aus einem Baby hinten herauskommt. Wenn sie jedoch stillt – und das hat sie womöglich bis zu vier oder fünf Jahre lang gemacht –, kann sie nicht sehen, was vorne hineinkommt. Im Unterschied zu einem Glasfläschchen kann man bei einer Brust von außen nicht sehen, ob sie mit Milch gefüllt ist. Man kann jedoch die Regel aufstellen, daß das, was in ein Baby hineinkommt, in der einen oder anderen Form auch wieder herauskommen muß. Und die Beobachtung zeigt uns gewöhnlich, daß unsere Nahrungs- und

Flüssigkeitsaufnahme – wenn auch mit einer gewissen zeitlichen Verzögerung – ungefähr dem entspricht, was wir an Ausscheidungen wieder abgeben. Ein Kleinkind oder ein Baby, das nichts ausscheidet, würde uns dennoch den Eindruck vermitteln, das es keine Nahrung aufnimmt, und die Mutter vielleicht darauf stoßen, daß sie nicht genügend stillt. Normalerweise ist das Zurückhalten von Ausscheidungen für Erwachsene unangenehm; kleine Kinder könnten jedoch die Neigung entwickelt haben, beim Konflikt zwischen Mutter und Kind um die Milch ihren Kot in betrügerischer Absicht zurückzuhalten. Wenn das stimmt, könnte sich ein »Gen für anales Zurückhalten« entwickelt haben, um das ICH eines kleinen Kindes in der Weise zu beeinflussen, in der dies auch beim »Gen für orales Verhalten« geschah. Dies geschähe so, daß die Empfindung, die dieses Verhalten hervorruft, selbst lustvoll wird. Wieder einmal wäre es das Lustprinzip gewesen, durch welche die evolutionären Kräfte in der Psychologie des Menschen zum Ausdruck kommen. Wie im Fall der Schwangerschaftsdiabetes würde sich ein offensichtlich krankhafter Zustand in Wirklichkeit als ein Zustand herausstellen, bei dem sich der Konflikt zwischen Eltern und Nachwuchs um die Nahrungsressourcen auswirkt. Und wenn das der Fall ist, hätten wir zumindest eine Erklärung für eine der seltsamsten Erkenntnisse von Freud.[1]

Die Überlegungen führen zu der Frage, wie viele andere Dinge es noch geben mag, die wir irrtümlicherweise für krankhaft halten und bei denen wir keinen Zusammenhang mit der Evolution sehen können. Ein Beispiel dafür ist wahrscheinlich, wie wir bereits wissen, orales Verhalten. Solange man es nur in Zusammenhang mit der modernen westlichen Gesellschaft sieht, in der durch das frühe Abstillen der empfängnisverhütende Effekt der Ernährung durch Muttermilch verdeckt wird und in der die Geburt eines Geschwisters in den ersten Lebensjahren eines bereits vorhandenen Kindes keine Bedrohung darstellt, kann das Nuckeln um seiner selbst willen scheinbar als das genommen werden, was es ist, und als nichts weiter. Wir haben jedoch gesehen, daß das orale Verhalten langsam eine Bedeutung für die Anpassung gewinnt, wenn man erst einmal die Lebensbedingungen in der Urgesellschaft in Rechnung stellt, wo der empfängnisverhütende Effekt des hinausgezögerten Stillens bedeutsam gewesen sein muß und wo von der Geburt eines Geschwisters für ein vorhandenes Kind unter fünf Jahren in der Tat eine tödliche Gefahr ausging. Und in diesem Kontext scheinen die

Gene in der Lage zu sein, sich auf ihre Weise so zu wehren, daß die Natur es versteht: durch den Erfolg bei der Fortpflanzung.

Wir könnten weiter fragen, welche Bedeutung dies für Freuds Theorie, vor allem im Hinblick auf andere Aspekte der »infantilen Sexualität«, haben mag. Paßt nun »die orale Phase« so gut dazu, wenn wir sie mit der Evolutionstheorie in Zusammenhang bringen und von Verzerrungen absehen, die unter den modernen Lebensbedingungen bei unserem Verhalten auftreten, sollten wir weiter fragen, welche Freudschen Erkenntnisse wir aus einem solchen Perspektivenwechsel gewinnen könnten. Wir könnten da anfangen, wo wir aufgehört haben, und uns fragen, was nach der oralen Phase kommt. Wie wir gesehen haben, hat ein Kind von zwei oder drei Jahren unter den Bedingungen der Urgesellschaft Probleme, weil die Mutter durch die Stimulation ihrer Brustwarzen nicht davon abgehalten wird, wieder schwanger zu werden. Gäbe es noch weitere Möglichkeiten für das Kind?

Hier könnte eine der seltsamsten Freudschen Erkenntnisse durchaus einen Sinn ergeben. Es geht um ein Thema, das in der Psychoanalyse gewöhnlich unter dem Stichwort *Urszene* diskutiert wird; hier wird beschrieben, wie ein kleines Kind in der Vorstellung oder real den Geschlechtsverkehr der Eltern beobachtet oder mit anhört. Fast immer wird dies als gewaltsamer Angriff des Vaters auf die Mutter gedeutet, führt zu beträchtlicher Angst und ist häufig von offensichtlich irrationalen Gefühlen begleitet, das Genital des Kindes sei bedroht – das ist die sogenannte Kastrationsangst.

Die kindliche Neugier und seine Angst vor den sexuellen Aktivitäten der Eltern sowie sein Wunsch, sie zu beobachten, stimmt auf den ersten Blick recht gut mit Freuds Deutungen überein. Es scheint sich um einen Hinweis in Richtung auf frühzeitige Sexualität beim Kind und um einen unumstößlichen Beweis für infantilen Voyeurismus zu handeln. Das trifft vor allem dann zu, wenn die Eltern und das Kind in unterschiedlichen Zimmern schlafen und wenn die Eltern die normalen Vorsichtsmaßnahmen ergreifen, damit sie das Kind nicht stören. Wenn ein Kind ein irgendwie geartetes Interesse an den sexuellen Aktivitäten der Eltern zeigt, liegt der direkte Vergleich mit dem Voyeurismus bei Erwachsenen nahe und scheint Freuds Auffassung vom Kleinkind als einem »polymorph Perversen« zu bestätigen.

Aber der Anschein trügt vielleicht. Wie man anales Verhalten nicht länger als etwas seelisch Krankes betrachtet und es allmählich als Anpassung an die Lebensbedingungen der Urgesellschaft erscheint, kann das Material aus der Urszene durchaus einen anderen Sinn ergeben, wenn die Urszene im ursprünglichen Kontext ihrer evolutionären Entwicklung gesehen wird. Wie bei den australischen Ureinwohnern, die noch bis vor kurzem eine Jäger- und-Sammler-Gesellschaft bildeten, haben die Familien nicht in getrennten Zimmern geschlafen. Im Gegenteil, die australischen Ureinwohner schlugen ihr Nachtlager gewöhnlich um ein Lagerfeuer herum auf; und dabei schliefen die Kinder direkt neben ihren Eltern. Die Geburt eines Geschwisters stellte unter diesen Umständen immer noch eine ernsthafte Bedrohung ihres Lebens dar. Ein Kind, dessen Mutter nicht mehr so auf die Stimulation der Brustwarze reagierte, daß die Geburt eines Geschwisters hinausgezögert wurde, könnte daher ein Motiv haben, die Versuche seiner Eltern, ein Kind zu zeugen, zu überwachen oder aber Angst dabei zu empfinden. Ein Kind, das lauerte, ängstlich und vielleicht sogar bereit war, zumindest den Versuch zu unternehmen, den Geschlechtsakt zu verhindern – möglicherweise indem es weinte oder sich bzw. seine Eltern beschmutzte –, könnte tatsächlich im Vergleich zu einem Kind, das sich passiv seinem Schicksal ergibt, die eigenen Überlebenschancen und letztendlich seinen Erfolg bei der Fortpflanzung verbessern.

Wenn diese Deutung der Angst während der Urszene stimmt, dann sollte auch darauf hingewiesen werden, daß Freud in seiner wichtigsten Fallgeschichte zur Urszene, der des sogenannten Wolfsmannes, folgendes anmerkt: »Seine Mutter mochte ihn so sehr, weil er der kleinste war, und dies war der Ausgangspunkt für seinen Wunsch, daß kein kleineres Kind nach ihm kommen solle. Seine Angst des kleinsten Kindes wurde unter dem Einfluß des Traumes, der vor ihm seine Eltern beim Geschlechtsverkehr erscheinen ließ, neu belebt.« Freud war in der Lage, die Urszenenerfahrung des Wolfsmannes recht genau auf das Alter von eineinhalb Jahren zu datieren. Wenn man einmal als gegeben voraussetzt, daß das orale Verhalten unter den Bedingungen der Urgesellschaft ungefähr im Alter von zwei Jahren zu wirken aufhört, handelt es sich hier in etwa um die Zeit, für die wir vorhersagen würden, daß ein Kleinkind anfangen würde, sich für die sexuellen Aktivitäten seiner Eltern zu interessieren. Wir könnten zudem Freuds ansonsten überraschenden Befund so verstehen, daß der Wolfsmann als Säugling einkotet, weil er eine Urszene beobachtet hatte. Unter den Bedingungen der Urgesellschaft könnte dies am Körper seiner Eltern oder in deren Nähe geschehen sein. Und dies hätte sicherlich ausgereicht, um sie sozusagen aus dem Takt zu bringen. Bedenkt man die lebensbedrohliche Wirkung, die unter diesen Bedingungen und in diesem Alter von Geschwistern ausging, dann könnte ein Kind, das so etwas machte, seine Überlebenschancen im Vergleich zu einem Kind, das dies unterließ, verbessern.

Obwohl mancher Leser diese Deutung als lächerlich empfinden wird, möchte ich doch betonen, daß sie auf zwei berühmte Anthropologen, denen ich sie vortrug und die beide mehrere Jahre ihres Lebens damit verbracht haben, mit australischen Ureinwohnern zusammenzuleben, durchaus eine andere Wirkung hatte. Beide nahmen sie ganz ernst, und einer steuerte spontan den Hinweis bei, daß sich die Ureinwohner der Störversuche von Kleinkindern bei den sexuellen Aktivitäten so bewußt seien, daß die Eheleute nur selten während der Nacht versuchten, miteinander zu schlafen; gewöhnlich gingen sie zum Mittagsschlaf zusammen hinaus in den Busch. Der Anthropologe berichtete darüber, es komme häufig vor, daß Kleinkinder versuchten, ihren Eltern bei solchen Gelegenheiten zu folgen, daß aber andere Erwachsene im Lager sie gewöhnlich ablenkten und aufhielten; auf diese Weise würde das Paar in Frieden gelassen. Keiner der beiden Anthropologen war der Auffassung, die von mir vorgeschlagene Deutung sei abwegig, zumindest wenn man sie richtig einzuordnen versteht.[2]

Weiterhin ist es möglicherweise von Bedeutung, daß die einzigen Tabus, die den Berichten nach in der traditionellen Kultur der australischen Ureinwohner im Bereich der infantilen Sexualität aufrechterhalten werden, im Verbot bestehen, den elterlichen Geschlechtsverkehr zu beobachten. Es ist sogar noch aufschlußreicher, wenn man bedenkt, daß dort bei Kindern viele andere Aktivitäten, die in den meisten anderen Kulturen überhaupt nicht gebilligt werden, offen toleriert werden, etwa Masturbation, Exhibitionismus, öffentliches Urinieren und Stuhlentleerung sowie die Nachahmung des Geschlechtsverkehrs.[3] Mein Ansatz mag als Erklärung dafür dienen, warum der infantile Voyeurismus auch bei den ansonsten gelassenen Ureinwohnern Australiens eine Ausnahme darstellte und zu einem anschaulichen Beispiel für den Konflikt zwischen Eltern und Nachwuchs wurde.

Was die Frage der Kastrationsangst angeht, scheint zunächst auch sie unsinnig zu sein; beschäftigt man sich jedoch genauer damit und denkt man etwa an die zuvor beschriebene Diskussion um den Narzißmusbegriff zurück, ergibt sie ebenfalls einen Sinn. Ist der einzelne lediglich Träger seiner Gene und geht von der Geburt eines Geschwisters innerhalb der ersten vier oder fünf Jahre im Leben dieses Trägers eine tödliche Bedrohung für den einzelnen aus, dann macht die Angst im Hinblick auf seinen eigenen Erfolg bei der Fortpflanzung durchaus einen Sinn. Und nur darum kann es bei der Kastrationsangst gehen. Vielleicht ist es einfach die narzißtische Beschäftigung mit dem künftigen Erfolg bei der Fortpflanzung, die konkret in der Angst um das unmittelbar betroffene Organ – das Genital – in Erscheinung tritt. Der Grund dafür liegt darin, daß das Genital der entscheidende Träger für den Fortpflanzungserfolg ist, obwohl der einzelne, allgemein ausgedrückt, der Träger für seine Gene ist. Man weiß von Schimpansenmännchen, daß sie andere Männchen kastrieren; diese Tatsache zeigt, daß sogar Affen die besondere Bedeutung des männlichen Genitals zumindest wahrnehmen.

Wenn man bedenkt, wie langsam der genetische Wandel vor sich geht, sind aus der Perspektive der Gene weiterhin die Bedingungen der Urgesellschaft gegeben. Infolge dieser Zeitlosigkeit des ES könnte die Urszene immer noch dazu führen, daß eine Emotion ausgedrückt wird, die Darwin nie auch nur zu erklären versucht hat, die Freud jedoch in einen begrifflichen Zusammenhang mit der evolutionären Vergangenheit stellt: »Die Szenen der Beobachtung des elterlichen Sexualverkehrs... und von Kastrationsandrohung sind unzweifelhafter ererbter Besitz, phylogenetische Erbschaft... Das Kind greift zu diesem phylogenetischen Erleben, wo sein eigenes Erleben nicht ausreicht. Es füllt die Lücken der individuellen Wahrheit mit prähistorischer Wahrheit aus, setzt die Erfahrung der Vorahnen an die Stelle der eigenen Erfahrung ein.«[4]

Ein Komplex wegen eiskalt berechnender Liebe

Um Konflikte zwischen Eltern und Kind besser verstehen zu können, brauchen wir eine abstraktere und allgemeinere Begrifflichkeit für die vielen unterschiedlichen Methoden, wie Eltern etwas dazu beitragen, daß die Kinder das bekommen, was sie für ihre Entwicklung haben wollen. Wir brauchen ein einziges Wort, das Nahrung, Behausung, Schutz, Transportmittel, Ausbildung und so weiter abdeckt, ein Wort, das grundlegend genug ist, um universell verwendbar zu sein, in welcher Situation auch immer (etwa vor oder nach der Geburt) diese Dinge zur Verfügung gestellt werden. Der entsprechende Begriff geht auf den Evolutionsbiologen Robert Trivers zurück; er heißt »elterliches Engagement«. *Das elterliche Engagement* wird definiert als *jeder Beitrag eines Nachkommens für den Erfolg bei der Fortpflanzung zuungunsten des Fortpflanzungserfolgs der Eltern*. Wie die Definition des Altruismus, die ihm ähnelt, ist das elterliche Engagement ein Schlüsselbegriff des modernen Darwinismus und ein zentraler Begriff für die Argumentation in diesem und im folgenden Kapitel. Wie wir sehen werden, entspricht die Theorie des elterlichen Engagements für das Sexualverhalten der modernen Altruismustheorie für das Sozialverhalten.

Die Anwendbarkeit des Begriffs läßt sich am Beispiel des *Weinens* veranschaulichen. Darwin merkte in seinem Buch *Der Ausdruck der Gemüthsbewegungen* folgendes an: »Kleine Kinder stoßen, auch wenn sie nur geringen Schmerz leiden, wie mäßigen Hunger oder Unbehagen, heftiges und anhaltendes Geschrei aus.« Er deutet dies »teilweise als Hilferuf an ihre Eltern und teilweise, weil jede große Anstrengung als Erleichterung dient«.[5] Robert Trivers weist wie Darwin darauf hin, daß Weinen der Ausdruck eines Kummers ist, der von Kindern eingesetzt wird, um von den Eltern jegliche Art der Aufmerksamkeit zu erbetteln; zusätzlich fordern sie ein Engagement ein, das möglicherweise daraus folgt, sei es nun in Form von Essen, Schutz, emotionaler Rückversicherung oder in welcher anderen Form auch immer. Robert Trivers fügt jedoch hinzu, daß sich ein Kind, hat sich das Signal der Zuwendung erst einmal eingeschliffen, durch nichts davon abhalten läßt, immer stärker oder immer häufiger zu weinen, als es den Eltern recht sein mag. Wenn das Ergebnis des stärkeren und längeren Weinens darin besteht, auch nur ein wenig mehr elterliche Aufmerksamkeit anzuziehen, wird das Weinen selektiert (erinnern wir uns daran, daß wir das elterliche Engagement bereits als Beitrag zum Fortpflanzungserfolg der Nachkommenschaft definiert haben).

Trotzdem notierte Darwin: »Wenn Säuglinge ganz klein sind, verdrücken oder vergießen sie keine Tränen.« Die Beobachtung an einem seiner eigenen Kinder zeigte, daß es im Alter von 67 Tagen »während eines Schreianfalls ... zu einem leichten Austritt von Tränen kam. Im Alter von

122 Tagen liefen die Tränen, wenn es heftig schrie, nicht aus den Augenlidern und auch nicht die Wange des Kindes hinunter. Dies geschah erstmals... mit 139 Tagen.« Für Darwin bedeutete dies, daß die Tränendrüsen »beim einzelnen eine gewisse Übung« erfordern, »bevor sie ohne weiteres in Aktion treten«. Er notierte auch: »Wenn ein Säugling einmal die Gewohnheit erlernt hat, bringt er auf die deutlichste Weise alle Arten von Leiden zum Ausdruck, sowohl körperlichen Schmerz als auch seelischen Kummer.« Wir fügen diesen Worten noch das Urteil von Darwin hinzu, daß »kein Ausdruck allgemeiner und typischer ist als das Weinen« und daß man es nur beim Menschen findet. Diese Beobachtungen deuten darauf hin, daß das Weinen, sobald ein Kind Tränen hervorbringen kann, beim Menschen als deutlich erkennbares Signal für Kummer eingesetzt wird.[6]

Das Ergebnis besteht in einem sich eskalierenden »Wettrüsten«, bei dem Säuglinge immer lauter schreien, um das elterliche Engagement, das es ihnen möglicherweise bringt, zu maximieren. Aber Eltern stumpfen dagegen ab, wenn sie etwas beobachten, was Darwin als normales Verhalten von Kindern beschreibt. Folgerichtig legen Erwachsene, was die Empfindlichkeit beim Schreien betrifft, eine Doppelmoral an den Tag. Sie zeigen relative Gleichgültigkeit gegenüber Kindern, von denen man erwartet, daß sie bei jeder Kleinigkeit weinen; bei Erwachsenen wird dies jedoch als bedeutsamer Ausdruck aus den Fugen geratener Emotionen betrachtet und daher viel ernster genommen. Diesen Effekt kann man auf jedem öffentlichen Platz beobachten, auf dem Menschen aller Altersgruppen Schulter an Schulter stehen. Von weinenden Kindern nehmen die meisten Erwachsenen keine Notiz, solange sie nicht ganz offensichtlich verlorengegangen sind oder verlassen wurden; dagegen wird man bei einem anderen Erwachsenen sogar nur leichtes Weinen bemerken, selbst wenn die anderen sich davor hüten, mit ihm in Kontakt zu geraten.

Ein weiteres Beispiel, das die Anwendbarkeit des von Robert Trivers erwähnten Begriffs des elterlichen Engagements veranschaulicht, ist die *Regression*. Bei vielen Arten, auch beim Menschen, hängt das Ausmaß des Engagements, das der Nachwuchs braucht, vom Alter ab; die kleineren Kinder brauchen von ihren Eltern mehr Nahrung, Schutz, Hilfe und so weiter als die älteren. Eine Nachkomme jedoch, der sich so verhält oder den Anschein erweckt, er wäre kleiner, als er wirklich ist – der mit anderen Worten *regrediert* –, bettelt vielleicht um mehr elterliches Engagement, als er bekäme, wenn er altersentsprechend aufträte. Natürlich ist der Einsatz der Regression als Mittel, um ein größeres elterliches Engagement zu erhalten, ein Täuschungsmanöver. Wir haben jedoch bereits gesehen, daß sich Täuschung auszahlen kann, vor allem wenn man damit durchkommt (siehe oben, S. 103-117). Wir haben auch gesehen, daß solche Täuschungen dazu tendieren, unbewußt zu werden. Es ist für uns deshalb keine Überraschung, daß die Regression in Freuds Befunden eine wichtige Rolle spielte.

Regression läßt sich als Beispiel für Darwins zweites Prinzip beim Ausdruck der Gemütsbewegungen, für die Verkehrung ins Gegenteil, begreifen, weil das Kleinkind hier versucht, sein wahres Alter zu leugnen, als versuchte es zu sagen: »Schau, ich bin gar nicht so alt; ich bin jünger!« Weinen hängt eindeutig mit seinem dritten Prinzip zusammen, dem unwillentlichen Überschwappen der Emotion; wir haben dies weiter oben gesehen, als Darwin das Verhalten eines Kindes kommentierte, das »zur Erleichterung« schrie und um die Aufmerksamkeit der Eltern zu wecken. Was die Ursache des Weinkrampfs angeht, die selten so schwerwiegend ist, wie es durch den Gefühlausdruck nahegelegt wird, gibt es jedoch auch in dieser Hinsicht ein nicht unwichtiges Element der Täuschung. Das erste Prinzip, die zielgerichtete assoziierte Gewohnheit, haben wir bereits in Zusammenhang mit dem oralen Verhalten (siehe oben, S. 169–177) kennengelernt, aber es lassen sich auch noch andere Beispiele finden. Eines davon ist das *Lächeln*.

Beim Erwachsenen ist das Lächeln eine Geste der Freundlichkeit und der Anerkennung. Fremde lächeln wir nicht an, wenn wir nicht ihre Aufmerksamkeit auf uns lenken wollen. Und Nichtlächeln im Verlauf einer Interaktion mit einem Freund oder einem geliebten Menschen erweckt den Eindruck, irgend etwas sei nicht in Ordnung. Im wesentlichen bringt Lächeln Freude, Vergnügen und Glück zum Ausdruck – so sehr, daß Darwin das Lächeln als »die erste Stufe in der Entwicklung eines Gelächters« betrachtete.[7] Normalerweise erwecken wir in anderen diesen Eindruck, indem wir ihnen zulächeln. Lächelt man jedoch in sich hinein, so führt dies bei anderen zu der Frage, woran wir gerade denken, so als wäre es selbstverständlich, daß ein Lächeln ein soziales Signal und daher ein Zeichen ist, das andere verstehen sollten. Als isolierter Gefühlsausdruck, der sich gezielt an eine andere Person richtet und nicht mit Worten oder anderen Gesten einhergeht, ist das Lächeln häufig eine Methode, um »Danke schön« zu sagen oder um jemandem Anerkennung für etwas auszusprechen.

Darwin hat in seinem Buch das Lächeln ausführlich erörtert und über Beobachtungen an seinen eigenen Kindern berichtet, bei denen er spontanes Lächeln bereits im Alter von sechs Wochen ausmachte; mit ziemlicher Sicherheit trat es dann mit neun Wochen auf. Diese Erkenntnisse werden durch moderne Forschungen bestätigt, die auch einen Lächelreflex bei zu früh auf die Welt gekommenen Kindern fanden. Selbst eine ovale schematische Zeichnung mit kleinen Punkten für die Augen wird bei einem vier Monate alten Baby die Reaktion des Lächelns auslösen. Wie Darwin anmerkt, geht es beim Lächeln jedoch um ein vielschichtiges Zusammenspiel zwischen zahlreichen Muskeln. In Kombination mit der Tatsache, daß man das Lächeln bei allen Menschen finden kann, deuten diese Befunde darauf hin, daß es, wie man sagen könnte, ein Gen für das Lächeln gibt und daß es schon von Anfang an das Verhalten zu beeinflussen beginnt.

Trotzdem beobachtete Darwin, daß man wie beim Weinen Übung braucht, um das Lächeln zur Vollkommenheit zu bringen. Moderne Forschungen deuten darauf hin, daß Kinder, die keinen nahen und häufigen Kontakt mit ihren Müttern haben, dazu neigen, nicht so schnell zu lächeln. Dies ist ein Anzeichen dafür, daß es beim Lächeln um die Fähigkeit geht, angemessen auf einen Reiz zu reagieren, und daß es sich um mehr handelt als nur einen einfachen Reflex wie den Lidschlag. Darwin hatte zwar darüber hinaus geschrieben: »... ist die Gabe des Schreiens, da sie den kleinen Kindern von Nutzen ist, schon von den ersten Tagen an vortrefflich entwickelt worden.«[8] Trotzdem ist es möglich, daß auch das Lächeln eine zielgerichtete Gewohnheit darstellt, die mit den frühesten Interaktionen zwischen Mutter und Kind zusammenhängt.

An diesem Punkt scheint es nicht weit hergeholt, zu glauben, daß kleine Kinder, die als Reaktion auf die Aufmerksamkeit ihrer Mutter ein Lächeln zum Ausdruck bringen, eine nettere Antwort aus ihnen hervorlocken als Babys, die ein unbewegtes Gesicht beibehalten und offensichtlich ungerührt bleiben. Dies liegt daran, daß eine Mutter, die bereits an Lächeln als Ausdruck der Freude und der Dankbarkeit bei Interaktionen mit Erwachsenen gewohnt ist, erwartet, durch einen entsprechenden Gesichtsausdruck für ihre Zuwendung belohnt zu werden. Wer könnte sagen, ob der Säugling wirklich Freude und Dankbarkeit wie ein Erwachsener empfindet? Ein lächelndes Kleinkind sieht jedoch gewiß so aus, als wären die ausgedrückten Emotionen dieselben. Wenn das die emotionale Bindung der Mutter zum

Baby verstärkte und vertiefte, würde das Gen für das Lächeln einfach deshalb selektiert, weil lächelnde Babys eher geliebt, besser ernährt und im allgemeinen intensiver betreut werden als nichtlächelnde Babys. Würden durch ein solches verstärktes elterliches Engagement aus den Säuglingen Kinder werden, die einen leicht verbesserten Fortpflanzungserfolg im Erwachsenenleben hätten, dann würde ihre Nachkommenschaft wahrscheinlich das Gen für das Lächeln erben und so weiter.

Doch womöglich stellt das Lächeln nur einen Anfang dar. Wir wissen, daß Kleinkinder, wenn sie heranreifen, zu viel mehr fähig sind, als nur ihre Mütter anzulächeln. Wie Darwin anmerkt, ist das Lächeln Ausdruck einer Gefühlsbewegung; und beim Lächeln sind die hier ausgedrückten Emotionen positive, zum Beispiel Freude, Dankbarkeit, Liebe und Zuneigung. Wenn ein schlichtes Lächeln bewirken kann, daß sich die Mutter verstärkt um ein Kleinkind kümmert, dann könnten die dadurch ausgedrückten Emotionen sogar zu noch besseren Ergebnissen führen. Wenn ein Ausdruck des Kummers, wie das Weinen, auf die Weise verstärkt werden kann, wie dies augenscheinlich geschehen ist, dann könnten vermutlich auch die Emotionen, die dem Lächeln zugrunde liegen, verstärkt werden. Diese Emotionen sind, wie wir erfahren haben, Freude, Dankbarkeit und Zuneigung. Ein Lächeln kann bedeuten: »Ich freue mich«, »Danke schön« oder »Ich mag dich«. Und was als Lächeln beim Baby beginnt, geht häufig in lange Perioden des Blickkontakts über, die bei einem Erwachsenen nicht einfach nur »Ich mag dich«, sondern »Ich liebe dich« bedeuten.

Anders ausgedrückt: Wenn es sich für Säuglinge auszahlt, immer stärkere Kummersignale von sich zu geben, dann könnte es sich noch mehr auszahlen, eher positive Signale verstärkt zum Ausdruck zu bringen. Denn das Ergebnis besteht darin, daß die Mutter ein verstärktes elterliches Engagement zeigen wird. Ein Lächeln, das Zuneigung zum Ausdruck bringt, mag diesem Zweck dienlich sein, ein verliebter Gesichtsausdruck jedoch kommt diesem Ziel möglicherweise noch stärker entgegen. Zeigt das Kleinkind, daß es die Mutter leidenschaftlich liebt, und untermauert es diese Botschaft nicht nur mit einem verliebten Gesichtsausdruck, sondern mit Umarmungen, Küssen und verbalen Äußerungen, dann ist die Wahrscheinlichkeit groß, daß letztlich durch das verstärkte elterliche Engagement der Nutzen für seinen Fortpflanzungserfolg sogar noch größer wäre. Darwin berichtet von seinem Sohn, daß Anzeichen für Zuneigung »recht früh in seinem Leben auftraten, wenn wir dies danach beurteilen, daß er denjenigen zulächelte, die ihm in den ersten beiden Lebensmonaten beaufsichtigten... Doch zeigte er die Zuneigung erst kurz nach seinem ersten Geburtstag durch offenes Verhalten, wie etwa durch mehrmaliges Küssen seiner für kurze Zeit abwesenden Betreuerin.«[9]

Hier mag es sich um die Grundlage für eine von Freuds umstrittensten Erkenntnissen handeln; wir sprechen dann von *ödipalem Verhalten*. Es geht dabei um heftige Gefühle von Liebe und Zuneigung gegenüber der Mutter und eine Tendenz, den Vater als Rivalen im Kampf um die Zuneigung der Mutter zu betrachten. Wenn meine Deutung des ödipalen Verhaltens stimmt, dann handelt es sich hier nur um einen verstärkten Ausdruck der positiven Reaktion auf die Mutter, wie sie erstmals beim Lächeln auftritt. Es würde die Lust, die Dankbarkeit und die Zuneigung zu einer tiefen Liebe gegenüber der Mutter intensivieren, die sich in allen möglichen Formen äußert und in jedem Aspekt der Beziehung des Kindes zu ihr zum Ausdruck kommt.

Dies ließe sich als Auswirkung der Tatsache erklären, daß unter den Bedingungen der Urgesellschaft – und eigentlich in allen menschlichen Gesellschaften bis heute – die Mutter beim elterlichen Engagement während der ersten Lebensjahre der bestimmende und manchmal sogar der einzige Akteur ist. Sie ist es, die den Säugling stillt (gewöhnlich während der ersten beiden Jahre, wie wir gesehen haben); sie ist es, die sich während des größten Teils der frühen Kindheit um ihn kümmert. Traditionellerweise hat der Vater wenig oder gar nichts mit der alltäglichen Kinderbetreuung zu tun, und, wenn die Kinder noch ganz klein sind, übernimmt er in dieser Hinsicht selten, falls überhaupt, irgendwelche wichtigen Aufgaben. Das würde erklären, warum sich das frühe ödipale Verhalten auf die Mutter richtet und warum es gegenüber dem Vater zumindest anfänglich nicht auftritt. Dies mag tatsächlich auch eine Erklärung dafür sein, warum der Vater gewöhnlich vom Kind als so etwas wie ein Rivale betrachtet wird. Selbst in unseren eigenen, weniger traditionell an Geschlechterrollen ausgerichteten Gesellschaften halten die Väter die Neugeborenen, was die Aufmerksamkeit der Mutter angeht, häufig für Nebenbuhler; und wenn der Vater dies möglicherweise so sieht, dann kann das eindeutig auch beim Kind der Fall sein. Wenn das Kind bei der Mutter den größten Teil der Zeit, der Zuwendung, der Aufmerksamkeit, der Liebe und der Kraft für sich in Anspruch nimmt, wird es mit ziemlicher Sicherheit bisweilen in Rivalität mit dem Vater geraten. Der Vater muß seinerseits zur Kenntnis nehmen, daß das Kind im Endeffekt versucht, die Mutter für sich haben zu wollen, und muß diesen Versuch abwehren; unvermeidlicherweise bestätigt dies das ödipale Bild von ihm als eifersüchtigem Rivalen.

Wenn aber diese Deutung zutreffend ist, dann läßt sich sofort nachvollziehen, warum beide Geschlechter zumindest in der frühen Kindheit ödipales Verhalten zeigen müssen. Dies kommt daher, daß die Mutter unabhängig vom Geschlecht des Kindes der wichtigste Ausgangspunkt für elterliches Engagement unter den Bedingungen der Urgesellschaft bleibt. Obwohl Freud ursprünglich dazu neigte, anzunehmen, daß der Ödipuskomplex für beide Geschlechter symmetrisch ist, daß also sowohl die Jungen als auch die Mädchen in derselben Entwicklungsstufe Liebe für den gegengeschlechtlichen Elternteil und ein Gefühl der Rivalität gegenüber dem Elternteil desselben Geschlechts empfanden, verwarf er diese Auffassung später. Durch weitere Beobachtungen kam er zu einer Überzeugung, die auch Anna Freud später unnachgiebig vertrat: daß auch kleine Mädchen zumindest in der frühen Kindheit einen Ödipuskomplex haben, in dessen Mittelpunkt die Mutter als Liebesobjekt steht.[10] In der Tat wies Anna Freud häufig darauf hin, daß manches kleine Mädchen (wenn auch nicht jedes) eindeutig eine Stufe mit »wildem« Verhalten durchläuft und sich gegenüber ihrer Mutter so verhält, als wäre es selbst kein Mädchen, sondern ein Junge.

Dieser Befund ist wichtig, weil andernfalls der Versuch, ödipales Verhalten als Einforderung elterlichen Engagements zu deuten, bei Mädchen in die Irre führte. Freud modifizierte seine Auffassung dahingehend, daß er sie um ein Element ergänzte, das bei der ödipalen Bindung eines kleinen Mädchens häufig verwirrenderweise »die präödipale Phase«[11] der Bindung an die Mutter genannt wird; dies deutet auf eine überraschende Möglichkeit hin. Diese Möglichkeit besteht darin, daß Freud vielleicht in der Tat etwas Zutreffendes beobachtet hat und daß die ganze Auffassung vom Ödipuskomplex keine Ausgeburt seiner eigenen verdrehten Phantasie ist. Es verweist zudem darauf, daß seine Beobachtungen erst wirklich einen Sinn ergeben, wenn wir sie im Zusammenhang mit der modernen Theorie des elterlichen Engagements sehen – mit einer Theorie also, die erst 50 Jahre nach seinen Tod formuliert wurde.

Aufreizende Söhne, neidische Töchter

Robert Trivers' Begriff des elterlichen Engagements hilft auch bei der Beantwortung der Frage, was denn den wesentlichen Unterschied zwischen den Geschlechtern ausmacht. In der neueren Biologie wird allgemein angenommen, daß das Geschlecht mit der *kleinsten* Geschlechtszelle das *Männchen* ist und das mit der *größten* das *Weibchen*. Auf den ersten Blick mag einem dies als geringfügiger Unterschied vorkommen. Schließlich sind ein Ei und eine Samenzelle bereits sehr klein; obwohl die größere weibliche Zelle für ein stärkeres elterliches Engagement steht, ist dies anscheinend nicht sehr viel mehr. Nichtsdestotrotz sind Eier gewöhnlich um mehrere Größenordnungen (das heißt Zehnerpotenzen) größer als Samenzellen, und sie werden in Mengen hervorgebracht, die wiederum mehrere Größenordnungen kleiner sind als die Menge der Samenzellen.

Da dem Mann Millionen von Geschlechtszellen zur Verfügung stehen und von ihm kein elterliches Engagement gefordert wird, besteht eine der wichtigsten Folgerungen aus dieser grundlegenden Asymmetrie darin, daß der Fortpflanzungserfolg eines Mannes nur durch die Anzahl der Frauen begrenzt ist, die er befruchten kann. Eine Frau dagegen kann zu einem Zeitpunkt nur einmal schwanger sein. Dadurch könnte sie auf die Lebenszeit gerechnet zu etwas mehr als zwanzig Kindern kommen; doch auch das wäre wenig im Vergleich mit dem, was ein Mann erreichen könnte, hätte er nur genügend Frauen. Grundsätzlich könnte er Vater von 20 oder 30 Kindern im Monat werden, und ganz gewiß könnte er in neun Monaten auf diese Zahl kommen. Um das Ganze anders auszudrücken: Ein Mann mit 20 Frauen kann entschieden mehr Kinder haben als eine Frau mit 20 Männern. Mit viel Glück könnte sie mit jedem Mann ein Kind haben, der Mann jedoch könnte bei 20 Kindern pro Frau 380 Kinder mehr bekommen. Wie man es auch sieht, einzelne Männer können viel erfolgreicher bei der Fortpflanzung sein als einzelne Frauen. Dies liegt daran, daß jede lebensfähige Samenzelle, die ein Mann hervorbringt, eine Eizelle befruchten könnte, wohingegen jede befruchtete Eizelle, die eine Frau hervorbringt, von ihr ausgetragen werden muß, damit sie zu ihrem persönlichen Fortpflanzungserfolg beiträgt.

Obwohl Darwin es nicht in den Begriffen des elterlichen Engagements beschrieb, erkannte er eindeutig, daß, wenn ein Mann grundsätzlich eine große Anzahl von Frauen befruchten könnte, andere Männer möglicherweise überhaupt keine Frauen befruchten würden. Im Endergebnis hätten erfolgreiche Männer eine große Nachkommenschaft, während erfolglose Männer wenige oder überhaupt keine Kinder bekämen. Die erfolgreichen Männer wären aufgrund irgendeines Faktors, der ihren Fortpflanzungserfolg absicherte, selektiert worden. Eine Möglichkeit, diesen Zusammenhang zu interpretieren, wäre vielleicht der Konflikt zwischen den Männern um den Kontakt mit Frauen. Nach Darwins Auffassung erklärt dies die ausgeklügelten Waffen und Verteidigungsmittel, die sich bei Männchen vieler Arten als Vorbereitung auf die Paarung entwickeln, wie etwa die Geweihe bei Hirschen. Ein anderer Mechanismus der sexuellen Selektion geht jedoch vielleicht auf die Entscheidung des Weibchens zurück: die Möglichkeit, daß manche Männchen für die Weibchen reizvoller sind als andere und deshalb einen größeren Fortpflanzungserfolg haben als jene, die weniger begehrt sind. Dies erklärt nach Darwin das prächtige Aussehen der Pfauen und vieler anderer Arten, deren Männchen auf eine Weise ausgestattet sind, daß dies anscheinend ihre Überlebenschancen verringert (beispielsweise indem es sie für Raubtiere deutlicher sichtbar werden läßt); doch vermittelt über die Reizwirkung, die sie auf die Weibchen ausüben, kann dies ihre Chancen bei der Fortpflanzung noch mehr verbessern.

Der Ausdruck der Gemüthsbewegungen sollte ursprünglich am Anfang des Buches *Die Abstammung des Menschen und die Zuchtwahl in geschlechtlicher Beziehung* stehen; der Text wurde jedoch so lang und war so unabhängig von der anderen Arbeit zu lesen, daß Darwin ihn ein Jahr später getrennt veröffentlichte. In gewisser Hinsicht kam Darwin mit seinem Begriff der weiblichen Zuchtwahl nahe an das Thema des Buchs über Emotionen heran. Dies trifft etwa für die folgende Beobachtung zu: »Geschlechtliche Zuchtwahl ... setzt den Besitz eines beträchtlichen Wahrnehmungsvermögens und starker Leidenschaften voraus.«[12] Der entscheidende Punkt besteht darin, daß die Entscheidung des Weibchens auf einem psychologischen Mechanismus beruht, der durch die Wahl des Geschlechtspartners im wesentlichen über den Ausdruck der weiblichen Bedürfnisse wirkt. Darwin zögerte zudem nicht, in dieser Hinsicht eine Parallele zwischen der Psychologie des Menschen und der des Tieres zu sehen: »Zur geschlechtlichen Zuchtwahl. Ein Mädchen sieht einen kräftigen Mann und ... bewundert sein Äußeres und sagt, sie will ihn heiraten. Deshalb nehme ich für das Pfauenweibchen an...«[13] Es war wahrscheinlich dieser subjektiv gefärbte, psychologische Ausgangspunkt der Entscheidung des Weibchens für ein Männchen – dabei ist noch nicht einmal daran gedacht, Weibchen eine solche selektive Macht über Männchen zuzuschreiben –, die Darwins Begrifflichkeit für seine Kritiker so lächerlich erscheinen ließ.

Trotzdem hatte dieser Aspekt von Darwins Theorie eine wichtige Schwäche. Es war seine Unfähigkeit, zu erklären, auf welche Weise und auf welcher Grundlage Weibchen zu ihrer Entscheidung kamen. Was Darwin anbetraf, war die weibliche Entscheidung etwas von vornherein Gegebenes, eine Sache der Beobachtung, die als solche akzeptiert werden mußte. Die Frage, warum Pfauenweibchen die Schwanzfedern eines Pfauenmännchens mögen, schien ihm wenig sinnvoll zu sein – es ist eine Tatsache, daß sie sich so verhalten, und das erklärt die Evolution des Merkmals. Was das einzelne Weibchen an den Schwanzfedern des Pfaus reizte, blieb jedoch ein Rätsel, insbesondere wenn man die ungeheuren Kosten bedachte, die für die Männchen damit verbunden waren; und das trifft auch auf den männlichen Nachwuchs eines einzelnen Weibchens zu.

Es sollte bis zum Jahre 1915 dauern, daß eine Lösung für dieses Problem gefunden wurde. R. A. Fisher wies auf folgendes hin: Wenn ein Weibchen sich für ein Männchen entschied, das ihm aus welchen Gründen auch immer gefiel, gibt es eine hohe Wahrscheinlichkeit dafür, daß einige der attraktiven Eigenschaften des Vaters an den eigenen Nachwuchs vererbt wurden. Das sei deshalb der Fall, weil ein Weibchen wahrscheinlich denselben Geschmack wie andere Weibchen hätte, wenn es darum ging, ein Männchen auszuwählen. Sich für ein Männchen zu entscheiden, das ihm gefiel, hieße wahrscheinlich, daß seine männlichen Nachkommen anderen gefallen würden, wenn es für diese an der Zeit war, ein Weibchen zu finden. Mit anderen Worten: Wenn die männlichen Nachkommen dieselben Attraktivitätsgene wie ihre Väter hätten, so daß die Weibchen möglicherweise dieselben Gene wie die Mütter der Söhne hätten, durch die sie sich von ihnen angezogen fühlten, dann würde der Fortpflanzungserfolg der Weibchen dadurch maximiert werden, daß sie sich mit dem attraktivsten Männchen paarten, das sie finden konnten. Das ließ die Entscheidung des Weibchens verständlicher erscheinen, weil es zeigte, wie scheinbar absurde Vorlieben für männliche Verzierungen wie etwa die Schwanzfedern des Pfaus den Fortpflanzungserfolg der Weibchen, die sich für dieses Männchen entschieden, fördern konnte. Kam dieser Prozeß erst einmal in Gang, konnte zudem der Kreislauf von Weibchen, die attraktive Paarungspartner auswählten und die ständig attraktivere Söhne hatten, am Ende immer weitergehen und die Extremfälle hervorbringen, die man bei sexueller Selektion so häufig beobachtet. Ein etwas attraktiveres Männchen könnte sich eines größeren Erfolgs bei der Fortpflanzung sicher sein und damit das etwas attraktivere Merkmal an seine männliche Nachkommenschaft weitergeben und so weiter.

Einfacher ausgedrückt besagt Fishers Theorie, daß ein Weibchen, indem es einen attraktiven Paarungspartner auswählte, Gene für seinen Sohn selektierte, die seinen Fortpflanzungserfolg verbesserten, wenn er mit der Paarung an der Reihe war. Bei einer Art wie der unseren jedoch, bei der es, insbesondere auf seiten der Mutter, lange Zeiten intensiven elterlichen Engagements gibt, könnte sich ein Fisher-Effekt im Konflikt um dieses Engagement entwickeln. Nehmen wir etwa an, daß eine Frau einen attraktiven Mann heiratet und zwei Kinder von ihm bekommt, einen Sohn und eine Tochter. Ererbt der Sohn die attraktiven Eigenschaften eines Vaters, könnte sich das elterliche Engagement für ihn zuungunsten der Tochter auswirken. Zugegeben, die mütterlichen Gene werden in gleicher Weise an Sohn und Tochter weitervererbt – jeweils 50 Prozent für einen der beiden Nachkommen (siehe oben, Abbildung 8, S. 77). Doch die Hälfte der Gene mit den richtigen Eigenschaften für den Sohn wirken sich vielleicht viel stärker auf den Fortpflanzungserfolg aus als die Hälfte der Gene für die Tochter. Was ihre Gene anbetrifft, hat sie wirklich keine andere Wahl, aber bei ihrem elterlichen Engagement liegen die Dinge ganz anders.

An dieser Stelle ist es wichtig, sich in Erinnerung zu rufen, daß wir das elterliche Engagement über seinen Beitrag zum Fortpflanzungserfolg der Nachkommenschaft definiert haben. Wir nehmen an, daß elterliches Engagement unter ansonsten gleichen Bedingungen gewöhnlich die Chancen bei der Fortpflanzung verbessern und ihn nicht beeinträchtigen wird. In der fiktiven Situation, wie wir sie oben geschildert haben, könnte sich eine Mutter zugegebenermaßen dafür entscheiden, sich vor allem für die Tochter zu engagieren, um deren Unzulänglichkeit beim künftigen Fortpflanzungserfolg auszugleichen. Der Fortpflanzungserfolg des Mannes kann in der Tat ganz beträchtlich sein, aber er ist auch von Mann zu Mann recht unterschiedlich. Der Fortpflanzungserfolg der Frau dagegen ist in der Regel viel absehbarer, wenn er auch aus Gründen, die wir bereits beschrieben haben, viel bescheidener ausfällt (siehe oben, S. 135). Daraus ergibt sich, daß ein zusätzliches elterliches Engagement für einen Sohn, der in der Kindheit Anzeichen für gute Chancen bei der Fortpflanzung zeigt, den Fortpflanzungserfolg der Mutter wahrscheinlich stärker fördern würde, als dies der Fall wäre, wenn sie ihr Engagement auf ihre Tochter konzentrierte.

Der Hinweis, daß Mütter möglicherweise »sexuell ansprechenden Söhnen«, die Anzeichen für ungewöhnlich gute Chancen bei der Fortpflanzung später als Erwachsene zeigen, ein besonderes elterliches Engagement widmen, stimmt jedenfalls völlig mit Fishers Prinzip überein; es besagt im Endeffekt, daß Fortpflanzungserfolg mehr Fortpflanzungserfolg nach sich ziehen wird. Das hat zudem den Vorteil, daß viele von Freuds Erkenntnissen zum männlichen Ödipuskomplex erklärbar werden. Die Begründung könnte etwa folgendermaßen aussehen: Frauen, die attraktive Ehepartner auswählen, würden dazu neigen, Söhne zu haben, die zum Teil von ihren Vätern die Attraktivität erben. Das Ergebnis einer solchen größeren Attraktivität bestünde wahrscheinlich darin, daß die Söhne einen größeren Fortpflanzungserfolg haben und indirekt auch die Frauen selbst. Auf diese Weise könnte sich in kleinen Jungen eine infantile Sexualität als vorzeitiger Ausdruck ihrer sexuellen Attraktivität entwickeln, die dazu führt, daß sie das elterliche Engagement von seiten der Mutter auf sich ziehen. Dies würde auch Anna Freuds Beobachtung erklären: daß fünfjährige Jungen vor allem fordern, daß die Mütter ihre Männlichkeit bewundern.[14]

Wir sind bereits auf die Möglichkeit eingegangen, daß beide Geschlechter möglicherweise positive Reaktionen auf die Mutter verstärkt zum Ausdruck bringen, um elterliches Engagement zu erbetteln. Für einen Sohn kann dies der Ausgangspunkt für eine weitere Entwicklung sein, für die er als Junge in einzigartiger Weise ausgestattet ist. Wenn eine Mutter etwa herausfindet, daß der Sohn ihr gegenüber sinnliche Gefühle oder andere Anzeichen sexueller Frühreife zeigt, könnte sie meinen, daß es sich hier tatsächlich um einen »sexuell ansprechenden Sohn« handelt, dem als Erwachsenen eine vielversprechende sexuelle Karriere beschieden sein wird. Wenn er in seiner eigenen Mutter diese Gefühle hervorrufen kann, könnte die Mutter durch ihre eigenen Gefühle als Reaktion auf die infantile Sinnlichkeit ihres Sohnes zu der Meinung kommen, in seinem späteren Leben als Erwachsener müßten andere Frauen noch viel stärker auf ihn reagieren.

Kurz gefaßt kann man sagen, daß nicht nur beide Geschlechter orales Verhalten, Urszenenangst und ödipales Verhalten als Mittel zur Sicherung des elterlichen Engagements entwickelt haben, sondern daß die Angehörigen des männlichen Geschlechts eine besonders ausgeprägte Art des ödipalen Verhaltens als Mittel entwickelt haben, um das bevorzugte Engagement von ihren Müttern zu erbetteln. Wenn Söhne, die bei ihren Müttern erfolgreich diese Taktik eingesetzt haben, zu Männern herangereift sind, die auf dieselbe Weise eine Anziehungskraft auf potentielle Ehepartner ausüben, dann würde sich Fishers Prinzip in Form von elterlichem Engagement auswirken, indem kleinen Jungen über ihre Mütter eine Art früher Hinweis auf ihre künftige sexuelle Ausstrahlung gegeben wird. Auf diese Weise begünstigt die sexuelle Selektion möglicherweise ein elterliches Engagement für »sexuell ansprechende Söhne«, die sich für andere Frauen als begehrenswerte Ehepartner erweisen werden, wenn sie zu ausgewachsenen Männern geworden sind. Das Rätsel der infantilen Sexualität wäre – zumindest bei kleinen Jungen – teilweise gelöst, und eine Verhaltensweise, der vielleicht einmal die biologische Grundlage zu fehlen schien, würde jetzt in unerwarteter Weise durch Darwins umstrittensten Begriff erklärt – die sexuelle Selektion aufgrund einer Entscheidung des Weibchens.

Doch was ist mit den kleinen Mädchen? Wie entwickelt sich ihr Verhalten in einer Situation, die für Söhne anscheinend so befriedigend ist?

Es wäre das Naheliegendste, was ein kleines Mädchen machen könnte, eine Taktik bei ihrem Vater einzusetzen, die der ihres Bruders vergleichbar wäre. Dafür gäbe es mindestens zwei gute Gründe. Der erste lautet: Wenn beim ödipalen Verhalten eines Kindes frühzeitige Sexualität dazu eingesetzt wird, ein Elternteil zu einem bevorzugten Engagement zu seinen Gunsten zu verleiten, gibt es kein Gegenargument, warum Kinder beiderlei Geschlechts dies nicht zumindest versuchen sollten. Da die Mehrheit der Eltern einen Partner des anderen Geschlechts bevorzugen wird, folgt daraus, daß ein kleiner Junge zwar weiterhin bei seiner Mutter als dem Objekt des ödipalen Verhaltens bleiben kann, ein kleines Mädchen jedoch besser daran tut, sich dem Vater zuzuwenden. Der sollte dem Charme seiner Tochter eher erliegen als die Mutter, vor allem wenn die Tochter älter und ihr ödipales Verhalten geschickter wird.

Der zweite Grund besteht darin, daß der Vater in allen Gesellschaften und auch in den Urgesellschaften nach und nach zu einem wichtigeren Akteur beim elterlichen Engagement wird. Obwohl nur die Mutter das Kind stillen kann und wahrscheinlich während der Säuglingszeit die vorrangige Betreuungsperson ist, sind Väter in der Lage, ein elterliches Engagement zu zeigen, das in der späten Kindheit entscheidend sein kann. Der Vater ist der erste, an den man sich als Kind wenden kann, wenn es um mehr Erwachsenennahrung und um einen besseren Schutz in ernsteren Konflikten geht, in die ein Kind gegen Ende der Kindheit geraten kann, wenn entscheidende erzieherische Hilfen und Unterstützung in Erwachsenenangelegenheiten, breiter gefächerte gesellschaftliche und politische Kontakte, tauschbare materielle Gegenstände, Waffen und Reichtum etc. gefragt sind; und dies trägt oft im Endeffekt zum Fortpflanzungserfolg bei. So zeigte eine Untersuchung in einer ländlichen Gemeinschaft der Karribik, daß die Interaktionen zwischen Vater und Tochter ihren Höhepunkt zwischen dem zwölften und dem sechzehnten Lebensjahr erreichten und daß Mädchen, deren Vater zu Hause wohnte, schneller heirateten als die, bei denen dies nicht der Fall war.[15] Tatsächlich ist es auch in unseren eigenen Gesellschaften eine Binsenweisheit, daß die gesellschaftliche Stellung eines Mädchens – und damit sehr oft auch die Vielfalt ihrer möglichen Partner – in der Regel viel entscheidender vom Vater abhängt als von der Mutter. In einer Urgemeinschaft, wie bei den australischen Ureinwohnern, wäre dies sogar noch wichtiger, weil der künftige Mann eines Mädchens im wesentlichen aufgrund von Verwandtschaft und aufgrund der politischen Verbindungen ihres Vaters ausgewählt wird. Daher liegt es auf der Hand, daß sich ein Ödipuskomplex beim Mädchen in ähnlicher Weise auszahlt, wie dies bei einem Jungen der Fall sein könnte.

Wegen der grundlegenden Asymmetrie zwischen den Geschlechtern jedoch, auf die wir zuvor hingewiesen haben (siehe oben, S. 195), könnte sich das beim Mädchen nicht auf *dieselbe* Weise auswirken. Der Fortpflanzungserfolg eines Mannes ist grundsätzlich nur durch die Anzahl der Frauen begrenzt, die er befruchten kann. Dies bedeutet, daß der persönliche Fortpflanzungserfolg eines Vaters wahrscheinlich normalerweise größer sein wird als der irgendeiner seiner Töchter, einfach weil er ein Mann ist und sie eine Frau. Allein aus diesem Grund würde ein Vater nur selten durch Fortpflanzungserfolg belohnt, wenn er sich vor allem für seine »sexuell ansprechende Tochter« engagiert, im Unterschied zum Fortpflanzungserfolg einer Frau, die sich für ihren »sexuell ansprechenden Sohn«

engagiert. Dies ist wahrscheinlich eine Erklärung dafür, warum Freud entdeckte, daß der Ödipuskomplex bei Frauen soviel weniger eindeutig, weniger heftig und nicht so unkompliziert verläuft wie bei Männern. Hier mag auch eine Erklärung für jenes Phänomen liegen, das ansonsten von all seinen Erkenntnissen zur Psychologie der Frau am sonderbarsten erscheint und am häufigsten verspottet wurde – für den Penisneid.

In seinem Originalartikel über den Konflikt zwischen Eltern und Nachkommen merkte Robert Trivers folgendes an: »Bei vielen Arten wird das Geschlecht schon früh unumkehrbar festgelegt..., und vom Nachwuchs wird von Anfang an erwartet, daß er in der Lage ist, sein eigenes Geschlecht vom andern zu unterscheiden und damit die vorhergesagte Form des Engagements zu bestimmen, die ihm entgegengebracht werden wird.«[16] Ist das elterliche Engagement eher auf das eine Geschlecht als auf das andere zugeschnitten, dann kann man vom Nachwuchs auch erwarten, daß er fähig ist, das Geschlecht seiner Geschwister ebenso wie sein eigenes auszumachen. In der Kindheit sind die sekundären Geschlechtsmerkmale noch nicht entwickelt, die bei Erwachsenen helfen, die Geschlechtszugehörigkeit zu erkennen, wie etwa die Tonhöhe der Stimme, der Gesichtsausdruck oder die Figur. Es gibt nur die primären Geschlechtsunterschiede, und von diesen ist das Vorhandensein des männlichen Geschlechtsorgans fast immer viel leichter zu erkennen als das des weiblichen. Bei unserer Art handelt es sich hier um eine Auswirkung der Evolution aus der Phase, als es zum aufrechten Gang kam; und in diesem Zusammenhang ist es zu sehen, daß der Penis in auffallender Weise vom Körper absteht. Wenn also ein kleines Mädchen sein eigenes Geschlecht und das von anderen zuverlässig bestimmen soll – vor allem in Urgesellschaften, in denen die Kinder mehr noch als die Erwachsenen nackt umherlaufen –, müßte sie nichts weiter machen, als nach einem Penis Ausschau zu halten und anzunehmen, daß alles mit Penis männlich und alles ohne Penis weiblich ist. Tatsächlich geschieht ebendies, wenn während einer Ultraschallaufnahme beim Fötus das Geschlecht bestimmt wird. Ist ein Penis zu erkennen, kann man sicher sein, daß es ein Junge wird, wenn nicht, ist es wahrscheinlich, daß es ein Mädchen wird. Genau das entdeckte Freud auch im Unbewußten beider Geschlechter: eine anscheinend unerschütterliche unbewußte Überzeugung, daß eine Frau ein Mann ohne Penis ist.

Um es anders auszudrücken, könnte man auch sagen, daß im Unbewußten die Geschlechter nicht als *männlich* oder *weiblich* gespeichert sind, sondern als *männlich* und *nicht männlich*. Dieser Gedanke ist nicht merkwürdiger als Darwins Überzeugung, daß Schwanzwedeln und andere Reaktionen bei zutraulichen Hunden Ausdruck einer vergleichbaren negativen Botschaft sind (»nicht ärgerlich«, siehe oben, S. 24f.). Wenn Darwin mit seinem zweiten Prinzip des Ausdrucks der Gefühlsbewegungen – der Verkehrung ins Gegenteil – recht hatte, dann ist Freuds Befund über die Art und Weise, wie das »Weibliche« in der Psychologie des Kindes und im menschlichen Unbewußten repräsentiert wird, wahrscheinlich ein weiterer Beleg dafür. Der Gedanke, daß eine Frau ein kastrierter Mann ist, läßt sich mit dem Schwanzwedeln vergleichen; man muß hier nur für »nicht ärgerlich« »nicht männlich« einsetzen. Im Falle des menschlichen Unbewußten, bei dem den Begriffen keine Wörter entsprechen (siehe oben, S. 146–150), wird das Geschlecht anscheinend durch das Vorhandensein oder das Nichtvorhandensein eines Penis repräsentiert.

Die besondere Bedeutung des Faktums, ein Mann zu sein, ergibt im Hinblick auf die Evolutionstheorie einen Sinn, wenn man es von der grundlegenden Asymmetrie der Geschlechter und von den Folgen des elterlichen Engagements aus betrachtet, die sich – vielleicht vor allem für die Mutter – daraus ergeben. Erwachsene können gut über eine derartig abwegige Auffassung von den Geschlechtern spotten, und Eltern können leicht der Meinung sein, daß kleine Kinder überhaupt nichts mit Sexualität zu tun haben. Trotzdem könnte ein kleines Kind, das bei der Zuteilung der elterlichen Fürsorge wegen seines Geschlechts benachteiligt wird, durchaus einen anderen Standpunkt einnehmen. Einem solchen Kind sollte unabhängig von der Einstellung seiner Eltern eine Möglichkeit zur Verfügung stehen, sein eigenes Geschlecht und das seiner Geschwister zu bestimmen; und wenn es herausfindet, daß es ein Mädchen ist, wird es geradezu damit rechnen, benachteiligt zu werden. Neid mag keine Emotion sein, auf die wir normalerweise sehr stolz sind, doch wissen wir alle, daß wir manchmal so denken. Es ist auch nicht schwer, sich vorzustellen, wie sich möglicherweise der Neid herausgebildet hat. Diejenigen, die durch Neid dazu getrieben werden, um das zu kämpfen, was andere einfach so bekamen, haben vielleicht im Endeffekt einen größeren Erfolg bei der Fortpflanzung als altruistischere Personen, die keine derartigen, im Grunde genommen egoistischen Emotionen empfanden. In der Kindheit kann man bei Geschwisterrivalität sicherlich Geschwisterneid erwarten; wenn dies unbewußt mit dem Gedanken daran einhergeht, wie sich die Geschlechtszugehörigkeit herausfinden läßt, dann würde daraus ganz automatisch Freuds seltsamer Befund folgen. Penisneid wäre im wesentlichen eine Emotion, die entstand, um kleine Mädchen dazu zu bewegen, mit ihren Brüdern um die Bevorzugung beim elterliche Engagement zu kämpfen, das die Fishersche sexuelle Selektion ihren Müttern für sie abnötigen würde. Im Endeffekt handelte es sich um eine Tendenz im unbewußten ES, die folgendes einflüstert: »Wenn du keinen Penis hast, dann nimm an, daß dir etwas Wichtiges vorenthalten wird, das jeder, der einen Penis hat, bekommen kann!«

Bei dieser Deutung sollte darauf hingewiesen werden, daß Freud die Bemerkung macht, Penisneid komme häufig als Vorwurf gegenüber der Mutter zum Ausdruck; sie wird auf irgendeine Weise dafür verantwortlich gemacht, daß die Tochter keinen Penis hat. Freud fügt jedoch hinzu, daß darauf noch ein weiterer Vorwurf folgt, den er »nicht ohne Überraschung« vernimmt: »Die Mutter hat dem Kind nicht lange genug Milch gegeben, es nicht lange genug genährt.«[17] Obwohl diese zusätzliche Rüge Freud überrascht haben mag, sollte es doch genau so sein, wenn mein Hinweis auf die evolutionäre Grundlage des Penisneids stimmt. Außerdem handelt es sich um einen Vorwurf, der in vielen Kulturen vollauf gerechtfertigt ist, in denen es traditionell so gehandhabt wird, daß Jungen länger als Mädchen gestillt werden. Und wenn die Klagen, keinen Penis zu haben, mit anderen Vorwürfen, nicht ausreichend zu essen zu bekommen, in Zusammenhang gebracht werden, dann deutet dies gewiß darauf hin, daß Penisneid etwas mit dem elterlichen Engagement zu tun hat. Diese Erkenntnisse verweisen darauf, daß diese sonderbarste aller emotionaler Ausdrucksformen von Neid einen bestimmten Sinn ergibt, doch nur, wenn sie in einen Zusammenhang mit darwinistischen Theorien des elterlichen Engagements und der sexuellen Selektion gebracht wird.

Ich habe herausgefunden, daß dies für manche Frauen auch persönlich einen Sinn ergibt, und über die Jahre hinweg habe ich eine Reihe von Fällen zusammengetragen, bei denen der Penis nicht nur neidbesetzt war, sondern auch zumindest in der Phantasie herbeigezaubert wurde. Einen Preis für ihre Erfindungsgabe sollte vielleicht eine Frau bekommen, die eingestand, von klein auf erkannt zu haben, daß ihre Eltern eigentlich einen Jungen haben wollten. Sie gab ihr Bestes, ein Junge zu sein, indem sie Jungenkleidung trug, kurze Haare hatte und mit ihrem Vater Fußball spielte. Doch insgeheim ging sie in einem wesentlichen Punkt sogar noch weiter: Eine lange dünne Shampoo-Flasche hing an einem Bindfaden zwischen ihren Beinen. Mit einem zweiten Bindfaden konnte sie sie auf Befehl aufrecht stehen lassen – voller Stolz verwies sie darauf, daß dies etwas war, was kein Junge konnte!

Kurz gesagt kann sich der Penis zusammen mit der Fisherschen sexuellen Selektion entwickelt haben, über die sexuell ansprechenden Söhne in stärkerem Maße elterliches Engagement zuteil wurde. Bei den Jungen konnte man nicht erwarten, daß sich ein entsprechender Neid auf die Mädchen entwickelt; der Grund dafür war schlicht, daß die Geschlechter sich nicht spiegelbildlich entsprechen, wenn es um den persönlichen Fortpflanzungserfolg geht. Man kann von den meisten Frauen erwarten, daß sie einen mäßigen Fortpflanzungserfolg haben werden; dies bedeutet, daß viele von ihnen von Töchtern abstammen werden, deren Brüder durch einseitiges elterliches Engagement auf ihre Kosten bevorzugt wurden; und viele ihrer Geschlechtsgenossinnen werden dasselbe Schicksal erleiden. Um mit dem bevorzugten elterlichen Engagement fertig zu werden, wird sich die Selektion zugunsten von Strategien wie dem Penisneid auswirken. Im Gegensatz dazu werden Männer überproportional häufig von Männern abstammen, die in der Vergangenheit bei der Fortpflanzung die erfolgreichsten waren. Im Endeffekt haben alle Pfauenmännchen nur deshalb prachtvolle Schwanzfedern, weil dies in der Vergangenheit die sexuell erfolgreichsten Pfauen vorweisen konnten; daher werden auch bei den Menschen alle männlichen Nachkommen Anpassungen an den Fortpflanzungserfolg erben. Das geschieht jedoch nicht, um mit der Benachteiligung fertig zu werden, die zu einem relativen Mißerfolg bei der Fortpflanzung führen würde.

Die gemeinsame Evolution männlicher und weiblicher Strategien im Kampf um das elterliche Engagement kann auch als Erklärung für Freuds Befund dienen, daß Frauen anscheinend ihren Müttern die Schuld dafür geben, keinen Penis zu haben. Obwohl dies auf biologischer Ebene keinen Sinn ergibt (weil das Geschlecht beim Menschen eigentlich vom Vater bestimmt wird), mag dies trotzdem bezogen auf einen anderen Befund gelten. Es geht hier um Freuds Beobachtung, daß es ein versteckter Penisneid ist, der die Mütter häufig dazu bringt, Benachteiligungen auf Kosten ihrer eigenen Töchter und zugunsten ihrer Söhne einzusetzen. Der Grund dafür besteht darin, daß der Sohn als jemand betrachtet wird, der etwas besitzt, was der Mutter verwehrt wurde – den Penis. Durch ihn befriedigt sie stellvertretend ihren nicht erfüllten Wunsch nach einem Penis, und deshalb bevorzugt sie den Sohn gegenüber ihren Töchtern, die wie sie so etwas nicht haben.

Wenn man es so unverblümt darstellt, hört es sich verrückt an. Denken wir jedoch für einen Augenblick daran zurück, was wir über Verwandtschaftsaltruismus gesagt haben, der sich über den Mechanismus von Projektion und Identifizierung auswirkt, können wir verstehen, daß dies biologisch einen Sinn ergibt. Der Besitz eines Penis stattet einen Sohn in der Tat mit etwas aus, was es bei einer Mutter oder einer Tochter nie geben wird. Es verschafft ihm ein Leben lang einen potentiellen Fortpflanzungserfolg, der alles, was seine Mutter je erreichen könnte, in den Schatten stellt. Obwohl Penisneid bei Mädchen und Frauen bzw. ödipales Verhalten bei Jungen und Männern für das bewußte ICH lächerlich klingen, könnte sich daraus die einzige Art von Sinn ergeben, den das ES und die Evolution verstehen – Fortpflanzungserfolg auf dem Niveau der einzelnen Gene.

7

Das Geheimnisvolle an den Psychiatern

Wenn man versucht, eine Verbindung zwischen Biologie, Psychologie und kulturellen Verhaltensmustern herzustellen, ist der Inzest ein zentrales Thema, gibt es doch einen Zusammenhang zwischen allen drei Bereichen: Die Biologie beschäftigt sich mit den genetischen Grundlagen, die Psychologie mit den Gefühlen, die Menschen gegenüber dem Inzest empfinden, und die Kulturwissenschaften mit den Gesetzen, Tabus oder anderen Einschränkungen, die hier gewöhnlich gelten. Inzest ist jedoch auch eines jener Themen, von denen Mark Twain sagt: »Die Nachforschungen vieler Kommentatoren haben dieses Thema in Dunkelheit gehüllt, und vermutlich werden wir, wenn sie so weitermachen, bald überhaupt nichts mehr darüber wissen.« Die Kontroverse um den Inzest geht teilweise darauf zurück, daß Freuds Schriften zu diesem Thema mißverstanden wurden. Weitere Verworrenheit ergibt sich aus der Tatsache, daß das, was den größten Teil des Jahrhunderts als darwinistischer Ansatz in diesem Bereich betrachtet wurde, nur mit großen Vorbehalten im modernen Sinne darwinistisch ist und gewiß nicht Darwins Auffassungen entsprach.

Wenn man bedenkt, daß Freuds Erkenntnisse so tiefgehend mißverstanden wurden, Darwins eigene Worte nicht zur Kenntnis genommen wurden und daß sich eine im wesentlichen undarwinistische Theorie als »darwinistische« Erklärung ausgab, dann besteht Anlaß, nach einer neuen Lösung zu suchen. Soweit es sich um eine Verbindung Freudscher Erkenntnisse mit denen des modernen Darwinismus handelt, können wir sie als psychodarwinistische Lösung betrachten. Im letzten Kapitel werden wir sehen, daß das, was als Inzest angesehen wird, für viele Aspekte des menschlichen Verhaltens gilt und daß das Modell der Seele, mit dem wir uns zuvor beschäftigt haben, die Grundlage für eine allgemeine Lösung des Problems darstellt, wie bei der Psychologie des Menschen die Gene und die kulturelle Umwelt miteinander in Wechselwirkung treten.

Was Freud wirklich sagte

In Freuds Arbeiten gibt es viele direkte Berührungspunkte zum Inzest; und Inzest bleibt für viele, die ernsthaft einen darwinistischen Ansatz für das menschliche Verhalten verfolgen wollen, eines der wichtigsten Hindernisse. Dies liegt daran, daß weithin die Auffassung vertreten wird, Freud habe herausgefunden, Inzest sei »etwas Natürliches« und werde nur durch kulturelle Verbote verhindert. Im Gegenteil, sein Zeitgenosse Edward Westermarck (1862–1939) nahm den Standpunkt ein, ein angeborener Widerwille gegen Inzest sei das Ergebnis der natürlichen Selektion. Dies läge daran, daß »Selbstbefruchtung bei Pflanzen und starke Inzucht bei Tieren im ganzen gesehen für die Art abträglich sind«. Für den Menschen behauptete Edward Westermarck, daß »sich hier wie in anderen Fällen die natürliche Selektion ausgewirkt hat; und indem destruktive Tendenzen ausgemerzt und sinnvolle Variationen bewahrt wurden, wurde der Sexualtrieb so geformt, daß er den Anforderungen der Art entsprach«.[1]

Ich habe Westermarck hier wörtlich zitiert, weil sich auf diese Weise klar zeigt, daß seine Auffassung, wie man leicht erkennen kann, mit der von der Gruppenselektion übereinstimmte (siehe oben, S. 67–71). Seiner Meinung nach wurde Inzest nicht zum Wohle des einzelnen, sondern zum Wohle der Art als Ganzer verhindert. Westermarck betonte so entschieden, die natürliche Selektion wirke sich auf die Art und nicht auf den einzelnen aus, wie Darwin vorwiegend behauptet hatte, daß er der Auffassung sei, bei der sexuellen Selektion handele es sich um ein ganz anderes Prinzip, weil es »Wirkungen hervorbringt, die für die Art von Nachteil sind«. Es ist eine Tatsache, daß es sich bei Westermarck, der weit davon entfernt war, Darwinist im modernen Sinne zu sein, um einen Sozialdarwinisten handelte, der die individualistische Auffassung von der natürlichen Selektion für untauglich hielt, weil sie nicht den Interessen der Art zu dienen schien. Folgerichtig lehnte er die sexuelle Selektion ab und behauptete statt dessen, daß schmückendes Beiwerk wie die Schwanzfedern des Pfaus »durch das Prinzip vom Überleben des Tüchtigsten erklärt werden« sollten. Fälschlicherweise verleitete eine derartige sozialdarwinistische Denkweise Westermarck dazu, folgendes zu glauben: »Weder durch Gesetze noch durch Sitten noch durch Erziehung wird das Elternhaus von inzestuösen Besudelungen rein gehalten, sondern durch Instinkte, die unter normalen Verhältnissen die sexuelle Liebe zwischen nächsten Verwandten zu etwas machen, was aus seelischen Gründen unmöglich ist.«²

Trotz – oder vielleicht sogar wegen – des gruppenselektionistischen Ansatzes von Westermarck und trotz seines altmodischen Sozialdarwinismus kam seiner Auffassung von der Inzestvermeidung für viele, die von sich behaupten, einen an Darwin orientierten Standpunkt zum menschlichen Verhalten einzunehmen, der Rang eines Dogmas zu. Aber wie Alfred Wallace, der sich selbst »darwinistischer als Darwin« nannte, weil er die sexuelle Selektion ablehnte (siehe oben, S. 151), haben die Anhänger von Westermarcks Instinkttheorie der Inzestvermeidung für sich in Wirklichkeit bei diesem Problem Darwins Ansatz für nicht gültig erklärt. Ganz im Gegenteil, Freud – der in der Inzestfrage normalerweise als Gegenpol zu Westermarck betrachtet wird – stand in wesentlichen Fragen bei manchen wichtigen Aspekten dem Darwinismus viel näher. Um nur einen Aspekt zu erwähnen, nahm Darwin wie auch Freud beim Menschen nicht irgendeinen angeborenen Widerwillen gegen Inzest an. Vielmehr hielt Darwin an folgendem fest: »Es wurde eindeutig gezeigt..., daß es kein instinktmäßiges Gefühl gegen Inzest beim Menschen gibt«, und Freud folgte Darwin ausdrücklich in seiner Auffassung, daß der heutige Mensch von Vorfahren abstammt, die vielleicht mit den heutigen Gorillas vergleichbar sind. Statt an einen Instinkt gegen Inzest zu appellieren, wozu sich Westermarck gezwungen sah, glaubte Darwin daran, daß ein Paarungsschema wie das beim Gorilla für sich ausreichend war, um Inzest zu verhindern. Dies liegt daran, daß junge Gorillamännchen gewöhnlich aus der Gruppe herausgedrängt werden, wenn sie geschlechtsreif werden, und deshalb nicht die Möglichkeit haben, sich durch Inzest zu paaren.³

Trotzdem bleibt es eine Tatsache, daß für viele der Freudsche Ödipuskomplex auf einen Inzesttrieb in der Kindheit hindeutet, der durch Sozialisation nur »verdrängt« wird. Doch wenn es, wie ich im vorangehenden Kapitel schrieb, bei der vorzeitigen Sexualität, deren Objekt bei sogenannten sexuell ansprechenden Söhnen die Mutter ist, nur darum geht, das bevorzugte elterliche Engagement abzusichern und nicht tatsächlich zu einem Inzest zu kommen, dann wäre eine wesentliche Schwierigkeit ausgeräumt. Wenn ich recht habe, dann sieht es allmählich so aus, als wäre das inzestuöse Element nur ein Blendwerk und als wäre das, was die menschliche Natur tatsächlich durch ödipales Verhalten in der frühen Kindheit absichern möchte, nicht der

Inzest, sondern der persönliche Fortpflanzungserfolg im Erwachsenenleben. In Wirklichkeit stimmte es schon immer, daß es beim Ödipuskomplex um infantile – und damit nicht auf Fortpflanzung gerichtete – Sexualität ging und daß Überlegungen zu deren Inzestcharakter, wenn es um das Verhalten des Erwachsenen ging, nicht zum Kern vordrangen.

Doch die meisten Menschen glauben immer noch, daß es Freuds Auffassung war, die inzestuösen Neigungen in der ödipalen Phase würden durch äußere Einflußkräfte, die dem Kern des menschlichen Wesens zuwiderlaufen, verdrängt. Nach dieser Auffassung wäre der Inzest etwas Natürliches. Seine Vermeidung wäre kulturbedingt und nicht das Ergebnis von Anlagen, sondern von Umwelteinflüssen. Es mag dann überraschend erscheinen, zu erfahren, daß es hier nicht um das ging, was Freud beschrieb. Ich habe oben Edward Westermarck wörtlich zitiert, um das sozialdarwinistische Prinzip seines Ansatzes zu verdeutlichen; lassen Sie mich deshalb jetzt Freud selbst zitieren, um dessen Position zu verdeutlichen. Freuds Artikel »Der Untergang des Ödipuskomplexes« aus dem Jahre 1924 beginnt mit den folgenden Worten: »Immer mehr enthüllt der Ödipuskomplex seine Bedeutung als das zentrale Phänomen der frühkindlichen Sexualperiode. Dann geht er unter, er erliegt der Verdrängung, wie wir sagen, und ihm folgt die Latenzzeit. Es ist aber noch nicht klargeworden, woran er zugrunde geht...«

Nachdem Freud das Problem dargestellt hat, fährt er mit der Bemerkung fort, die Analyse führe zu dem Eindruck, daß es die unvermeidliche Nichtbefriedigung der ödipalen Wünsche sei, in der ein wichtiger Teil der Antwort enthalten sei: »Der Ödipuskomplex ginge so zugrunde an seinem Mißerfolg, dem Ergebnis seiner inneren Unmöglichkeit.« Er fügt jedoch sofort eine weitere Überlegung hinzu:

»Eine andere Auffassung wird sagen, der Ödipuskomplex muß fallen, weil die Zeit für seine Auflösung gekommen ist, wie die Milchzähne ausfallen, wenn die definitiven nachrücken. Wenn der Ödipuskomplex auch von den meisten Menschenkindern individuell durchlebt wird, so ist er doch ein durch die Heredität bestimmtes, von ihr angelegtes Phänomen, welches programmgemäß vergehen muß, wenn die nächste vorherbestimmte Entwicklungsphase einsetzt. Es ist dann ziemlich gleichgültig, auf welche Anlässe hin dies geschieht oder ob solche überhaupt nicht ausfindig zu machen sind.«[4]

Wenn wir hinzufügen, daß er sich mehrere Seiten lang darüber ausläßt, daß die Auflösung des Ödipuskomplexes auch die Grundlage für das »Inzestverbot« darstelle, dann können wir folgendes deutlich erkennen: Das zuvor angeführte Zitat straft diejenigen Lügen, die Freud unterstellen, er glaube an einen von der Umwelt ausgehenden, erworbenen Mechanismus der Inzestvermeidung. Freud merkt vielmehr an: »Es bleibt Raum für die ontogenetische« [Auffassung] – das ist die persönliche Erfahrung – »neben der weiterschauenden phylogenetischen« – oder evolutionären Auffassung; er spricht vom gesamten Prozeß als diesem »mitgebrachten Programm«.[5]

Wenn wir uns nun fragen, welcher psychologische Faktor nach Freud den Ödipuskomplex zu einem Ende kommen läßt, gibt es für ihn keinen Zweifel: Es handelt sich dabei um die Kastrationsangst. Zunächst klingt das, wie so vieles bei Freud, lächerlich, nicht jedoch, wenn wir uns ins Gedächtnis rufen, was ich zuvor darüber geschrieben habe. Sie werden sich an meinen Hinweis erinnern, daß der Fortpflanzungserfolg alles ist; denn der Organismus ist (um Freuds und Dawkins' Begrifflichkeit zu zitieren) vom Standpunkt der natürlichen Selektion aus nichts weiter als ein Behälter für seine Gene. Aus genetischen Gründen ist jedoch Inzest zwischen Eltern und Kindern im allgemeinen keine gute Fortpflanzungsstrategie (siehe unten, S. 219). Wenn unser Standpunkt zum Narzißmus als dem emotionalen Ausdruck des Eigeninteresses der Gene an der Fortpflanzung richtig ist, dann sollten wir folglich erwarten, daß die narzißtischen Gefühle sich mit den inzestuösen Aspekten des Ödipuskomplexes in Konflikt befinden. Und genau dies fand Freud heraus. Er erkannte, daß sich der Ödipuskomplex normalerweise auflöst; hier handelt es sich um ein Ergebnis des Konflikts zwischen narzißtischen Gefühlen und Liebesgefühlen gegenüber den Eltern, wobei die narzißtischen Gefühle gewöhnlich den Sieg über die inzestuösen Gefühle davontragen.[6] Zugegebenermaßen mögen diese narzißtischen Gefühle auf sonderbare Weise zum Ausdruck kommen – in diesem Fall als Kastrationsangst –, aber in die Sprache der Gene übertragen ergibt dies durchaus einen Sinn: Inzest, wie ja auch Kastration, bedroht in der Regel den Fortpflanzungserfolg.

Trotzdem kommt Freud ganz unvoreingenommen zu der Schlußfolgerung: »Aber damit ist das Problem nicht erledigt, es bleibt Raum für eine theoretische Spekulation, welche das gewonnene Resultat umwerfen oder in ein neues Licht rücken kann.«[7] Doch schreibt Freud nicht, woran genau er hier dachte, und seine letzte, nicht abgeschlossene Zusammenfassung seiner Erkenntnisse mit dem Titel *Ein Abriß der Psychoanalyse* bringt keine weiteren Einsichten zu diesem Thema.

Warum wir die Kindheit vergessen

Obwohl wir vielleicht nie genau wissen werden, was Freud, wenn überhaupt, mit seinen kryptischen Anmerkungen gemeint hat, mag eine Schlußfolgerung aus unseren zuvor angestellten Überlegungen zumindest ein neues Licht auf diese Frage werfen, auch wenn sie Freuds Resultate nicht so umwirft, wie er vielleicht befürchtet hatte. Lassen Sie uns noch einmal meine Darstellung von Freuds Befunden zum ödipalen Verhalten im Kontext der modernen Evolutionstheorie Revue passieren. Wir können dann erkennen, daß es sich hier eindeutig um einen Fall des Konflikts zwischen Eltern und Kindern handelt. Ich habe den Standpunkt vertreten, daß ödipales Verhalten bei beiden Geschlechtern in der frühen Kindheit und bei Jungen während der gesamten Entwicklung im Grunde genommen eine Anpassungsleistung darstellt, die sich zu dem Zweck entwickelt, elterliches Engagement einzufordern. Wir sahen jedoch, daß die zugrundeliegende Theorie voraussagt, es werde insbesondere in einem Grenzbereich, wie immer wir ihn definieren mögen, ein Konflikt entstehen zwischen den Interessen der Kinder, elterliches Engagement zu bekommen, und denen der Eltern, Gelegenheiten für das Engagement zu schaffen (siehe oben, S. 180–187).[8]

So weit, so gut; aber damit ist auch ein Problem verbunden. Das Problem besteht darin, daß die Personen, die Eltern sind und die dazu gebracht werden müssen, die Elternrolle zu spielen, früher einmal, als sie dazu gebracht wurden, die Rolle des Kindes zu spielen, Kinder gewesen sein müssen. Dadurch, daß sie in der Lage sind, sich lebhaft daran zu erinnern, wie sie sich gefühlt haben, als die Eltern sie bestraften, wird es viel schwerer für sie, selbst Eltern zu sein. Man wird sich zumindest ambivalent fühlen, wenn die elterlichen Gefühle, für die man sich entschieden hat, um das Eigeninteresse als Erwachsener durchzusetzen, im Konflikt mit den Erinnerungen stehen, wie man das als Kind empfand.

Wenn es um Konflikte zwischen Jugendlichen und Eltern geht, lassen sich tatsächlich auch in modernen Gesellschaften Hinweise darauf finden. Weil die Pubertät früher einsetzt und weil man mit dem Erwachsenenleben in den modernen Gesellschaften etwas länger warten muß, hat sich das Jugendalter im Vergleich zu Urgesellschaften wie der Gemeinschaft der australischen Ureinwohner oder der !Kung in die Länge gezogen. Viele Eltern sind sich nicht mehr so sicher, ob sie weiterhin eine Elternrolle einnehmen sollen, auch weil sie sich selbst recht deutlich daran erinnern, wie sie sich als Jugendliche fühlten.

Mit der frühen Kindheit verhält es sich anders, und der Unterschied besteht darin, daß jeder vergessen hat, was man in diesem Alter empfindet. Aber wir bemerken kaum, wie seltsam es ist, daß wir die ersten fünf bis sechs Jahre unseres Lebens vergessen. Bei welchem anderen Speichermedium außer dem menschlichen Gehirn sind es die ersten Datensätze, die mit der geringsten Wahrscheinlichkeit erhalten bleiben? Wie viele Fälscher zu ihrem eigenen Nachteil erfahren mußten, ist das Gegenteil die Regel. Und warum sollte es Menschen leichtfallen, sich an so viele spätere erste Male zu erinnern, wo sie sich doch nicht daran erinnern können, ihren ersten Blick auf die Welt getan zu haben, den ersten Atemzug gemacht zu haben oder zum erstenmal gelaufen zu sein?

Wir haben jedoch gewiß allen Grund, zu glauben, daß selbst ganz kleine Kinder hervorragend in der Lage sind, Menschen, Orte und Dinge zu erinnern und wiederzuerkennen. Als Darwin sich die eigenen Beobachtungen an seinem Sohn noch einmal anschaute, merkte er an: »Um die Genauigkeit des Gedächtnisses bei einem kleinen Kind zu belegen, ist es erwähnenswert, daß dieses Kind mit drei Jahren und 23 Tagen seinen Großvater sofort erkannte, als man ihm ein Bild von ihm, den es genau sechs Monate lang nicht gesehen hatte, zeigte; es erwähnte eine ganze Kette von Ereignissen, die sich zugetragen hatten, als es ihn besuchte, und die gewiß in der Zwischenzeit nicht erwähnt worden waren.«[9] Es gibt auch keinen Grund zu der Annahme, daß Darwins Sohn ein außergewöhnliches Kind war. Im Gegenteil, es ist völlig normal, herauszufinden, daß Ereignisse aus einem Alter von zweieinhalb Jahren, die im Alter von drei Jahren deutlich erinnert wurden, nur wenige Jahre später völlig in Vergessenheit geraten sind.

Die Ursache für dieses allgemeine Vergessen der Kindheit mag darin liegen, daß Kinder Erinnerungen an ihre eigenen Gefühle vergessen müssen, damit sie frei von jeder Ambivalenz die Elternrolle übernehmen können.

Der Verlust von Erinnerungen an die frühe Kindheit mag sich mit anderen Worten als Darwinscher Anpassungsprozeß entwickelt haben, um später als Eltern in einem späteren Eltern-Kind-Konflikt, bei dem es um den entscheidenden Faktor des elterlichen Engagements geht, mit dem Problem der Ambivalenz umgehen zu können. Ein derartiges Vergessen kann gewissermaßen eine Folge aus der entscheidenden Rolle sein, die Worten im Bewußtsein zukommt. Wenn das Über-ICH sozusagen eine Art Filter für das Bewußtsein ist und dieser Filter in der Form der Wortrepräsentation für etwas auftritt, das ansonsten unbewußt bliebe, dann folgt daraus, daß Erinnerungen aus der Zeit, bevor wir richtig sprechen konnten, schon aus diesem Grund verlorengehen können. Das zuvor erwähnte Beispiel von Anna Freud, bei dem etwas aus dem Bewußtsein dadurch verbannt wurde, daß es nicht durch den im Lexikon vorkommenden Begriff repräsentiert war, veranschaulicht den Vorgang recht gut (siehe oben, S. 149f.).

In diesem Zusammenhang ist es dennoch von Interesse, darauf hinzuweisen, daß Freud bei der Auflösung des Ödipuskomplexes auf folgendem beharrt: »Aber der beschriebene Prozeß ist mehr als eine Verdrängung, er kommt, wenn ideal vollzogen, einer Zerstörung und Aufhebung des Komplexes gleich.«[10] Lassen Sie mich für einen Augenblick auf meinen an anderer Stelle erwähnten Vergleich mit einem Computer zurückkommen: Wir könnten es so verstehen, daß dies nicht nur darauf hinausläuft, die Datei Ödipuskomplex unsichtbar zu machen (d. h., sie zu verdrängen), sondern sie vollständig zu löschen. Hier handelt es sich genau um das, was beispielsweise bei vielen Installationsprogrammen geschieht. Ein Installationsprogramm ist eine Software, die ein Programm mit allen dazu erforderlichen Dateien auf einen Computer bringt. Fast immer gehört dazu auch das Löschen alter Dateien oder die Erzeugung temporärer Dateien, die gelöscht werden, wenn die Installation abgeschlossen ist. An so etwas scheint Freud gedacht zu haben, als er erklärte: »Der Komplex wird nicht einfach verdrängt, er zerschellt förmlich... Im idealen Falle besteht dann *auch im Unbewußten* kein Ödipuskomplex mehr.«[11] Er fügt in der Tat hinzu: »Wenn das Ich wirklich nicht mehr als eine Verdrängung des Komplexes erreicht hat, dann bleibt dieser im Es unbewußt bestehen und wird später seine pathogene Wirkung äußern.«[12]

Diese Aussage ist deshalb interessant, weil sie die Aufmerksamkeit auf ein verbreitetes Mißverständnis in Zusammenhang mit Freuds Verdrängungsbegriff lenkt. Es besteht darin, daß angenommen wird, die Freudsche Verdrängung würde auf Wunsch anderer Menschen ausgeführt und sei etwas, das für sich genommen dadurch Krankheiten verursache, daß es etwas aus dem Bewußtsein verbannt. In Wirklichkeit können wir sehen, daß beim Ödipuskomplex die Verdrängung tatsächlich Ursache seelischer Probleme ist, weil sie so offenkundig geringe Auswirkungen hat. In der Tat bestand Freuds Auffassung zur Frage psychopathischen Symptome darin, es ginge hier darum, daß die Verdrängung teilweise mißlinge und man zum Verdrängten zurückkehre. Die Psychoanalyse kam nicht nur dadurch zu ihren therapeutischen Erfolgen, daß sie das Verdrängte befreite, sondern dadurch, daß sie unbewußte, irrationale und zu nichts führende Konflikte des Unbewußten durch bewußte, vernunftgeleitete Lösungen seelischer Konflikte ersetzte.

Freud weicht von der bisher verfolgten Linie ab und beharrt darauf, daß der Ödipuskomplex idealerweise sich in mehr auflöst als lediglich in einer Verdrängung – das heißt, durch das Ich wird etwas mit Hilfe der Abwehrmechanismen vom Bewußtsein ferngehalten. Angesichts der im letzten Absatz beschriebenen Erkenntnis läßt Freuds Argumentation auf folgendes schließen: Er erkannte, daß es bei der Auflösung des Ödipuskomplexes um mehr als nur um Leistungen des Ichs geht; er bezog sich vielleicht auf ein entwickeltes, »mitgebrachtes Programm«, das »durch Heredität bestimmt« wird.[13] Wenn dies so ist, könnte ein Ereignis, das sich während dieser Zeit der Kindheit abspielt, wohl kaum vom Eltern-Kind-Konflikt unberührt bleiben. Da Freud zudem darauf hinwies, daß es gerade der Psychoanalytiker ist, der seine »Stimme für das Anrecht der Kindheit erheben« muß,[14] folgt daraus, daß die Verdrängung beim Ödipuskomplex dem Anrecht der Eltern entspricht. Früher wäre diese Aussage ein Gemeinplatz gewesen, eine Grundlage für das verbreitete Mißverständnis von der Verdrängung als etwas, was die Eltern den Kindern laufend antun. Heute beginnen wir jedoch allmählich zu verstehen, daß diese Aussage in der Tat eine überraschende Wahrheit ans Tageslicht bringt, eine Wahrheit, der sich Freud nicht bewußt war (obwohl er vielleicht eine verschwommene intuitive Vorstellung davon hatte; dies könnte der Grund für Hinweise auf »Spekulationen« und »eine neue Sichtweise« bei diesem Thema sein). Es handelt sich um die Erkenntnis, daß der zusätzliche destruktive Faktor, der bei der Auflösung des normalen Ödipuskomplexes mit wirkt, sehr wohl ein entwickeltes »mitgebrachtes Programm« sein mag; es zielt darauf ab, Erinnerungen an die Kindheit auszulöschen, so daß man, wenn es schließlich an der Zeit ist, die Elternrolle angemessen übernehmen kann.

Eine solche Lösung bringt einen unerwarteten Vorteil mit sich; denn diese biologisch vermittelte, durch Evolution entstandene Auflösung des Ödipuskomplexes hat einen Effekt, den auch Edward Westermarck brauchte, mit dem er aber nicht aufwarten konnte – einen durch natürliche Selektion zustande gekommenen Mechanismus der Inzestvermeidung. Der Effekt ergab sich schlicht dadurch, daß ein »Gen« (oder eine irgendwie geartete vererbbare Neigung) zum Vergessen der Kindheit von der Art, wie ich es erläutert habe, gleichzeitig auch ein »Gen zur Inzestvermeidung« wäre, wenn seine Wirkung so aussähe, wie Freud sie beschrieben hat. Die Wirkung besteht darin, daß Kinder gleich welchen Geschlechts dazu neigen, sich vom gegengeschlechtlichen Elternteil abzuwenden und das Inzestverbot zu übernehmen, indem sie sich mit dem Elternteil des eigenen Geschlechts identifizieren.

In einer Hinsicht ähnelt Freuds Theorie tatsächlich der von Edward Westermarck: Beide Theorien bestehen darauf, inzestvermeidendes Verhalten bei Erwachsenen habe seine Ursache darin, daß Erwachsene als Kinder in der für sie prägenden Zeit bis zum siebten Lebensjahr mit anderen Mitgliedern der Familie zu tun hatten. Freuds Befunde deuten darauf hin, daß Inzestvermeidung das Ergebnis eines vielschichtigen Vorgangs in der psychischen Entwicklung eines Kindes ist; vergleichbar mit dem, was sich während der Entwicklung des Embryos mit dem Körper abspielt. Der Ödipuskomplex sollte normalerweise zur »Selbstzerstörung« führen, wie sich die Zellen in vier dreieckigen Keilen am Ende der sich entwickelnden Gliedmaßen eines Embryos selbst zerstören und zu den Vorläufern der fünf Finger bzw. Zehen führen. Der Ödipuskomplex wäre *ein* kritisches Stadium in diesem Entwicklungsprozeß, wäre nicht der »natürliche«, »echte« Zustand menschlicher Sexualität, der von der Kultur verdrängt werden muß, um ein zivilisiertes Zusammenleben zu ermöglichen.

Die weitverbreitete Verwirrung, die es in dieser Frage gibt, ist teilweise das Ergebnis der Tatsache, daß sich Psychoanalytiker bei der Therapie mit Abnormitäten in dieser Entwicklung beschäftigen; dabei geht es fast immer um das Fortbestehen des Ödipuskomplexes, so wie die abnorme Entwicklung der Finger auf das Mißlingen des normalen Absterbens von Zellen in der Hand des Embryos zurückgeht. Es wäre wirklich nicht abwegig, grob verallgemeinernd einen Großteil des therapeutischen Werts der Psychoanalyse darauf zurückzuführen, daß sie eine Auflösung des Ödipuskomplexes bewirkt, der sich nicht zu einem angemessenen Zeitpunkt in der Kindheit von selbst aufgelöst hat. Wie alte oder temporäre Dateien, die nicht gelöscht wurden, wenn das Installationsprogramm beendet war, aber weiterhin im Computer Schaden anrichten, könnte man den Ödipuskomplex als etwas betrachten, was der Psychoanalytiker nicht nur zum Vorschein bringen, sondern auch löschen muß. Nur dann sei das menschliche Betriebssystem in der Lage, zu seinem normalen Entwicklungsmuster zurückzufinden.

Trotzdem beschäftigen sich Freuds Erkenntnisse zur Auflösung des Ödipuskomplexes nur mit einem Aspekt des Problems: der Beendigung der infantilen Beziehung zu den Eltern und zugleich mit der »inzestuösen« Begleitmusik. Dies läuft nicht auf einen »Widerwillen« hinaus, sondern auf die Löschung einer früheren Entwicklungsstufe. Freud fand jedoch heraus, daß man auch positivere – oder sollte ich schreiben: negativere – Reaktionen auf die Vorstellung vom Inzest finden konnte; das war etwas, woran auch Edward Westermarck glaubte.

Auf den letzten Seiten des im Jahre 1913 veröffentlichten Buches *Totem und Tabu* trägt Freud ein Lamarcksches Evolutionsszenario vor, um zu erklären, wie es zum Inzest gekommen sein könnte. Nach Freud wurde der Inzest zunächst auf die Weise vermieden, wie Darwin es beschreibt und wie er es bei so vielen Säugetieren bestätigt fand: Wenn die Söhne geschlechtsreif wurden, vertrieb man sie aus der Gruppe, mit der sich der Vater paarte. Doch schließlich schlossen sich die Söhne zu einer Bande zusammen, ermordeten den Vater und vergewaltigten Mütter und Schwestern. Nachdem sie das gemacht hatten, hatten sie der negativen, hassenden Seite ihrer ambivalenten Gefühle gegenüber dem Vater Genüge getan. Aber dann gewann die andere positive, liebevolle Seite dieser Gefühle die Oberhand, nämlich die Schuld und das Bedauern für das, was sie getan hatten. Dieses Ereignis war so traumatisch für die Entwicklung des Menschen und wiederholte sich vielleicht so oft, daß Freud im Anschluß an Darwin (siehe oben, S. 31–33) annahm, ein solcher ursprünglich willkürlicher Ausdruck von Schuldgefühl wegen Inzests und Vatermords würde am Ende durch eine Veränderung des Erbguts korrigiert werden. Freud nannte dies ganz am Ende seines Lebens »die psychischen Niederschläge jener Urzeit«, die zum »Erbgut geworden waren, in jeder Generation nur der Erweckung, nicht der Erwerbung bedürftig«. »Nach diesen Erörterungen trage ich keine Bedenken auszusprechen, die Menschen haben es – in jener besonderen Weise – immer gewußt, daß sie einmal einen Urvater besessen und erschlagen haben.«[15] Behauptungen wie diese – und ich könnte noch viel mehr davon zitieren – belegen schlüssig, daß Freud bei seiner Auffassung vom Über-ICH im allgemeinen und besonderer Aspekte davon wie etwa der Schuld wegen Inzests und Vatermordes viel stärker als generell vermutet genetisch fixierte, vererbte Ursachen annahm.

Dies ist der Punkt, an dem Freud zum Opfer seiner Kritiker im zwanzigsten Jahrhundert wird. Sie entwickeln eine Logik, von der es kein Entrinnen gibt, und tun sein Beharren auf einer durch Evolution entstandenen Grundlage der Inzestvermeidung damit ab, daß sie auf die larmarckistischen Begriffe verweisen, in denen dies zum Ausdruck kommt. Nachdem sich die Kritiker des Evolutionsaspekts entledigt haben, nehmen sie an, Freud habe in Wirklichkeit gemeint, Inzest sei etwas Natürliches und Inzestvermeidung nur kulturbedingt. Sie berufen sich danach auf die Evolution, um zu belegen, daß dies nicht stimmt und daß die Inzestvermeidung natürlich und *nicht* kulturbedingt ist. Deshalb kann Freud sagen, was er will; er hat immer unrecht: unrecht, wenn man seine Auffassung als evolutionstheoretisch begreift, und unrecht, wenn man dies nicht macht.

Es gibt jedoch auch eine Alternative. Sie besteht darin, daß man die Möglichkeit in Betracht zieht, Freud habe mit der durch Evolution entstandenen Grundlage der Inzestvermeidung im allgemeinen recht gehabt, auch wenn er mit dem speziellen Szenario, das er dafür vorschlug, unrecht hatte. Es stimmt sicherlich, daß Freud, wenn er heute noch lebte, auf ein viel tieferes Wissen zurückgreifen könnte, als es ihm im Jahre 1913 zur Verfügung stand. Damals wurden die Vorstellungen von Evolution durch den Lamarckismus verfälscht, und ein wirkliches Verständnis der Evolutionsgenetik war gerade erst im Entstehen. Lassen Sie uns deshalb diese Erörterung des Inzests mit einem kurzen Rückblick auf unsere gerade gewonnenen, aufschlußreichen Einsichten zu wesentlichen Fragen beenden und sie mit Freuds Erkenntnissen vergleichen.

Zwei Fliegen mit einer Klappe

Darwins skeptische Einstellung zum angeborenen Widerwillen gegenüber Inzest mag etwas mit der Tatsache zu tun haben, daß er Emma Wedgewood, eine Kusine ersten Grades, geheiratet hatte. In vielen Gesellschaften hält man die Heirat mit einer Kusine ersten Grades für inzestuös, und noch heute gilt dies in vielen Bundesstaaten der USA als strafbare Handlung. Derartige Eheschließungen sind verboten, weil man der Auffassung ist, daß sie zu einem genetischen Schaden führen. Auch Darwin beschäftigte diese Frage so sehr, daß er versuchte, aus der 1871 in Großbritannien und Irland durchgeführten Volkszählung Material über die Heirat von Vettern und Kusinen zu bekommen. Als ihm dies nicht gelang, versuchte sein Sohn George, Schätzwerte über das Vorkommen der Heirat von Vettern und Kusinen zu ermitteln, indem er Eheschließungen von Paaren mit demselben Nachnamen auszählte. Um die Auswirkungen der Inzucht auf den Körperbau zu analysieren, untersuchte er später die Ruderer von Oxford und Cambridge.[16]

Die Gründe für Darwins Beschäftigung mit diesem Thema gehen auf unsere zuvor erwähnten Beobachtungen aus dem Bereich der Genetik zurück (siehe Abbildung 8, S. 77). Wir sahen dort, daß ein Mensch zwei vollständige Gensätze erbt, einen Satz von jedem Elternteil. Das zweite Exemplar hat die Funktion einer Sicherungskopie, so daß sie, wenn ein Gendefekt vorliegt, den entsprechenden Gensatz sozusagen ersetzen kann. Inzucht jedoch (Heirat mit einem nahen Verwandten) arbeitet dem entgegen, weil es eine gewisse Wahrscheinlichkeit dafür gibt, daß das Kind eines Paares mit gemeinsamen Vorfahren dieses Gen des Vorfahren von beiden Eltern erbt. Wenn das Gen in Ordnung ist, ist das unproblematisch. Ist das Gen jedoch defekt oder führt es zu einer krankhaften Entwicklung, gibt es keine Sicherungskopie, die dies ausgleichen könnte; deshalb kommt die Krankheit oder die Behinderung zum Vorschein.

Dennoch zeigen moderne Erkenntnisse zur Evolution der Zusammenarbeit zwischen Lebewesen, wie jene, die ich oben zusammengefaßt habe, daß Inzucht, wie hoch die mit ihr verbundenen genetischen Kosten auch sein mögen, trotzdem wichtige soziale Vorteile bieten kann. Termiten sind ein interessantes Beispiel dafür. Wie Ameisen, Bienen und Wespen leben sie in großen Kolonien mit strenger Arbeitsteilung, die dazu führt, daß die

Mehrheit der Arbeiter auf die Fortpflanzung verzichtet. Bei manchen Arten werden die ursprünglichen Königinnen und Könige gewöhnlich durch sekundäre Zuchttiere ersetzt, die aus der Kolonie selbst kommen. Die neuen Eltern sind mit großer Wahrscheinlichkeit Geschwister; ihre Nachkommenschaft kommt vielleicht in starkem Maße durch Inzucht zustande. Allein dadurch neigen die Termiten dazu, eine Veranlagung für Zusammenarbeit zu haben. Wie bei den Zellen der vielzelligen Lebewesen bedeutet der hohe Verwandtschaftsgrad zwischen Einzellebewesen, daß bei Opferung eines Lebewesens identische Genkopien für die anderen Lebewesen von Vorteil sind (siehe oben, S. 71–78). Wie im Falle der Bienen, Wespen und Ameisen ist die Nachkommenschaft schließlich enger mit ihren Geschwistern verwandt, als dies bei etwaigen Nachkommen vorkäme, die sie selbst haben könnten. Weil Einzellebewesen nur die Hälfte ihrer Gene an ihre Nachkommenschaft weitergeben können, aber mehr als die Hälfte der Gene mit ihren Geschwistern gemeinsam haben, nützt es diesen Genen, die Königin der Geschwister wegen zu hegen und zu pflegen. Auf diese Weise gibt es davon mehr Kopien als andernfalls.

Für die Säugetiere insgesamt ist es typisch, daß sie keine sozialen Wesen sind, zumindest nicht in dem Sinne wie die Termiten. Doch gibt es eine Ausnahme: den sogenannten Sandmull (der zwar ein Nagetier, aber, obwohl er auf englisch *naked mole rat* heißt, weder ein Maulwurf noch eine Ratte ist und anschaulich als »Säbelzahnwurst« bezeichnet wird). Dieses Säugetier hat ein überraschend ähnliches System der Arbeitsteilung bei der Fortpflanzung entwickelt wie die Insekten, mit Kasten von unfruchtbaren Arbeitern und Soldaten, die altruistischerweise einer »Königin« dabei helfen, sich zu vermehren. Aber auch hier zeigte der genetische Fingerabdruck, daß sich die Kolonien durch ein hohes Maß von Inzucht auszeichnen, durchschnittlich mit bis zu 80 Prozent identischen Genen. Es handelt sich um das Ergebnis von Paarungen zwischen Eltern und Nachkommenschaft bzw. Geschwistern, die im Schnitt auf 85 Prozent geschätzt werden – mit anderen Worten ist das zügelloser Inzest in Verbindung mit extrem ausgeprägter sozialer Zusammenarbeit.[17]

Wenn der Kern des Altruismus darin besteht, andern gegenüber Gutes zu tun, dann ist es auch altruistisch, wenn man es im eigenen Interesse vermeidet, jemandem zu schaden. Mordstatistiken deuten darauf hin, daß Verwandte in der Tat nicht dazu neigen, sich gegenseitig umzubringen. 1972 zum Beispiel gingen 75 Prozent aller Morde an Verwandten in Detroit auf nichtblutsverwandte Personen zurück. Während 30 Prozent der Personen, die in Miami gemeinsam einen Mord ausführten, sich als Blutsverwandte herausstellten, waren nur 2 Prozent der Mordopfer Blutsverwandte der Mörder. Und diese Zahlen sind keineswegs außergewöhnlich. In allen Gesellschaften, für die solche Zahlen vorliegen, ist der Verwandtschaftsgrad zwischen Personen, die gemeinsam einen Mord begingen, viel enger als der zwischen Mörder und Opfer. Tragischerweise wird dies noch deutlicher durch den Befund, daß, wenn es um einen Mord von Eltern an Kindern geht, ein adoptiertes Kind in den USA, in Kanada oder in Großbritannien eine hundertmal größere Wahrscheinlichkeit hat, von Stief- oder Pflegeeltern umgebracht zu werden als von den leiblichen Eltern.[18] Wiederum läßt sich dies darauf zurückführen, daß es für Gene, wenn sich bei nahen Verwandten identische Kopien von ihnen finden, normalerweise nicht von Nutzen ist, deren Gene auszulöschen.

Diese Statistiken sind insofern bedeutsam, als sie dazu eingesetzt wurden, Freud zu diskreditieren; denn sie zeigen angeblich, daß die Evolution sich beispielsweise nicht zugunsten des Vatermords von Söhnen auswirkt. Hätte Freud behauptet, das Ergebnis des Ödipuskomplexes bestünde normalerweise in der Ermordung des Vaters durch den Sohn oder der Mutter durch eine Tochter, dann wäre diese Kritik begründet gewesen. Wie wir jedoch gesehen haben, handelt es sich hier nicht im mindesten um das, was Freud tatsächlich herausfand. Er erkannte, daß der Ödipuskomplex in der Kindheit nach einem festen Programm zu Ende geht und daß dabei ganz sicher nicht wirklich Inzest oder Vatermord eine Rolle spielte. Zudem kam er in *Totem und Tabu* zu der Schlußfolgerung, daß Schuldgefühle zur Gewalt in der Familie fest vererbt werden und daß dies ein Ergebnis der Evolution ist; darauf deuten ja auch die genannten Statistiken hin. Bedenkt man, daß es innerhalb der weiteren 50 Jahre in der Tat nicht zu einem echten Verständnis der Evolution des Verwandtschaftsaltruismus kommen sollte, dann müßte man Freuds Szenario aus dem Jahre 1913 so verstehen, daß es nicht dessen grundlegende Prinzipien verletzte, sondern es vorwegnahm. Ohne wirklich wissenschaftliche Erkenntnisse, wie sich Aggressionshemmungen gegenüber Verwandten durch natürliche Selektion entwickeln konnten, sollte Freuds zugegebenermaßen etwas antiquiertes Evolutionsszenario nicht wegen seiner speziellen Fehler lächerlich gemacht, sondern wegen seines wesentlichen Beitrags gewürdigt werden.

Insbesondere die Statistiken zum Mord an Stiefkindern weisen auf die Gründe hin, warum das Verwandtschaftsverhältnis bei der Kindererziehung den Ausschlag gibt und warum es, wenn es um das wahrscheinliche Ausmaß altruistischer Zusammenarbeit geht, von Vorteil sein kann, jemanden zu heiraten, mit dem man bereits Gene gemeinsam hat. Vermutlich ist dies der zentrale Punkt beim folgenden provenzalischen Sprichwort: »Heirate innerhalb deines Dorfes, wenn möglich in deiner Straße, wenn möglich innerhalb deines Hauses.« Die Praxis scheint sich zudem an dieses Gebot gehalten zu haben; denn in Frankreich auf dem Land werden 85 Prozent der Ehen traditionell in einem Umkreis von 5 Kilometern eingegangen.[19] Die Tatsache, daß auf der ganzen Welt die Eheschließung von Vettern und Kusinen ersten Grades so beliebt ist, weist darauf hin, daß ein gewisses Maß an Inzucht von Vorteil sein kann.[20]

Jüngste Untersuchungen zur Heirat von Vettern und Kusinen ersten Grades, wie bei Darwin und seiner Frau, zeigten, daß dies, wenn auch die Sterberate der sich daraus ergebenden Kinder etwas höher liegt und die Vorkommen angeborener Abnormitäten ein wenig häufiger ist, mehr als ausgeglichen wird durch die größere Fruchtbarkeit solcher Ehen. Diese Forschungen deuten darauf hin, daß, obwohl Inzucht gewisse genetische Kosten in Form von Tod und Abnormität mit sich bringen kann, dies auch mit echten Vorteilen verbunden ist, die mit Hilfe des Fortpflanzungserfolgs meßbar sind.[21]

Anscheinend drängt sich die Schlußfolgerung auf, daß nicht einer, sondern zwei Einflußgrößen wichtig sind. Einerseits geht es um Sexualität, bei der es im wesentlichen um die Fortpflanzung durch Austausch von Genen mit anderen geht. Insbesondere bei großen vielzelligen Lebewesen, deren Lebensdauer viel größer ist als die der Krankheiten übertragenden Mikroorganismen und anderen Parasiten, die sie befallen, bringt die geschlechtliche Fortpflanzung sehr häufig genetische Rekombinationen hervor. Indem gewährleistet wird, daß die Nachkommenschaft nicht aus genetischen Clones ihrer Eltern besteht, scheint das Geschlecht bei Einzellebewesen eine gewisse Variation hervorzubringen. Dies bedeutet, daß aufgrund der ständigen Rekombination, die das Geschlecht mit sich bringt, krankheitsbringende Parasiten und andere Arten von Belastungen in zwei aufeinanderfolgenden Generationen nicht auf denselben Organismus stoßen. Das mag in der Tat eine Erklärung dafür sein, warum die Kolonien des Sandmulls anscheinend in besonderem Maße dazu neigen, durch neuartige Krankheiten ausgelöscht zu werden. Vielleicht verringert die intensive Inzucht, die sie praktizieren, die genetische Variabilität bis hin zu einem gefährlich niedrigen Niveau, wenn es um die Widerstandskraft gegenüber Krankheiten geht. Hier würde es sich dann um die genetischen Kosten handeln, die solche Kolonien für die sozialen, ebenfalls mit Inzucht verbundenen Vorteile zahlen müßten.[22]

Auf der anderen Seite müßten wir die sozialen Vorteile der Inzucht den genetischen Vorteilen der Kreuzung nicht miteinander verwandter Einzellebewesen beispielsweise wegen der erhöhten Widerstandskraft für Krankheiten gegenüberstellen und hervorheben. Sie stellen die Grundlage dar, auf der sich vor allem vielzellige Lebewesen entwickeln konnten, wenn man einmal als gegeben voraussetzt, daß ihre Zellen durch ihre genetische Identität dazu neigen, miteinander zusammenzuarbeiten. Bei den geschlechtlich sich vermehrenden vielzelligen Lebewesen wie den Menschen, den Termiten und den Sandmullen fördert die Inzucht den Verwandtschaftsaltruismus durch die große Wahrscheinlichkeit, daß jedes spezielle Altruismusgen auch bei den Nutznießern seiner Auswirkungen vorhanden sein wird. Wie wir bereits früher gesehen haben, kann ein Gen für die Selbstopferung seinen Fortpflanzungserfolg verbessern, wenn seine Auswirkungen darin bestehen, daß mehr Kopien von den eigenen Genen bei den nahen Verwandten gerettet werden (siehe oben, S. 71–78, und Abbildung 8). Es ergeben sich zwei einander widersprechende Faktoren, die jeweils in eine andere Richtung weisen: einer in Richtung auf Inzucht und einer in Richtung auf Paarung nicht miteinander verwandter Individuen.

Wenn wir ganz im Geiste von Darwins Buch über den Ausdruck der Gemütsbewegungen fragen, wie sich dies wahrscheinlich seelisch ausdrücken wird, lautet die Antwort: Ambivalenz – das heißt, widersprüchliche Gefühle zu derselben Sache. David Spain, ein Anthropologe und eine Autorität zur Kontroverse zwischen Freud und Westermarck, betonte dazu folgendes:

»Es war Freud, nicht Westermarck, der unsere Aufmerksamkeit auf die zentrale Rolle der Ambivalenz für die Beziehungen unter den Menschen

223

richtete. Freuds Genialität geht nicht auf seine Behauptung zurück, es gäbe bei Menschen einen ›Widerwillen‹ gegen Inzest; sie liegt vielmehr in seiner Behauptung begründet, Inzest sei etwas, das die Menschen als anziehend und abstoßend empfinden könnten. Nur wenn dies in unsere Erklärungsmodelle eingeht, können wir erwarten, unsere... Befunde zu verstehen.«[23]

Jeder, der *Totem und Tabu* als Ganzes liest, wird bald erkennen, daß Ambivalenz das zentrale, immer wiederkehrende Thema des Buchs ist. Freud führt dazu eine Reihe von Beispielen an; dazu gehören Ambivalenz gegenüber Feinden, Herrschern und gegenüber den Toten. In jedem Fall findet Freud komplizierte Tabus; er deutet sie als kollektive Abwehrmaßnahmen gegen widersprüchliche Emotionen, die Menschen den entsprechenden Objekten gegenüber empfinden. Inzest ist nur ein weiterer Fall, wenn auch der wichtigste. Freud schließt daraus, daß das Vorhandensein komplizierter Tabus und Verbote zum Inzest darauf verweist, daß Menschen in diesem Bereich eine grundlegende Ambivalenz haben – das heißt, sie fühlen sich gleichzeitig stark davon angezogen *und* tiefgehend davon abgestoßen.

Soweit es um das ES geht, hat die Ambivalenz keine Folgen. Wie wir bereits gesehen haben, als wir uns mit Freuds Modell der Seele beschäftigten, fand er vollständiges Chaos vor. Ambivalenz, Widersprüchlichkeit und Irrationalität ist in der Tat beim ES mehr als alles andere die Regel (siehe oben, S. 137f.). Wir sahen jedoch auch, daß Ambivalenz für das ICH, dessen Hauptaufgabe in der Steuerung der willkürlichen Gedanken und Handlungen besteht, schwerwiegende Probleme mit sich brachte. Der Grund dafür liegt darin, daß es in der realen Welt, in der man jeweils nur entweder den Kuchen essen oder ihn behalten kann, immer schwierig ist, einander widersprechenden Anforderungen Genüge zu tun (siehe oben, S. 140–150). Freud erkannte folgerichtig, daß das ICH typischerweise Abwehrmaßnahmen gegen Ambivalenz hervorbringt und versucht, damit umzugehen, indem es sich selbst Regeln und Vorschriften auferlegt, die dem Zweck dienen, den Konflikt zu vermeiden und ihn zu überspielen.

Nehmen wir etwa an, Sie mögen Kuchen, müssen aber auch auf Ihr Gewicht achten. Das macht Sie in dieser Frage ambivalent. Das Lustprinzip sagt: »Iß den Kuchen, genieße ihn!« Das Realitätsprinzip sagt: »Iß den Kuchen nicht – du wirst dick werden!« Es mag einen gangbaren Kompromiß geben, allerdings nur wenn Sie einen nicht dick machenden Kuchen finden, der in gleichem Maße Ihre Geschmacksknospen befriedigt wie Ihr Bedürfnis, schlank zu bleiben. Bei Mißerfolg könnten Sie versuchen, den Konflikt auf eine Reihe unterschiedlicher Weisen zu lösen. Ein offenkundiger Weg bestünde darin, den Kuchen zu meiden. Sie könnten in die andere Richtung sehen, wenn ein Kuchen daliegt, oder auf die andere Straßenseite gehen, wenn Sie an einer Bäckerei vorbeikommen. Eine weitere Methode bestünde darin, eine willkürliche Regel anzuwenden. Sie könnten sagen: »Ich will nur freitags Kuchen essen« oder »nur am dritten Freitag eines Monats, der auf ›r‹ endet« oder was immer. Schließlich könnten Sie – und insbesondere wenn das Vermeiden des Kuchens oder eine Regel nicht funktioniert – eine Kuchenphobie entwickeln und sich selbst überreden, Kuchen sei ganz schlecht für Sie und es solle noch nicht einmal so weit kommen, daß Sie ans Kuchenessen denken.

Was den Inzest angeht, lassen sich vor allem bei vorindustriellen Gesellschaften Beispiele für all diese Reaktionsweisen finden. Vermeidung ist sehr weit verbreitet und hält manchmal mit Tabus belegte Personen davon ab, sich zu treffen, ganz zu schweigen davon, daß sie nicht miteinander reden. Die Regeln sind praktisch allumfassend und können erstaunlich willkürlich werden; sie schließen häufig genetisch und nicht genetisch verwandte Menschen ein. Abbildung 15 (siehe unten, S. 226) veranschaulicht beispielsweise eine der einfachsten Regeln, die man bei den australischen Ureinwohnern finden kann (sie stehen praktisch für Verwandtschaftsgruppen, die durch denselben Begriff festgelegt werden, wie Bruder, Mutter etc.). Wie die genealogische Darstellung zeigt, handelt es sich eigentlich um eine einfache Regel, die viele Formen des Inzests verhindert und die Heirat des Vetters bzw. der Kusine vorschreibt. Aber auch Acht-Klassen-Systeme sind unter den australischen Ureinwohnern recht verbreitet; diese sind viele komplexer und schließen viel mehr Verwandtschaftsklassen aus (einschließlich der nächsten Kusine, die man unter dem Vier-Klassen-System heiraten müßte). Außerdem – und das ist typisch für willkürliche Regeln, selbst wenn es ums Kuchenessen geht – gibt es oft die Tendenz, solche Vorschriften zu brechen, sie wieder zu erneuern und stärker zu betonen. So werden bei den australischen Ureinwohnern die Vorschriften zu den Heiratsgruppen durch totemische und weitere Gesetze abgesichert und überlagert. Diese Gesetze besagen, daß, wenn nahe Verwandtschaft nicht durch

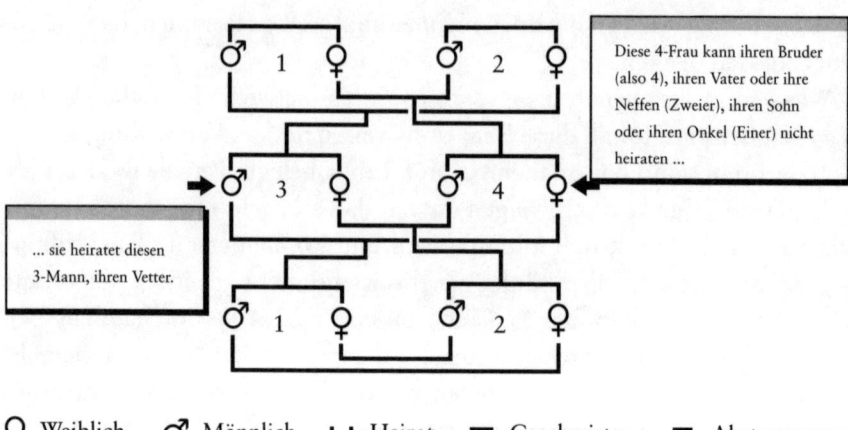

Abbildung 15: Regeln eines Vorbereitungsseminars für künftige Eheleute bei den australischen Ureinwohnern

eine Vorschrift ausgeschlossen wird, dies fast mit Gewißheit durch eine andere geschehen wird. Der Grund dafür lautet, daß man einfache Problemsituationen mit einfachen unkomplizierten Vorschriften bewältigen kann; vielschichtige, widersprüchliche Motive verlangen jedoch nach entsprechend komplizierten Mitteln, um zu einer Lösung zu gelangen. Wenn man in derselben Angelegenheit mit mehreren unterschiedlichen Regeln zu tun hat, liegt es anscheinend nahe, mehr als ein Gefühl dazu zu haben. Wie

Freud betonte, verweisen solche tiefgehenden seelischen Abwehrmechanismen tatsächlich auf eine Herausforderung aus der Tiefe der Seele.

Am verbreitetsten von allem scheint schließlich eine ängstliche Einstellung gegenüber Inzest zu sein. Dies bezeichnete Freud als »Inzestscheu«, und es scheint die Einstellung von Westermarck getroffen zu haben, zumindest wenn es Ausdrücke wie »inzestuöse Besudelung« sind, woran wir uns halten (siehe oben, S. 208). Wenn man sich wirklich von diesem Standpunkt aus Westermarcks Theorie des Widerwillens, die unter den Darwinisten auch in letzter Zeit so beliebt war, noch einmal genauer ansieht, dann scheint sie viel eher ein Ausdruck der Gefühle zu sein, um die es geht, wenn die menschliche Inzucht kontrolliert werden soll, als deren wissenschaftliche Erklärung. In dieser Hinsicht ist Westermarcks Theorie vielleicht darwinistisch – als Ausdruck der Gemütsbewegungen; doch könnten Freuds Erkenntnisse, wenn man sie auf der Grundlage moderner Einsichten in die Evolution auf der Ebene der Gene – also auf der Grundlage des Psychodarwinismus – versteht, einen produktiveren wissenschaftlichen Ansatz zur Frage der Inzucht ergeben. Wie wir im letzten Kapitel sehen werden, ließen sich dadurch in der Tat auch eine Reihe weiterer grundlegender Probleme lösen.

8

Die psychodarwinistische Lösung

Meiner Erfahrung nach besteht der Haupteinwand vieler Menschen gegen die moderne Auffassung von der Evolution (Organismen sind die Träger der Gene) darin, daß sie befürchten, sie laufe auf eine starre kausale Vorherbestimmtheit hinaus; nach dieser Auffassung wären die Gene unabhängig von allem anderen die Steuerelemente dieser Träger. Daraus ergibt sich die Frage nach der Rolle von Umwelteinflüssen wie Erziehung und Kultur sowie nach der Rolle des freien Willens. Wir sind uns nur in den seltensten Fällen bewußt, von unseren Genen gesteuert zu werden; dagegen wissen wir alle, wie schwierig es manchmal sein kann, bis wir uns für etwas entscheiden. Sitzen unsere Gene wirklich am längeren Hebel, so muß eine solche Unentschlossenheit verwirrend erscheinen. Selbst wenn zugestanden werden soll, daß unser Bewußtsein insoweit rätselhaft sein mag, daß es mehr verbirgt, als es ans Tageslicht bringt (siehe oben, S. 93–117), so bleibt es doch eine Tatsache, daß wir uns entscheiden und daß es innere Konflikt gibt, zumindest auf der Ebene des Bewußtseins.

In diesem letzten Kapitel möchte ich mich kurz mit naturwissenschaftlichen Auffassungen von der Kausalität beschäftigen und dann ein spezielles Beispiel anführen: nämlich ein Beispiel dafür, daß sexuelles Verhalten beim Menschen vorherbestimmt ist. Wie ich hoffe, gezeigt zu haben, leistet der Psychodarwinismus einen wichtigen Beitrag zur Lösung des vielleicht tiefgehendsten und mühseligsten Problems der Wissenschaft – der Wechselwirkung zwischen Genen und menschlichem Verhalten. Schließlich werde ich auf das besorgniserregende Inzestthema als einem anschaulichen Beispiel dafür, was die neue Sichtweise zu leisten vermag, zurückkommen.

Leben, aber nicht so, wie es Thomas Hobbes verstand

Die wissenschaftliche Revolution der Neuzeit begann mit der Physik und der Astronomie. Das ist vielleicht der Grund dafür, daß wir bei unseren Vorstellungen zur Kausalität in natürlichen Systemen eine Neigung dazu hatten, uns von diesen Naturwissenschaften und vor allem von Isaac Newtons großem Werk beeinflussen zu lassen. Vor der wissenschaftlichen Revolution im sechzehnten und siebzehnten Jahrhundert hingen die meisten Menschen einer Auffassung vom Universum an, die auf der heiligen Schrift und dem göttlichen Gesetz beruhte. Die Erde wurde als Mittelpunkt des Universums betrachtet, die Sonne, der Mond und die Sterne kreisten nach dieser Vorstellung auf Bahnen, die von Gott vorherbestimmt waren. Nur die umherziehenden Planeten schienen diese harmonische Musik der Sphären zu stören; doch auch sie ließen sich mehr oder weniger elegant in diese göttliche Ordnung fügen. Dieses Bild änderte sich grundlegend durch die Revolution in der Astronomie und in der Physik, wie sie mit Isaac Newton (1642–1727) verbunden wird; doch in bestimmter Hinsicht blieb sie der ursprünglichen Weltsicht recht ähnlich. Es sei zugestanden, daß jetzt die Sonne und nicht die Erde im Mittelpunkt stand. Die kristallartigen Sphären wurden nun durch einen leeren Raum ersetzt, den die Planeten in elliptischen Bahnen durchquerten. Das Ganze wurde nicht mehr durch das Handeln von Engeln, sondern durch die drei Bewegungsgesetze und das Prinzip der universellen Schwerkraft gesteuert. Doch Gott blieb die hauptsächliche Triebfeder, die diese ganze eindrucksvolle Struktur als erste in Bewegung gesetzt hatte; er blieb auf ewig der Geist, der den uhrwerksgleichen Kosmos ersonnen hatte, so daß die Newtonschen Gesetze weiterhin so problemlos ablaufen konnten.

Das von den Newtonschen Gesetzen beherrschte Universum war vorhersagbar, regelgeleitet und mechanistisch. Es wurde zu einem Paradigma oder einem beispielhaften Modell für Ordnungsvorstellungen in anderen Gebieten wie der Natur und der Gesellschaft. Auch beriefen sich Denker wie Thomas Hobbes (1588–1679) auf die zentrale Macht des Staates, der eine ähnliche Rolle einnahm wie die Sonne im Newtonschen Universum. Nach Hobbes' Auffassung war eine zentrale Autorität erforderlich, um die Menschen vor dem »Naturzustand« zu retten, den er anschaulich als

»böse, dumm und klein« beschreibt. Wie Planeten, die von der Sonne nicht in ihren Umlaufbahnen gehalten werden, würde sich die Gesellschaft in Anarchie, in einem »Krieg aller gegen alle« auflösen, wäre nicht die zentrale Staatsmacht vorhanden, um allen Schutz und Sicherheit zu garantieren.

Auch heute noch sind wir von solchen Vorstellungen beeinflußt, obwohl sie vor kurzem durch Entwicklungen innerhalb der Physik tiefgehend in Frage gestellt wurden – durch eine grundsätzliche Relativität und durch die Quantenmechanik. Aber wir neigen dazu, uns die gesellschaftliche Ordnung so vorzustellen, als müsse sie der widerspenstigen menschlichen Natur aufgezwungen werden. Und ein Großteil der Schwierigkeiten, die viele Menschen heutzutage mit der Auffassung haben, daß Gene menschliches Verhalten beeinflussen können, geht auf mechanistische, starr deterministische Annahmen darüber zurück, wie solche Einflüsse wirksam werden. Es gibt immer noch ein weitverbreitetes Gefühl, daß die Wissenschaft, wenn sie denn versucht, menschliches Verhalten zu erklären, dies nur mit Hilfe eines Uhrwerks, eines Modells, das an Newtons Universum erinnert, leisten kann; sie müsse auf starre Gesetzmäßigkeiten zurückgreifen, die das Verhalten auf eine Weise erklären würden, wie die Astronomen eine Sonnenfinsternis vorhersagen.

Manche modernen Darwinisten scheinen die Menschen zu einer solchen mechanistischen Sichtweise zu ermutigen. So argumentiert Edward O. Wilson (dessen Buch *Sociobiology* viel dazu beigetragen hat, den Begriff Soziobiologie als bedeutungsgleich mit modernem Darwinismus zu etablieren) zusammen mit seinem Koautor Charles Lumsden: »Die Gene und die Kultur werden durch eine elastische, aber nicht reißende Leine zusammengehalten. Sosehr die Kultur auch nach vorne ausgerichtet ist..., so wird sie doch durch die Gene gewissermaßen in ihrem Spielraum eingeschränkt und gesteuert.« Dies führt zu »einer engen Verbindung zwischen genetischer Evolution und Kulturgeschichte«. In diesem Zusammenhang erwähnen die Autoren ihr Lieblingsbeispiel, die Inzestvermeidung: »Wenn Kinder im Elternhaus während der ersten sechs Lebensjahre in nächster Nähe zusammen aufwachsen, werden sie, wenn sie geschlechtsreif werden, automatisch von sexueller Aktivität im umfassenden Sinne abgehalten.« Daraus folgt: »Es ist – im umfassenden biologischen Sinne – nur natürlich, wenn Menschen etwas gegen den Inzest zwischen Bruder und Schwester haben.«[1]

In Büchern oder Artikeln zur Evolutionsbiologie wird diese Vorstellung gelegentlich graphisch veranschaulicht. Die Menschen werden als Marionetten dargestellt; die Fäden, an denen man ziehen kann, sind die DNS-Stränge oder irgendeine andere Darstellungsform für Gene. Obwohl sich Darwinisten häufig über solche grob vereinfachenden Bilder beklagen, scheinen sie doch den Geist wiederzugeben, der dem Modell von der elastischen Leine zugrunde liegt, wenigstens wenn man Autoren wie Edward Wilson folgt. Zumindest er scheint fest daran zu glauben, daß wir uns am anderen Ende einer elastischen Leine befinden, die uns davon abhält, »unnatürliche« Handlungen wie den Geschwisterinzest zu begehen. Es mag sich hier nicht um einen starren Newtonschen Determinismus handeln, doch haben wir es hier anscheinend mit einem elastischen Determinismus zu tun, bei dem die Gene die Rolle der Sonne dadurch übernehmen, daß sie das Verhalten in seiner »natürlichen« Bahn halten.

Denken Sie im Gegensatz zu Newtons Uhrwerk – sei es nun elastisch oder nicht – einmal an »Life«. Es handelt sich hier um etwas, was man auch als »zellulären Automaten« bezeichnet. Er besteht aus »Zellen«, die eine Position in der »Welt« des Computerbildschirms einnehmen. Alle können »lebendig« – dann zeigen sie sich – oder »tot« sein – dann kann man sie nicht sehen. Jede Zelle berührt an ihren Ecken und Kanten acht Nachbarzellen, drei oben, drei unten und jeweils eine an beiden Seiten. Durch einen einfachen Satz von Regeln, die genauso starr sind wie die der Mechanik, wird das Schicksal der Zellen festgelegt. Eine einzelne einsame Zelle oder eine mit nur einem Nachbarn stirbt ab. Kommt eine Zelle mit mehr als drei weiteren lebendigen Zellen in Kontakt, wird sie sterben. Wird eine tote Zelle von genau drei lebendigen Zellen berührt, wird sie geboren – sie wird also selbst lebendig. Diese Regeln kommen in jeder »Generation« neu bei allen Zellen, seien sie nun tot oder lebendig, zur Anwendung. Dann wird der Zyklus neu durchlaufen, wodurch eine neue »Generation« zustande kommt. Gerade diese wiederholte Anwendung eines Satzes grundlegender Regeln auf die Zellen macht sie zum »zellulären Automaten«.

Man gibt Mustern lebendiger Zellen bisweilen Namen, und sie haben interessante Eigenschaften. Denken Sie zum Beispiel an eine Anordnung, die wie in Abbildung 16 einem kleinen »r« ähnelt. Diese Konfiguration führt zu einem sprunghaften Entstehen neuen Lebens und entwickelt sich über mehr als 1000 Generationen weiter, bevor sie in einen stabilen Zustand mit einem

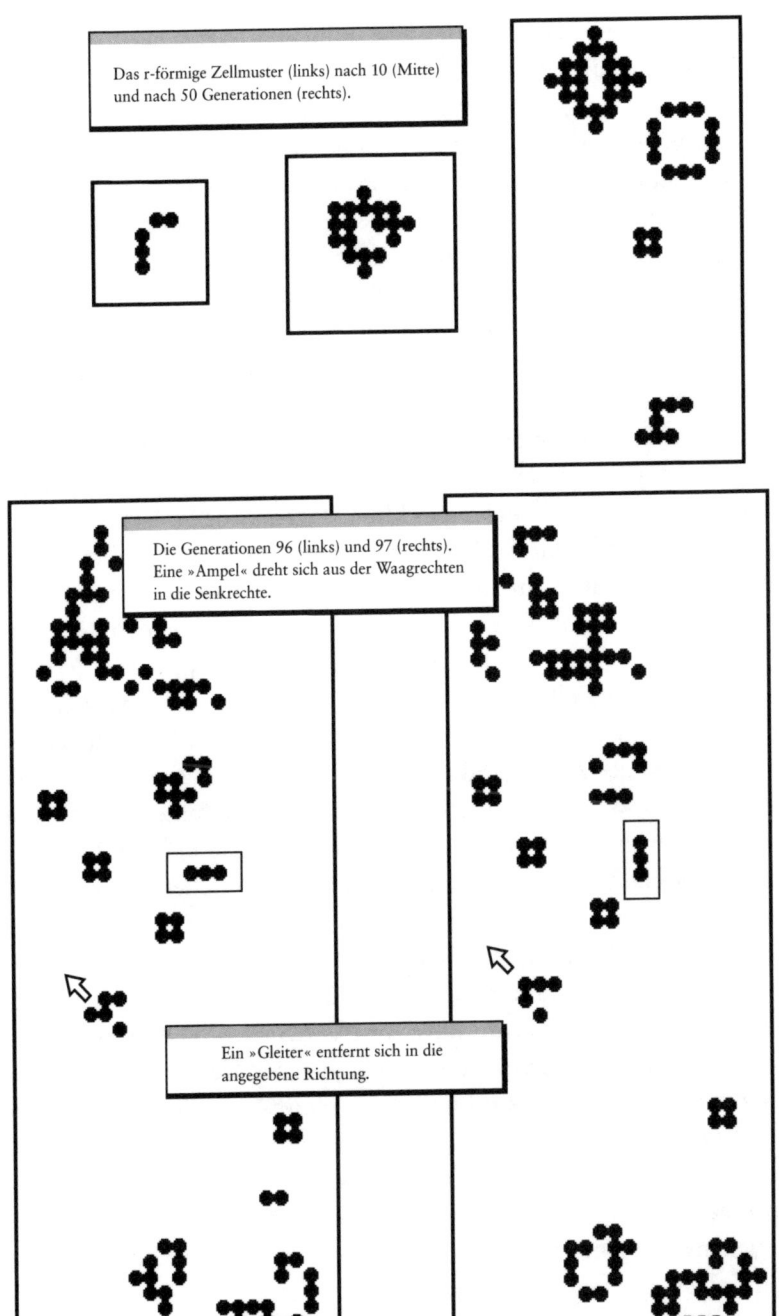

Abbildung 16: Life

Satz regelmäßiger – wenn auch nicht unbedingt statischer – Figuren übergeht. Im Verlauf dieser Evolution werden sechs »Gleiter« hervorgebracht, die sich in einer festgelegten Richtung mit immer gleicher Geschwindigkeit bewegen. Bei einem Bildschirm mit Objekten, die auf der einen Seite verschwinden und auf der anderen Seite wieder hereinkommen, kehren sie zurück und prallen auf die Muster, die sie hervorgebracht haben; dies führt zu noch vielschichtigeren und immer wieder sich verändernden Mustern.

Die Formen, die bei »Life« entstehen, unterscheiden sich deutlich von denen im Newtonschen Universum. Die Schwerkraft und die Newtonschen Gesetze führen gewöhnlich dazu, daß ihre Bestandteile einfacher und zu größeren, regelmäßigeren Gebilden zusammengefügt werden. Der heutige Zustand des Sonnensystems, das sich aus Trillionen kleinerer Partikel zusammensetzt, ist das unmittelbare Ergebnis solcher seit Milliarden von Jahren wirkender Einflußfaktoren. »Life« dagegen neigt dazu, eine ständig wechselnde Vielfalt mit erstaunlichen, wenn auch vergänglichen Symmetrien, Kontrasten und ganz plötzlich explosionsartig auftretenden Aktivitätsschüben hervorzubringen. Die »Life« zugrundeliegenden Regeln zeigen jedoch, daß seine Ordnung im wesentlichen gesellschaftlicher Art ist, weil der Zustand einer Zelle vollständig durch den seiner Nachbarzellen festgelegt ist – einsame Zellen sind schlicht und einfach tot. Die sich ergebenden Muster lebendiger Zellen sind die einer dynamischen sozialen Interaktion, hinter der sich weit mehr Vielschichtigkeit und Symmetrie verbergen als hinter der einzelner Zellen, aus denen sich das Muster ergibt. Die Ordnung einer Gesellschaft muß anscheinend nicht Newtonschen Prinzipien gehorchen.

Im Gegenteil, die sich durch Schwerkraft fortbewegenden Tendenzen des Newtonschen Universums verhalten sich anders, wenn es um lebendige Organismen geht. Lassen Sie uns kurz zur EVOLV-O-MATIC-Welt zurückkehren, um diesen Effekt zu simulieren. Stellen Sie sich vor, wir hätten eine neue Art von Wesen, ein Raubtier, das andere Wesen frißt, wenn es auf sie trifft. Wir lassen jedoch auch andere Wesen, die keine Raubtiere sind, ein »Auge« auf sie werfen, was sie in die Lage versetzt, sich selbst und die Raubtiere zu beobachten und sich entsprechend zu bewegen. Was wird nun geschehen? Die Antwort lautet: Haufen- und Herdenbildung – das gesellschaftliche Gegenstück zur Schwerkraft.

Betrachten wir es auf die folgende Weise: Jedes einsame Wesen kann von einem Raubtier aus jedem beliebigen Winkel von 360 Grad heraus angegriffen werden (Abbildung 17). Wir könnten dies seine »Winkelverletzbarkeit« nennen. Wenn jedoch zwei Wesen sich gegenseitig und den Haufen sehen, so daß sich jeder neben dem anderen her bewegt, hat sich ihre individuelle Winkelverletzbarkeit auf 180 Grad halbiert; jedes Raubtier, das von der Seite mit den anderen Wesen kommt, wird nämlich zuerst auf die anderen Wesen treffen und nicht auf dieses bestimmte. Vier Wesen zusammen verringern ihre individuelle Winkelverletzbarkeit wieder um die Hälfte auf 90 Grad; und wenn wir mehr als ungefähr sechs Wesen haben, kann diese Zahl prinzipiell gegen Null gehen, weil ein Individuum sich in einem Ring von Artgenossen verstecken kann. Erreicht die Gesamtzahl 40 oder mehr, wird die Mehrzahl der Wesen am Rand beschützt; deren Winkelverletzbarkeit sinkt um so stärker ab, je größer ihre Anzahl wird.

Es handelt sich hier nicht nur um ein abstraktes Modell oder etwas, das sich nur auf Computerbildschirmen abspielt. Man kann es immer dann beobachten, wenn Schafe einen Hund sehen und wenn Zeitlupenaufnahmen von Fischschwärmen zeigen, daß sie zu Hunderten und Tausenden einzelner Fische in dem Versuch zusammenbleiben, ihre dreidimensionale Winkelverletzbarkeit auf Null zu bringen. Gesellschaftliche Schwerkraft, wenn wir es so ausdrücken dürfen, erfordert keine zentrale Autorität oder ein zentralisiertes Regierungssystem, wie das Newtonsche Sonnensystem die Sonne brauchte.

Thomas Hobbes mag geglaubt haben, daß der Naturzustand todbringende Anarchie ist, aber er hatte nicht recht. Individuen, die sich gemeinsam mit anderen zu ihrer eigenen Sicherheit in einer Gruppe zusammenschließen, sind im allgemeinen nicht dadurch motiviert, daß sie ihre Artgenossen zu Feinden machen wollen. Neuere Untersuchungen zum Tierverhalten zeigen, daß in Tiergesellschaften Ordnung und nicht Chaos die Regel ist; und wir haben bereits gesehen, daß sich eine Zusammenarbeit nach dem Muster »Wie du mir, so ich dir« in Populationen egoistischer Abtrünniger ausbreiten kann, wodurch eine gesellschaftliche Ordnung entsteht (Abbildung 12, S. 88). Im Gegensatz zu Hobbes wissen wir heute, daß sich eine gesellschaftliche Ordnung nur aus Eigeninteresse und durch natürliche Selektion auf der Ebene einzelner Gene spontan entwickeln kann (siehe oben, S. 65–91).

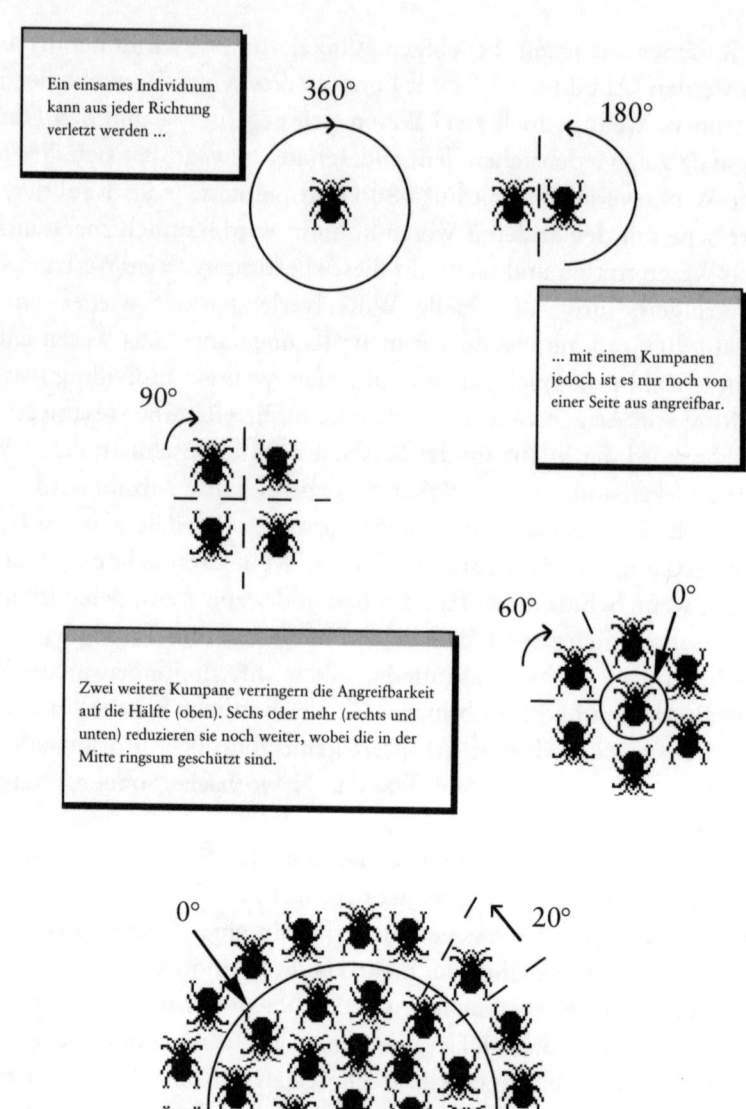

Abbildung 17: Soziale Geometrie

Vier Strategien im Bereich der Sexualität

Ein oft angeführter Einwand gegen eine Selektion auf der Ebene der einzelnen Gene ist die Behauptung, einzelne Gene könnten das Verhalten überhaupt nicht beeinflussen. Es wird angeführt, das Verhalten sei das Ergebnis einer Tätigkeit des gesamten Organismus und deshalb Tausender von Genen. Doch dieser Gedankengang kann in die Irre führen. Nehmen wir beispielsweise die Geschlechtszugehörigkeit. Heute wissen wir, daß die Geschlechtszugehörigkeit bei Säugetieren wie dem Menschen in der Tat durch ein einzelnes Gen festgelegt wird. Das Gen, das kürzlich entschlüsselt wurde, wirkt wie ein Schalter, der andere Gene anschaltet, die schließlich bewirken, daß ein einzelnes Lebewesen, das sonst ein weibliches geworden wäre, sich in ein männliches verwandelt. Es mögen in der Tat viele Gene daran beteiligt sein, daß ein männliches Säugetier entsteht, doch scheinen sie von einem einzelnen Hauptgen gesteuert zu werden, von dem das Geschlecht festgelegt wird. Das Geschlecht kann man zudem kaum als etwas bezeichnen, was sich als unwichtig für das Verhalten abtun läßt.

Genau wie in der Newtonschen Mechanik entsteht so aus dem entsprechenden Gen etwas starr vorher Festgelegtes. Wenn wir jedoch das Beispiel der Alligatoren, Krokodile und Schildkröten betrachten, erscheint ein recht ähnliches Gen für die Festlegung des Geschlechts in einem ganz anderen Licht. Bei all diesen Arten wird das Geschlecht durch die Bruttemperatur der Eier im Nest bestimmt, wo sie von der Mutter zurückgelassen werden. Bei den Krokodilen, Alligatoren und Alligatorschildkröten kommen bei höheren Temperaturen Männchen heraus, bei niedrigeren Weibchen, während auf andere Schildkröten das Gegenteil zutrifft und bei ihnen höhere Temperaturen zu Weibchen führen. Doch warum? Die Antwort scheint zu lauten, daß höhere Bruttemperaturen wegen des schnelleren Wachstums im Endeffekt eine ausgeprägtere Körpergröße begünstigen. Bei Alligatoren und Krokodilen fördert dies den Fortpflanzungserfolg der Männchen, die zur Paarungszeit miteinander um die Weibchen kämpfen. Bei Schildkröten hingegen ist eine ausgeprägtere Körpergröße für die Weibchen von Vorteil, die dann am Ende mehr Eier hervorbringen können. Die Ausnahme stellt die Alligatorschildkröte dar; auch hier kämpfen die Männchen wiederum zur Paarungszeit um die Weibchen, wofür bei den Männchen ein großer Körper von Vorteil ist.

Die natürliche Selektion läßt anders ausgedrückt das Prinzip zur Anwendung kommen, daß eine Umweltbedingung wie die Bruttemperatur, wenn sie für den Fortpflanzungserfolg eines Lebewesens von Bedeutung sein kann, ausgenutzt werden sollte. Im Endergebnis läßt sich daraus schlicht und einfach eine Regel ableiten, die tatsächlich folgendes besagt: »Lege das Geschlecht nach der Bruttemperatur fest.« Denn die Lebewesen, die das in diesem Sinne richtige Gen haben, hätten wirklich mehr Erfolg bei der Fortpflanzung als die anderen. Deshalb scheint bei den Alligatoren, Krokodilen und Schildkröten ein einziges Gen dafür zu sorgen, daß das Geschlecht in Übereinstimmung mit den Umweltbedingungen bestimmt wird. Es handelt sich hier um einen Determinismus, der auf einem einzelnen Gen beruht, aber um einen Determinismus, der die Umwelt über das Ergebnis entscheiden läßt.

Die Festlegung des Geschlechts mit Hilfe der Umwelt kommt bei Säugetieren nicht vor, weil bei ihnen ein Geschlechtschromosom über das Geschlecht entscheidet. Hat man ein Y-Chromosom mit einem Gen, welches das männliche Geschlecht festlegt, wird man männlichen Geschlechts sein; wenn man jedoch kein Y-Chromosom besitzt, hat man kein Gen, welches das männliche Geschlecht festlegt, und man wird weiblichen Geschlechts sein. Trotzdem behauptet man häufig vom menschlichen Sexualverhalten, daß es praktisch der Kontrolle der Umwelt unterworfen ist. Soziologen weisen oft auf die gesellschaftliche Konditionierung als Hauptbestimmungsfaktor für das Verhalten der Menschen hin; und das Sexualverhalten wird davon nicht ausgenommen. Selbst wenn das biologische oder das durch Chromosomen bestimmte Geschlecht durch ein einziges Gen festgelegt wird, behauptet man deshalb, auf das Sexualverhalten treffe dies nicht zu. Im Gegenteil, es sei die gesellschaftliche Umwelt bei der Erziehung – die sogenannte *Sozialisation* –, die dies bewirke. Man bezieht sich folgerichtig auf das Geschlecht als der »Geschlechtsrolle« (englisch: gender) und lehnt sich dabei an die Sprache an, bei der die Hauptwörter drei Geschlechter (englisch: gender) annehmen können: männlich, weiblich und sächlich. Hier wird die Voraussetzung gemacht, daß die »Geschlechtsrolle« einer einzelnen Person nicht unbedingt durch die Geschlechtschromosomen festgelegt sein muß, wie ja auch das Geschlecht eines Hauptwortes nicht immer genau mit dem Geschlecht der bezeichneten Person übereinstimmen muß (z. B. *das* Mädchen). Im Gegenteil, der Gebrauch des Wortes »Geschlechtsrolle« für das Geschlecht einer Person hat zur Folge, daß es sich hier um eine genauso willkürliche Vereinbarung handelt wie die, daß im Englischen ein Schiff weiblichen Geschlechts und die überwiegende Mehrheit der Hauptwörter sächlichen Geschlechts ist.

Anscheinend besteht die einzige Möglichkeit, das Anlage-Umwelt-Problem zu lösen, darin, folgendes Experiment durchzuführen: Eine Gruppe von Personen, die den Chromosomen nach männlich sind, und eine entsprechende Gruppe von Personen, die den Chromosomen nach weiblich sind, werden als Männer sozialisiert; dann wird das Ergebnis mit einer Kontrollgruppe verglichen, die entsprechend ihrem durch die Chromosomen festgelegten Geschlecht sozialisiert wurden. Man könnte in diesem Fall sehen, welcher Faktor letztendlich das Verhalten bestimmt: War es das biologische Geschlecht, das in den Chromosomen festgelegte Geschlecht oder das sozialisierte Geschlecht? Aber es handelt sich hier um eine müßige Spekulation, da man aus ethischen Gründen nie ein derartiges Experiment durchführen könnte.

Nichtsdestotrotz hat die Natur es für uns durchgeführt – oder zumindest die eine Hälfte des Experiments. In der Dominikanischen Republik kommt eine seltene genetische Störung vor, deren Auswirkung darin besteht, daß nach der Geburt der Anschein erweckt wird, Babys, die ihren Chromosomen nach Jungen sind, seien Mädchen. In der Pubertät jedoch setzt sich das biologische Geschlecht durch und die angeblichen Mädchen verwandeln sich in Männer. Eine Untersuchung ergab, daß 18 Personen eindeutig als Mädchen erzogen wurden, und dies von Eltern, die wirklich nicht wußten, daß es sich hier trotz des weiblichen Äußeren von den Chromosomen her um Jungen handeln könnte. Alle hatten weibliche Vornamen, trugen Mädchenkleidung, und einige waren zu dem Zeitpunkt, als der Geschlechtswechsel erkennbar wurde, schon verlobt, um später Männer zu heiraten. Keiner von ihnen erhielt Medikamente oder irgendeine Art von Hormonbehandlung (wie dies häufig andernorts geschieht). Es handelte sich hier auch nicht um eine Kultur, in der sich Geschlechtsrollen gerade verändern oder teilweise decken. Im Gegenteil, wir haben es hier mit einer Kultur zu tun, in der es einen typisch lateinamerikanischen *machismo* und einen klar festgelegten Unterschied zwischen den Geschlechtern gibt. Die Untersuchung zeigte, daß, obwohl die Eltern bestürzt waren und anfänglich sozialer Druck ausgeübt wurde, 89 Prozent (16 von 18) die männliche Geschlechtsrolle übernahmen. Das Ergebnis war eindeutig: Wo die auf Chromosomen und die auf gesellschaftlichen Erwartungen beruhende Geschlechtszugehörigkeit miteinander in Konflikt gerieten und wo die Medizin nicht eingreift, setzte sich in ungefähr 90 Prozent der Fälle die auf Chromosomen beruhende Geschlechtszugehörigkeit durch![2]

Anscheinend widerspricht die Festlegung der Geschlechtszugehörigkeit durch die Umwelt der Vorstellung einer starren, mechanistischen Festlegung des Geschlechts durch die Gene; das Beispiel aus der Dominikanischen Republik stellt jedoch auch den Glauben an die in gleicher Weise deterministische Rolle der gesellschaftlichen Umwelt beim menschlichen Sexualverhalten in Frage. Wenn das eine Beispiel zeigt, daß die Gene die Umwelt über die Geschlechtszugehörigkeit entscheiden lassen, dann weist das andere darauf hin, daß die Gene trotz der determinierenden Umweltfaktoren beim Sexualverhalten ihre Wirkung entfalten – und dies beim Menschen, der Art, die sich angeblich vom genetischen Determinismus befreit hat und die am empfänglichsten für gesellschaftliche Konditionierung ist!

Natürlich gibt es hier vom Standpunkt des Fortpflanzungserfolgs aus keinen echten Widerspruch; und der Fortpflanzungserfolg ist das, was bei der Evolution zählt. Der Grund, warum sich das Sexualverhalten nicht durch Sozialisation in das des anderen Geschlechts wandeln läßt, besteht darin, daß der einzelne normalerweise bessere Chancen bei der Fortpflanzung hat, wenn er bei seinem biologischen, in den Chromosomen festgelegten Geschlecht bleibt und nicht versucht, das andere Geschlecht nachzuahmen. Tatsächlich nahmen mehrere der Männer in der Dominikanischen Republik ihre Rolle als Vater ihrer Kinder an. Keiner von ihnen war in der Lage, Babys auf die Welt zu bringen, wie starr auch immer sie an der durch Sozialisation vermittelten Geschlechtszugehörigkeit festhielten. Obwohl die Menschen häufig so tun, als seien Evolution und Umwelteinflüsse einander ausschließende und grundlegend einander widersprechende Faktoren, so bleibt es doch eine Tatsache, daß ein Organismus nur auf die Umwelt reagieren kann, wenn er sich so entwickelt hat, daß er auch dazu in der Lage ist. Die Bestimmung der Geschlechtszugehörigkeit durch die Umwelt und das Beispiel aus der Dominikanischen Republik veranschaulichen einen zentralen Punkt: Die Krokodile sind ein Beispiel dafür, wie die Evolution es ermöglicht, daß die Umwelt das Geschlecht festlegt, und die Menschen für das Gegenteil.

Dennoch sprechen diejenigen, die sich für den Vorrang der Umwelteinflüsse auf das menschliche Sexualverhalten aussprechen, einen Punkt an, mit dem wir uns näher beschäftigen sollten. Es handelt sich zudem um eine Frage, bei der Freuds Erkenntnisse so wichtig sind wie die Darwins; deshalb illustriert es hervorragend, was der Psychodarwinismus leisten kann.

Obwohl es nur zwei durch Chromosomen festgelegte Geschlechter und drei grammatische Geschlechter gibt, entdeckte Freud lange, bevor es zum Modethema wurde, daß wir es vom psychologischen Standpunkt aus mindestens mit vier Geschlechtern zu tun haben. Außer maskulinen Männern und femininen Frauen gibt es noch maskuline Frauen und feminine Männer. Nach seinen Erkenntnissen ist die Geschlechtsrolle beim Erwachsenen nicht völlig festgelegt, sondern durch die Identifizierungen beeinflußt, die sich in der kritischen Zeit der Auflösung des Ödipuskomplexes ergeben (siehe oben, S. 209–212). Normalerweise hört ein Junge zu diesem Zeitpunkt auf, seine Mutter als Liebesobjekt zu begreifen, und identifiziert sich mit seinem Vater, wobei er das Inzesttabu als Teil dieser Identifizierung für sich übernimmt. Entsprechend gibt ein Mädchen seinen Vater als Objekt auf und identifiziert sich mit seiner Mutter. Dies ist jedoch nicht unumstößlich. Recht häufig weist ein Junge möglicherweise seinen Vater zurück, klammert sich in seinem Unbewußten an seine Mutter und identifiziert sich mit ihr; er wird psychologisch gesehen weiblich, wenn er auch biologisch gesehen männlich bleibt. Entsprechend läuft es bei einem Mädchen eventuell darauf hinaus, daß es sich mit seinem Vater identifiziert und psychologisch gesehen männlich wird, obwohl es von den Chromosomen her weiblich ist. Die Einzelheiten dieses Vorgangs sind subtil, vielschichtig und bei weitem noch nicht vollständig aufgeklärt; es gibt viele Zwischenstadien und Mischformen, so daß das, was tatsächlich dabei herauskommt, bei jedem Individuum einzigartig ist. Obwohl es gewiß viele Ausnahmen gibt, kam Freud zu folgender Schlußfolgerung: »Sieht es doch fast so aus, als ob das Vorhandensein eines starken Vaters dem Sohne die richtige Entscheidung in der Objektwahl für das entgegengesetzte Geschlecht versichern würde.«[3] Neuere Untersuchungen von Robert Stoller, einem Psychoanalytiker, der sich auf die Untersuchung sogenannter »Transsexueller« spezialisiert hat, legen die folgende Schlußfolgerung nahe: »Je mehr die Jungen der Mutter und je weniger sie dem Vater ähneln, desto femininer sind sie.« Für Mädchen fügt Robert Stoller folgendes hinzu: »Wenn eine überaus enge Mutter-Kind-Symbiose und ein distanzierter, passiver Vater bei Jungen zu extremer Feminität führen, dann kann es auch durch eine gering ausgeprägte Symbiose mit der Mutter und durch sehr starken Vater zu sehr maskulinen Frauen kommen.«[4]

Solche Erkenntnisse sind nicht auf den Rahmen der Psychoanalyse beschränkt. Auch in der akademischen, eher statistisch ausgerichteten Psychologie gibt es überraschend viele Veröffentlichungen darüber, wie sich die Abwesenheit des Vaters vermutlich auswirkt; die meisten von ihnen bestätigen die psychoanalytischen Befunde voll und ganz. Ich zitiere hier einen kürzlich erschienenen Überblicksartikel zu diesem Thema: »Mehrere Untersuchungen haben Zusammenhänge zwischen der Rolle des Vaters in der Familie und der Maskulinität des Sohnes nachgewiesen. Deshalb haben Väter, die als Haushaltsvorstand betrachtet werden, maskulinere Söhne, und die Männlichkeit von Söhnen ist stärker ausgeprägt, wenn der Vater zu Hause eine feminine Rolle spielt.« 15 unterschiedliche Untersuchungen zeigten, daß Jungen, die ohne Väter aufwuchsen, weniger maskulin waren, und sechs weitere Studien wiesen darauf hin, daß die Jungen möglicherweise eine »kompensatorische« Hypermaskulinität (also übertriebene Männlichkeit) und Aggressivität an den Tag legen. Und in Übereinstimmung mit der psychoanalytischen Theorie wird folgendes angemerkt: »Wenn man das Alter in Betracht zieht, in dem Vater und Kind getrennt wurden, zeigen die Untersuchungen, daß das Fehlen des Vaters die stärkste Auswirkung auf die Maskulinität derjenigen Jungen hat, die in der frühen Kindheit von ihren Vätern getrennt wurden.«[5]

Das Thema, mit dem wir uns beschäftigen, hat deutlich etwas mit Homosexualität zu tun; und auch hier kommen zahlreiche Studien zu denselben Schlußfolgerungen wie die Psychoanalyse: »Eine angemessene Vater-Kind-Beziehung scheint bei Jungen und Männern häufig ein Hauptfaktor der Entwicklung hin zur Homosexualität zu sein... Es gibt viele Belege dafür, daß männliche Homosexuelle gewöhnlich keine starken Bindungen an ihre Väter entwickeln... Homosexuelle, die in einer sexuellen Beziehung eine passive, feminine Rolle übernehmen, identifizieren sich besonders wenig mit ihren Vätern und sehr stark mit ihren Müttern.«[6]

Die häusliche Umwelt scheint demnach sehr wohl für das erwachsene Sexualverhalten, besonders bei Männern, von Bedeutung zu sein. Doch warum ist dies so? Wie es so oft der Fall ist, berichten Freud und andere

Psychologen über den Befund, aber bieten so gut wie keine Erklärung dafür an. Die schlichte Antwort lautet, daß niemand den Grund dafür kennt. Mancher mag versucht sein, diese Befunde so zu interpretieren, daß sie denen der Untersuchung aus der Dominikanischen Republik widersprechen und die Auffassung stützen, menschliches Sexualverhalten sei im starkem Maße ein Produkt der gesellschaftlichen Umwelt. Von Darwin geprägte Erkenntnisse deuten jedoch auf eine Reihe möglicher Alternativerklärungen hin.

Eine erste Vermutung mag lauten, es sei nicht zufällig, daß *Väter*, insbesondere gegenüber ihren *Söhnen*, so kritisch eingestellt sind. Das könnte daher kommen, daß die *Vaterschaft* – das heißt, wer der Vater ist – stets stärker angezweifelt werden kann als die *Mutterschaft*. Ein Kind kommt physisch aus dem Körper seiner Mutter; und ein Experiment zeigt, daß es gestillte Babys innerhalb einer Woche nach der Geburt lernen können, ihre Mutter nach dem Geschmack und dem Geruch zu erkennen. Da jedoch der Beitrag des Vaters zum Kind nur aus einer einzigen Samenzelle besteht, die eine Frau normalerweise im Körper befruchtet, ist dies immer mit dem Ruch des Zweifels behaftet – es könnte auch der Postbote gewesen sein.

Das ist der Punkt, bei dem die Identifizierung eine Rolle spielen mag. Freud fand heraus, daß die Identifizierung *mit* dem Vater von entscheidender Bedeutung ist. Wie ich jedoch bereits erwähnte, kann die Identifizierung *von* Verwandten mit dem Vater durch den Vergleich mit der eigenen Person zustande kommen; denn dies wäre normalerweise unter den Bedingungen der auf Verwandtschaftsbeziehungen aufbauenden Urgemeinschaft ein Ausdruck der genetischen Verwandtschaft (siehe oben, S. 164–169). Deshalb wäre die Identifizierung mit einem Vater immer gleichbedeutend mit der Ermittlung der Vaterschaft unter Bedingungen, unter denen sie grundsätzlich immer ungewiß ist. Wenn ein Sohn sich mit einem vermeintlichen Vater identifiziert, schätzt er vielleicht unbewußt die Wahrscheinlichkeit ab, die dafür spricht, daß dieser Mann tatsächlich sein Vater ist. Ginge der Vergleich mit der eigenen Person positiv aus, folgte daraus nicht nur eine eindeutige Identifizierung des Vaters, sondern auch eine Identifikation des Sohnes *mit* dem Vater.

Das könnte wiederum eine Erklärung dafür sein, daß Söhne im Vergleich zu Töchtern anscheinend negativer beeinflußt werden, wenn sie sich nicht mit einem angemessenen Vater identifizieren können. Wie wir zuvor gesehen haben, wird der Fortpflanzungserfolg eines Mannes von den Möglichkeiten her immer wesentlich größer sein als der Fortpflanzungserfolg einer Frau (siehe oben, S. 195). Andererseits kann er jedoch auch viel geringer sein. Im Ergebnis werden Männer normalerweise selektiert, um sowohl größere Risiken bei der Verfolgung dieses Ziels einzugehen und um unterschiedliche Möglichkeiten auszuprobieren, bei der Fortpflanzung erfolgreich zu sein. Wenn eine einzelne Samenzelle das einzige ist, was ein Mann zur Nachkommenschaft beiträgt, wird jede Methode, sie zur Eizelle zu transportieren, ausreichen, solange sie nur erfolgreich ist. Schließlich brachte die natürliche Selektion oft bei derselben Art viele unterschiedliche Typen von Männchen hervor, die viele unterschiedliche Strategien verfolgen, um bei der Fortpflanzung erfolgreich zu sein.

Mein Lieblingsbeispiel ist der blaukiemige Sonnenbarsch, den ich zuvor schon als Beispiel für Täuschung im Interesse des Fortpflanzungserfolgs erwähnte (siehe oben, S. 104). Bei dieser Art findet man drei unterschiedliche Typen von Männchen. Die Mehrheit besteht bei diesen Fischen aus ganz normalen Männchen. Es gibt jedoch auch eine Minderheit von »kleinen Schleichern« – kleinen Männchen, die sich in der Nähe des Nests aufhalten, darauf warten, daß ein Weibchen beginnt, Eier zu legen, und dann ins Nest schießen, um zu ejakulieren und zu fliehen – alles innerhalb einer Zehntelsekunde! Derartige Schleicher entwickeln sich zu »Transvestiten« oder »Frauenimitatoren«, wie ich sie zuvor erwähnte; sie ähneln echten Weibchen und steigern ihren eigenen Erfolg bei der Fortpflanzung, indem sie diese nachahmen. Gewöhnlich würde ein normales Männchen kein weiteres Männchen im eigenen Nest dulden; die Transvestiten jedoch kommen dadurch zum Erfolg, daß sie den Anschein erwecken, Weibchen zu sein, und damit das dort wohnende Männchen täuschen.

Man könnte hier viele weitere Beispiele anführen, die immer wieder auf dasselbe hinauslaufen: Es gibt viele unterschiedliche Wege zum Fortpflanzungserfolg, vor allem für Männchen. Vielleicht trifft es auch auf das menschliche Sexualverhalten zu, daß dem Männchen eine Reihe von Möglichkeiten offensteht. Eine könnte darin bestehen, ein normales maskulines Männchen zu sein. Eine weitere Möglichkeit bestünde darin, als feminin zu erscheinen, so daß maskuline Männchen sie nicht zu den Rivalen zählen und Weibchen ihre sexuellen Absichten ihnen gegenüber nicht ganz so ernst nehmen. Wenn sich im Endergebnis eine Befruchtung ergäbe, wo dies ansonsten nicht der Fall gewesen wäre, würde die natürliche Selektion einsetzen, indem »abweichende« sexuelle Strategien selektiert würden, solange mit ihnen ein gewisses Maß von Fortpflanzungserfolg verbunden ist, wie dies ja auch beim blaukiemigen Sonnenbarsch der Fall ist. Kurz zusammengefaßt mögen manche Formen homosexuellen Verhaltens Beispiele für etwas sein, was wir *versteckte Sexualität* nennen könnten: Fortpflanzungserfolg mit Hilfe von List. So bekommt Freuds Erkenntnis einen neuen Sinn, »daß der scheinbar nur für männlichen Reiz Empfängliche in Wahrheit der Anziehung, die vom Weibe ausgeht, unterliegt wie ein Normaler«[7] – mehr noch als auf den Homosexuellen trifft dies auf den versteckten Homosexuellen zu.

Es gibt sicherlich eine Fülle von Belegen, die auf folgendes hindeuten: Homosexuelle beider Geschlechter, wie auch immer sie aussehen und wie sehr sie es auch bewußt leugnen mögen, legen ein für ihr Geschlecht typisches Verhalten an den Tag, wenn man einmal für einen Augenblick das Objekt der Begierde außer acht läßt. Lesbierinnen beispielsweise gehen mit großer Wahrscheinlichkeit eine langfristige, stabile, ein Leben lang anhaltende Beziehung mit nur einer Frau ein. Ein ähnliches Verhalten läßt sich bei manchen Arten von Möwen beobachten; bei ihnen müssen Weibchen, die kein Männchen zum Partner haben, ein Weibchen finden, mit dem sie das Nest teilen, weil Nester, die unbeaufsichtigt verlassen werden, von anderen Möwen angegriffen werden. Dies ist ein Hinweis darauf, daß das lesbische Verhalten hauptsächlich durch die Konzentration des Weibchens auf das elterliche Engagement entsteht; denn dies läuft auf eine monogame Beziehung zu einem Weibchen statt zu einem Männchen hinaus. Männliche Homosexuelle bilden jedoch mit geringerer Wahrscheinlichkeit stabile, gleichsam monogame Beziehungen zu anderen Männern. In der Tat »scheinen Geschlechtsunterschiede im Verhalten von Homosexuellen ... denen der Heterosexuellen zu entsprechen oder sogar noch stärker ausgeprägt zu sein. Die Männer sind eifrige Konsumenten pornographischer Schriften, wohingegen es bei Frauen keinen Markt für solche Veröffentlichungen gibt. Männer beurteilen in viel größerem Ausmaß als Frauen die Attraktivität möglicher Partner nach ihrer körperlichen Schönheit und insbesondere nach ihrer Jugendlichkeit.«[8]

Konfrontiert man einen Jungen mit einer Reihe von Möglichkeiten für seine künftige Geschlechterrolle, muß er vielleicht in der Lage sein, seine

Chancen unbewußt durch einen Vergleich der eigenen Person mit seinem Vater abzuschätzen – und hier handelt es sich nur um ein anderes Wort für *Identifizierung*. Ist er sicher, daß er einen Vater hat, der selbst erfolgreich eine normale männliche Geschlechterrolle übernahm, so mag der Junge ein gewisses Selbstvertrauen spüren, daß er dies selbst auch erreichen und, wie sein Vater, zu einem maskulinen Mann heranreifen kann. Wenn eine derartige Identifizierung jedoch ausbleibt und wenn man die beträchtlichen Kosten, die der sexuell motivierte Kampf gegen andere Männer mit sich bringt, in Rechnung stellt, dann könnte sich ein Junge unbewußt dafür entscheiden, eine weniger normale, »abweichende« Geschlechterrolle zu übernehmen. Was Freud zur Identifizierung des Sohnes mit dem Vater herausfand, mag auf einem genetischen Wirkungsmechanismus beruhen – auf der Wahrscheinlichkeit bzw. Unwahrscheinlichkeit, daß ein Junge die Gene für eine erfolgreiche Übernahme der Geschlechterrolle als Mann von seinem Vater geerbt hat. Wenn das zutrifft, leuchtet auch eine Untersuchung ein, nach der homosexuelle Männer vom Gewicht her leichter sind und weniger Muskelkraft haben als heterosexuelle Männer.[9] Einer von Freuds Befunden, der weithin durch die akademische Psychologie bestätigt wird und der anscheinend den Umwelteinfluß betont, stellt sich damit paradoxerweise als etwas heraus, das auf einem genetischen Faktor beruht. Und obwohl der Schlüsselmechanismus – die Identifizierung – rein psychologischer Natur ist, beruht dieser selbst wiederum vielleicht auf einem grundlegenden biologischen Faktor: der ewigen Ungewißheit über die Vaterschaft. Wieder einmal sehen wir, daß es bei Freuds Entdeckungen viel weniger um umweltbedingte gesellschaftliche Einflüsse, sondern viel mehr, als man in der Vergangenheit geglaubt hat, um evolutionär begründetes Verhalten geht.

Eine weitere Möglichkeit bestünde darin, daß die Präsenz eines Vaters, der seine Rolle erfüllt, ein Hinweis darauf ist, wie stark das elterliche Engagement wahrscheinlich war; dies war, wie wir gesehen haben, als Beitrag zum Fortpflanzungserfolg der Nachkommenschaft definiert. Die Väter leisten, insbesondere in der letzten Phase der Kindheit, einen bedeutsamen Beitrag zum elterlichen Engagement. Dies kann heißen, daß allein die Tatsache, einen Vater zu haben, der seine Funktion erfüllt, für Kinder beider Geschlechter, aber vielleicht vor allem für Jungen, ein wichtiger Hinweis darauf ist, daß sie am Ende bei der Fortpflanzung erfolgreich sein werden. Die künftigen Heiratsaussichten eines Kindes in Urgesellschaften wie denen der australischen Ureinwohner hängen wiederum oft entscheidend von den gesellschaftlichen und politischen Verbindungen des Vaters ab (wie dies ja in den meisten Gesellschaften der Fall ist, unsere eigene nicht ausgenommen). Deshalb mag die Tatsache, einen klar identifizierbaren Vater zu haben, für Mädchen und Jungen ein entscheidender Hinweis auf ihre Heiratschancen sein.

Natürlich muß keiner dieser Umwelteinflüsse bewußt wahrgenommen werden. Wir haben bereits gesehen, daß Menschen eine versteckte Form des Bewußtseins entwickelt haben; sie hat die Aufgabe, mehr zu verbergen als zu enthüllen. Die darwinistische Annahme, die in diesen Ansatz eingeht, besteht zudem darin, daß sich Reaktionen auf Umweltreize wie das Vorhandensein eines Vaters entwickelt haben, um den Chancen bei der Fortpflanzung unter normalen Umständen und unter vergleichbaren Bedingungen zu verbessern. Die Identifizierung mag ein Vorgang sein, der sich in den unbewußten Bereichen des ICHs abspielt; doch im Endeffekt dient er, wie dies bei den meisten Strukturen im ICH der Fall ist, den Interessen des ES. Das ES wiederum ist Produkt der individuellen Gene, und es ist schön verpackt im Organismus. Wenn einige von ihnen zu einer unmittelbaren Identifizierung, die am Ende ihren eigenen Fortpflanzungserfolg fördert, Anlaß geben, dann ist dies alles, was wir für eine darwinistische Erklärung benötigen.

Natürlich können wir nicht behaupten, daß Anpassungen wie die Identifizierung mit dem Vater oder deren Ausbleiben, die möglicherweise zur Homosexualität führt, *immer* den individuellen Erfolg bei der Fortpflanzung verbessern. Die Festlegung des Geschlechts durch die Umwelt wie bei den Krokodilen bedeutet gewiß nicht, daß der Fortpflanzungserfolg eines Krokodils *jedesmal* bis zum Höchstmaß gesteigert wird. Im Gegenteil, die umweltbedingte Festlegung des Geschlechts wird manchmal zu Ergebnissen führen, die weit vom Optimum entfernt sind. Unsere einzige Annahme lautet, daß sie unter normalen Umständen und vergleichbaren Bedingungen ihren eigenen Fortpflanzungserfolg verglichen mit anderen Möglichkeiten wie der durch Chromosomen festgelegten Geschlechtsbestimmung verbessert (was allerdings auch seine Nachteile haben kann).

Bei der darwinistischen Erklärung der Homosexualität ist dies ein besonders wichtiger Punkt, weil oberflächlich betrachtet jede Art der Abweichung vom normalen Fortpflanzungsverhalten als Fehlanpassung erscheinen muß.

Wenn jedoch Homosexuelle einen größeren Fortpflanzungserfolg haben, als sie sonst ohne genetische Anlagen, die dieses Verhalten hervorbringen, gehabt hätten, werden diese Gene selektiert. Die Tatsache, daß wichtige Umweltfaktoren (wie das Vorhandensein eines Vaters) einen Einfluß auf das Ergebnis haben, macht keinen Unterschied; denn, was selektiert wird, ist vor allem die Empfänglichkeit gegenüber Umwelteinflüssen. Da einige Untersuchungen bei heutigen männlichen Homosexuellen darauf hindeuten, daß mindestens die Hälfte von ihnen tatsächlich Kinder haben, sollte der Beitrag der Homosexualität zum Fortpflanzungserfolg des Mannes als Anpassungsmaßnahme ernst genommen werden. Wie die von der Temperatur abhängige Festlegung des Geschlechts bei Alligatoren und Krokodilen mag das, was Freud zu den Umwelteinflüssen auf die sexuelle Veranlagung von Menschen entdeckte, für sich ein durch Evolution entstandener Mechanismus sein und kein Fall von Umwelteinflüssen, die anscheinend, wie bis jetzt so häufig angenommen, der These von den Anlagen widersprechen.

Seltsame Attraktoren

Im Unterschied zu derartigen psychologischen Erklärungen könnten wir angesichts der neueren Entwicklungen in der Genetik kurz davor stehen, ein ganz neues Verständnis für das Verhältnis von Genen und Verhalten zu gewinnen. Das *Human Genome Project* berechtigt zu solcher Hoffnung. Hier handelt es sich wahrscheinlich um die größte wissenschaftliche Einzelunternehmung des frühen 21. Jahrhunderts; in der Größenordnung müßte es den Vergleich mit den großen Forschungsprogrammen des 20. Jahrhunderts nicht scheuen, wie etwa mit dem Manhattan-Projekt, in dem die Atombombe entwickelt wurde, oder dem Apollo-Programm, das zur Landung von Menschen auf dem Mond führte. Das Genom ist die Gesamtheit der genetischen Informationen in einem Organismus. Das Genomprojekt zielt darauf ab, alle Gene, die man beim Menschen finden kann, zu identifizieren und zu kartieren. Letzten Endes läuft es auf den Versuch hinaus, eine drei Milliarden Stellen lange Zahl zu finden, die in einem auf vier Zahlen beruhenden Kode der DNS geschrieben wird (siehe oben, S. 60f.). Diese drei Milliarden Stellen lange Zahl könnte als grundlegende Personenkennzahl betrachtet werden; denn sie legt im einzelnen den vollständigen Satz der genetischen Informationen fest, der erforderlich ist, um ein menschliches Wesen entstehen zu lassen und der für jedes Individuum (abgesehen von eineiigen Zwillingen) einzigartig ist.

Obwohl die Kartierung des menschlichen Genoms für sich genommen ein sinnvolles wissenschaftliches Ziel ist, wird sie mehr Fragen aufwerfen als Antworten geben. Eine der dringendsten und grundlegendsten davon lautet wahrscheinlich, wie sich identifizierbare, kartierte Gene beim Menschen in die Form beobachtbaren Verhaltens überführen lassen. Hier handelt es sich um etwas, das wir als das Problem der »Schnittstelle zwischen Gen und Verhalten« bezeichnen könnten. Eine Schnittstelle ist der Bereich, in dem zwei Systeme aufeinandertreffen und Informationen miteinander austauschen. Ein Beispiel aus einem vorangegangenen Kapitel war die graphische Benutzerschnittstelle, die in einigen Computern zur Anwendung kommt (siehe oben, S. 120–122). Die meisten Menschen, die über das Problem des Verhältnisses von Genen und Verhalten beim Menschen nachdenken, kommen zu der naheliegenden Schlußfolgerung, daß es sich beim Gehirn und beim Zentralnervensystem sozusagen um die »Hardware« der Schnittstelle und bei der Seele um etwas handelt, was wir die »Software«-Schnittstelle nennen könnten.

Bis heute gibt es zwei widersprüchliche Ansätze zu diesem Problem: In einem Ansatz – ich bezeichne ihn als *biologischen Determinismus* – nahm man an, daß, weil das Gehirn durch ein genetisches Programm entsteht, dies auch für das Verhalten der Fall ist. Hier handelt es sich um die Richtung, für die Westermarcks Instinkt zur Inzestvermeidung als Orientierung diente, und eine Richtung, die durch das Experiment in der Dominikanischen Republik bestätigt wird. Auf der anderen Seite gibt es einen Ansatz, den wir als *kulturellen Determinismus* bezeichnen könnten. Er gesteht zu, daß die Entwicklung des Gehirns im Endeffekt möglicherweise von Genen gesteuert wird, aber es wird die Auffassung vertreten, daß das Verhalten weitgehend unter der Kontrolle der Umwelt und der Kultur steht und sich vorwiegend durch Sozialisation ergibt. Folgt man dieser Richtung, so ist die Inzestvermeidung überhaupt nicht »natürlich«, sondern ergibt sich ganz und gar aus dem vorherrschenden Einfluß der Kultur.

Obwohl man in diesem Zusammenhang meist nicht an Freud denkt, haben wir bereits gesehen, wie eine Reihe moderner Darwinisten davon ausgeht, daß seine Erkenntnisse eine Alternative zu diesen beiden, vielleicht zu einfachen Ansätzen darstellen (siehe oben, S. 135). Der Grund dafür liegt darin, daß das Freudsche Modell der Seele die positiven Seiten beider Ansätze bewahrt, ohne die Nachteile der negativen Seiten in Kauf zu nehmen. So wird die biologische Grundlage des Verhaltens, die sich durch Evolution entwickelt hat, hier sehr ernst genommen. Wir haben in der Tat gesehen, daß Freud selbst – im Gegensatz zur neueren Psychoanalyse – wiederholt angeborene, durch Evolution entstandene Faktoren zum Beispiel bei der Auflösung des Ödipuskomplexes und bei der Instanz des Über-ICHs betont. Das ES, wenn man es als die in genetischem Code niedergeschriebene Personenkennzahl versteht, ist die Grundlage dieses Modells der Seele, und das kann, wie ich zu zeigen versuchte habe, leicht mit den neuesten Erkenntnissen zur Evolution auf der Ebene der einzelnen Gene in Einklang gebracht werden (siehe oben, S. 131–140).

Wie wir gesehen haben, fand Freud heraus, daß das ES über das Lustprinzip seinen Haupteinfluß auf das ICH ausübt. Darwin hat erkannt – darauf haben wir bereits hingewiesen –, daß sich Gefühle der Lust und des Schmerzes wahrscheinlich durch natürliche Selektion entwickelt hatten (siehe oben, S. 139f.). Nach dem psychodarwinistischen Modell zeigt sich genetischer Determinismus nur in dem Maße, wie menschliches Verhalten von subjektiven Empfindungen der Lust und des Schmerzes sowie durch allerlei Zwischengefühle beeinflußt wird. Wir mögen es oft nicht bemerken, daß wir »von unseren Genen geleitet« oder von ihnen an einer »elastischen Leine« gehalten werden; doch die meisten Menschen werden eingestehen, daß Lust und Schmerz recht wirksame Einflußfaktoren auf unser Verhalten sind. Nehmen wir einmal an, wir würden ihnen außerdem erklären, daß Lustempfindungen sich normalerweise aus einem Verhalten ergeben, das (unter vergleichbaren Bedingungen in Urgesellschaften) darauf ausgerichtet ist, unsere Chancen bei der Fortpflanzung zu verbessern, und schmerzhafte Empfindung sich normalerweise aus dem gegenteiligen Verhalten ergeben. Setzt man dies als gegeben voraus, dann würden die meisten Menschen wahrscheinlich akzeptieren, daß wir es hier zumindest in diesem Bereich um eine nachvollziehbare Vorstellung dazu, wie die Menschen möglicherweise durch Gene beeinflußt werden, zu tun haben.

Aus diesem Grund nimmt der Freudsche Ansatz den biologischen Determinismus ernst und entwickelt ein realistisches Bild dessen, worin sein Wirkungsmechanismus besteht. Ein Nachteil des biologischen Determinismus war es jedoch, daß er dazu neigte, andere Einflüsse auf das Verhalten, wie Einflüsse durch die Kultur oder die Umwelt, nicht zur Kenntnis zu nehmen und nicht erklären zu können. Auch hier hat Freud durchaus etwas zu bieten; denn sein Ansatz mißt wegen der Rolle des Über-ICHs, das teilweise stark von Faktoren wie der kulturellen Umgebung beeinflußt wird, auch solchen Faktoren die ihnen zukommende Bedeutung bei. Freud folgert: »Es kommt darauf hinaus, daß bei der Bildung des Über-Ichs und Entstehung des Gewissens mitgebrachte konstitutionelle Faktoren und Einflüsse des Milieus der realen Umgebung zusammenwirken.«[10]

Einander widersprechende Anforderungen an das ES und an das Über-ICH beeinflussen das ICH. Das ICH muß sich dann für Aktionsprogramme entscheiden, denen die Aufgabe zukommt, die Belastung, der es durch diese Instanzen ausgesetzt ist, auf ein Minimum zu verringern; dabei werden weitere Anforderungen, die aus der Realität kommen und über die Sinne wahrgenommen werden, mit einbezogen. Freud fand heraus, daß er seelische Krankheiten danach einteilen konnte, in welchem Bereich des ICHs die mißlungenen Versuche, diesen einander widersprechenden Anforderungen gerecht zu werden, auftraten: Neurosen gingen auf den Fehlversuch zurück, den Anforderungen des ICHs, manisch-depressive Störungen denen des Über-ICHs Genüge zu tun, und Psychosen wie die Paranoia und die Schizophrenie auf mißlungene Versuche, mit der Realität zurechtzukommen. Beim Gesamtaffekt werden nach diesem Modell jedoch alle drei Einflußgrößen auf das Verhalten als gleich wichtig betrachtet und jeder einzelnen das ihr zukommende Gewicht beigemessen: der biologischen, genetischen Grundlage des ES, den kulturellen und gesellschaftlichen Grundlagen des Über-ICHs sowie den äußeren Umweltfaktoren, die über die Sinne wahrgenommen werden.

Für das Problem, wie Verhalten durch Gene beeinflußt wird, ergibt sich eine Lösung, die weder biologisch noch kulturell deterministisch ist, sondern sich durch *psychologischen* Determinismus auszeichnet. Sie besagt, daß das ICH – also eine rein psychologische Instanz – letztlich ausschlaggebend ist. Aber das ICH entscheidet sich zwischen Größen, die auf Grundlage der Evolution entstanden sind: hauptsächlich zwischen dem Lustprinzip im Hinblick auf die Anforderungen des ES und den teilweise gesellschaftlich festgelegten Sanktionen des Über-ICHs. Zudem entscheidet sich das ICH idealerweise für reale Lösungen, die auch dem Realitätsprinzip gerecht werden. Daher sind kulturelle, biologische *und* Umwelteinflüsse die wichtigsten Eingangsgrößen für die psychologisch bestimmte Ausgangsleistung des ICHs – das tatsächliche Verhalten.

Das sich daraus ergebende System scheint nicht einem einfachen Newtonschen System oder gar einem System zu ähneln, bei dem das Verhalten am anderen Ende einer elastischen Leine gehalten wird. Selbst in der Newtonschen Physik werden Wechselwirkungen zwischen drei oder mehr Körpern recht komplex und lassen sich nicht genau vorhersagen. Man kennt heute Situationen, die sich mit denen vergleichen lassen, denen das ICH ausgesetzt ist; sie gehorchen allen möglichen anderen Gesetzen, nur nicht den Newtonschen, und sie sind gewiß nicht mechanistisch, vorhersagbar und wiederkehrend.

Stellen Sie sich beispielsweise einen Magneten vor, der so aufgehängt ist, daß er an zwei fest angebrachten, abstoßenden Magneten vorbeischwingt. Wenn man dieses magnetische Pendel schwingen läßt, bewegt es sich entsprechend auf einer komplexen Folge von Bahnen, die eindeutig durch die Wechselwirkungen mit den Magneten festgelegt sind und letztendlich auf den Gesetzen der Bewegung und der magnetischen Abstoßung beruhen. Lassen Sie uns nun jedoch das Experiment erneut starten und das Pendel ganz leicht von seiner ursprünglichen Ausgangsposition verrücken. Für jede leichte Veränderung der Ausgangsposition wird sich ein ganz anderes Bewegungsmuster ergeben. Die Bewegung ist kurz gesagt »chaotisch« und gehorcht den Prinzipien der nichtlinearen Mathematik, die sich deutlich von denen der linearen Newtonschen Gesetze unterscheiden. Statt einfacher starrer Anziehung und Abstoßung, wie man es beim Pendel einer Standuhr beobachten kann, treten »seltsame Attraktoren« und andere nichtlineare Turbulenzeffekte auf – oder zumindest geschieht dies, wenn man in der Lage ist, das System lange genug zu beobachten und seine Auswirkungen in ihrer Gesamtheit zu untersuchen. (Seltsame Attraktoren sind abstrakte, mathematische Schleifenmuster, die den Zustand eines Systems in Raum und Zeit beschreiben und die sich nie wiederholen oder einer Wiederholung auch nur nahekommen.) Derartige nichtlineare Effekte ergeben eine Ordnung, die ansonsten chaotisch erscheint. Aber es handelt sich nicht um die lineare, starre Ordnung eines Uhrwerks wie bei Newton. Im Gegenteil, sie kommt eher den vielschichtigen Mustern nahe, wie man sie bei Wetterfronten, Flüssigkeitsturbulenzen und dem zuvor angeführten Pendelbeispiel beobachtet.

Chaotische Systeme ähneln auch menschlichem Verhalten, das sich nur selten genauso wiederholt, doch häufig nach stabilen, wenn auch vielschichtigen und zeitlich unbegrenzten Mustern verläuft.

Die Behauptung, die ich im letzten Kapitel zum Inzest aufgestellt habe, ließe sich gut mit Nichtnewtonschem Verhalten vergleichen. Ich schlug dort nicht eine, sondern zwei Selektionskräfte vor, die das Verhalten beeinflussen; vielleicht ist dies mit den beiden Magneten im Pendelexperiment vergleichbar. Eine Kraft sagt im Endeffekt: »Treibe Inzucht wegen der besseren Zusammenarbeit, die dabei herauskommt.« Die andere flüstert: »Vermehre dich wegen der damit verbundenen genetischen Vorteile außerhalb deiner Familie.« Freuds Erkenntnisse deuten darauf hin, daß das inzestuöse »Inzuchtgen«, wenn wir dies so nennen können, Teil des ES ist und daß die Motivation zur Vermehrung außerhalb der Familie vorwiegend aus dem Über-ICH stammt und durch Gefühle der Schuld und der Scham zum Ausdruck kommt. Beide versuchen das ICH zu beeinflussen; doch man kann vom ICH nicht erwarten, daß es auf einfache, deterministische Weise reagiert. Bei zwei gegeneinander arbeitenden Gefühlsströmungen wird das ICH wie das Pendel nicht so zur Ruhe kommen, daß es sich einfach den Anforderungen beider Strömungen oder einer von beiden unterwirft.

In der Tat können wir noch nicht einmal annehmen, daß diese beiden Selektionskräfte, zugunsten und gegen Inzucht, in genau derselben Weise auf das ICH einwirken. Im Gegenteil, Freud fand – im Unterschied zu Westermarck – heraus, daß die Standardeinstellung sozusagen auf Inzucht geschaltet ist und nicht auf die Vermehrung außerhalb der Familie. Wir sahen zuvor, daß die Standardeinstellung für Säugetiere eher weiblich als männlich ist. Doch obwohl die Männlichkeit bei Säugetieren durch ein einzelnes Gen hervorgerufen wird (siehe oben, S. 237f.), deuten Freuds Erkenntnisse darauf hin, daß ein einzelnes Gen zur Inzestvermeidung führt, wie es bereits Westermarck im Endeffekt dadurch voraussetzte, daß er einen »Instinkt« dafür annahm.

Psychoanalytische Fallberichte sind voller Belege für Freuds Schlußfolgerung, obwohl die meisten Autoren auf diesem Gebiet gewöhnlich keine Notiz davon nehmen. Ein verblüffendes Beispiel ist der Fall einer neunzehnjährigen College-Studentin, die in den sechs Jahren nach dem Tod ihrer Mutter regelmäßig mit ihrem Vater und ihren drei Brüdern Geschlechtsverkehr hatte. Sie wollte weiterhin nicht akzeptieren, daß sie irgend etwas

Falsches gemacht habe, und betrachtete den Inzest nur als eine Pflicht, die sie der Familie wegen der Abwesenheit ihrer Mutter schuldig war. Nach Angabe ihres Therapeuten verhielt sie sich bis zu diesem Zeitpunkt angepaßt und war sich keiner Schuld bewußt. Nachdem sie auf der Universität in einem Lehrbuch davon las, daß Inzest als etwas Kriminelles und Krankhaftes betrachtet wird, litt sie unter Angstattacken und wurde in die Psychotherapie überwiesen.[11] Anna Freud berichtete mir vom Fall eines Mannes, der seit dem Alter von fünf Jahren sexuelle Beziehungen zu seiner Mutter gehabt hatte. Als ich sie fragte, was dies für eine Auswirkung auf ihn gehabt habe, erwiderte sie: »Oh, er war völlig normal – für einen Fünfjährigen!«

Natürlich handelt es sich hier nur um einzelne Fälle, und man mag sie als lediglich anekdotisch abtun. Dennoch gibt es Daten, die zeigen, daß es im Ägypten der Römerzeit während der ersten drei Jahrhunderte nach Christus die legalisierte Heirat zwischen Bruder und Schwester gab, obschon sie sehr selten vorkam. Belege dafür lassen sich bereits für das Jahr 136 vor Christus finden. Detaillierte und recht genaue, nach Haushalten aufgeschlüsselte Erhebungen, die zwischen den Jahren 20 und 258 nach Christus alle 14 Jahre durchgeführt wurden, zeigen jedoch, daß die Heirat zwischen Bruder und Schwester verbreitet und üblich war. »Es sollte darauf hingewiesen werden, daß wir es hier nicht mit gelegentlichem, vorehelichem Geschlechtsverkehr zwischen Geschwistern, der abnorm war, aber verziehen wurde, zu tun haben, sondern mit rechtlich einwandfreien, in der Öffentlichkeit gefeierten Hochzeiten; und dies geschah trotz der Tatsache, daß nur 40 Prozent aller Familien einen Sohn oder eine Tochter im heiratsfähigen Alter hatten. Das bedeutet, daß mindestens ein Drittel aller heiratsfähigen Brüder und Schwestern innerhalb der Familie heirateten; diese Praxis war verbreiteter als die Ehe mit einem Partner von außerhalb der Familie.«[12]

Diese Erkenntnisse und der Reichtum des Materials, das von Psychoanalytikern entdeckt wurde, widersprechen überraschenderweise Westermarcks Behauptung, Inzest stelle unter Familienmitgliedern, die im selben Haushalt aufwachsen, eine »seelische Unmöglichkeit« dar. »Die Geschwister, um die es hier ging, schienen üblicherweise während der gesamten Kindheit im selben Haus in einer ›normalen‹ Familie zusammengelebt zu haben (es gibt nur wenige oder überhaupt keine Belege dafür, daß sie während der prägenden Zeit ihrer Erziehung getrennt voneinander groß gezogen wurden).«[13] Dieses bemerkenswerte Beispiel stützt Freuds Befund, daß die Inzuchtneigung beim ES die Standardeinstellung ist und daß die Inzuchtvermeidung viel eher von gesellschaftlichen und von Umweltfaktoren beeinflußt wird.

Im Geiste des Darwinschen Ansatzes ergibt dies zudem auch wirklich einen Sinn. Genau darum ist ein gewisser Erfolg bei der Fortpflanzung besser als überhaupt kein Erfolg. Nehmen wir an, es bestünde nur die Wahl, nicht die Möglichkeit zu haben, »zum Wohle der Art« Nachkommenschaft hervorzubringen, oder keine Chance zu haben, zugunsten des eigenen Erfolgs bei der Fortpflanzung stark Inzucht zu treiben. Dann würde die natürliche Selektion viel eher dazu neigen, Inzest zu fördern als Inzestvermeidung; dabei wird allerdings als gegeben angenommen, dies wären die einzigen Voraussetzungen für den Fortpflanzungserfolg. Mit anderen Worten, die College-Studentin, die mit ihrem Vater und ihren Brüdern Inzest beging, führte nicht notwendigerweise, wie Charles Lumsden und Edward Wilson behaupten, eine »unnatürliche Handlung« aus (siehe oben, S. 231). Wäre eine Mutter im Hause gewesen, hätten über das Über-ICH angeborene Schuld und Scham die Studentin davon abgehalten, das zu machen, was sie machte, und sie praktisch dazu angehalten, sich außerhalb der Familie Paarungspartner zu suchen. Charles Lumsden und Edward Wilson stellten die Behauptung auf, Inzestvermeidung sei »gar nicht oder nur sehr wenig von Entscheidungen zu beeinflussen, die von anderen Mitgliedern der Gesellschaft getroffen«[14] würden. Im Gegensatz dazu bestand Freuds Auffassung darin, gesellschaftliche und Umweltfaktoren seien anscheinend entscheidend dafür, wie stark das Schuldgefühl beim Inzest ist; sie seien auch von zentraler Bedeutung dafür, daß das Über-ICH, obwohl es auf einer durch Evolution entstandenen, angeborenen Grundlage aufbaut, stark durch Umweltfaktoren beeinflußt wird.

Dies führt dazu, daß das Inzuchtverhalten sich anscheinend eher mit der durch die Umwelt festgelegten Geschlechtszugehörigkeit vergleichen läßt als mit der auf Chromosomen beruhenden Zugehörigkeit, bei der die örtlichen Bedingungen für das Endergebnis bestimmend sind. Während die umweltbedingte Festlegung der Geschlechtszugehörigkeit von der Art, wie wir sie bei den Krokodilen vorfanden, eine klare Entscheidung zwischen männlich oder weiblich beinhaltete, würde Inzucht im Unterschied zur Vermehrung außerhalb der Familie Zwischenstufen zwischen beiden Extremen zulassen. Und diese Abstufungen würden im ICH als ambivalente Gefühle zum Ausdruck kommen. Was dabei jeweils herauskäme, würde darüber entscheiden, an welchem Punkt genau das Gleichgewicht der Kräfte erreicht würde.

Wenn es jedoch im ICH zu einem inneren Konflikt kommt, der an das Nichtnewtonsche Pendel erinnert, dann wäre das ICH im Hinblick auf die äußere Umwelt mit einer ähnlichen Situation wie bei »Life« konfrontiert. So würde im Fall der Inzucht bzw. der Vermehrung außerhalb der Familie die Vielfalt möglicher Sexualpartner wahrscheinlich in starkem Maße von den Beziehungen beeinflußt, die zwischen ihnen bestehen. Soweit die örtlichen Bedingungen von Einfluß sind, könnten die Mitglieder des anderen Geschlechts wie bei den »Life«-Zellen als Sexualpartner entweder auf »an« oder auf »aus« geschaltet sein. Obwohl sich die Regeln für sexuelle Beziehungen von denen in »Life« unterscheiden, sind sie vergleichbar, wenn es darum geht, zu bestimmen, mit welchen einzelnen Personen jeder Kontakt haben darf, worin die Folgen bei der Geburt neuer Individuen bestehen und so weiter. Wahrscheinlich werden auf recht ähnliche Weise vielfältige Muster von Wechselwirkungen entstehen; und man kann gewiß nicht erwarten, daß sie dem Newtonschen Uhrwerk ähneln.

Bei Königsfamilien, um ein anschauliches Beispiel zu nehmen, kommt es wahrscheinlich häufig vor, daß aufgrund dynastischer Überlegungen (Reichtum, Erbschaft und so weiter) nur sehr wenige Personen aus dem gemeinen Volk als mögliche Heiratspartner auf »an« geschaltet werden; und daher werden solche Familien entsprechendes inzestvermeidendes Verhalten korrigieren. Sie werden es schließlich, wie von unserer Theorie angenommen, durch eine Zusatzbestimmung korrigieren; wenn gesellschaftliche Faktoren wichtiger als alles andere sind – und dazu werden sie sicherlich neigen, wenn man die herausragende gesellschaftliche Rolle der Monarchen bedenkt –, werden genetische Überlegungen wahrscheinlich eine wesentlich geringere Rolle spielen. Der Reiz des Inzuchtgens wird für das ICH größer, und der Anreiz, außerhalb der Familie zu heiraten, geringer werden. Als Beispiel für die Folgen könnte die russische Königsfamilie angeführt werden, deren Bluterkrankheit, wie wir bereits sahen, eine Folge der Inzucht war. Als Gegenbeispiel für die negativen Folgen einer Heirat außerhalb der königlichen Familie könnte die momentane Misere der britischen Königsfamilie angesehen werden; sie wird durch Konflikte und Peinlichkeiten hin- und hergerissen, die sehr viel unwahrscheinlicher gewesen wären, wenn seine Mitglieder untereinander geheiratet hätten.

Die Theorie legt auch nahe, daß die Vorteile der Inzucht in der Vergangenheit möglicherweise unterschätzt und/oder die Kosten übertrieben wurden. Die zitierten neueren Untersuchungen zur Heirat von Vettern und Kusinen ersten Grades belegen dies (siehe oben, S. 219). Todesfälle und angeborene Abnormitäten nahmen zu, hatten jedoch einen geringeren Effekt auf den Gesamtfortpflanzungserfolg solcher Heiraten, als es Vorteile bei der Heirat von Vettern und Kusinen gab (frühere Heirat und mehr Schwangerschaften). Dieselbe Untersuchung kam zu der Schlußfolgerung: »Nachteilige Auswirkungen, wie sie mit Inzucht verbunden werden, erlebte nur eine Minderheit unter den Familien.«[15]

Es ist in der Tat möglich, daß es sich bei der Inzucht um ein weiteres Thema handelt, bei dem wahrhaft darwinistische Einsichten durch Auffassungen von der Art wie das »Überleben des Tüchtigsten« verfälscht wurden. Dies liegt daran, daß Inzucht offensichtlich die Tüchtigkeit verringert, wenn man sie als eigene Gesundheit und eigenes Überleben versteht. Wir haben jedoch auch gesehen, daß die gesellschaftliche Zusammenarbeit den Fortpflanzungserfolg auf Kosten des Überlebens einzelner verbessern kann (siehe oben, S. 76–78). Auch hier können Königsfamilien wieder als hervorragendes Beispiel dienen. Der Grund dafür ist folgender: Es stimmt, daß die männlichen Mitglieder der Königsfamilie manchmal einen unglaublichen Erfolg bei der Fortpflanzung erzielen; und dies, obwohl manche Königsfamilien, die sich durch Inzucht weiterentwickeln, einen hohen Preis dafür zahlen, weil bei einzelnen Mitgliedern die Gesundheit in Mitleidenschaft gezogen wird. Dieser Fortpflanzungserfolg kommt häufig daher, daß die Könige Hunderte von Frauen oder Konkubinen haben. Doch auch offensichtlich monogame Monarchen haben oft von Mätressen, Sklavinnen oder Dienerinnen usw. Nachkommen. Vielweiberei diesen Ausmaßes hat zur Folge, daß Nachkommen mit Personen außerhalb der königlichen Familie gezeugt werden, weil die Monarchen einfach nicht ausreichend Schwestern und Kusinen finden konnten, um all die Gelegenheiten zur Fortpflanzung, die sie im allgemeinen haben, zu nutzen. Obwohl also Inzucht die »Tüchtigkeit« mancher Königsfamilien tatsächlich verringern mag, verstärkt die Konzentration von Macht und Reichtum, die Inzucht im allgemeinen mit sich bringt, den umfassenderen, weniger offenkundigen

Fortpflanzungserfolg ihrer männlichen Mitglieder zum Gesamtnutzen der Gene in der königlichen Familie.

Eine ähnliche Erklärung wurde kürzlich für den ansonsten scheinbar unerklärlichen Fall des legalen Inzests zwischen Bruder und Schwester im Ägypten der Römerzeit vorgetragen. Hier hatte »eine verschwindend kleine Elite in der Regierung mit einem bevorzugten Zugang zu Land und anderen Wirtschaftsgütern ... eine fast ›königliche‹ Unterscheidung begriffen«. Diese exklusive kastenähnliche Gruppe hatte »enge vertikale Verbindungen mit ihren eigenen dynastischen Herrschern«, der ptolemäischen Dynastie, bei denen 10 oder 11 von 15 Heiraten männlicher Herrscher mit leiblichen Schwestern geschlossen wurden.[16]

Worin auch immer die Wahrheit über die Inzucht treibenden Könige oder griechischen Siedler im Ägypten der Römerzeit besteht, es bleibt eine Tatsache, daß sowohl Inzucht als auch die Heirat außerhalb der Familie mit Nutzen und mit Kosten verbunden ist. In der Vergangenheit wurden beim »Überleben des Tüchtigsten«, also nach der gruppenselektionistischen Auffassung, wie sie etwa von Edward Westermarck vertreten wurde, die Kosten der Inzucht wahrscheinlich übertrieben, während gleichzeitig die Kosten der Inzestvermeidung für den Fortpflanzungserfolg »zum Wohle der Art« nicht zur Kenntnis genommen wurden. Eine derartige Auffassung unterschätzte wahrscheinlich auch im Vergleich zur persönlichen »Tüchtigkeit« den Nutzen der Inzucht für den Fortpflanzungserfolg und nahm gewiß keine Notiz davon, welchen Nutzen enge genetische Verwandtschaft für die Evolution der Zusammenarbeit hatte.

Wenn man die Einstellung zur Inzucht und Vermehrung außerhalb der Familie, wie sie hier vertreten wird, als ein Modell für die Wechselwirkung zwischen Genen und Verhalten versteht, müssen wir genau das erwarten, was wir vorfinden. Wir hätten es hier nicht mit einem universellen Optimum der Vermehrung außerhalb der Familie zu tun, das für alle Gesellschaften ähnlich ist, sowie mit starrer und verläßlicher Inzestvermeidung, wie es Westermarcks Theorie vorhersagt. Statt dessen könnten wir eine breite Vielfalt von Verhaltensweisen erwarten, vom Inzest in seiner reinsten Form (Ägypten der Römerzeit und die oben erwähnte College-Studentin) bis hin zur übertriebenen Inzestvermeidung. Die meisten Verhaltensweisen würden irgendwo dazwischen liegen, mit einer Tendenz, sich um die Mitte zu gruppieren, etwa um das Niveau der Inzucht unter Vettern und Kusinen ersten Grades, wie es sich in so vielen Gesellschaften finden läßt. Obwohl wir nicht vermuten würden, daß den hier erwähnten Selektionskräften etwas Entsprechendes wie seltsame Attraktoren oder weitere nichtlineare Effekte zugrunde liegt, würden wir sicherlich nicht erwarten, daß sie mit der Regelmäßigkeit eines Uhrwerks auftreten, wie sie von der Newtonschen Physik erzeugt oder vom Modell mit der elastischen Leine vorausgesetzt werden.

Entsprechende Beobachtungen treffen auch auf die Zusammenarbeit zu. Auch hier können wir nicht erwarten, daß sich »ein Gen für Verwandtschaftsaltruismus« in der Weise entwickelt, daß die Menschen sich immer und in jeder Weise ihren Verwandten gegenüber als kooperativ erweisen. Im Gegenteil, nächste Nähe sowie Abhängigkeit von denselben und ähnlichen Ressourcen kann Organismen genauso miteinander in Wettbewerb und in Konflikt gegeneinander geraten lassen, wie es ein günstiges Umfeld für Zusammenarbeit schaffen kann. Es gibt zudem allen Grund für die Auffassung, daß dies auch auf Menschen zutrifft. Ergäbe das Familienleben ein Bild gleichförmiger Harmonie und ruhiger Zusammenarbeit, könnten wir der Meinung sein, es gäbe einen einfachen Widerwillen gegen Konflikte unter Verwandten, so wie es nach Westermarcks Auffassung zur Inzestvermeidung geschieht. Doch, wie wir alle wissen, sieht die Wahrheit ganz anders aus. Trotz der Erkenntnisse über familiäre Gewalt, wie sie oben angeführt wurden, sind in allen Familien Konflikt und Wetteifern gegeneinander die Regel und nicht die Ausnahme.

In Wahrheit sind Menschen gegenüber Verwandten nicht einseitig altruistisch, genausowenig wie sie eine schlichte Veranlagung zur Aggression gegen sie haben, wie manche behaupten. Freuds viel realistischere Auffassung bestand darin, daß Menschen bei jeder engen Beziehung in hohem Maße ambivalent sind; und Beziehungen zu genetisch Verwandten machen dabei keine Ausnahme. Bei dieser grundlegenden Ambivalenz mischen sich Gefühle der Liebe und der Zusammenarbeit, des Hasses und des Egoismus in einer ungleichen und stets anderen Zusammensetzung. Wie im Falle des Inzests fand er heraus, daß das ES anscheinend von Umweltfaktoren wie der Gegenwart anderer, ihren Werten und Erwartungen unberührt blieb. Doch sowohl für den Fall der Zusammenarbeit als auch für den des Inzests fand er heraus, daß das Über-ICH sich anscheinend speziell dazu entwickelt hatte, die gesellschaftliche Umwelt dem ES gegenüber zu vertreten. Das Über-ICH war ebenso bereit, das ES mit Hilfe von Schuld zu bestrafen und mit Selbstwertgefühl zu belohnen, wie das ES bereit war, mit Hilfe von Schmerz dem Über-ICH gegenüber Sanktionen auszusprechen oder es mit Lust zu locken. Anders ausgedrückt, wenn wir beim Menschen vom »Gen für Verwandtschaftsaltruismus« sprechen wollen, würden seine Auswirkungen nach Freuds Erkenntnissen in der psychologischen Instanz des Über-ICHs angesiedelt werden; nach dieser Auffassung würde die Ambivalenz als Konflikt zwischen den eher egoistischen Antrieben im ES erklärt.

Das Gesamtbild, das sich aus diesen Beispielen ergibt, besteht darin, daß das ICH zwischen miteinander in Konflikt stehenden Anforderungen des ES, des Über-ICHs und der wahrgenommenen Umwelt hin- und hergerissen ist. Wie ein Nichtnewtonsches Pendel oder ein anderes chaotisches System schwingt das ICH in Turbulenzmustern: Einmal wird es vom Lustprinzip angezogen, um dieses Bedürfnis des ES zu befriedigen, ein andermal wird es von den Anforderungen des Über-ICHs abgestoßen, dann wieder von der Realität genötigt, es mit einem Kompromiß zu versuchen und so weiter. Da zudem andere ICHs, mit denen es in Kontakt kommt, wahrscheinlich auf dieselbe Weise reagieren werden und manchmal zu wichtigen Einflußfaktoren für die eigenen Entscheidungen werden, wird das Endergebnis aller Wahrscheinlichkeit nach wirklich komplex werden. Nehmen wir einmal an, daß eine derartige turbulente, chaotische Komplexität genau das ist, was wir an uns selbst und an anderen beobachten, dann spricht das in starkem Maße für ein solches Modell vom Wesen des Menschen. Lassen Sie uns, wie dies zuvor bei der Beschäftigung mit den Geschlechterrollen vorgeschlagen wurde, in diesem Rahmen noch die Bedeutung anerkennen, die den Umweltfaktoren für die Entwicklung zukommt; dann wird nachvollziehbar, daß der Psychodarwinismus als Lösung für das Problem, wie Gene und Verhalten miteinander in Wechselwirkung treten, einiges zu bieten hat.

Epilog

Darwin, Freud und die Hysterie in der Wissenschaft

In diesem Buch habe ich versucht, so klar und zusammenhängend wie möglich das neue einheitliche Gedankengebäude aus Darwin und Freud, das ich Psychodarwinismus nenne, darzustellen. Dabei bin ich mit Darwin nicht in genau derselben Weise wie mit Freud umgegangen. Ich habe »Darwin« so interpretiert, daß damit eher der moderne Darwinismus gemeint ist, der das »egoistische Gen« betont. Ich habe sozusagen nur bei der Psychologie »auf Darwin zurückgegriffen«. Dabei ging es nicht um irgendeine veränderte Sichtweise auf Darwins Werk – nur, so hoffe ich, um eine neue und tiefgehendere Würdigung seiner psychologischen Schriften. Mit dieser einen Ausnahme jedoch ist der Darwin, der aus diesem einheitlichen Gedankengebäude entsteht, ziemlich genau der Darwin der modernen Darwinisten.

Bei Freud ist jedoch alles ganz anders. Nur wenigen Psychoanalytikern, wenn überhaupt irgendeinem von ihnen, würde der hier beschriebene Freud von der modernen Psychoanalyse her bekannt vorkommen. Im Gegenteil, dieses Buch muß ihnen als etwas erscheinen, für das es in der heutigen Psychoanalyse keine Vorläufer gibt. Das liegt daran, daß ich mich weigere, irgendwelche nachfreudianischen Autoren (abgesehen von Anna Freud) zu erwähnen, und daß ich darauf beharre, zu den am schroffsten abgelehnten und weitgehend korrigierten Vorstellungen von Freud zurückzukehren. Meine Auffassung von den Freudschen Erkenntnissen, wie ich sie hier beschrieben habe, ist geradezu revolutionär, vor allem weil ich allgemein belächelten Vorstellungen wie dem Ödipuskomplex, der Kastrationsangst und dem Penisneid, um nur drei der wichtigsten zu nennen, wieder zu ihrem Recht verhelfe. Selbst bei weniger aufrührerischen Fragen wie Freuds später Auffassung von der Auflösung des Ödipuskomplexes oder von der Rolle der Sprache im Mechanismus der Verdrängung habe ich auf Erkenntnisse zurückgegriffen, die in der neueren Psychoanalyse weitgehend vernachlässigt bzw. großenteils vergessen sind. Eine solche Abwendung von den allgemein verbreiteten Auffassungen mag einem völlig beispiellos vorkommen; vielleicht ist es sogar ganz und gar unwahrscheinlich, daß etwas Derartiges überhaupt geschieht. Es mag töricht erscheinen, 50 Jahre »Fortschritt« in der Psychoanalyse zu ignorieren. Dennoch lassen sich in der Geschichte der Wissenschaft viele Vorläufer einer weitreichenden und viel positiveren Neueinschätzung von Freud finden als bei mir. Und es stimmt auch nicht, daß der wissenschaftliche Fortschritt ein Vorgang ist, bei dem es immer aufwärts und nach vorne geht.

Im Gegenteil, Freud wies selbst darauf hin, daß wissenschaftliche Revolutionen häufig dem Muster der Hysterie folgen: »Frühes Trauma – Abwehr – Ausbruch der neurotischen Erkrankung – teilweise Wiederkehr des Verdrängten.« Als Beispiel dafür führt Freud Darwins Evolutionstheorie an: »Sie findet zunächst erbitterte Ablehnung, wird durch Jahrzehnte heftig bestritten, aber es braucht nicht länger als eine Generation, bis sie als großer Fortschritt zur Wahrheit anerkannt wird. Darwin selbst erreicht noch die Ehre eines Grabes oder Kenotaphs in Westminster. Ein solcher Fall«, fährt Freud fort, »läßt uns wenig zu enträtseln. Die neue Wahrheit hat affektive Widerstände« – das Trauma – »wachgerufen, diese lassen sich durch Argumente vertreten, mit denen man die Beweise zu Gunsten der unliebsamen Lehre bestreiten kann, der Kampf der Meinungen nimmt eine gewisse Zeit in Anspruch« – die Abwehr –, »von Anfang an gibt es Anhänger und Gegner, die Anzahl wie die Gewichtigkeit der ersteren nimmt immer zu, bis sie am Ende die Oberhand haben; während der ganzen Zeit des Kampfes ist niemals vergessen worden, um was es sich handelt. Wir verwundern uns kaum, daß der ganze Ablauf eine längere Zeit gebraucht hat...«[1]

Das, was wir die »Latenzzeit« des Darwinismus nennen könnten, dauerte in der Tat länger und war komplizierter als im Freudschen Sinne. Der Prozeß, in dem Darwins wesentliche Erkenntnisse voll und ganz akzeptiert wurden, war weit davon entfernt, nicht länger als eine Generation zu brauchen; er nahm mindestens ein Jahrhundert in Anspruch und ist bis zum heutigen Tag immer noch nicht ganz abgeschlossen. Hier die Fakten: 1859 veröffentlichte Darwin den *Ursprung der Arten*. Doch »die lange Periode, während welcher der Darwinismus recht weitgehend abgelehnt wurde..., erstreckte sich von der Zeit kurz nach Darwins Tod in den achtziger Jahren des letzten Jahrhunderts bis in die vierziger Jahre dieses Jahrhunderts.«

Wenn wir unsere Aufmerksamkeit auf Darwins Hauptwerke zur Evolution durch natürliche Selektion begrenzen, finden wir 1907 in einem Buch mit dem Titel *Darwinism Today* die Behauptung, daß der Darwinismus »die heutigen Biologen nicht befriedigt«, ein Urteil, das die moderne Forschung als »zweifellos wahr« untermauert, wenn man »alle Biologen auf der Welt« berücksichtigt. In der Tat:

»Darwin selbst... wurde bezeichnenderweise als unwissenschaftlich verdammt. Vom Ende des neunzehnten Jahrhunderts an bis in die ersten Jahrzehnte des zwanzigsten Jahrhunderts hinein wurde der Darwinismus recht häufig scharf deswegen kritisiert, weil er den wissenschaftlichen Fortschritt dadurch behindere, daß er darauf bestehe, die falschen Fragen zu stellen. Dies war die Zeit, in der die Biologie es lernte, zu einer seriösen Wissenschaft zu werden. Und seriös wurde gemeinhin so interpretiert, das es folgendes bedeutete: Sie beruht auf Laborergebnissen, es werden nüchterne Tatsachen gesammelt, sie ist im engsten Sinne des Wortes experimentell (so wird beschämenderweise das Wort ›wissenschaftlich‹ auch heute noch oft verwendet). In diesem Sinne wurde die Darwinsche Theorie als spekulativ, unüberprüfbar und unexakt gebrandmarkt...«[2]

Darwins zweites Hauptwerk, *Die Abstammung des Menschen und die Zuchtwahl in geschlechtlicher Beziehung*, wurde noch zurückhaltender aufgenommen, wenn dies überhaupt noch ging, und noch heftiger zurückgewiesen als *Der Ursprung der Arten*: »Nahezu ein Jahrhundert lang... blieb die sexuelle Selektion für Darwinisten etwas am Rande, das vernachlässigt, verzerrt und mißverstanden wurde. Die natürliche Selektion verschwand für ein Jahrhundert nach Darwins Tod im Halbdunkel. Die sexuelle Selektion war für eine fast doppelt so lange Zeit ganz mit Finsternis umgeben.« Im Jahre 1907 wurde die sexuelle Selektion als »jetzt nahezu völlig diskreditiert« betrachtet, während zwanzig Jahre später negativ eingestellte Autoren immer noch selbstsicher behaupten, daß »sich heute kaum ein echter Wissenschaftler die Auffassung von der sexuellen Selektion... zu eigen macht«; derselbe Autor fügt hinzu: daß »sich nur in der populärwissenschaftlichen Literatur Spuren davon nachweisen lassen«. Selbst als sie sich immer besser belegen ließ, neigte man dazu, die Belege nicht zur Kenntnis zu nehmen. Im Jahre 1913 beklagte sich ein Naturforscher in einem Artikel: »Ich machte alles, was in meiner Kraft stand, der wissenschaftliche Wahrheit zum Durchbruch zu verhelfen, und habe tatsächlich ausgesprochen gute Belege für die Darwinsche Theorie von der sexuellen Selektion zusammengetragen. Es scheint jedoch so zu sein, daß solche Belege nicht erwünscht sind, weil die Theorie selbst (offiziell) in Ungnade gefallen ist.«[3]

Auf eine darwinistische Erklärung für derartige antidarwinistische Vorurteile habe ich zuvor schon hingewiesen. Ich habe angedeutet, daß sich die Psychologie des Menschen vielleicht durch natürliche Selektion so herausgebildet hat, daß sie Emotionen zum Ausdruck bringt, die dem Eigeninteresse der einzelnen Gene am Überleben und am Erfolg ihrer zeitweiligen Träger dienen (siehe oben, S. 45f.). Kurz gesagt ist vielleicht der Narzißmus gemeinsam mit dem Immunsystem und anderen Mechanismen entstanden, um die Seele und den Körper des einzelnen Menschen abzuschirmen und zu beschützen, zumindest solange sich beide für die Gene des einzelnen als nützlich erweisen. Eine Folge daraus mag ein Vorurteil gegenüber wissenschaftlichen Erkenntnissen sein, die den Organismus in ein umfassenderes Naturschema einordnen und die subjektiv gesehen die Bedeutung des einzelnen geringer bewerten. Wenn es stimmt, dann besteht das Trauma, auf das nach Freud wissenschaftliche Revolutionen zurückgehen, in der unausgesprochenen Beleidigung des menschlichen Narzißmus und in der Tendenz, zu zeigen, daß es keine Grundlage für die subjektiven Gefühle gibt, die wir uns gegenüber und unserem Stellenwert im Kosmos gegenüber entwickeln.

Wenn das jedoch auf Darwin zutrifft, dann war Freud der Meinung, daß dies in noch stärkerem Maße der Fall war, wenn es um seine eigene Arbeit ging: »Die ... empfindlichste Kränkung aber soll die menschliche Größensucht durch die heutige psychologische Forschung erfahren, welche dem Ich nachweisen will, daß es nicht einmal Herr im eigenen Hause ist, sondern auf kärgliche Nachrichten angewiesen bleibt von dem, was unbewußt in seinem Seelenleben vorgeht.« Anders ausgedrückt: Wenn Darwins Entdeckung eine Beleidigung unserer Gefühle uns selbst gegenüber war, dann stellten Freuds Erkenntnisse in noch viel stärkerem Maße ein Trauma dar. Dazu kam es, weil sie unsere subjektive Bewußtheit selbst in Frage stellten und weil dabei herauskam, daß sie nicht viel mehr als oberflächlich war;

darunter lag ein tiefreichendes Unbewußtes, von dem wir nichts wußten. Je stärker unser Bewußtsein etwas Verborgenes ist und sich entwickelt hat, um unsere egoistischen Gedanken, Wünsche und Emotionen zu verbergen und zu verkleiden (siehe oben, S. 93–117), stellt Freuds Entdeckung eine unmittelbare Bedrohung dar. Das hängt vor allem mit der Art und Weise zusammen, wie sie unsere Selbsttäuschungen aufdeckt, auf dem unser Bewußtsein beruht. Da ist es kein Wunder, daß Freud stärker noch als Darwin auf heftigen Widerspruch stieß. Freud fährt fort: »Auch diese Mahnung zur Einkehr haben wir Psychoanalytiker nicht zuerst und nicht als die ersten vorgetragen, aber es scheint uns beschieden, sie am eindringlichsten zu vertreten und durch Erfahrungsmaterial, das jedem einzelnen nahegeht, zu erhärten. Daher die allgemeine Auflehnung gegen unsere Wissenschaft, die Versäumnis aller Rücksichten wissenschaftlicher Urbanität und die Entfesselung der Opposition von allen Zügeln unparteiischer Logik.«[4]

Ebenso wie die Biologen Darwin seit der Zeit kurz nach seinem Tod bis zum Zweiten Weltkrieg weithin ablehnten, neigten die Psychologen dazu, Freud seit seinem Tod im Jahre 1939 herabsetzend zu behandeln. Wie der Darwinismus wurde der Psychoanalyse von breiten Kreisen vorgeworfen, sie sei unwissenschaftlich, sie behindere dadurch den wissenschaftlichen Fortschritt, daß sie darauf beharre, die falschen Fragen zu stellen, und wurde sogar noch häufiger als spekulativ, unüberprüfbar und unexakt gebrandmarkt. Tatsächlich lernte es die Psychologie genau wie die Biologie während Darwins Latenzzeit, zu einer seriösen Wissenschaft zu werden. Und im Falle der Psychologie wurde mehr noch als in der Biologie der Begriff »seriös« gewöhnlich so interpretiert, daß er folgendes bedeutete: Sie mußte auf Laboratoriumsergebnissen beruhen, und es mußten nüchterne Tatsachen gesammelt werden – sie mußte also im engsten Sinne experimentell sein.

Was die Psychoanalytiker angeht, gibt es anscheinend eine Parallele zwischen deren Verlegenheit gegenüber Freuds Sexualtheorien und der Zurückweisung der sexuellen Selektion durch die älteren Darwinisten (siehe oben, S. 151–155). Die frühe Abwendung von der Freudschen Psychoanalyse bei Adler, bei Jung und bei vielen anderen danach ging hauptsächlich auf Vorbehalte gegenüber der Libidotheorie zurück. In späteren Distanzierungen von der klassischen Psychoanalyse wie etwa bei Melanie Klein und der Schule der »Objektbeziehungen« wurde die zentrale Bedeutung des Ödipuskomplexes in Frage gestellt. Heute lehnen viele den Begriff der infantilen Sexualität insgesamt ab und versuchen ihn statt dessen mit »sexuellem Mißbrauch« von Kindern durch Erwachsene zu erklären. Wie beim Begriff des »Überlebens des Tüchtigsten« die Sozialdarwinisten Darwins wissenschaftliche Revolution in Geiselhaft nahmen und sie in eine politische Ideologie verwandelten, haben die Sozialisten von dem Besitz ergriffen, was sie sich unter Freuds Begriff von der »Verdrängung« vorstellen, und versucht, Freud als einen der ihren auszugeben. In der modernen Psychoanalyse wird einseitig die gesellschaftliche Beeinflussung betont und Freuds Beharren auf angeborenen, konstitutionellen und durch Evolution entstandenen Faktoren außer acht gelassen. Daher würde man die Parallele zu Darwin nicht überziehen, wenn man einen Großteil der modernen Psychoanalyse als »Sozialfreudianismus« beschreibt und ihn so versteht, daß er sich zu Freuds Werk so verhält wie der Sozialdarwinismus zu Darwins Werk.

Freud war von Anfang an zahlreichen noch beleidigenderen und unsinnigeren Rufmorden ausgesetzt als Darwin. Manchenorts wurden die Einstellungen gegenüber Freud und seiner Arbeit so negativ und polemisch, daß man meinen konnte, jeder Unsinn über Freud sei publizierbar, solange ihm irgendwelche Fehler nachgewiesen werden. So ist der folgende Auszug Teil eines zweibändigen Werkes, *The Non-Authentic Nature of Freud's Observations*, das 1993 von der Universität Uppsala veröffentlicht wurde:

»Freuds Theorien sind durch und durch unoriginell... Zahlreiche psychoanalytische Beobachtungen sind gefälscht... Was DIE BEZIEHUNG ZWISCHEN THEORIE UND BEOBACHTUNGEN betrifft... Keine psychoanalytische Deutung wird durch irgendeine Beobachtung aus der klinischen Praxis gestützt... Es ist schlicht nicht möglich, daß sich in der realen Welt irgendein Muster von Beobachtungen vorfinden läßt, das Belege für irgendeine psychoanalytische Deutung oder Aussage liefern würde... Was die PSYCHOANALYTISCHE PROPAGANDA angeht... Freud war sich sehr wohl der Tatsache bewußt, daß er weder jemals etwas entdeckt noch einen Patienten geheilt hat... Zur PERSÖNLICHKEIT VON PSYCHOANALYTIKERN... Alle psychoanalytischen Autoren haben ein ungewöhnlich niedriges Niveau an Wissen über die Eigenart des Menschen... Einfühlungsvermögen... Fähigkeit, in der klinischen Praxis Beobachtungen anzustellen...« (sic)[5]

Solche hysterischen und zwanghaften Angriffe (der Autor droht damit, weitere 25 Bände zu veröffentlichen) bringen die Intensität der Ablehnung von Freud ganz deutlich zum Ausdruck. Die Autoren sind häufig derartig mit subjektiven Themen befaßt, daß sie anscheinend eins vergessen: Der Charakter einer Person hat nicht notwendigerweise etwas mit der objektiven Wahrheit und Falschheit ihrer Erkenntnisse oder Theorien zu tun. Isaac Newton zum Beispiel war nicht die Person, mit der ich gerne ein Büro teilen würde. Doch ist es keine Frage, daß er einer der größten Wissenschaftler war, die je gelebt haben, und daß sein Werk zu den höchsten Errungenschaften der Wissenschaft zählt. Die zahlreichen Rufmorde, denen Freud ausgesetzt war, können kein Ersatz für vernünftiges Argumentieren und für handfeste Gegenbeweise gegen seine Befunde sein. Als Albert Einstein einmal von einem Buch mit dem Titel *Fünf gegen Einstein* berichtet wurde, bemerkte er: »Einer hätte eigentlich ausgereicht!«

Wenn wir die Analogie zwischen dem typischen Verlauf einer Hysterie und den Revolutionen in der Wissenschaftsgeschichte weitertreiben, dann wird die Latenzzeit, die nach einem Trauma einsetzt, ihrerseits davon gefolgt, daß die abgelehnte Idee wieder aufersteht – daß das Verdrängte wiederkehrt. Anscheinend ist der menschliche Narzißmus, gleichgültig wie tief er von wissenschaftlichen Einsichten beleidigt wird, kein auf Dauer unbezwingbares Hindernis. Die Wissenschaft, der höchste Ausdruck des Realitätsprinzips, kann sich, wenn auch langsam und allmählich, gegenüber dem Narzißmus, der vom Lustprinzip belohnt wird, durchsetzen. Im Falle von Darwin verging eine Zeit von nahezu 100 Jahren zwischen der Veröffentlichung des *Ursprungs der Arten* im Jahre 1859 und der Wiederentdeckung des authentischen Darwinismus in den frühen sechziger Jahren dieses Jahrhunderts. Genau ein Jahrhundert trennt die Veröffentlichung der *Abstammung des Menschen und die Zuchtwahl in geschlechtlicher Beziehung* und den Band, der an ihren hundertsten Jahrestag erinnert; darin findet sich ein Beitrag von Robert Trivers, in dem auf die Renaissance der sexuellen Selektion in der Theorie des elterlichen Engagements hingewiesen wird.

Die Rückkehr zum Bewußtsein kann vielleicht nicht besser symbolisiert werden als durch die Tatsache, daß die heutige Ausgabe des *Ursprungs der Arten* immer noch die erste ist – nicht, wie man erwarten könnte, die sechste und letzte, die zu Lebzeiten Darwins veröffentlicht wurde. Der Grund dafür ist simpel: Darwin reagierte so gewissenhaft auf Kritik und schrieb alles nieder, daß mit der sechsten Ausgabe seine Theorie verwässert und bis zu einem Punkt korrigiert worden wäre, daß sie im nachhinein betrachtet als verfälscht und unklar erschienen wäre.

Vielleicht ist dies ein Präzedenzfall im Hinblick auf Freud, über dem sich gegenwärtig ähnlich dunkle Wolken zusammenziehen wie über Darwin zu Anfang des Jahrhunderts. Es stimmt sicherlich, daß Freuds Stern seit den fünfziger Jahren immer stärker im Abstieg begriffen ist. Heute, ungefähr 50 Jahre nach seinem Tod, läge es nahe, ihn in völlige Dunkelheit versinken zu lassen, vergleichbar der Finsternis, die Darwin für die ersten 50 Jahre nach seinem Tod umgab. Doch auch damals, in den dreißiger Jahren dieses Jahrhunderts, begann bereits der moderne Aufstieg des authentischen Darwinismus – Darwins Wiederkehr aus dem Verdrängten –, als seine Erkenntnisse wegweisend mit denen von Mendel zusammengebracht wurden. Obwohl eine weitere Generation kommen mußte, bevor die Entdeckung des genetischen Codes den Weg für unser modernes Evolutionsverständnis auf der Ebene der einzelnen Gene ebnete, bleibt es eine Tatsache, daß Darwins Schicksal ungefähr 50 Jahre nach seinem Tod einen Tiefpunkt erreichte, jedoch innerhalb eines Jahrhunderts nach der ursprünglichen Veröffentlichung den Sieg davontrug. Für Darwin war die Dunkelheit nur ein Durchgangsstadium; und nach dem ersten Hoffnungsschimmer einer Wiederkehr erstrahlt sein Stern heute in hellerem Licht als je zuvor.

Wenn es sich bei Freud um einen Präzedenzfall handelt, könnte das Schlimmste bald vorüber sein, wenn man bedenkt, daß er 1939 gestorben ist. Die Dunkelheit, die ihn anscheinend umgeben hat, mag zu Ende gehen. Vielleicht werden wir in den nächsten 50 Jahren Zeugen einer erstaunlichen Entwicklung: einer Wiederkehr Freuds, die mit der Darwins seit den dreißiger Jahren dieses Jahrhunderts vergleichbar ist. Freuds erstes großes Werk, *Die Studien zur Hysterie*, wurde 1895 veröffentlicht. Die meisten Freud-Kenner würden die psychoanalytische Revolution in die Zeit zwischen diesem Jahr und dem Jahr 1905 datieren, als Freuds *Drei Abhandlungen zur Sexualtheorie* erstmals erschienen. *Die Traumdeutung*, die Freud als sein Hauptwerk betrachtete, kam im Jahre 1900 heraus, genau in der Mitte der Zeit zwischen den beiden übrigen Veröffentlichungen; darum handelt es sich hier um den am ehesten in Frage kommenden Zeitpunkt, auf den man die Freudsche Ära zeitlich festlegen könnte. Das deutet darauf hin, daß wir, wenn man sich auf irgendeine Weise nach dem Präzedenzfall

Darwin richten kann, zu Beginn des neuen Jahrtausends möglicherweise Zeuge der dritten und letzten von Freud unterschiedenen Stufe werden: der Wiederkehr des Verdrängten nach einer Latenzzeit, wie sie ungefähr ein Jahrhundert nach dem ursprünglichen Trauma auftritt.

Im Vergleich zu Darwin war Freud viel störrischer und überhaupt nicht so schnell bereit wie er, auf Kritik zu reagieren und seine Auffassungen zu korrigieren. Daraus ergab sich konsequenterweise ein Bild von Freud als eines isolierten, reaktionären Menschen, der halsstarrig an veralteten Auffassungen und in die Jahre gekommenen Einstellungen festhielt. Unser Bild von Darwin hätte zweifellos genauso ausgesehen, wenn er darauf beharrt hätte, an der ursprünglichen, klareren Darstellung seiner Theorie in der ersten Ausgabe des *Ursprungs des Arten* festzuhalten; und ein Jahrhundert lang ergab sich auch, wenn es um die sexuelle Selektion ging, eindeutig ein solches Bild. Aber ebenso wie der moderne Darwinismus zum frühen, weniger apologetischen Darwin zurückgekehrt ist und seine Auffassung von der sexuellen Selektion bestätigte, ist es möglich, daß künftige Zeiten zum authentischen Freud zurückkehren werden und die gut 50 Jahre großenteils nicht mehr zur Kenntnis nehmen werden, in denen seine Erkenntnisse durch spätere Entwicklungen in der Psychoanalyse verwässert, bestritten und verzerrt wurden. Dies könnte zur Folge haben, daß man Freud schließlich so sieht wie Darwin heute: Er war nicht hinter seiner Zeit zurück, sondern seinen Zeitgenossen ein Jahrhundert voraus. Wenn das der Fall wäre, dann hätte dieses Buch nicht nur eine Vorhersage gewagt, sondern vielleicht damit angefangen, sie zu erfüllen.

Anmerkungen

Vorwort zur deutsche Ausgabe

1. Allen, N.D., Logan, K., Lally, G., Drage, J.D., Norris, M.L., und Keverne, B. (1995). Distribution of parthenogenetic cells in the mouse brain and their influence on brain development and behavior. Washington (DC), *Proceedings of the National Academy of Sciences,* 92 (11/95), S. 10782-10786.

Vorwort

1. Trivers, R. (1981). Sociobiology and Politics, in: E. White (Hg.), *Sociobiology and Human Politics.* Lexington, Massachusetts: Lexington Books, S. 39.

Einführung

1. Barash, David P. (1979). *Sociobiology: The Whisperings Within.* London: Souvenir Press (Deutsche Ausgabe: *Das Flüstern in uns: Menschliches Verhalten im Lichte der Soziologie.* Frankfurt am Main: S. Fischer, 1981).
2. Darwin, C. (1872/1965). *The Expression of the Emotions in Man and Animals.* Faksimile der Erstausgabe mit einer Einführung von Konrad Lorenz (Hg.). Chicago: University of Chicago Press, S. 50-51 (Deutsche Ausgabe: *Der Ausdruck der Gemüthsbewegungen bei den Menschen und den Thieren.* Nördlingen: Greno, 1986).
3. Ebenda, S. 32-33.
4. Freud, S. (1925). *An Autobiographical Study.* The Standard Edition of the Complete Psychological Works of Sigmund Freud, hg. v. J. Strachey et al., Bd. 20. London: The Hogarth Press and the Institute of Psychoanalysis (Deutsche Ausgabe: *Selbstdarstellung. Gesammelte Werke,* Bd. 14. Frankfurt am Main: S. Fischer, 1952, S. 33-96).
5. Breuer, J., und Freud, S. (1895). *Studies on Hysteria.* The Standard Edition of the Complete Psychological Works of Sigmund Freud, hg. v. J. Strachey et al., Bd. 2. London: The Hogarth Press and the Institute of Psychoanalysis, S. 180-181 (Deutsche Ausgabe: *Studien zur Hysterie. Gesammelte Werke,* Bd. 1. Frankfurt am Main: S. Fischer, 1952, S. 250-251).
6. Darwin, C. (1872/1965). *The Expression of the Emotions in Man and Animals.* Faksimile der Erstausgabe mit einer Einführung von Konrad Lorenz (Hg.). Chicago: Univer-

sity of Chicago Press, S. 51 (Deutsche Ausgabe: *Der Ausdruck der Gemüthsbewegungen bei den Menschen und den Thieren*. Nördlingen: Greno, 1986).

7. Breuer, J., und Freud, S. (1895). *Studies on Hysteria*. The Standard Edition of the Complete Psychological Works of Sigmund Freud, hg. v. J. Strachey et al., Bd. 2. London: The Hogarth Press and the Institute of Psychoanalysis, S. 91–92 (Deutsche Ausgabe: *Studien zur Hysterie. Gesammelte Werke*, Bd. 1. Frankfurt am Main: S. Fischer, 1952, S. 148).

8. Darwin, C. (1872/1965). *The Expression of the Emotions in Man and Animals*. Faksimile der Erstausgabe mit einer Einführung von Konrad Lorenz (Hg.). Chicago: University of Chicago Press, S. 348 (Deutsche Ausgabe: *Der Ausdruck der Gemüthsbewegungen bei den Menschen und den Thieren*. Nördlingen: Greno, 1986, S. 305–306).

9. Breuer, J., und Freud, S. (1895). *Studies on Hysteria*. The Standard Edition of the Complete Psychological Works of Sigmund Freud, hg. v. J. Strachey et al., Bd. 2. London: The Hogarth Press and the Institute of Psychoanalysis, S. 91 (Deutsche Ausgabe: *Studien zur Hysterie. Gesammelte Werke*, Bd. 1. Frankfurt am Main: S. Fischer, 1952, S. 147).

10. Cronin, H. (1991). *The Ant & the Peacock: Altruism & Sexual Selection from Darwin to Today*. Cambridge: Cambridge University Press, S. 346.

11. Ebenda, S. 328.

12. Freud, S. (1914). *The Moses of Michelangelo*. The Standard Edition of the Complete Psychological Works of Sigmund Freud, hg. v. J. Strachey et al., Bd. 13. London: The Hogarth Press and the Institute of Psychoanalysis, S. 211–239 (Deutsche Ausgabe: *Der Moses des Michelangelo. Gesammelte Werke*, Bd. 10. Frankfurt am Main: S. Fischer, 1946, S. 172–201).

13. Ritvo, L. (1990). *Darwin's Influence on Freud: A Tale of Two Sciences*. New Haven: Yale University Press, S. 49.

14. Ebenda, S. 72.

15. Darwin, C. (1871/1993). *The Descent of Man, and Selection in Relation to Sex*. Faksimile der Erstausgabe mit einer Einführung von John Tyler Bonner und Robert M. May. Princeton: Princeton University Press; Erstausgabe, London: John Murray, S. 37–38, S. 57 (Deutsche Ausgabe: *Die Abstammung des Menschen*. Stuttgart: Schweizerbart, 1966).

16. Darwin, C. (1872/1965). *The Expression of the Emotions in Man and Animals*. Faksimile der Erstausgabe mit einer Einführung von Konrad Lorenz (Hg.). Chicago: University of Chicago Press, S. 42, S. 29 (Deutsche Ausgabe: *Der Ausdruck der Gemüthsbewegungen bei den Menschen und den Thieren*. Nördlingen: Greno, 1986).

17. Ebenda, S. 42.

18. Darwin, C. (1877). A Biographical Sketch of an Infant. *Mind: A Quarterly Review of Psychology and Philosophy*, 2, S. 285–294.

19. Darwin, C. (1872/1965). *The Expression of the Emotions in Man and Animals*. Faksimile der Erstausgabe mit einer Einführung von Konrad Lorenz (Hg.). Chicago: University of Chicago Press, S. 39, S. 41 (Deutsche Ausgabe: *Der Ausdruck der Gemüthsbewegungen bei den Menschen und den Thieren*. Nördlingen: Greno, 1986).

20. Ritvo, L. (1990). *Darwin's Influence on Freud: A Tale of Two Sciences*. New Haven: Yale University Press, S. 69.

21. Dawkins, R. (1987). *The Blind Watchmaker*. Harlow, Essex: Longman, S. 298, S. 300 (Deutsche Ausgabe: *Der blinde Uhrmacher*. München: Kindler 1987; TB dtv 1996).

22. Darwin, C. (1871/1981). *The Descent of Man, and Selection in Relation to Sex*.

Faksimile der Erstausgabe mit einer Einführung von John Tyler Bonner und Robert M. May. Princeton: Princeton University Press; Erstausgabe, London: John Murray, S. 118 (Deutsche Ausgabe: *Die Abstammung des Menschen*. Stuttgart: Schweizerbart, 1966).

1 Allgemeingültiger Darwinismus

1. Gould, S. J. (1990). *Wonderful Life: The Burgess Shale and the Nature of History*. London: Hutchinson Radius, S. 257–258 (Deutsche Ausgabe: *Zufall Mensch: Das Wunder des Lebens als Spiel der Natur*. Seelze: Friedrich Verlag, 1991).
2. Coghlan, A. (1992). Survival of the Fittest Molecules. *New Scientist* vom 3. Oktober 1992.
3. Darwin, C. (1871/1981). *The Descent of Man, and Selection in Relation to Sex*. Faksimile der Erstausgabe mit einer Einführung von John Tyler Bonner und Robert M. May. Princeton: Princeton University Press; Erstausgabe, London: John Murray, S. 59–61. (Deutsche Ausgabe: *Die Abstammung des Menschen*. Stuttgart: Schweizerbart, 1966).

2 Evolution und Zusammenarbeit

1. Axelrod, R. (1987). The Evolution of Strategies in the Iterated Prisoner's Dilemma, in L. Davis (Hg.), *Genetic Algorithms and Simulated Annealing*. London: Pitman, S. 32 bis 41.
2. Axelrod, R. (1984). *The Evolution of Cooperation*. New York: Basic Books (Deutsche Ausgabe: *Die Evolution der Kooperation*. Dritte Auflage. München: Oldenbourg, 1995).

3 Verborgenes Bewußtsein

1. Darwin, C. (1872/1965). *The Expression of the Emotions in Man and Animals*. Faksimile der Erstausgabe mit einer Einführung von Konrad Lorenz (Hg.). Chicago: University of Chicago Press, S. 37 (Deutsche Ausgabe: *Der Ausdruck der Gemüthsbewegungen bei den Menschen und den Thieren*. Nördlingen: Greno, 1986).
2. Darwin, C. (1871/1993). *The Descent of Man, and Selection in Relation to Sex*. Faksimile der Erstausgabe mit einer Einführung von John Tyler Bonner und Robert M. May. Princeton: Princeton University Press; Erstausgabe 1871, London: John Murray, S. 57 (Deutsche Ausgabe: *Die Abstammung des Menschen*. Stuttgart: Schweizerbart, 1966).
3. Aitchison, J. (1989). *The Articulate Mammal: An Introduction to Psycholinguistics*. London: Unwin Hyman, S. 5 (Deutsche Ausgabe: *Der Mensch – das sprechende Wesen. Einführung in die Psycholinguistik*. Tübingen: Narr, 1981).
4. Ekman, P. (1985). *Telling Lies: Clues to Deceit in the Marketplace, Politics, and Marriage*. New York: W. W. Norton, S. 84–85 (Deutsche Ausgabe: *Weshalb Lügen kurze*

Beine haben. Über Täuschungen und deren Aufdeckung im privaten und öffentlichen Leben. Berlin: de Gruyter, 1989).
   5. Darwin, C. (1872/1965). *The Expression of the Emotions in Man and Animals.* Faksimile der Erstausgabe mit einer Einführung von Konrad Lorenz (Hg.). Chicago: University of Chicago Press, S. 208 (Deutsche Ausgabe: *Der Ausdruck der Gemüthsbewegungen bei den Menschen und den Thieren.* Nördlingen: Greno, 1986).
   6. Ekman, P. (1985). *Telling Lies: Clues to Deceit in the Marketplace, Politics, and Marriage.* New York: W. W. Norton, S. 84 (Deutsche Ausgabe: *Weshalb Lügen kurze Beine haben. Über Täuschungen und deren Aufdeckung im privaten und öffentlichen Leben.* Berlin: de Gruyter, 1989).
   7. Ebenda, S. 85, S. 81.
   8. Freud, S. (1905). *Fragment of an Analysis of a Case of Hysteria.* The Standard Edition of the Complete Psychological Works of Sigmund Freud, hg. v. J. Strachey et al., Bd. 7. London: The Hogarth Press and the Institute of Psychoanalysis, S. 77–78 (Deutsche Ausgabe: *Bruchstück einer Hysterie-Analyse. Gesammelte Werke,* Bd. 5. Frankfurt am Main: S. Fischer, 1942, S. 163–286).
   9. Trivers, R. (1985). *Social Evolution.* Menlo Park, California: Benjamin/Cummings, S. 417.
   10. Gur, R., und Sacheim, H. (1979). Self-Deception: A Concept in Search of a Phenomenon. *Journal of Personality and Social Psychology, 37 (2),* S. 167.
   11. Darwin, C. (1871/1993). *The Descent of Man, and Selection in Relation to Sex.* Faksimile der Erstausgabe mit einer Einführung von John Tyler Bonner und Robert M. May. Princeton: Princeton University Press; Erstausgabe, London: John Murray, S. 333 bis 336 (Deutsche Ausgabe: *Die Abstammung des Menschen.* Stuttgart: Schweizerbart, 1966).

4 Modelle zur Beschreibung der Seele

   1. Freud, S. (1925). *A Note upon the »Mystic Writing-Pad«.* The Standard Edition of the Complete Psychological Works of Sigmund Freud, hg. v. J. Strachey et al., Bd. 19. London: The Hogarth Press and the Institute of Psychoanalysis, S. 228 (Deutsche Ausgabe: *Notiz über den »Wunderblock«. Gesammelte Werke,* Bd. 14. Frankfurt am Main: S. Fischer, 1945, S. 4).
   2. Freud, S. (1926). *Inhibition, Symptoms and Anxiety.* The Standard Edition of the Complete Psychological Works of Sigmund Freud, hg. v. J. Strachey et al., Bd. 20. London: The Hogarth Press and the Institute of Psychoanalysis, S. 163 (Deutsche Ausgabe: *Hemmung, Symptom und Angst. Gesammelte Werke,* Bd. 14. Frankfurt am Main: S. Fischer, 1945, S. 4).
   3. Freud, S. (1915). *Repression.* The Standard Edition of the Complete Psychological Works of Sigmund Freud, hg. v. J. Strachey et al., Bd. 14. London: The Hogarth Press and the Institute of Psychoanalysis, S. 147 (Hervorhebung durch Freud; deutsche Ausgabe: *Die Verdrängung. Gesammelte Werke,* Bd. 10. Frankfurt am Main: S. Fischer, 1945, S. 248 bis 261).
   4. Rancour-Laferriere, D. (1985). *Signs of the Flesh: An Essay on the Evolution of Hominid Sexuality.* Bloomington: Indiana University Press, S. 9.

5. Barash, D. (1979). *Sociobiology: The Whisperings Within.* London: Souvenir Press (Deutsche Ausgabe: *Das Flüstern in uns: Menschliches Verhalten im Lichte der Soziologie.* Frankfurt am Main: S. Fischer, 1981).
6. Trivers, R. (1985). *Social Evolution.* Menlo Park, California: Benjamin/Cummings, S. 146–147.
7. Rancour-Laferriere, D. (1985). *Signs of the Flesh: An Essay on the Evolution of Hominid Sexuality.* Bloomington: Indiana University Press, S. 9.
8. Freud, S. (1925). *An Autobiographical Study.* The Complete Psychological Works of Sigmund Freud, hg. v. J. Strachey et al., Bd. 20. London: The Hogarth Press and the Institute of Psychoanalysis, S. 32–33 (Deutsche Ausgabe: *Selbstdarstellung. Gesammelte Werke,* Bd. 14. Frankfurt am Main: S. Fischer, 1945, S. 33–96).
9. Young, R. (1985). *Darwin's Metaphor: Nature's Place in Victorian Culture.* Cambridge: Cambridge University Press, S. 59.
10. Freud, S. (1914). *On Narcissism: An Introduction.* The Standard Edition of the Complete Psychological Works of Sigmund Freud, hg. v. J. Strachey et al., Bd. 14. London: The Hogarth Press and the Institute of Psychoanalysis, S. 95 (Deutsche Ausgabe: *Zur Einführung des Narzißmus, Gesammelte Werke,* Bd. 10. Frankfurt am Main: S. Fischer, 1946, S. 138–170).
11. Trivers, R. (1981). *Sociobiology and Politics,* in: E. White (Hg.), *Sociobiology and Human Politics.* Lexington (Massachusetts): Lexington Books, S. 18.
12. Darwin, C. (1877). A Biographical Sketch of an Infant. *Mind: A Quarterly Review of Psychology and Philosophy,* 2, S. 285–294.
13. Freud, S. (1923). *The Ego and the Id.* The Standard Edition of the Complete Psychological Works of Sigmund Freud, hg. v. J. Strachey et al., Bd. 19. London: The Hogarth Press and the Institute of Psychoanalysis, S. 25 (Deutsche Ausgabe: *Das Ich und das Es. Gesammelte Werke,* Bd. 13. Frankfurt am Main: S. Fischer, 1940, S. 252).
14. Freud, S. (1915). *The Unconscious.* The Standard Edition of the Complete Psychological Works of Sigmund Freud, hg. v. J. Strachey et al., Bd. 14. London: The Hogarth Press and the Institute of Psychoanalysis, S. 161–215 (Deutsche Ausgabe: *Das Unbewußte. Gesammelte Werke,* Bd. 10. Frankfurt am Main: S. Fischer, 1945, S. 264–303).
15. Freud, S. (1923). *The Ego and the Id.* The Standard Edition of the Complete Psychological Works of Sigmund Freud, hg. v. J. Strachey et al., Bd. 19. London: The Hogarth Press and the Institute of Psychoanalysis, S. 56 (Deutsche Ausgabe: *Das Ich und das Es. Gesammelte Werke,* Bd. 13. Frankfurt am Main: S. Fischer, 1940, S. 286).

5 Sexualität und das einzelne Gen

1. Cronin, H. (1991). *The Ant & the Peacock: Altruism & Sexual Selection from Darwin to Today.* Cambridge: Cambridge University Press, S. 238–240.
2. Freud, S. (1905). *Three Essays on the Theory of Sexuality.* The Standard Edition of the Complete Psychological Works of Sigmund Freud, hg. v. J. Strachey et al., Bd. 7. London: The Hogarth Press and the Institute of Psychoanalysis, S. 131 (Deutsche Ausgabe: *Drei Abhandlungen zur Sexualtheorie. Gesammelte Werke,* Bd. 5. Frankfurt am Main: S. Fischer, 1942, S. 30).

3. Freud, S. (1914). *On Narcissism: An Introduction.* The Standard Edition of the Complete Psychological Works of Sigmund Freud, hg. v. J. Strachey et al., Bd. 14. London: The Hogarth Press and the Institute of Psychoanalysis, S. 78 (Deutsche Ausgabe: *Zur Einführung des Narzißmus. Gesammelte Werke,* Bd. 10. Frankfurt am Main: S. Fischer, 1946, S. 143).

4. Ebenda, S. 155, S. 156.

5. Lampert, A., und Yassour, J. (1992). Parental Investment and Risk Taking in Simulated Family Situations. *Journal of Economic Psychology, 13 (3),* S. 499–507.

6. Freud, S. (1914). *On Narcissism: An Introduction.* The Standard Edition of the Complete Psychological Works of Sigmund Freud, hg. v. J. Strachey et al., Bd. 14. London: The Hogarth Press and the Institute of Psychoanalysis, S. 91 (Deutsche Ausgabe: *Zur Einführung des Narzißmus. Gesammelte Werke,* Bd. 10. Frankfurt am Main: S. Fischer, 1946, S. 157–158).

7. Freud, A. (1968). *The Ego and the Mechanisms of Defence.* Überarbeitete Ausgabe. London: The Hogarth Press and the Institute of Psychoanalysis, S. 123–126 (Deutsche Erstausgabe: *Das Ich und die Abwehrmechanismen,* Wien, 1936).

8. Darwin, C. (1877). A Biographical Sketch of an Infant. *Mind: A Quarterly Review of Psychology and Philosophy, 2,* S. 285–294.

9. Freud, S. (1905). *Three Essays on the Theory of Sexuality.* The Standard Edition of the Complete Psychological Works of Sigmund Freud, hg. v. J. Strachey et al., Bd. 7. London: The Hogarth Press and the Institute of Psychoanalysis, S. 149–150 (Deutsche Ausgabe: *Drei Abhandlungen zur Sexualtheorie. Gesammelte Werke,* Bd. 5. Frankfurt am Main: S. Fischer, 1942, S. 87).

10. Short, R. (1987). The Biological Basis for the Contraceptive Effects of Breast Feeding. *International Journal of Gynaecology and Obstetrics, 25* (Anhang), S. 207–217.

11. Thapa, S., Short, R. V., und Potts, M. (1988). Breast Feeding, Birth Spacing and their Effects on Child Survival. *Nature, 335,* S. 679.

12. Blurton Jones, N., und da Costa, E. (1987). A Suggested Adaptive Valve of Toddler Night Waking: Delaying the Birth of the Next Sibbling. *Ethology and Sociobiology, 8,* S. 135–142.

13. Darwin, C. (1877). A Biographical Sketch of an Infant. *Mind: A Quarterly Review of Psychology and Philosophy, 2,* S. 285–294.

6 Sex à la König Ödipus

1. Freud, S. (1918). *From the History of an Infantile Neurosis.* The Standard Edition of the Complete Psychological Works of Sigmund Freud, hg. v. J. Strachey et al., Bd. 17. London: The Hogarth Press and the Institute of Psychoanalysis, S. 82, S. 36 (Deutsche Ausgabe: *Aus der Geschichte einer infantilen Neurose. Gesammelte Werke,* Bd. 12. Frankfurt am Main: S. Fischer, 1947, S. 29–157).

2. Persönliche Mitteilungen von David MacKnight und Warren Shapiro.

3. Róheim, G. (1932). Psycho-Analysis of Primitive Cultural Types. *International Journal of Psycho-Analysis, 13.*

4. Freud, S. (1918). *From the History of an Infantile Neurosis.* The Standard Edition of

the Complete Psychological Works of Sigmund Freud, hg. v. J. Strachey et al., Bd. 17. London: The Hogarth Press and the Institute of Psychoanalysis, S. 97 (Deutsche Ausgabe: *Aus der Geschichte einer infantilen Neurose. Gesammelte Werke*, Bd. 12. Frankfurt am Main: S. Fischer, 1947, S. 131).

5. Darwin, C. (1872/1965). *The Expression of the Emotions in Man and Animals*. Faksimile der Erstausgabe mit einer Einführung von Konrad Lorenz (Hg.). Chicago: University of Chicago Press, S. 147, S. 174 (Deutsche Ausgabe: *Der Ausdruck der Gemüthsbewegungen bei den Menschen und den Thieren*. Nördlingen: Greno, 1986).

6. Darwin, C. (1877). A Biographical Sketch of an Infant. *Mind: A Quarterly Review of Psychology and Philosophy*, 2, S. 152–153.

7. Darwin, C. (1872/1965). *The Expression of the Emotions in Man and Animals*. Faksimile der Erstausgabe mit einer Einführung von Konrad Lorenz (Hg.). Chicago: University of Chicago Press, S. 208 (Deutsche Ausgabe: *Der Ausdruck der Gemüthsbewegungen bei den Menschen und den Thieren*. Nördlingen: Greno, 1986).

8. Ebenda, S. 210.

9. Darwin, C. (1877). A Biographical Sketch of an Infant. *Mind: A Quarterly Review of Psychology and Philosophy*, 2, S. 152–153.

10. Freud, S. (1931). *Female Sexuality*. The Standard Edition of the Complete Psychological Works of Sigmund Freud, hg. v. J. Strachey et al., Bd. 21. London: The Hogarth Press and the Institute of Psychoanalysis, S. 223–243 (Deutsche Ausgabe: *Über weibliche Sexualität. Gesammelte Werke*, Bd. 14. Frankfurt am Main. S. Fischer, 1945, S. 517–537).

11. Laplanche, J., und Pontalis, J.-B. (1973). *The Language of Psychoanalysis*. The International Psychoanalytic Library, hg. v. M. Khan, Bd. 94. London: The Hogarth Press and the Institute of Psychoanalysis (Deutsche Ausgabe: *Das Vokabular der Psychoanalyse*. Frankfurt am Main: Suhrkamp, 1973).

12. Darwin, C. (1871/1993). *The Descent of Man, and Selection in Relation to Sex*. Faksimile der Erstausgabe mit einer Einführung von John Tyler Bonner und Robert M. May. Princeton: Princeton University Press; Erstausgabe, London: John Murray, S. 377 (Deutsche Ausgabe: *Die Abstammung des Menschen*. Stuttgart: Schweizerbart, 1966).

13. Cronin, H. (1991). *The Ant & the Peacock: Altruism & Sexual Selection from Darwin to Today*. Cambridge, Massachusetts: Cambridge University Press, S. 171.

14. Freud, A. (1969). Studies in Passivity, in: *Indications for Child Analysis*, London: The Hogarth Press and the Institute of Psychoanalysis, S. 254.

15. Flinn, M. (1988). Parent-Offspring Interactions in a Caribbean Village: Daughter Guarding, in: L. Betzig, M. Borgerhoff Mulder und S. Turke (Hg.), *Human Reproductive Behavior*. Cambridge, Massachusetts: Cambridge University Press, S. 189–200.

16. Trivers, R. (1974). Parent-offspring Conflict. *American Zoologist, 14*, S. 257.

17. Freud, S. (1931). *Female Sexuality*. The Standard Edition of the Complete Psychological Works of Sigmund Freud, hg. v. J. Strachey et al., Bd. 21. London: The Hogarth Press and the Institute of Psychoanalysis, S. 234 (Deutsche Ausgabe: *Über weibliche Sexualität. Gesammelte Werke*, Bd. 14. Frankfurt am Main: S. Fischer, 1945, S. 527).

7 Das Geheimnisvolle an den Psychiatern

1. Westermarck, E. (1925). *The History of Human Marriage*. London: Macmillan, Bd. II, S. 218.

2. Ebenda, Bd. I, S. 478–479.

3. Ritvo, L. (1990). *Darwin's Influence on Freud: A Tale of Two Sciences*. New Haven: Yale University Press, S. 106, S. 103–104.

4. Freud, S. (1924). *The Dissolution of the Oedipus Complex*. The Standard Edition of the Complete Psychological Works of Sigmund Freud, hg. v. J. Strachey et al., Bd. 19. London: The Hogarth Press and the Institute of Psychoanalysis, S. 173–174 (Deutsche Ausgabe: *Der Untergang des Ödipuskomplexes. Gesammelte Werke*, Bd. 13. Frankfurt am Main: S. Fischer, 1940, S. 395–396).

5. Ebenda, S. 174 (S. 396).

6. Ebenda, S. 176 (S. 398).

7. Ebenda, S. 177 (S. 399–400).

8. Trivers, R. (1974). Parent-offspring Conflict. *American Zoologist, 14*, S. 249–264.

9. Darwin, C. (1877). A Biographical Sketch of an Infant, *Mind: A Quarterly Review of Psychology and Philosophy, 2*, S. 285–294.

10. Freud, S. (1924). *The Dissolution of the Oedipus Complex*. The Standard Edition of the Complete Psychological Works of Sigmund Freud, hg. v. J. Strachey et al., Bd. 19. London: The Hogarth Press and the Institute of Psychoanalysis, S. 177 (Deutsche Ausgabe: *Der Untergang des Ödipuskomplexes. Gesammelte Werke*, Bd. 13. Frankfurt am Main: S. Fischer, 1940, S. 399).

11. Freud, S. (1925). *Some Psychical Consequences of the Anatomical Distinction between the Sexes*, in: The Complete Psychological Works of Sigmund Freud, hg. v. J. Strachey et al., London: The Hogarth Press and the Institute of Psychoanalysis (Deutsche Ausgabe: *Einige psychische Folgen des anatomischen Geschlechtsunterschieds. Gesammelte Werke*, Bd. 14. Frankfurt am Main: S. Fischer, 1945, S. 29).

12. Freud, S. (1924). *The Dissolution of the Oedipus Complex*. The Standard Edition of the Complete Psychological Works of Sigmund Freud, hg. v. J. Strachey et al., Bd. 19. London: The Hogarth Press and the Institute of Psychoanalysis, S. 177 (Deutsche Ausgabe: *Der Untergang des Ödipuskomplexes. Gesammelte Werke*, Bd. 13. Frankfurt am Main: S. Fischer, 1940, S. 399).

13. Ebenda, S. 174 (S. 396).

14. Freud, S. (1919). *A Child is Being Beaten*. The Standard Edition of the Complete Psychological Works of Sigmund Freud, hg. v. J. Strachey et al., Bd. 17. London: The Hogarth Press and the Institute of Psychoanalysis, S. 184 (Deutsche Ausgabe: *Ein Kind wird geschlagen. Gesammelte Werke*, Bd. 12. Frankfurt am Main: S. Fischer, 1947, S. 202).

15. Freud, S. (1939). *Moses and Monotheism*. The Standard Edition of the Complete Psychological Works of Sigmund Freud, hg. v. J. Strachey et al., Bd. 23. London: The Hogarth Press and the Institute of Psychoanalysis, S. 132, S. 101 (Deutsche Ausgabe: *Der Mann Moses und die monotheistische Religion. Gesammelte Werke*, Bd. 16. Frankfurt am Main: S. Fischer, 1950, S. 241, S. 208).

16. Bittles, A. et al. (1991). Reproductive Behavior and Health in Consanguineous Marriages. *Science, 252*, S. 789–794.

17. Sherman, P., Jarvis, U., und Braude, S. (1992). Naked Mole Rats, *Scientific American, 267(2)*, S. 42–48.
18. Daly, M., und Wilson, M. (1988). *Homicide*. New York: Aldine de Gruyter, S. 87 bis 88.
19. Eribon, D. (1991). *Conversations with Claude Lévi-Strauss*. Chicago: University of Chicago Press, S. 101 (Deutsche Ausgabe: C. Lévi-Strauss und D. Eribon, *Das Nahe und das Ferne. Eine Autobiographie in Gesprächen*. Frankfurt am Main, 1989).
20. van den Berghe, P. (1983). Human Inbreeding Avoidance: Culture in Nature. *Behavioral and Brain Sciences, 6*, S. 91–123.
21. Bittles, A. et al. (1991). Reproductive Behavior and Health in Consanguineous Marriages. *Science, 252*, S. 789–794.
22. Sherman, P., Jarvis, U., und Braude, S. (1992). Naked Mole Rats. *Scientific American, 267 (2)*, S. 42–48.
23. Spain, D. (1988). Incest Theory: Are There Three Aversions? *Journal of Psychohistory, 15 (3)*, S. 250.

8 Die psychodarwinistische Lösung

1. Lumsden, C. J., und Wilson, E. O. (1983). *Promethean Fire: Reflections on the Origin of Mind*. Cambridge, Massachusetts: Harvard University Press, S. 60, S. 20, S. 133, S. 176.
2. Imperato-McGinley, J. et al. (1979). Androgens and the Evolution of Male-gender Identity among Male Pseudohermaphrodites with a 5α-Reductase Deficiency. *New England Journal of Medicine, 300 (22)*, S. 1233–1237.
3. Freud, S. (1910). *Leonardo da Vinci and a Memory of his Childhood*. The Standard Edition of the Complete Psychological Works of Sigmund Freud, hg. v. J. Strachey et al., Bd. 11. London: The Hogarth Press and the Institute of Psychoanalysis, S. 99 (Deutsche Ausgabe: *Eine Kindheitserinnerung des Leonardo da Vinci. Gesammelte Werke*, Bd. 8. Frankfurt am Main: S. Fischer, 1945, S. 169).
4. Stoller, R. (1986). *Presentations of Gender*. New Haven: Yale University Press, S. 25, S. 57.
5. Lamb, M. (Hg.) (1981). *The Role of the Father in Child Development*. Zweite Auflage, New York: John Wiley, S. 490, S. 19, S. 27.
6. Ebenda, S. 335–336.
7. Freud, S. (1910). *Leonardo da Vinci and a Memory of his Childhood*. The Standard Edition of the Complete Psychological Works of Sigmund Freud, hg. v. J. Strachey et al., Bd. 11. London: The Hogarth Press and the Institute of Psychoanalysis, S. 100 (Deutsche Ausgabe: *Eine Kindheitserinnerung des Leonardo da Vinci. Gesammelte Werke*, Bd. 8. Frankfurt am Main: S. Fischer, 1945, S. 170).
8. Daly, M., und Wilson, M. (1983). *Sex, Evolution and Behavior*. Zweite Auflage, Boston: PWS Publishers, S. 308–309.
9. Evans, R. (1972). Physical and Biochemical Characteristics of Homosexual Men. *Journal of Consulting and Clinical Psychology, 39*, S. 140–147.
10. Freud, S. (1930). *Civilization and Its Discontents*. The Standard Edition of the

Complete Psychological Works of Sigmund Freud, hg. v. J. Strachey et al., Bd. 21. London: The Hogarth Press and the Institute of Psychoanalysis, S. 130 (Deutsche Ausgabe: *Das Unbehagen in der Kultur. Gesammelte Werke*, Bd. 14. Frankfurt am Main: S. Fischer, 1945, S. 490).

11. Arens, W. (1986). *The Original Sin: Incest and Its Meaning*. New York: Oxford University Press.

12. Hopkins, K. (1980). Brother-Sister Marriage in Roman Egypt. *Comparative Studies in Society and History, 22*, S. 303–304.

13. Shaw, B. (1992). Explaining Incest: Brother-Sister Marriage in Graeco-Roman Egypt. *Man, 27 (2)*, S. 275–276.

14. Lumsden, C. J., und Wilson, E. O. (1981). *Genes, Mind, and Culture: The Coevolutionary Process*. Cambridge, Massachusetts: Harvard University Press, S. 148.

15. Bittles, A. et al. (1991). Reproductive Behavior and Health in Consanguineous Marriages. *Science, 252*, S. 789–794.

16. Shaw, B. (1992). Explaining Incest: Brother-Sister Marriage in Graeco-Roman Egypt. *Man, 27 (2)*, S. 275–276.

Epilog

1. Freud, S. (1939). *Moses and Monotheism*. The Standard Edition of the Complete Psychological Works of Sigmund Freud, hg. v. J. Strachey et al., Bd. 23. London: The Hogarth Press and the Institute of Psychoanalysis, S. 80, S. 66–67 (Deutsche Ausgabe: *Der Mann Moses und die monotheistische Religion. Gesammelte Werke*, Bd. 16. Frankfurt am Main: S. Fischer, 1950, S. 185, S. 170).

2. Cronin, H. (1991). *The Ant & the Peacock: Altruism & Sexual Selection from Darwin to Today*. Cambridge, Massachusetts: Cambridge University Press, S. 37, S. 49–50.

3. Ebenda, S. 243.

4. Freud, S. (1916). *Introductory Lectures on Psychoanalysis*. The Complete Psychological Works of Sigmund Freud, hg. v. J. Strachey et al., Bd. 16. London: Hogarth Press and The Institute of Psychoanalysis, S. 284–285 (Deutsche Ausgabe: *Vorlesungen zur Einführung in die Psychoanalyse. Gesammelte Werke*, Bd. 11. Frankfurt am Main: S. Fischer, 1941, S. 295).

5. Scharnberg, M. (1993). *The Non-Authentic Nature of Freud's Observations*. Uppsala Studies in Education, Bd. 47 und Bd. 48. Uppsala: University of Uppsala, Bd. II, S. 64 bis 65.

Register

Abstraktion 101–103
Abwehr 134, 224, 226
Adler, Alfred 265
Ägypten 254, 258
Alexander, R. D. 109
allgemeingültiger Darwinismus 37–63
Alligatoren 237 f.
Altruismus 65–91, 113 f., 117, 164–166, 220, 259
Ambivalenz 20, 141, 213 f., 223 f., 256, 259
Ameisen 67 f., 219 f.
Amöben 153
anale Phase, anales Verhalten 182 f.
Angelman-Syndrom 182
Anlage 239–248
Anpassung 31, 43, 46 f., 52 f., 152, 183, 185, 205, 212, 247 f.
archaisches Erbe 126, 187
Aristoteles 172
Attraktivität 197, 245
australische Ureinwohner 98, 173, 185 f., 201, 225–227
Axelrod, Robert 83

Bandwurm 52, 106
Barash, David 135
Behaviorismus 27
besondere Schöpfung 41–46
Bewußtsein 93–117, 122, 124, 127–132, 134, 140 f., 146–150, 214 f., 229
    Bewußtsein von der eigenen Person 94–98, 109
    Hören 102 f.
    Reflexe 31 f., 95
    Sprache 96–102, 105, 147 f.
    Unbewußtes 28, 119, 124–126, 128 f., 131–139, 144, 146–149, 203, 214

    verborgenes Bewußtsein 93–117
    Vorbewußtes 128, 131 f., 140, 144, 146
Bienen 67 f., 98 f., 219 f.
biologischer Determinismus 249–252
Bluterkrankheit 256

Chaos 137 f., 141, 252 f., 260
Chromosomen 238–241, 255
Computer 38–45, 58, 119–129, 135, 137 f., 146–149, 175, 214, 232–234

Darwin, Charles
    Die Abstammung des Menschen und die Zuchtwahl in geschlechtlicher Beziehung 30, 60–62, 196, 263, 267
    Der Ausdruck der Gemüthsbewegungen bei den Menschen und den Thieren 21, 32, 35, 188, 196
    Ehe mit seiner Kusine 219
    Emotionen 27 f., 32, 35
    und Freud 17–20, 261–269
    Gedächtnis bei Kindern 213
    Gewissen bei Kindern 145 f.
    Instinkte 30 f.
    Inzest 209
    Lächeln 190–192
Lamarck, Lamarckismus 17, 29–35, 139, 218
Lust und Unlust 139
natürliche Selektion 29–31, 34 f., 37 f., 42–49, 52–54, 62, 89–91, 109, 150 f., 153, 158, 176 f., 208, 221, 238, 244 f., 250, 263 f.
Reflexe 31 f., 95
Saugen 170

281

sexuelle Selektion 115, 151–156, 169, 176 f., 196–200, 204 f., 208, 263–265, 269
Sprache 61 f.
über seine Kinder 31, 145 f., 175, 188 f., 191 f., 213
Der Ursprung der Arten 30, 61, 75, 262, 267, 269
Weinen 188–190
Zuneigung bei Kindern 192 f.
Darwin, George Howard 219
Darwinsche Psychologie 1 f., 21, 27
siehe auch Freud, Psychodarwinismus
Datenwiederherstellung 148
Dawkins, Richard 155, 174, 211
Diabetes 181
DNS 58–61, 90, 126, 133, 136, 138, 157, 164, 174, 232, 248
siehe auch Gen, Gene
Dominikanische Republik Pseudohermaphroditen 239 f.
dynamische Psychologie 19 f., 134
siehe auch Freud

Egoismus 69 f., 79, 81, 89–91, 114, 117, 259
egoistisches Gen 90, 162
Ehe unter Verwandten, Eheregeln 219, 222, 225–227, 254, 256 f.
Einheit des ICH 141, 143
Einstein, Albert 94, 267
Ekman, Paul 106–109, 115
elastische Leine 19 f., 232, 252
elterliches Engagement 188–195, 198–205, 209, 212, 214, 246
Eltern 162–165
Eltern-Kind-Konflikt 183–187, 212–215
emotionaler Widerstand gegen Darwin 45 f., 54
emotionaler Widerstand gegen Freud 261–269
Emotionen 23, 27 f., 32, 35, 45, 54, 101 f., 107 f., 115, 117, 192
Empfängnisverhütung durch Stillen 171 f., 183

Enzym 58 f.
erogene Zonen 156, 170
ES, Es 131–141, 149, 164, 204, 206, 214, 224, 247, 250 f., 253, 255, 259 f.
Evolution
   allgemeingültiger Darwinismus 37–63
   Altruismus 65–91, 113 f., 117, 164–166, 220, 259
   Anpassung 31, 43, 46 f., 52 f., 152, 183, 185, 205, 212, 247 f.
   Bewußtsein 93–117
   egoistisches Gen 90
   Eltern-Kind-Konflikt 183–187, 212–215
   emotionaler Widerstand gegen Darwin 45 f., 54
   EVOLV-O-MATIC 38–49, 54–62, 71 f., 74, 81 f., 90, 135, 234
   Fortpflanzungserfolg 48 f., 52 f., 65–67, 69 f., 151–158, 188, 195–199, 243–248, 257 f.
   Fortschritt 30, 50–53, 104 f.
gemeinsame Evolution 180
Geschlechtsunterschiede 159–161, 195, 202
Gewalt in der Familie 221 f.
Gewissen 144–146
Gruppenselektion 14, 67–70, 72, 103, 113, 152, 155, 162, 176, 208 f.
Lamarck, Lamarckismus 17, 29–35, 139, 218
Mutation 40, 59, 66, 69, 138 f.
natürliche Selektion 29–31, 34 f., 37 f., 42–49, 52–54, 62, 89–91, 109, 150 f., 153, 158, 176 f., 208, 221, 238, 244 f., 250, 263 f.
Präadaptation 100 f., 105 f., 150
Selbsttäuschung 111, 114, 150
sexuelle Selektion 115, 151–156, 169, 176 f., 196–200, 204 f., 208, 263–265, 269
Sozialdarwinismus 208–210, 266
Spencer, Herbert 38
Sprache 62, 96–102, 105 f., 115, 117, 150
Tüchtigkeit 46–54, 151, 153 f., 177

Überleben der Tüchtigsten 38, 48–53, 257f.
verborgenes Bewußtsein 93–117
Wallace, Alfred 151, 209
Zuchtwahl 62, 151f., 196
Zusammenarbeit 65–91, 143, 145, 162, 219, 259
EVOLV-O-MATIC 38–49, 54–62, 71f., 74, 81f., 90, 135, 234

Fisher, R. A. 197–200, 204f.
Fixierung 156
Fötus 180f.
Forrest, Stephanie 83
Fortpflanzungserfolg 48f., 52f., 65–67, 69f., 151–158, 188, 195–199, 243–248, 257f.
  von Männern und Frauen 195f.
Fortschritt 30, 50–53, 104f.
freie Assoziation 14, 148
Freud, Anna 13f., 25, 149f., 164f., 167–169, 194, 199, 214, 254, 261
Freud, Sigmund
  Abwehr 134, 224, 226
  Ambivalenz 20, 141, 213f., 223f., 256, 259
  anale Phase, anales Verhalten 182f.
  archaisches Erbe 126, 187
  Bewußtsein 93–117, 122, 124, 127–132, 134, 140f., 146–150, 214f., 229
  und Darwin 17–20, 261–269
  Drei Abhandlungen zur Sexualtheorie 268
  dynamische Psychologie 19f., 134
  emotionaler Widerstand gegen Freud 261–269
  erogene Zonen 156, 170
  Es 131–141, 149, 164, 204, 206, 214, 224, 247, 250f., 253, 255, 259f.
  Fixierung 156
  freie Assoziation 14, 148
  Geschichte der Wissenschaft 262–265
  Homosexualität 242, 245, 247f.
  Hysterie 23–27, 262, 267
  Ich 131, 140–150, 164, 166f., 169, 183, 204, 214, 224, 247, 250f., 253, 255, 259f.
  Ichlibido 157–160, 164, 166, 169f.
  Identifizierung 164–169, 241, 243, 246f.
  infantile Sexualität 149, 156, 163, 169f., 184, 186, 199f.
  Inzest 19f., 179, 207–211, 216–226, 231, 253–259
  Kastrationsangst 184, 187, 211
  Körpersprache 108
  Kritik 265–267
  Lamarck, Lamarckismus 17, 29–35, 139, 218
  Libido 156–161, 169–177
  Lust-Unlust-Prinzip 139f., 143, 146, 175, 183, 250f.
  Michelangelos *Moses* 28
  Narzißmus 157–169, 171, 174, 176f., 187, 211, 264, 267
  Narzißmus der kleinen Differenzen 166f.
  Objektlibido 157–160, 170
  Ödipuskomplex, ödipales Verhalten 179, 193f., 200–202, 209–212, 214–217, 221, 241
  orale Phase, orales Verhalten 170–176, 183f., 200
  Organismus als Träger seiner Gene 153–159, 161, 174, 177, 229
  Penisneid 202–206
  Perversion 170
  Phylogenese 126, 187, 211
  Projektion 167f.
  Realitätsprinzip 143, 145, 251f., 267
  Regression 135, 189f.
  Rufmord 266f.
  Sexualität 151–177
  Sozialfreudianismus 266
  Studien zur Hysterie 268
  Tiefendimension 130, 133
  Topik 130–132, 134f., 149
  Totem und Tabu 217f., 221, 224
  Die Traumdeutung 268
  Trieb 31, 133, 135–141, 155–157

Über-Ich 131, 144–146, 165f., 214, 218, 250f., 253, 255, 259f.
Das Unbehagen in der Kultur 155
Unbewußtes 28, 119, 124–126, 128f., 131–139, 144, 146–149, 203, 214
Untergang des Ödipuskomplexes 210–212, 214–217
Urphantasien 126
Urszene 184–186, 200
Verdrängung 133, 147–150
Verwandtschaftsaltruismus 78f., 89f., 164, 166, 206, 221, 223, 259f.
vier Geschlechter 241–248
Vorbewußtes 128, 131f., 140, 144, 146
Wolfsmann 185
Wunderblock 119, 124, 127

Geburtsintervall 172
Gedächtnis bei Kindern 213
Gefangenendilemma 80–82, 84f., 106
Gehirn 130f., 249
gemeinsame Evolution 180
Gen, Gene
    Altruismusgen 72–79, 81f., 89, 162, 164f., 223
    Bluterkrankheit 256
    egoistisches Gen 90, 162
    ES 137–139
    EVOLV-O-MATIC 38–49, 54–62, 71f., 74, 81f., 90, 135, 234
    Genetik 19, 34, 77, 219, 248
    genetische Einflußgröße 76, 222
    genetische Rekombination 222f.
    genetischer Kode 59–61, 126, 137f., 250, 268
    Genom 248f.
    Geschlechtsfestlegung, -zugehörigkeit 237–240
    Human Genome Project 248
    Mutation 40, 59, 66, 69, 138f.
    Narzißmus 157–169, 171, 174, 176f., 187, 211, 264, 267
    orale Phase, orales Verhalten 170–176, 183f., 200
    Organismus als Träger seiner Gene 153–159, 161, 174, 177, 229

Schnittstelle zwischen Gen und Verhalten 248–260
Triebe 136–139
Verwandtschaftsaltruismus 78f., 90
Zusammenarbeit 65–91, 143, 145, 162, 219, 259
Geschichte der Wissenschaft 262–265
Geschlechtsfestlegung 237–240
Geschlechtsrolle 238–241, 245f.
Geschlechtsunterschiede 159–161, 195, 202
Geschlechtszugehörigkeit 237–240, 255
Gesicht 107f.
Gewalt in der Familie 221f.
Gewissen 144–146
Gorilla 209
Gould, Stephen Jay 49–52
griechisch-römischer Inzest in Ägypten 254, 258
Gruppenpsychologie 165–167
Gruppenselektion 14, 67–70, 72, 103, 113, 152, 155, 162, 176, 208f.

Haldane, J. B. S. 75, 152
Hamilton, W. D. 75–78, 90
Hautreaktion 111, 128, 130
Herdenbildung 234f.
Hobbes, Thomas 230f., 235
Hören 102f.
Homosexualität 242, 245, 247f.
Human Genome Project 248
Huxley, Julian 152
Hysterie 23–27, 262, 267

ICH, Ich 131, 140–150, 164, 166f., 169, 183, 204, 214, 224, 247, 250f., 253, 255, 259f.
Ichlibido 157–160, 164, 166, 169f.
    siehe auch Narzißmus
Identifizierung 164–169, 241, 243, 246f.
infantile Sexualität 149, 156, 163, 169f., 184, 186, 199f.
Instanzen 132
Instinkt 30f., 208f.
Insulin 181

Inzest 19f., 179, 207–211, 216–226, 231, 253–259
  bei Königsfamilien 256–258
Inzucht 219–223, 226, 253–258

Jäger und Sammler 98, 165–167, 171, 185
Jung, Carl Gustav 265
Jungen, Söhne 198–201, 205, 209, 241–243, 245f.

Kastrationsangst 184, 187, 211
Kinderanalyse, Kinderstudien 14, 28, 31, 145f., 175, 188f., 191f., 213
Kindheit, Vergessen der 213–216
Klein, Melanie 265
Kleinkinder 28
Königsfamilien, Inzest bei 256–258
Körpersprache 108
Kontrastvorstellung 25
kostenloses Mittagessen 71, 79f., 106
Kreationismus 41–46
Krokodile 237f., 240, 247f.
künstliche Selektion 42–44
Kultur 16, 62
kultureller Determinismus 249, 251f.
!Kung San 98, 171f., 213
Kunst 28, 115f.

Lächeln 107, 190–192
Lamarck, Lamarckismus 17, 29–35, 139, 218
Laufwerk 136
Lebenstüchtigkeit 47–49, 53f.
Lesbierinnen 245
Libido 156–161, 169–177
Life 232–234, 256
Lorenz, Konrad 152
Lotterie, Lotto 55–57, 59
Lumsden, Charles 231, 255
Lust-Unlust-Prinzip 139f., 143, 146, 175, 183, 250f.

Mädchen, Töchter 200–206, 241–243
Männchen 104, 151f., 196–198, 209, 237, 244

Mark Twain 207
Masturbation 149f.
Mayr, Ernst 152
Mendel, Gregor 18–20, 32–34
Michelangelos *Moses* 28
Midgley, Mary 152
Mittagessendilemma 78–91
Möwen 245
Mord 220–222
Musik 115f.
Mutation 40, 59, 66, 69, 138f.
Mutter 171–174, 180–183, 193f., 198f., 204, 241–243

Narzißmus 157–169, 171, 174, 176f., 187, 211, 264, 267
Narzißmus der kleinen Differenzen 166f.
natürliche Selektion 29–31, 34f., 37f., 42–49, 52–54, 62, 89–91, 109, 150f., 153, 158, 176f., 208, 221, 238, 244f., 250, 263f.
Naturzustand 230, 235
Newton, Isaac 230–232, 234f., 237, 252, 267

Objektlibido 157–160, 170
Ödipuskomplex, ödipales Verhalten 179, 193f., 199–202, 209–212, 214–217, 221, 241
Ontogenese 211
orale Phase, orales Verhalten 170–176, 183f., 200
Organismus als Träger seiner Gene 153–159, 161, 174, 177, 229

Penisneid 202–206
Perversion 170
Pfau 151–153, 196f., 205, 208
Phylogenese 126, 187, 211
Prader-Labhart-Willi-Syndrom 181f.
Präadaptation 100f., 105f., 150
Projektion 167f.
Psychoanalyse 13f., 28, 148f., 167, 215–217, 250, 261–269
  siehe auch Freud

Psychodarwinismus 15, 17f., 37, 142, 207
  Alternative zur elastischen Leine 20
  Gene und Verhalten 229, 237–260
  infantile Sexualität 169
  Inzest 253–259
  Verbindung zu Freud und Darwin 18f., 23, 27f.
  siehe auch Freud
ptolemäische Dynastie 258

RAM 127, 136
Reaktionsbildung 25
Realitätsprinzip 143, 145, 251f., 267
Reflex 31f., 95
Regression 135, 189f.
Risikoverhalten 161
Ritvo, Lucille 15
RNS 58f.
Römer 254, 258
ROM 126, 128, 133, 136, 138
russische Königsfamilie 258

Sandmull 220, 223
Sauerstoff 47f.
Saugen 170–175
Schafe 171
Schildkröten 237f.
Schimpansen 171, 187
Schnittstelle 120–124, 147, 150
  zwischen Gen und Verhalten 248–260
Schwangerschaftsdiabetes 181
Seele 110f., 119–150
Seelenblindheit 129
das Selbst 140, 158, 161, 163f., 169
  siehe auch ICH, Ich
Selbstopfer 76f.
Selbsttäuschung 111, 114, 150
seltsame Attraktoren 252, 259
Sexualität 151–177, 238–248
  Fortpflanzungserfolg von Männern und Frauen 195f.
  genetische Rekombination 222f.
  Geschlechtsfestlegung 237–240
  Geschlechtsunterschiede 159–161, 195, 202

Homosexualität 242, 245, 247f.
infantile Sexualität 149, 156, 163, 169f., 184, 186, 199f.
Krankheiten 222f.
Lesbierinnen 245
sexuell ansprechende Söhne 199–201, 205, 209
sexuelle Selektion 115, 151–156, 169, 176f., 196–200, 204f., 208, 263–265, 269
Transsexuelle 241
Umwelteinflüsse auf das menschliche Sexualverhalten 238–243, 246–248
versteckte Sexualität 245
  siehe auch Freud, Inzest
Söhne, Jungen 198–201, 205, 209, 241–243, 245f.
Sonnenbarsch 104, 244f.
Sozialdarwinismus 208–210, 266
soziale Insekten 67f., 98f.
Sozialfreudianismus 266
Sozialisation 238f., 249
Soziobiologie 135, 231
  siehe auch Darwin, Evolution
Spain, David 223
Spencer, Herbert 38, 48–50
Sprache 62, 96–102, 105f., 115, 117, 150
Stillen 171–173, 183, 204
Stimme 107, 111f., 115, 128, 130, 133f., 144, 146f., 149
Stoller, Robert 241

Tabu 186, 223f.
Täuschung 103–117, 146, 190
Termiten 62, 219f.
Tiefendimension 130, 133
Töchter, Mädchen 200–206, 241–243
Topik 130–132, 134f., 149
Transsexuelle 241
Treiber 136
Trieb 31, 133, 135–141, 155–157
Trittbrettfahrer 69f.
Trivers, Robert 14, 109, 111, 135, 145, 188f., 195, 202, 267

Tüchtigkeit 46–54, 76, 151, 153f., 177
  alles einschließende Tüchtigkeit 76
  Lebenstüchtigkeit 47–49, 53f.

Über-ICH, Über-Ich 131, 144–146, 165f., 214, 218, 250f., 253, 255, 259f.
Überleben der Tüchtigsten 38, 48–53, 257f.
Umwelteinflüsse auf das menschliche Sexualverhalten 238–243, 246–248
Umweltfaktoren 252, 255, 259f.
Unbewußtes 28, 119, 124–126, 128f., 131–139, 144, 146–149, 203, 214
Untergang des Ödipuskomplexes 210–212, 214–217
Urphantasien 126
Urszene 184–186, 200

van den Berghe, Pierre 135
Vater 193f., 200f., 241–243, 246f.
Vaterschaft 243, 246
verborgenes Bewußtsein 93–117
Verdrängung 133–135, 147–150, 214f.
Vererbung erworbener Eigenschaften 29–34
Vergessen der Kindheit 213–216
Verkehrung ins Gegenteil 24f., 190
Vermehrung außerhalb der Familie 223, 253, 256–258

Vermeidung 225
versteckte Sexualität 245
Verwandtschaftsaltruismus 78f., 89f., 164, 166, 206, 221, 223, 259f.
Vorbewußtes 128, 131f., 144, 146

Wallace, Alfred 151, 209
wechselseitiger Altruismus 8
Wedgewood, Emma 219
Weibchen 104, 151f., 196–198, 237, 244f.
Weinen 188–190
Weismann, A. 32f.
Westermarck, Edward 208–210, 216f., 223, 226, 249, 253f., 258
»Wie du mir, so ich dir« 84–89, 106, 235
Wille 29–35
Wilson, Edward O. 135, 231f., 255
Wolfsmann 185f.
Wunderblock 119, 124, 127

Y-Chromosom 238

Zeitlosigkeit des ES, Es 138f., 187
Zuchtwahl 62, 151f., 196
Zusammenarbeit 65–91, 143, 145, 162, 219, 259
zweckdienliche assoziierte Gewohnheiten 21–23